시민사회포럼 · 중앙일보 시민사회환경연구소 연구총서 5

지방분권과 한국 시민사회

박 재 창 엮음

도서출판 대영문화사

서문
국가와 시민사회의 관계에서 본 지방분권

제2차 세계대전이 끝나면서 해방은 우리에게 정치적 독립을 가져다 주었다. 일제의 침탈에서 벗어나 독립국가를 세울 수 있게 된 것이다. 그러나 경제적 독립을 이루기까지는 그로부터도 적지 않은 세월을 기다려야 했다. 1970년대의 경제개발계획이 마무리되기 전까지는 상비군을 유지할 경제적 여력이 없어 외국에 의존해야 했고, 국가 재정 또한 거듭되는 적자에 시달렸다. 그러나 경제 자립이 가능해진 이후로도 우리의 정신세계는 여전히 수동적, 소극적, 의존적 범주를 벗어나지 못했다. "엽전이 별 수 있나" −지금 생각하면 참으로 어이없는 일이지만--는 식의 자조적인 푸념도 자주 들었다.

그러나 1990년대 들어서면서 우리도 무언가 자주적으로 성취할 수 있다는 확신을 갖게 되었다. 월드컵은 바로 이런 자존감 회복의 일대 전기였다. 그런 점에서 월드컵은 우리에게 정신적 광복을 가져다 준 셈이다. 이후로도 미선이·효순이 사건, 노무현 대통령 탄핵 반대운동, 미국산 쇠고기 수입 반대 촛불시위, 최근에 있었던 2040세대의 SNS를 통한 결집 현상 등을 거치면서 정치적 효능감이 축적되고, 그 결과 우리 사회에는 자존적 시민 내지는 자기 중심적 사고의 주체가 날로 강화 또는 확산되고 있다.

그런데 이렇게 자존적 시민 의식이 확장되면서 기존의 국가와 시민사회의 관계는 더 이상 호소력을 유지하기가 어렵게 되었다. 국가와의 관계에서 피동적 존재로 안분자족(安分自足)하거나 또는 국가로부터 멀어져 공익의 추구를 회피하거나 사익의 탐닉 속에 은둔하려 하지 않는 시민상이 늘어나고 있기 때문이다. 흔히 87년 체제를 6·25와 함께 우리 현대사의 분기점이라고 말하지만, 이렇게 우리의 초상(肖像)이 좀 더 적극적이고 당당한 존재로 변화하고 있다면 바로 그런 초상에 합당한 양식으로 국가와 시민사회의 관계 내지는 공적 영역의 재편작업이 진행되어야 옳을 것이다. 자존적 시민의 등장에 따라 새로운 역사적 분기점이 마련되어야 마땅하다는 뜻이다. 그러나 아직 그런 사회적인 인식이나 공감대는 크게 확산되었다고 보기 어렵다.

이 책은 이런 현실 인식과 문제 의식을 가지고 그 동안 시민사회포럼을 중심으로 시민사회계의 논찬장에서 제기되었던 과제들을 지방분권이라는 창을 통해 들여다보고자 한다. 지방분권은 자존적 시민이 전제되어야 운영 가능한 참여민주주의의 한 양식일 뿐만 아니라 규범적 당위로서가 아니라 회고적 현실로 실체화할 경우, 우리의 현대사에서 매우 의미 있는 분기점이 될 것으로 기대된다. 지방분권이 실체화하는 경우 국정 과정에 대한 일반 시민의 의견 투입이 확대되고, 그 결과 정책의 정당성이나 적실성 정도를 높이면서, 단순히 기술적 합리성에 의존하기만 하는 전문가 중심주의의 한계를 극복하는 일에도 기여하게 될 것이다. 그러나 정치행정 과정의 이런 획기적인 변화가 언제나 가능한 것은 아니다. 적어도 국가와 시민사회의 관계에 대한 기존의 인식 틀을 바꾸지 않으면 안 된다.

지금까지 국가와 시민사회의 관계에 대해서는 대체로 세 가지 대립적 시각이 쟁투를 벌여왔다. 가장 고전적인 것으로는 멀리 플라톤의 철인정치(哲人政治)에서부터 가까이로는 베버(Max Weber)의 이념형 관료제에 이르기까지 보수주의 시각에 내재되어 있는 행정국가 모형을 들 수 있다. 행정국가 모형은 오랜 경험을 통해 축적된 기술관료의 전문지식과 합리적 판단 능력이 일반 시민의 상대적으로 짧은 시관(時觀)과 마치 무엇이든 해결 가능할 것처럼 믿는 만병통치약적인 단견을 압도해야 마땅하다는 생각 위에 구축되었다. 이런 프레임 속에서는 국가가 시민사회를 상명하달식으로 지휘 통제하는 것이 공공의 유익 증대를 위해 불가피하거나 합당한 일로 여겨진다. 결코 자존적인 시민을 전제하지 않는 셈이다. 이 경우 시민은 직업관료에 의해 대행되는 국가 권력에 굴종하거나 또는 그렇게 해야만 하는 존재로 이해된다.

반면에 자유주의 시각은 시장의 원리와 관리합리주의를 신봉하는 가운데 최소 국가론을 통해 자신의 입장을 구체화한다. 관료에 의한 공적 업무의 독점 내지는 정부의 폐쇄주의적인 운영 양식을 비난하면서 국가의 역할은 지역공동체를 유지하는 데 필요한 최소한의 치안을 담당하는 선에서 마무리되어야 한다고 본다. 의미 있는 지역공동체 생활이 가능하도록 지역사회를 조장 지원하는 일이 국가가 담임해야 할 핵심 과제 가운데 하나라고 판단한다. 일종의 지역공동체 우선주의에 해당하는 셈이다. 국가와의 관계보다는 시장과의 관계를 더 중시한다는 점에서 비록 하의상달식 의사소통을 지향하는 것이기는 하지만 기본적인 세계관이 미시적이거나 사익 친화적이다. 공동체주의보다는 개인주의에 초점을 맞추면서 개인 간의 거래에 주목하고자 하기 때문이다.

그러나 사회주의 시각을 견지하는 이들은 사실상 보수주의와 자유주의에 대한 일종의 절충주의적 입장을 취한다. '정부실패' 이후 국가 권력의 일부를 시민사회로 환원하는 과정에서 국가와 시민사회는 끊임없는 대화와 교류를 통해 거버넌스 체제를 구축, 운영해야 된다는 것이다. 국가와 시민사회가 상호 신뢰에 기초한 파트너십의 관계를 맺을 때 정부실패가 내포하고 있는 다양한 과제들의 해결 내지는 축소가 가능해진다고 보기 때문이다. 국가와 시민사회 사이의 상호주의적인 교류를 지향한다는 점에서 이런 프레임은 좀 더 자존적인 시민의 존재를 필요로 한다. 자기 중심적이지만 기본적으로는 타인과 함께 네트워크를 구축하면서 공동체적 가치를 공유하고자 하는 유연성 내지는 상황조응성을 지녀야 하기 때문이다.

이런 사회주의 시각은 시민사회를 시민들이 모여 서로 가변적인 성격을 지닌 공익의 실체가 무엇인지를 논하고 규정하는 공적 영역으로 이해하려 한다는 특징을 지녔다. 공동의 유익을 위해 민주적 양식으로 활동할 수 있는 공간으로 여기는 것이다. 이때 시민은 이익의 공유 그러니까 다른 이와 자신의 것을 함께 승인하려는 의지를 지닌 존재로 인식된다. 어느 일방이 다른 일방을 압도하거나 지배하는 경우 공동의 이익은 결국 침해되고 말 것이라는 믿음 위에 서 있는 셈이다. 이런 생각의 연쇄고리가 네트워크를 이루는 경우 좀 더 효율적으로 정부를 운영할 수 있게 되고, 실질적인 문제 해결에서 진전이 있으며, 서로의 다른 점을 극복하기 위한 평화적 대안 모색이 가능하게 될 것은 자명한 이치다.

종합해 보면 국가와 시민사회를 이어 주는 연결핀을 보수주의의 경우에는 계서제로, 자유주의의 경우에는 시장적 질서로 그리고 사회주의의 경우에는 네트워크로 인식하는 셈이다. 특히 자유주의는 국가와 시민사회의 관계를 시장을 통해 우회적으로 또는 간접적으로 접근하려는 것이라고 할 수 있다. 그런데 국가와 시민사회를 이어 주는 연결고리가 계서제라면 국가의 운영 단위를 축소해야 할 이유는 그리 많지 않게 된다. 아니 계서제는 본시 대규모 조직을 좀 더 효율적으로 관리하기 위해 창안되었다는 점을 상기해 볼 때, 국가 경영 과정의 분권적 수요와는 거리가 멀다. 오히려 중앙집권적 수요에 조응하기 위한 것인 셈이다. 자유주의의 경우에는 국가와 시민사회 사이의 경계가 연속되지 않고 자율 영역에서의 지역공동체를 중시하는 만큼 국가와 시민사회를 서로 긴밀히 연계되어 있는 연속선상에서 파악하려 하지 않는 셈이다.

그러나 사회주의 시각에 이르면 크게 달라진다. 국가와 시민사회가 끊임없이 대화와 교류를 통해 소통하고 조응하며 타협적 공생의 길을 걷는 것으로 이해한다. 따라서 양자의 관계는 아코디언식 개념의 틀을 통해 파악 가능하게 되고, 그런 점에서 무수히 다양한 수준에서 국가와 시민사회 사이의 권력 분점 내지는 경계 설정이 가능하게 된다. 국가와 시민사회는 각기 장단점을 갖는 만큼 시대 상황이나 주어진 조건의 특성에 따라 다양한 양식으로 양자의 기능적 특성이 배합된다는 의미다. 일반적으로 국가보다는 시민사회가 좀 더 역동적이고, 개혁적이며, 효율적인 것으로 평가된다. 반면에 국가는 좀 덜 유연하고, 구식이며, 관료에 의한 지대 추구로 인해 문제가 적지 않은 것으로 인식된다. 양자는 일종의 시소 관계에 있는 셈이다.

따라서 지방분권을 국가 권력이 시민사회로 환원되는 과정에서 발견되는 잠정적 힘의 균형 현상으로 이해하고자 한다면, 그때의 지방분권은 당연히 사회주의 관점에서 본 국가와 시민사회의 관계에서 그의 개념적 좌표를 찾아야 마땅한 일이다. 국가의 상명하달과 시민사회의 하의상달이 상호 교차하는 접점에서 국가 권력의 재편이 이뤄지고, 그 재편의 결과를 자치정부라고 한다면 자치정부는 국가와 시민사회를 이어 주는 연속선상의 어느 한 지점에 위치한다. 같은 자치정부라고 하더라도 국가에 가까운 경우와 시민사회에 가까운 사례로 구분되기도 할 것이다. 국가적인 요소와 시민사회적인 요소를 어떤 배합 비율에 따라 혼합하느냐에 따라 실로 다양한 유형의 자치정부 구성이 가능한 것이다.

그러나 아무리 시민사회에 가까운 접점에서 자치정부가 구성된다고 하더라도 그것이 곧바로 시민사회적 결사만을 의미하는 것이 될 수는 없다. 국가는 어느 경우에도 소멸하는 것이 아니라 단지 그가 수행하는 기능의 범주 내지는 성격을 축소하거나 다르게 변화시킬 뿐이기 때문이다. 예컨대 정책의 기본 목표 설정, 정책결정 참여자 범위의 결정, 이익과소 대표조직의 활동 촉진, 최소 실적 기준의 책정, 정보 공개 및 유통의 지원, 자기규제가 실패할 경우 개입할 수 있는 권리의 유보와 같은 정치공동체 자체의 규제 관련 업무는 자발적 결사와는 본디 거리가 먼 과제로서 국가 고유의 영역에 속한다.

다른 한편 자치정부 구성에서 국가와 사민사회의 배합 비율이 좀 더 시민사회 쪽으로 접근하면 할수록 그 구성의 단위 규모는 좀 더 작아지고 국가와 시민사회를 이어 주는 연결핀의 길이도 짧아지게 된다. 전환비용의 규모가 줄어드는 탓이다. 전국을 단위로 하는 중앙정부가 정부 운영의 실적 평가 기준을 정할 수는 있는 일이지만 이를 감시 감독하고 확인하는 데에는 많은 비용의 지출을 필요로 한다. 중앙정부가 보편적이고 일반적인 국정 운영의 목표를 설정할 수는 있어도 이를 집행하기 위해서는 개별적 사례의 환경적 조건을 감안해야 한다. 정책 목표가 매우 복잡하거나 다원적인 것이어서 일반화의 정도가 높은 수준에서나 목표 설정이 가능한 경우 정책집행 단위의 규모를 줄여서 추상성의 정도를 낮추지 않을 수 없는 일이기도 하다.

중앙정부의 인식 능력이나 정책집행 능력의 범주를 넘어서는 목표를 추구하고자 하거나 시대 상황이나 사회구조의 이질성, 복잡성, 취약성이 높은 경우, 시민사회가 담당해야 할 역할의 비중이 높아지게 될 것은 당연한 이치이고, 그런 만큼 지방분권적 수요가 커지는 것은 물론이다. 이런 점에서 보면 정보화 사회의 도래 이후 우리 사회가 좀 더 복잡성·이질성·광역성을 더하고 지구화 시대의 도래와 함께 중앙정부의 이격성·분절성·경직성이 상대적으로 높아지고 있다는 점을 감안해 볼 때, 자치정부 구성에서 국가적인 요소보다는 시민사회적 요소의 배합 비율을 높여야 하는 수요에 직면해 있음을 직관하게 된다.

그러나 시민사회 배합 비율이 높아지는 경우 몇 가지 문제점에 봉착하기 쉬운 것도 사실이다. 우선 불완전 대표성의 문제를 들 수 있다. 시민사회단체에 의한 자치 과정에의 참여는 불평등하기 일쑤다. 가난하거나 학력이 낮거나 해서 한계 영역에 놓여 있는 사회 열등 세력들은 스스로 조직화하거나 그것을 통해 세력화하기가 쉽지 않다. 분산형 이해관계자와 집적형 이해관계자 사이에도 비슷한 양식의 불균형 문제가 발생한다. 상품의 소비자같이 서로의 소재를 파악하기가 쉽지 않거나 지역적으로 광범위하게 퍼져 있어 조직화하기 어려운 경우는 상대적으로 서로의 소재를 쉽게 파악할 수 있고 지역적으로도 비교적 지근한 거리에 있는 생산자에 비해 조직화나 상호협동력 동원에 불리할 수밖에 없다. 이로 인해 어떤 단체의 대표성이 다른 단체의 대표성을 압도하거나 그 결과 정책 과정을 포획하게 될 위험성도 상존한다. 가장 심각한 과제는 사익 추구 집단이 공익 추구 집단을 정치적으로 압도하게 되는 경우다.

이런 문제를 해결하기 위해서는 국가적인 요소를 강화해 다양한 자원을 동원하고 이를 토대로 과소 대표된 집단의 이익불균형을 시정하도록 노력하거나, 공동선을 추구하는 단체들을 적극적으로 지원해 좀 더 보편적인 이익을 추구해 나가도록 독려하거나, 조직의 포괄성 정도를 높이는 일 등이 필요하게 될 것이다. 무엇보다도 시민사회단체 내부 민주주의의 구현을 위해 노력해야 한다. 조직의 지도자와 회원 사이에서 정기적으로 회합이 이뤄지고 의견 교환이 일상화하는 경우에만 그 사회가 당면하고 있는 문제점에 대한 기초 정보와 공동의 과제 해결을 위한 지혜의 축적이 가능할 것이기 때문이다.

좀 더 본질적인 문제로는 시민사회 구성원 간의 소통이 담론이 아니라 타협으로 얼룩질 수도 있다는 점이다. 시민사회 구성원 상호간의 협력과 협동을 통해 사회문제 해결에 나서고자 한다면, 각자의 이익만을 추구하는 이기적인 타협의 교차가 아니라 서로의 논지 교환을 통한 대화에 나서도록 해야 한다. 이 경우의 대화는 단순한 정보의 교환이나 이익의 거래와는 다르다. 상대방의 입장이나 견해에 대한 이해를 통해 내면의 세계에서부터 새로운 깨달음이나 학습 과정이 진행되고, 그 결과 서로의 입장 차이를 극복하는 일에 진전이 있었음을 뜻한다. 집단지성은 이런 경우 기대할 수 있는 지혜의 확장 현상을 말한다.

그러나 더 중요한 것은 모든 지방분권이 이런 과정을 거쳐 국가와 시민사회의 관계를 재조정하고 그 결과 시대 상황의 변화에 조응하려는 동기에서만 추동되는 것은 아니라는 점에 있다. 오히려 대부분의 경우는 권력의 정당성을 과시하거나, 중앙정부의 개혁 의지를 정치적으로 상징하고자 하거나, 정치지도자에 대한 사회적 불신을 희석하거나, 중앙정부의 재정적 위기를 모면하거나, 비민주적인 정부의 민주성을 가장하거나, 정치적 책임성과 개방성을 과시하거나, 권력의 정당성을 동원하기 위한 필요 따위에서 비롯되는 것이 보통이다. 이는 진정한 지방분권이 추진되려면 권력의 분권 내지는 민주화가 선행되어 있어야 함을 뜻한다.

그러나 지방분권을 국가에서 출발해 시민사회로 환원하는 과정의 일부라고 인식하는 경우, 지방분권은 참정권의 회복이라는 점에서 권력의 자치화 내지는 민주화를 지향하는 작업임에 틀림없다. 그러니까 정치적 민주화를 위해서는 지방분권이 전제되어야 하지만 진정한 지방분권이 이뤄지기 위해서는 정치적 민주화가 선행되어 있어야 한다는 일종의 형용 모순에 빠진다. 지방분권은 민주화의 결과물이지만 동시에 수단적 방편이기도 한 이중성을 지녔다. 바로 이 지점에 서면 왜 87년 체제 이후 우리 사회가 새로운 분기점을 향해 도약하지 못한 채 지지부진한가에 대한 설명이 가능해지며, 왜 이 시점에서 새로운 도약대로서 지방분권을 말해야 하는지가 분명해진다.

87년 체제는 절차적 민주화를 가져왔는지 모르지만 권력의 민주화를 이루지 못했던 것이다, 그리고 그 권력의 민주화를 위한 필요 조건에 해당한다고 믿어지는 자존적 시민의 확산 현상을 목도하게 되는 만큼, 이제는 지방분권이라는 우리 사회의 새로운 분기점을 향해 날갯짓을 펴도 과욕이라고 할 수 없게 되었다. 그 동안 시민사회포럼이 지방분권을 우리 사회가 당면한 주요 화두 가운데 하나라고 보고 이를 줄기차게 다뤄 온 이유도 바로 여기에 있다. 이 자리를 빌려 그 동안 지방분권을 다루는 여러 논찬에 참여해 발제하거나 토론에 참여해 주신 이 분야의 전문가 및 활동가 여러분께 진심으로 감사의 말씀을 올린다.

이 책이 출간되면 시민사회포럼은 모두 5권의 책을 엮어내는 셈이 된다. 지난 10년여 동안 「시민사회와 시민운동」, 「위기의 한국 시민사회」, 「한국 민주주의와 시민사회」, 「지구화 시대의 한국 시민사회」 등을 주요 화두로 삼아 시민사회 내부의 자기성찰과 시대 정신을 공유하는 일에 기여하고자 했다. 이제 「지방분권과 한국 시민사회」를 여기에 추가하는 것은 중국 명

나라 때 전란으로 흐트러진 호적을 바로잡기 위해 10년마다 정비했다는 부역황책(賦役黃冊) 같은 일의 하나라는 생각도 갖는다. 흐트러진 우리 사회의 질서를 재편하는 데 필요하다고 판단되는 화두를 정리해 나가는 작업에 일단 쉼표를 찍게 되었기 때문이다.

책이 편집되는 과정에서 수고해 준 시민사회포럼의 권정현 간사와 출판계의 어려운 사정에도 불구하고 출간을 결정하신 대영문화사의 임춘환 사장님을 비롯한 편집진 여러분께도 감사의 말씀을 올린다. 시민사회포럼의 논찬 운동에 동참해 지난 10여 년 동안 뜻을 공유해 온 포럼의 회원 여러분께 따뜻한 감사의 말씀과 동료애를 전하고자 한다. 회원 여러분의 앞날에 많은 축복과 성공이 함께하기를 기원한다.

2012년 3월
시민사회포럼 대표 박재창

차 례

제 3 부 지역시민사회와 지방분권

제 4 부 지방행정 과정과 사회통합

제 1 부

지방분권의 논리와 현실

제 1 장 분권사회와 시민 리더십

박재창

제 1 절 서론

안철수 현상은 이 시대를 사는 우리 모두에게 많은 것을 다시 한 번 돌이켜보도록 한다. 그리고 그 돌아봄 가운데 가장 큰 깨달음은 아무래도 누구도 이 시대의 진행 경로를 말할 수 없게 되었다는 사실일 것이다. 이를 두고 질풍노도의 시대라고 말하는 이도 있고 혼돈의 극점에 서게 되었다고 말하는 이도 있다. 너무 급작스러운 일이라고 보는 이도 있겠지만 이미 예견된 것이나 같다는 분석도 적지 않다. 어찌 되었건 기성의 질서 또는 체제에 대한 극도의 불신이 불러온 현상이라는 데에는 대체로 이견이 없는 것 같다.

이를 외부 세계의 눈으로 본다면, 제2차 세계대전 이후 지구촌에서 유일하게 정치 발전과 경제 발전을 모두 성취했다고 알려진 나라에서 어떻게 기성 체제에 대한 불신이 그리도 깊고 광범위하냐고 놀라워하지 않을 수 없을 것이다. 경제적 외형으로만 치자면 한국은 이미 대단한 나라가 되었

* 이 글은 한국NGO학회 주최 '추계학술대회'(20011.12.09., 대전시청)에서 "후기 근대의 분권사회와 시민 리더십"으로 기조 발제되었다.

다. 아프리카 대륙에는 모두 53개국이 있는데, 이들의 GDP 총액이 6천억 달러인데 반해, 우리의 GDP 총액은 6천 7백억 달러를 상회한다. 아프리카 대륙보다 큰 나라가 된 것이다. 전 세계 TV 판매시장에서 1, 2등을 다투는 기업이 모두 우리나라에 있고, 전자제품은 일본의 최우수 10개 회사가 얻는 연간 수익 총액보다 삼성 SDI 하나가 얻는 것이 더 많게 되었다(차피득, 2011).

그럼에도 불구하고 사회 갈등의 심연은 매우 깊다. 언제 한번 전 국민이 편안하게 불 끄고 잠들어 본 일이 없는 것 같다. 삼성경제연구소에 의하면 2009년 현재 우리 사회의 갈등 비용이 300조 원을 상회하는 것으로 추계되었다(박준, 2009). 2012년도 예산 총액이 3백 40조 원이라는 점을 상기해 보면 우리 사회의 갈등 정도가 얼마나 심각한 수준에 이르렀는가를 손쉽게 진단해 볼 수 있다. 우리 사회가 이렇게 된 데에는 실로 다양한 요인이 작용한 것이겠으나 흔히 정부 운영 체계상의 정당이나 의회 같은 외생적 갈등관리 기구들이 한국적 변용을 거듭하면서 제 역할을 다하지 못하게 되었다거나, 극한 대치를 거듭해 온 분단국가의 결손 현상 또는 정치지도자의 탐욕이나 무지 따위가 주요 인자로 지목되곤 했다.

그러나 이들은 모두 현상의 표피에 지나지 않는 것일지도 모른다. 적어도 작금의 사회적 갈등과 좌절을 설명하기에는 충분치 않다. 앞서의 요인들은 어제오늘 생겨난 것들이 아니기 때문이다. 근자에 들어서면서 좀 더 심화된 어떤 요인이 있어 이들 모두를 수렴하면서 사회 대변혁에 대한 욕구를 촉발하는 것이 아닐까? 그렇지 않고서야 어찌 이리도 광범위하고 본질적이며 근원적인 변화에 대한 수요가 최근 들어 폭발적으로 증가하는 것일까? 왜 아무도 미래를 예측할 수 없으며 대안을 제시할 수 없는 것일까? 이러한 문제 의식과 현실 진단을 토대로 여기에서는 그 분출의 촉매가 근자에 들어서면서 강화되고 있는 더 많은 자유에 대한 갈망이라고 보고자 한다. 더 많은 자유에 대한 욕구가 분출하면서 그 동안 당연한 것으로 여겨져 간과하거나 또는 체념하던 것들에 대해 문제를 제기하기 시작하게 되었고, 그 결과 갈등의 심연과 외연이 커지게 된 것으로 여겨지기 때문이다.

우리의 과거를 돌아보면 매우 역설적이기는 하지만 그 동안 우리 사회가 성취한 압축적인 경제 성장은 그 성장을 가능케 했던 권위주의 체제에 대한 사회적 저항 능력을 강화하는 결과를 낳았다. 이는 정치 발전을 견인하는 토대가 되었다. 그러나 이를 통해 성취한 절차적 민주주의가 실제로는 국민 개개인의 자의적 의사결정권이나 정치적 효능감을 확장시켜 주지 못한다는 인식이 확산되면서 "더 많은 자유 내지는 자유주의"에 대한 갈망을 촉진하게 되었다. 그러나 근대 초기 자유주의의 작동 원리 내지는 그 구현을 위한 디자인으로 제시되었던 기존의 질서 내지는 체제가 후기 근대로 들어서면서 더 이상 작동력을 잃자 "더 많은 자유 내지는 자유주의"에 대한 열망은 패러다임 정체에 대한 실망과 함께 새로운 대안정부에 대한 갈증으로 치환되는 변화를 낳고 있다.

제 2 절 자유주의의 작동 원리와 후기 근대

자유주의는 통상 국가로부터의 간섭이나 억압으로부터 벗어나 자유로운 의사결정의 주체로 활동할 수 있게 되는 정치적 자유의 차원과 그런 정치적 자유의 현실적 구현을 가능하게 하고, 그렇기 때문에 정치적 자유의 요람 또는 디딤돌이라고 할 수 있는 경제적 자유의 차원으로 구분된다. 그런데 바로 이런 정치적 자유와 경제적 자유를 구동하게 하기 위한 장치로 그동안 고안, 운영되어 온 기성 체제와 질서가 모두 후기 근대로 들어서면서 그의 사회구조적 모순 내지는 부조응성으로 인해 더 이상 효율적으로 작동하지 않게 되었다.

1 경제적 자유주의의 모순

근대의 산업화 과정은 경제적 자유주의의 구동 원리로서 자본주의와 이를 담보하는 시장의 원리를 고안해 냈다. 정치적 자유의 구체적 존재 양식인 개인의 자율적 의사결정권이 경제적 차원의 자의적 처분권과 연동되면서 개인의 자유는 개인적 소유의 개념과 악수하게 된 것이다. 그러나 경쟁과 창의를 지향하는 자본주의가 극단적인 시장주의, 개인 자유 만능주의로 빠지면서 정글의 법칙이 지배하는 빈익빈 부익부 현상을 낳게 되었다. 경쟁이 동반하는 약자 필패(弱者必敗)와 승자 독식(勝者獨食)의 원리는 '정부 내의 정부(State in State)' 현상을 가져오기도 한다. 이런 자본주의의 모순과 한계에 대한 우려가 시장에 대한 정부개입의 정당성 근거가 되었고, 그에 따라 행정국가 시대를 열었다.

그러나 정보사회의 도래와 이에 따른 지구화 시대가 등장하면서 자본주의의 지구적 팽창이 국가의 경계를 넘는 지구시장경제 체제를 낳았다. 이른바 경제의 무국경화 시대를 불러온 것이다. 그런데 근대 국민국가는 주권, 영토, 국민으로 구성된다. 국민국가란 자기 영토의 범위 내에서만 영토 고권을 인정받는 존재다. 지구경제 체제는 이런 국가 간의 경계를 넘어 전 세계를 상대로 활동하는 기업군을 낳았기 때문에 기업들이 국가의 최고 고권이 미치지 않는 영역에서 활동할 수 있게 된 것이다.

따라서 자본주의의 모순을 국가 개입을 통해 시정하거나 개선하는 일은 이제 더 이상 효과성을 담보할 수 없게 되었다. 아니 개입이 설사 가능하다고 하더라도 이는 비용 발생으로 전환하면서 관련 기업의 지구 시장경제 체제 하에서 경쟁력을 약화시키는 요인으로 작용하게 된다. 그런데 지구 시장경제 체제는 시장의 일원화를 말하는 것이기 때문에 지구 시장에서의 패배는 기업 존망에 관한 문제가 된다. 그렇기 때문에 기업활동에 대해 섣불리 국가가 개입하거나 기업이 함부로 이윤 이외의 것을 추구하기는 어렵게 되었다. 과거 같으면 국가가 개입하여 승자의 과실 가운데 일부를 사회복지 차원에서 패자에게 지원하는 자원 재배분정책의 집행이 상대적으로 쉽게 이뤄졌지만, 경쟁이 좀 더 치열해진 지구경제 체제 하에서는 이런 재분배정책이 자국 기업의 지구 차원에서의 경쟁력 약화를 감수해야 한다는 과제를 동반하게 된 것이다.

좀 더 근본적인 변화는 공장식 생산 양식과는 다른 경제 관계가 구성 가능하게 되었다는 점이다. 산업사회적 생산 양식은 자본과 노동의 투입을 통한 제조업에서 그 생산의 근간을 찾는다. 그러나 정보사회의 도래는 지식과 정보를 토대로 하는 복제 생산의 길을 열면서 생산이 결코 순비례적으로 고용을 창출하지는 않는 새로운 시대를 열게 되었다. 과거 산업사회 같으면 생산과 고용이 선순환 관계를 형성하면서 고용이 구매력을 낳고, 구매력이 다시 생산을 촉진하는 것이 보통이다. 그러나 생산이 고용을 창출하지 않는 생산 메커니즘 하에서는 자본의 노동에 대한 협상권을 기하급수적으로 강화하면서 경제적 약자의 발언권을 축소하거나 강자 독식의 관계를 좀 더 강화하는 변화를 낳았다. 자본이 범지구적으로 이동 가능한 데 반해, 노동의 국가 간 이동이 제한되어 있다는 점도 자본의 노동에 대한 협상권을 강화하는 또 다른 이유다. 이런 상황 하에서는 경제적 양극화와 청년실업이 예고된 것이나 같다. 1% 대 99%의 사회를 여는 것이다. 고용이 확대되지 않아 국내 시장에서 구매력이 약화되더라도 지구 시장에서 경쟁력만 유지한다면 기업의 승승장구는 계속된다.

이 경우 노동시장에 아직 유입되기 전이거나 경쟁력이 상대적으로 취약하기 마련인 청년이 가장 치명적인 영향을 받기 마련이다. 청년실업과 그에 따른 좌절과 분노가 전 지구적으로 확산하는 이유다. 미국의 "월가를 지배하라"는 시위나 영국의 청소년 소요 사태, 그리고 우리 사회의 20/30 세대가 보이는 기성의 질서에 대한 반감이 이를 잘 증명한다. 과거 같으면 이런 생산 양식상의 모순구조를 지구 차원의 패권국가가 자신의 입맛에 맞도록 전 지구적인 질서 개편을 통해 해결하는 것이 보통이었다. 최근의 양차 세계대전이 그랬다. 전후에는 계속되는 세계경제 질서 재편 시도가 여기에 속한다. 브레튼우즈 협정이나 우루과이 라운드(UR), WTO 체제의 도입 등으로 구체화되었다. 기존 시스템이나 질서를 무시하고 자신에게 유리한 체계를 부팅하는 것과 같다. 그러나 지금과 같이 국가 간의 경계가 무너지고 경제활동이 서로 긴밀하게 연동되어 있는 시대에는 어느 한 곳의 체제 실패나 질서 붕괴도 자국의 안녕과 무관할 수 없다. 함부로 어느 누구도 보편적이거나 일원적인 조정정책을 들고 나오기 어려운 이유다. 선별적·차등적 조정정책으로 FTA 체제가 등장하는 이유이기도 하다.

2 정치적 자유주의의 한계

더 많은 정치적 자유주의에 대한 요구는 의사결정권의 실질적인 확대와 함께 정책 과정에 대한 참여 증대를 요구하는 것이지만, 기존의 간접민주주의 제도는 이를 수렴, 수용할 수 있는 기관 능력을 갖췄다고 보기 어렵다. 대의 제도로 구체화되는 의회민주주의는 그 구성의 원리 자체가 미완이거나 불완전한 제도다. 대리인이 언제나 주인의 이해관계를 대변하기 위해 최선을 다할 것이라는 가정부터가 천진난만한 생각일 뿐더러, 비록 진지하게 주인의 의견을 경청하고 대변하고자 하는 대리인이라고 하더라도 자신이 대표하는 수십만 명의 이해관계나 정책적 선호를 경청하고 이를 종합 정리해 하나의 통일된 의견으로 제시한다는 것이 실제로는 불가능할 뿐만 아니라 유권자의 정책적 선호 자체가 매우 유동적이고 즉흥적인 요소를 지니고 있기 때문이다. 특히 다수결의 원칙에 기초한 의회 운영 양식은 승자독식을 정당화하는 가운데 소수자의 체계적인 배제를 낳는다는 점에서 문제가 적지 않다. 좀 더 근본적인 문제는 대의 제도가 국민 대표성을 비례성의 원칙에 따라 구체화하려는 경우, 사회적 약자에 대한 배려는 외면받게 된다는 점이다. 선거 과정의 단순종다수 제도가 대표적인 사례다. 일종의 승자 독식 체제가 되는 셈이다.

이런 간접민주주의는 원래 아테네의 자유민주주의가 산업사회적 생산양식에 기초한 대량생산 체제와 상합하면서 참정권에 대한 폭발적인 요구에 조응한 결과였다. 고전적 직접민주주의가 제한적인 도시민에게만 참정의 권한을 부여하던 때로부터 국민 모두에게 참정의 권리를 인정해 주는 체제로 전환한 것이다. 그런 점에서 이를 민주주의 2.0이라고 부를 수 있을 것이다. 그러나 정보사회와 그에 따른 지구화 시대가 도래하면서 이런 간접민주주의의 제도적 장치들을 좀 더 비판적 시각에서 검토하려는 관점들이 분출하게 되었다. 먼저 지구화 시대의 정책적 연결망이 국가 간의 경계를 초월하면서 한 나라의 일국주의적인 정책결정 체계는 더 이상 지구적으로 연결되어 있는 정책 과제를 감당하기 어렵게 되었다. 지구화 시대의 국민국가는 스스로 정책관리 능력상의 한계점을 노출하고 있는 셈이다. 이런 문제 의식이 지구 공동의 문제를 해결하기 위한 장치로 UN이나 WTO 같은 지구정부적 성격의 국제기구나 의사결정 체제 또는 NAFTA, ASEM, APEC 같은 지역정부적 성격의 기구들을 조직해 내고 있지만, 이들 기구를 운영하는 이들에 대한 지역주민 내지는 지구시민의 직접적인 대리권 위임이나 선임은 없었다. 일국 정부를 구성하는 국민의 대리인들이 모여 이들 기구를 구성, 운영하는 대리인을 선출하는 것이 보통이기 때문에 결과적으로 대표성의 이중적 왜곡이 약속되어 있는 것이나 같다. 바로 이런 지구화 시대의 대표성 왜곡 현상을 빗대어 민주주의 3.0 시대의 도래라고 말할 수 있을 것이다.

비록 지구화 시대의 범지구적인 연결망을 반영하는 정책 관리기구가 생겨난다고 하더라도 여전히 문제는 남는다. 지구화 시대의 세계주의와 일국주의에 토대를 둔 민족주의적 가치를 어떻게 융합하느냐의 문제가 남기 때문이다. 지금과 같이 지구 시장경제 체제를 활용한 중상주의적인 교역경제에 의존하는 우리로서는 당연히 세계주의의 가치를 강조해야 하지만 그렇다고 해서 세계주의를 국정 운영의 원리로 채택하는 경우 일국주의적 응집력 내지는 민족 중심의 결속력을 유지하기가 어렵게 된다. 그러나 그렇다고 해서 민족주의적 가치관이나 응집력을 강조하는 경우에는 교역 상대국의 반발을 불어오면서 우리의 중상중의적 경제활동을 어렵게 할 가능성이 커지게 된다. 이는 최근 확대일로에 있는 한류의 경우를 보더라도 자명해진다. 한류를 문화적 가치의 범지구적 공유 내지는 기여의 차원에서 접근하지 않고 단지 경제적 팽창주의의 한 양식으로 접근하는 경우, 대상 국가의 혐한류를 촉발하면서 더 이상의 한류 확장이 어렵게 될 것은 자명한 이치다. 그러나 그렇다고 해서 문화의 공유 내지는 확산에만 주목하는 경우 그를 통해 우리 사회가 얻고자 하는 구체적 유익이 무엇인지를 구체화하기는 쉽지 않다.

정보화 시대의 좀 더 근본적인 과제는 대의정치의 근간이라고 할 수 있는 정당 체계가 더 이상 기대 기능을 수행할 수 없게 된다는 데에 있다. 원래 정당 체계는 지역사회의 현안 과제에 대한 지역주민의 의사를 결집하고 이를 다시 군당이나 도당 같은 좀 더 포괄 범위가 넓은 상위 지역공동체에서 종합하여 전국적인 정책 우선순위나 대안을 개발하는 데에 존립 이유를 두는 갈등 관리기구 가운데 하나다. 정당은 점진주의적·단계적 과정을 통해 순차적으로 이견을 조정해 나가는 장치인 셈이다. 따라서 정당이 제 기능을 다하기 위해서는 시간적·공간적 여유가 전제되어 있어야 한다. 그러나 정보화 사회에서는 지역에서의 현안 과제가 일시에 전국적 과제로 전환하면서 미처 이견을 조정하고 타협할 수 있는 시간과 공간을 허락하지 않는다. 바로 이 점이 정당 기능을 퇴락시키는 결정적 요인으로 작용하고 있다. 오늘날 전 세계의 거의 모든 나라가 정당정치의 위기에 시달리는 주요 요인 가운데 하나다.

여기에 더해 정보사회는 정보 유통의 협송성이 강화되면서 사회구성원 간의 관계를 파편화하는 속성을 지녔다. 정책공동체의 범위가 광역화하는 것도 사실이다. 더 많은 자유가 더 다양해진 정책선택지를 제시하게 될 것도 물론이다. 이렇게 좀 더 다양해진 사회구성원 사이에서 공동의 이해관계를 구성하거나 포착하기가 어려울 것은 당연한 일이다. 정보화로 인한 사회 관계의 밀도와 강도가 높아지면서 정부개입의 여지가 급속히 축소되고 있다는 점도 문제다. 사회 관계가 더 복잡한 만큼 인과 관계의 추적이 용이하지 않고 그렇기 때문에 문제 해결 대안의 모색이 쉽지 않다. 어찌어찌하여 대안을 개발한다고 하더라도 이를 토대로 문제 해결에 나서는 경우 간섭 효과가 발생하면서 문제의 성격을 바꾸는 변화가 나타나게 된다. 대의 과정이나 그 결집된 의사를 집행한 결과가 예전만 갖지 못할 것은 당연한 일이다.

제 3 절 공동체주의에 의한 보완 요구와 거버넌스

더 많은 경제적 자유에 대한 요구가 경제적 양극화와 청년실업을 낳고, 더 많은 정치적 자유주의에 대한 요구가 있음에도 불구하고 이를 사회적 합의로 이끌어 내거나 합의된 내용을 집행하기가 더 어려워지는 시대 환경의 도래는 이를 보완하기 위한 방안 가운데 하나로 자유주의에 대한 균형자 역할을 수행할 공동체적 가치에 대한 수요를 촉발하고 있다. 방만한 자유주의 또는 자유지상주의의 한계를 극복하기 위해서는 공동체적 유익을 강조하는 공동체 구성원 개개인의 자기성찰과 헌신이 필요하다고 보는 것이다. 근자에 들어서면서 우리 사회 일각에서 공동체자유주의나 공생 발전, 동반 성장 등에 대한 논의가 제기되는 이유다. 우선 경제적 자유주의의 관점에서 볼 때, 시장의 원리가 말하는 등가적 교환 관계에는 그런 교환을 통해 승자와 패자를 가르거나 승자를 승자가 되도록 하는 특정의 경제공동체 자체의 가치 또는 비용에 대한 평가가 계산되어 있지 않다는 것이다. 이 경우 경제적 승자란 그가 승자가 되도록 허용하거나 부역한 특정한 형태의 경제공동체의 수혜자에 다름 아닌 것이다. 따라서 시장이 좀 더 정교한 교환의 등가성을 보장하기 위해서는 경제적 승자로 하여금 그가 승자가 되도록 한 경제공동체의 유지에 대해 비용 부담의 책임을 물어야 한다는 논리다. 그에 따라 기업의 사회적 책임을 말하는 자본주의 4.0 시대를 열고 있다. 그러나 기업의 사회적 책임론은 그 사회적 책임이 기업의 자발적 선택과 그에 따른 시혜적 성격의 것이라는 점에서 여전히 의사결정의 주도권을 경제적 승자 또는 상위 1%에 부여한다는 한계를 갖는다.

오히려 경제공동체의 비용 계산을 추가하고자 한다면, 바로 그 경제공동체로 인해 패퇴한 거래자에게 그 공동체 유지에 따르는 비용을 산출케 한다거나 또는 기업의 사회적 책임 정도를 결정하도록 하는 것이 균형의 도덕률에 합당한 일일 것이다. 그럴 경우 대체로 승자에 의해 구성되는 1%의 상위계층을 제외한 나머지 패자들이 99%의 사회공동체 구성원이 되면서 그들이 행사할 정치적 자유의 확장에 대한 수요로 이어지게 될 것은 자명한 일이다. 이렇게 더 많은 정치적 자유에 대한 수요가 증대하고 있음에도 불구하고 시대 환경의 변화로 인해 오히려 국민의 발언권이나 실체적 참여의 가능성은 감소하고 있다는 자각이 국가와 시민사회의 거리를 좁혀 공동체적 가치가 좀 더 직접적으로 정책 과정에 투입되도록 해야 한다는 인식의 전환을 불러오고 있다. 정치적 대리인에게 위임되어 있던 의사결정권을 국민 개개인에게 돌려 주자는 것이다.

이를 다른 측면에서 보면 자유주의에 대한 보완적 조처로 공동체주의적 가치를 반영해야 한다면, 이는 개인의 자율적인 처분권을 축소하거나 제한하는 헌신과 자제를 필요로 하는 일이기 때문에 당연히 자율적 의사결정권의 주체인 국민 개개인이 스스로 결정하도록 해야 마땅하다는 의미이기도 하다. 그런 직접적 참정의 권한 확대 방안 가운데 하나가 바로 거버넌스 체제의 도입이다. 지금까지 국가 또는 정부의 대리인들이 독점해 온 정책결정권을 시민에게 환원하여 국가와 시민사회 또는 정부와 시민이 토론과 대화를 통해 공동 결정하도록 하자는 것이다. 이는 지금까지 국민의 20%가 좌우하던 국가 경영의 헤게모니를 나머지 80%에게 돌려 주자는 것이며, 이런 권력 주도권의 변화가 가능하게 되는 이유 가운데 하나가 바로 정보사회의 도래로 인한 정보통신 기술의 정치적 활용에 있음은 주지의 사실이다. 시민 리더십을 통한 80 : 20 사회 또는 롱테일(long-tail) 정치 시대를 열자는 뜻이다(Anderson, 2006).

그러나 이런 거버넌스 체제의 운영 또는 시민 리더십 시대의 도래가 소기의 성과를 약속하기 위해서는, 우선 시민이 이런 국정 참여에 필요한 준비를 갖추고 있어야 한다. 합리적이고 이성적인 판단과 민주적 토론을 운영할 수 있는 성찰력을 필요로 하는 것이다. 그러나 우리의 경우는 이런 성찰적 시민 또는 교양 있는 시민을 길러낼 수 있는 역사문화적 경험을 축적하지 못했다. 따라서 좀 더 적극적으로 이런 시민을 육성할 수 있는 방안이 무엇인지를 고민해 보아야 한다. 거국적으로 민주시민 교육을 실시하여 단기간 내에 민주적 교양을 갖춘 시민을 양성해 내는 일도 한 방법일 것이다. 그러나 민주시민 교육의 가장 효율적인 방안 가운데 하나는 국정 운영 과정에 대한 참여 자체에 있다는 점을 상기하고 참여 기회를 확장하는 일에도 유의해야 한다(이승종, 2009: 32). 이 점에서 거버넌스 체제의 도입은 자기 모순적 한계를 갖는다. 시민 참여의 확장을 위해 거버넌스 체제를 도입하자는 것이지만, 거버넌스 체제의 작동이 가능하려면 시민 참여를 확장해야 한다는 형용 모순에 빠지는 것이다.

참여 기회가 확장된다고 하더라도 문제는 여전히 남는다. 정부와 시민이 공동 협력하는 과정에서 과연 협력의 공정성이 보장될 수 있냐의 문제가 제기된다. 이를 위해서는 협력의 구체적 양식인 토론의 정당성이 확보되어야 한다. 민주주의의 철학적 원리에 합치되는 토론 과정을 통해 정부의 대리인과 시민이 서로 정보를 교환하고 의견을 나누며 학습 과정을 통해 일종의 합의에 도달할 수 있어야 한다. 토론문화운동을 전개해야 하는 이유다. 그리고 이런 국가와 시민사회 간의 의사소통이 정보통신 장치의 지원을 받는 것이라고 한다면, 참여의 공정성 확보를 위해 정보 격차(information divide)를 개선하는 일은 필수적 과제다. 그러나 이런 거버넌스의 구현을 위한 전제 조건들 가운데에서 가장 핵심적인 것은 아무래도 분권사회의 구현에 있을 것이다.

제 4 절 거버넌스와 분권사회의 관계

거버넌스가 국가와 시민사회 또는 정부와 시민 사이의 협업적 공조 체제를 지향하는 것이라고 한다면, 그런 협업 관계는 국가와 사민사회 간의 거리가 좁혀질수록 좀 더 효과적으로 운영될 수 있을 것이다. 협업 단위로서의 공동체 규모가 작아야 한다는 의미다. 무엇보다도 거버넌스는 정책 과정에 대한 참여자의 증대를 의미하는 것이기 때문에 정책 과정의 거래비용을 높이게 된다. 좀 더 다양한 이해관계자나 집단이 참여하기 때문에 정책 책무성의 위기를 불러올 수도 있다(임승빈, 2011: 50). 이해관계 조정에는 좀 더 효과적일지 모르지만 합리적 이성적 판단으로부터 벗어날 위험성도 커지게 된다. 이런 문제를 극복하기 위해서는 참여자들에 대한 사회적 제재가 전제되어야 하고, 사회적 제재는 대면 관계를 통한 사회적 평판이나 압력이 작용할 때 좀 더 용이해진다. 이런 점을 고려해 보면 국가와 시민사회 내지는 정부와 시민의 만남이 이뤄지는 협업 단위가 작아져 공동체적 유대가 높을수록 유리하다는 결론에 이르게 된다. 협업의 규모가 상대적으로 작아짐으로 인해 참여자의 다양성에 따르는 거래비용이 줄고 정책 책무성 소재가 상대적으로 좀 더 명확해지며, 정치적인 요구가 합리적이고 전문가적인 판단을 과도하게 압도하는 문제를 좀 더 유리하게 극복할 수 있다는 점도 장처다.

무엇보다도 참여 자체의 적실성과 용이성이 분권적인 지역공동체를 기초로 할 때 더욱 강화된다는 점에도 유의할 필요가 있다. 상대적으로 소규모인 지역공동체 안에서는 지역 거버넌스가 지근한 거리에서 이뤄지는 생활 세계의 문제를 다룰 것이기 때문에 지역주민의 정책 과제에 대한 이해의 정도가 높고 이익갈등 관계가 좀 더 직접적이 된다. 그만큼 참여의 적극성이나 타당성 정도가 높아질 것은 자명한 이치다. 정부와 지근한 거리에 위치함으로써 지역정부에 대한 정보의 수집이나 감시 감독이 용이해진다는 점도 장처 가운데 하나다. 거버넌스가 정부와 시민 사이의 숙의 과정을 문제 해결의 핵심적 요인으로 간주하는 정책 과정의 한 양식이라고 한다면, 바로 이 숙의의 용이성을 위해서는 숙의에 필요한 토론과 면대면 대화가 용이해야 하고 이는 당연히 협업의 단위가 작을수록 더욱 가능해진다. 이렇게 하여 좀 더 다양한 지역공동체에 대한 선택이 가능해진다는 점에도 유의할 필요가 있다. 지역주민의 의사결정 폭을 신장함으로써 정치적 자유주의의 확장에 기여하기 때문이다.

지역공동체를 토대로 하는 상대적으로 작은 규모의 거버넌스 체제는 또한 경제성 진작에도 기여한다. 여러 거버넌스 체제의 병립을 통해 지역 거버넌스 체제 간의 경쟁을 촉진하고 그 결과 개별 거버넌스 체제의 경제적 효율성 신장에 기여할 뿐만 아니라 거대 거버넌스 체제가 빠지기 쉬운 중앙집권적 비효율 내지는 관료제의 병리 현상으로부터도 벗어날 수 있다. 거버넌스 체제의 규모가 커질수록 무임승차자의 가능성이 커지며 전환비용의 증대도 예상되는 일이다. 규모가 커질수록 좀 더 유연하게 격동하는 사회구조의 변화에 조응해 나가기 어려운 것도 물론이다. 무엇보다도 중요한 것은 의료, 보건, 교육, 복지 등 공동체주의적 가치 증대를 위한 서비스 프로그램의 집행에 더 유리하다는 점이다. 프로그램 수혜자와의 면대면 가능성 증대와 인간적 교류에 의한 정서적 공감 가능성을 높이기 때문이다. 이런 점에서 볼 때 분권형 지역공동체 중심의 거버넌스 체제 도입은 필수 선택 과제에 해당하는 셈이다.

그러나 그런 분권형 지역공동체가 그냥 주어지는 것은 아니다. 무엇보다도 기존의 사회 질서가 고도로 집권화되어 있고 그로 인한 기득의 권리를 누리는 집단이 상존하는 한 분권사회화 과정은 일종의 권력 투쟁적 성격을 동반하기 마련이다. 따라서 분권으로 인한 수혜집단이 좀 더 적극적으로 분권사회 구축에 나서야 하지만 현실은 그렇게 간단하지가 않다. 대부분의 경우 목적론적으로는 동의하지만 분권에 따르는 개인 차원의 이익이 분명치 않거나 구체적이지 않다는 점에서 무관심하거나 가시적 이익 추정에 집중하고 편익의 증대보다는 지출비용 쪽에 비중을 두면서 무임승차하려 할 가능성이 커지게 된다. 분권운동에의 참여가 개인 차원에서 볼 때는 기업가적 편익이 크지 않다고 평가할 가능성이 큰 것이다.

좀 더 중요한 과제는 분권사회를 위한 투쟁 과정에서 그의 구체적인 활동 목표가 무엇인지를 분명히 해야 하지만 참여자들 간의 이해관계가 얼마든지 서로 다를 수 있기 때문에 이를 명확히 하기가 쉽지 않다는 점도 문제다. 분권사회를 구현하자는 것은 궁극적으로 지역의 자율성이나 책임성 내지는 자치 능력이 강화된 지역공동체를 형성하자는 것일 수도 있고, 아니면 분권화 과정의 여러 난제를 풀어나가는 과정에서 제기되는 전략과 과제에 조응하자는 것일 수도 있으며, 단순히 지방자치단체의 권한과 책임을 확장하자는 것일 수도 있다. 그러나 이 모든 논의의 궁극적인 목표는 분권적 지역공동체 형성에 모아져야 할 것이다. 권력의 중추가 중앙에서 지역으로, 지역에서도 지역공동체로 이동해야 진정한 의미의 권력 분산이 가능해지고, 그렇게 되어야 지역정부의 운영도 자율성을 확보할 수 있을 것이기 때문이다.

그러나 다른 한편, 이렇게 분권사회가 강화될 경우, 지역 간 격차가 커지고 국가 전체 차원에서 통합적 질서나 합의를 도출하기가 지난해지면서 갈등과 대치가 확대될 위험성도 적지 않다. 지방자치단체의 무능이나 낭비, 무책임 등으로 인한 국고의 초과 지출 문제를 어떻게 할 것인가에 대해서도 대안을 내놓을 수 있어야 한다.

제 5 절 분권사회를 위한 80:20 리더십*

이런 점들을 고려하면 분권사회 구축 과정에서 지방정부의 혁신적 의지를 담보하는 일은 매우 중요한 과제로 제기된다. 지방정부의 정책 수립과 집행 과정이 투명해지고, 그 결과 지역주민으로부터의 신뢰를 담보할 수 있어야 그런 신뢰를 토대로 주민 참여의 동기를 촉발하고 유인할 수 있을 것이기 때문이다. 지역 거버넌스 체제의 구축에 있어 주도적 역할을 수행해야 하는 책무의 우선적인 소재지는 바로 지방정부에 있는 셈이다. 지방정부와 지역사회 간의 역할 분담이나 협력적 공조 체제를 구축하는 과제 자체가 지방정부의 책무일 수밖에 없다는 뜻이다. 공익형 NGO와의 협력적 관계를 개척하고 구축하는 일은 바로 지방정부의 몫이다. 각종 위원회를 지역 거버넌스 체제의 취지에 맞게 구성하고 운영하는 일도 지방정부의 혁신성 여부에 따라 좌우된다.

따라서 지방 공무원의 마인드를 전환하는 일이 매우 긴요한데, 이는 상위 공직자의 솔선수범과 지방정부 혁신에 대한 확신이 전제되지 않고서는 구현하기 어려운 일이다. 그러나 이렇게 지방 공무원 사회에 혁신적 기풍을 진작하는 일은 기본적으로 지방정치의 성격에 따라 그의 성패가 좌우된다. 그러나 전국의 지역사회 대부분에서 자치단체장과 지방의회, 지역의 유력 인사들이 같은 정치 성향을 공유하거나 혹은 동일 정당에 소속됨으로써 지방자치단체의 정책 결정 과정을 배타적으로 독식하는 체제가 관행화하다시피 되어 있다. 이런 우리의 정치 현실에서는 결코 달성하기 쉽지 않은 일이다. 지역사회의 권력구조가 폐쇄적이라는 의미다. 이런 현상이 지역정치가 중앙정치에 예속되면서 자율성과 독자성을 크게 훼손당한 결과라는 점에서 보면 지역정치는 자율성마저 결여되어 있다는 의미이기도 하다.

이런 상황 하에서는 아무리 지역주민을 파트너로 하는 거버넌스 체제가 제도적으로 보장된다고 하더라도 지역주민과 지방정부 간의 협동적 동반자

---

* 이 절은 박재창(2009)을 부분적으로 발췌, 수정한 것이다.

관계의 구축은 어렵게 된다. 특히 주민 참여의 제도적 장치들이 자치철학을 적극적으로 반영하고자 하는 것이 아닐 경우 이런 상황은 더욱 악화될 수밖에 없다. 따라서 지방정치를 지속적으로 관리・감독하고, 비판・견제함으로써 지역의 권력구조가 자율성과 개방성을 갖추도록 유도하는 일이 최우선적인 과제로 제기된다. 이를 위해서는 지역의 자발적인 시민단체 활동에 기대를 걸게 되는 것이 보통이다. 지역의 시민단체가 중심이 되어 지역의 상부구조를 비판 감시하는 것은 물론이고 지역주민이 자치 의식을 획득할 수 있도록 유도하고 격려하는 통로로 작동해 주어야 한다. 건전한 시민단체의 활동을 통해 단체장 및 지방의회의 전횡을 막고, 지역주민들의 비민주적이고 자기 중심적인 이기주의를 순화시킬 때 지방자치의 본래 목적 달성이 가능해진다고 보는 것이다.

그러나 지역의 자발적인 시민단체는 지역시민사회의 각성과 성찰이 없이는 사실상 제 역할을 다하기 어렵다. 지역시민사회의 지역사회 변화를 위한 견인력이 전제되어 있어야 한다는 의미다. 분권사회의 구축은 20 : 80 사회가 80 : 20 사회로 전환되는 것을 의미하는 것에 다름 아닌 것이다. 지역사회의 시민 리더십이 발양되어야 분권사회를 견인할 수 있으며, 분권사회가 견고할 때 지역 거버넌스 체제가 제 역할을 다할 수 있고, 지역 거버넌스 체제가 제대로 작동할 때 공동체주의적 가치의 공유가 좀 더 효율적으로 이뤄질 수 있으며, 공동체주의적 가치가 수렴될 때 후기 근대의 모순적 구조 속에서도 더 많은 자유주의에 대한 요구를 확대 수용할 수 있게 된다.

따라서 지역의 시민 리더십을 배양하는 일이 후기 근대의 사회구조적 변화에 조응하는 근원적인 대응책 가운데 하나인 셈이다. 이를 위한 방안에는 실로 다양한 의견이 제시될 수 있을 것이지만 이들을 종합해 보면 결국 상향식 민주주의 전략과 하향식 민주주의의 전략으로 대별된다.

제 6 절 결론

먼저 후기 근대라는 모순구조 속에서 자유주의에 대한 확대 요구를 수렴하기 위해서는 상향식 민주주의를 통해 대응해야 한다는 데에 이견을 말하는 이는 적지 않을 것이다. 그러나 다른 한편에서 보면, 그런 상향식 민주주의의 출발점이라고 할 수 있는 시민 리더십은 어떻게 생성 가능한 것인가의 문제가 제기된다. 서구 사회에서와 같이 사회자본이 역사적 진행 과정에서 자연스럽게 축적되어 있는 곳에서는 지역공동체 내부에서 지역주민들이 자발적으로 나서서 사회 변동을 주도하는 것만으로도 시민 리더십의 실체를 구현해 낼 수 있을 것이다. 문제는 우리와 같이 사회자본이 축적되어 있지 않은 곳에서의 상향식 민주주의는 대개의 경우 현장에 이르러 공허해지기 마련이라는 데에 있다. 따라서 밑으로부터의 에너지를 유인하고 촉발하기 위한 사회 변동의 디자인이 필요해지기 마련인데, 이는 하향식 민주주의에 의해 보완 가능해지는 과제다.

그런 점에서 지역사회의 명망가들이나 전문가 집단, 시민사회 운동가들이 분권운동을 통해 상향식 민주주의와 하향식 민주주의를 중개하는 중간자 역할을 수행하려 한다는 것은 분권사회의 정착을 위해 매우 바람직한 일로 여겨진다. 상향식 민주주의와 하향식 민주주의가 서로 교호하게 하는 매개자의 역할을 자임하려는 것으로 여겨지기 때문이다. 그리고 이렇게 상향식 민주주의와 하향식 민주주의가 서로 교호하는 가운데 사회구조 변화의 계기를 마련해야 한다는 생각은 사회 변화의 진행 과정이 순율적(順律的)이거나 단계적이지 않고 전진과 퇴행을 거듭하며 지그재그(zig zag)식의 변화 양식을 취할 수밖에 없다는 의미이기도 하다. 규범적 민주주의와 실체적 민주주의 사이의 상호작용 과정으로 이해되기 때문이다. 거버넌스 체제 도입 과정상의 형용 모순은 바로 이런 질서를 통해 순화된다고 보아야 할 것이다.

이는 또 자유주의와 공동체주의가 결코 이원론적으로 접근할 과제가 아니며 서로 연동되어 있거나 또는 상합함으로써 일원론적 관점에서 이해해야 하는 과제라는 점을 시사해 주는 것이기도 하다. 지역 거버넌스 체제의 도입이 공동체적 가치를 확산하기 위한 수단적 방편이기도 하지만 동시에 공동체적 연대의 결과적 소산이라는 의미이기도 하다. 무엇보다도 중요한 것은 거버넌스 체제가 시민 참여의 통로를 확장하기 위한 것이지만 여전히 전문가적인 판단이나 합리적인 판단력을 존중하기 위한 장치이기도 하다는 점이다. 따라서 거버넌스는 단순히 시민 참여를 위한 직접민주주의의 도구라기보다는 균형민주주의를 구현하기 위한 정치로 이해되어야 할 것이다. 정치적 합리성과 과학적 합리성의 혼합을 통한 대안의 적실성 정도를 제고하려는 과정이라고 해도 무리가 없다.

이는 다시 선험적 모형이나 이론의 틀을 통해 일원적이고 보편적인 사회공동체 운영 체제나 질서를 제시하거나 개발하기가 어려운 후기 근대 사회에서는 자유주의와 공동체주의를 여하히 혼합하거나 또는 그 혼합의 비율을 정할 것인가가 궁극적인 숙제 내지는 과제로 제기되는데, 이는 국가와 시민사회 또는 정부와 시민이 그때 그때의 사회적 수요에 맞춰 대화와 토론을 통해 잠정적, 임시적 접점을 찾아나감으로써 해결해야 하는 과제라는 의미이기도 하다. 후기 근대의 사회적 수요에 대응하기 위해서는 대화와 소통의 성공이 핵심적 과제로 제기되는 이유다.

제 2 장 지방분권의 논거와 과제

안성호

제 1 절 서론

1987년 6월 시민항쟁에 이어 신군부 정권에 의해 발표된 6·29민주화선언 제6항은 지방자치의 전면 실시를 밝혔다. 우여곡절을 거쳐 1991년 지방의회가 구성되었고, 1995년 지방자치단체장선거가 실시됨으로써 지방에 대의민주주의가 1961년 5·16군사정부에 의해 잠긴 지방자치의 빗장을 열고 부활되었다.

1991년 지방의회의 부활과 함께 총무처 주관으로 중앙행정 권한의 지방이양 작업이 시작되었다. 당시 중앙·지방사무 총수 15,774개 중에서 중앙정부가 직접 처리하는 국가사무가 74.5%이고, 지방자치단체장에게 위임해 처리하는 기관위임사무는 12.2%였다. 따라서 지방자치단체사무(자치사무+단체위임사무)는 13.4%에 불과했다. 1991년부터 1998년까지 지방이양합동

* 이 글은 부산지방분권협의회·전국시도지사협의회 공동 주최 '전국 주요 지방분권운동 전문가 초청 그룹 워크숍'(2011. 07. 24., 해운대 토요코인호텔)에서 "지방분권의 논거·성과·과제"로 발표되었다.

심의회의 심의를 거쳐 법령 개정을 통해 지방 이양이 완료된 중앙사무는 923건이었다. 그러나 중앙정부 직접 처리 사무 수가 1997년 11,755개로 1991년보다 오히려 11개 늘어났다(안성호, 1999: 34-35). 중앙사무의 지방 이양 작업이 진행되는 과정에서 다른 한편에서는 중앙사무가 새로 만들어진 것이다. 더욱이, 지방에 이양된 중앙사무는 대부분 처리 빈도가 낮거나 중요치 않은 권한이었다.

1997년 말 들이닥친 IMF 환란은 중앙집권 체제가 국가경쟁력의 발목을 잡고 있다는 인식을 확산시켰다. 1998년 집권한 국민의 정부는 "중앙 권한의 대폭적 지방 이양"을 100대 국정 과제의 하나로 선정했다. 과거 총무처와 내무부를 합쳐 행정자치부를 출범시키는 한편, 「중앙행정 권한의 지방이양촉진법」이 제정되어 지방분권 개혁에 새로운 전기가 마련될 것으로 기대되었다. 그러나 그 성과는 매우 실망스러웠다. 국민의 정부에서는 총 3,802개의 지방 이양 대상 사무 중 1,090개를 이양 확정했지만, 관련 법령의 개정을 통해 이양 완료된 사무는 240개에 불과했다. 지방이양위원회는 중앙엘리트들의 반대와 저항을 우려해 주요 대선공약이었던 지방자치경찰제 도입, 특별지방행정기관의 정비 등 지방분권 개혁의 핵심 과제들이 아예 거론조차 되지 않은 채 일부 지엽적인 중앙사무를 지방에 이양하는 데도 힘겨웠다(안성호, 2005: 347).

이런 와중에 일부 중앙부처는 중앙 권한의 지방 이양 속도가 너무 빠르기 때문에 지방이양추진위원회의 결정을 번복할 수 있는 절차를 만들어야 한다고 주장했다. 심지어, 정관계 일각에서는 기초자치단체장 임명제, 부단체장 국가직화, 자치사무에 대한 직무이행명령제와 대집행제, 자치구제 폐지, 시·군 통합, 단체장 징계제 등 중앙통제 제도를 강화하는 관련 법률안을 국회에 발의했다.

2003년 출범한 참여정부는 지방분권을 12대 국정 과제의 하나로 선정하고 기존의 지방이양위원회와는 별도로 대통령 소속으로 정부혁신지방분권위원회를 설치해 지방분권 개혁을 의욕적으로 추진했다. 노무현 대통령은 기회 있을 때마다 자신이 '지방분권 대통령'으로 기억되기를 원한다고 토로했고, 퇴임 후 역대 대통령 중 최초로 고향 농촌으로 내려갔다. 그러나 참여정부의 지방분권정책은 제주특별자치도의 출범과 직접민주제의 확충 등 두드러진 성과에도 불구하고 용두사미(龍頭蛇尾)로 끝났다는 평가가 많다. 그러나 필자는 참여정부의 지방분권정책을 화호묘묘(畵虎描猫), 즉 '호랑이를 그리려다 고양이를 그렸다'고 평가하는 것이 더 적절할 것으로 생각한다.

2008년 집권한 이명박 정부는 정권의 별칭을 실용정부로 정하고 행정자치부를 행정안전부로 개칭했다. 실용정부는 지방분권을 100대 국정 과제의 하나로 선정하고 「지방분권촉진특별법」을 제정했다. 2008년 12월 설치된 대통령 소속의 지방분권촉진위원회는 지난 2년 동안 총 1,178개의 중앙 권한을 지방으로 이양하기로 확정했다. 그러나 이 중에서 법령 개정으로 이양이 완료된 사무는 고작 3.4%에 불과하다. 더구나, 지방분권촉진위원회는 대다수 전문가들에 의해 지방자치의 심각한 후퇴로 비판받는 마·창·진 합병을 대표적 지방분권 실적으로 내세우고 있다. 설상가상으로, 2011년 1월 구성된 대통령 소속 지방행정체제 개편추진위원회가 시·군·자치구 합병을 위주로 한 전면적 지방자치 체제 개편안 마련에 착수함으로써 실용정부 지방분권정책의 뒤틀림이 우려되고 있다.

이 장에서는 이처럼 어려운 지방분권 개혁을 반드시 성공시켜야 하는 까닭을 살펴보고, 참여정부와 실용정부 지방분권정책의 특징과 실적 및 교훈을 고찰한 다음, 향후 지방분권정책의 발전 과제를 논의하고자 한다.

제 2 절 왜 지방분권인가?

1 대통령과 국회의 과부하

북한군의 연평도 포격 후 이명박 대통령은 국민의 생명과 재산을 지키지 못한 책임을 통감하는 대국민 사과문을 발표했다. 북한군의 기습 포격으로 국군의 소극적 대응, 관련 청와대 안보비서진의 부적절한 발언, 북방한계선(NLL) 인접 서해 5도의 취약한 군사력 등 안보상의 많은 문제점이 드러났다.

정부는 대통령의 사과에 이어 국방 장관과 참모총장을 비롯한 장성들의 교체, 서해 5도에 대한 전력 증강과 재정비, 군사비 증액 등 후속 조치를 취했다. 그러나 이런 단기적 대응책만으로는 부족하다.

안보는 생존과 번영을 위한 선택이 아니라 필수다. 호전적이고 예측하기 어려운 행태를 보이는 북한의 군사 위협에 직면하고 있고, 미·일·중·러 4강의 이해관계가 치열하게 교차하는 한반도에서 한국의 미래는 안보에 달려 있다고 해도 과언이 아니다.

대통령은 30조 원이 넘는 국방 예산을 전략적으로 관리해야 하고, 지지부진한 군 선진화 개혁을 주도해야 한다. 안보 위기일수록 외교는 더욱 중요하며, 경제의 안정과 성장은 안보의 초석이다. 대통령은 굳건한 한·미 동맹을 유지하면서도 중국을 비롯해 러시아·일본과도 협력 관계를 도모해야 하는 난해한 외교 퍼즐을 풀어야 한다. 어려운 대북 문제를 해결하면서 평화 통일의 길도 열어야 한다. 아울러, 경제의 안정과 성장을 유도해 안보의 기반을 튼튼히 다져야 한다.

현행 대통령 직무는 대통령이 안보와 경제 안정·성장에 전념하기에 너무 과중하다. 대통령의 리더십 역량이 외치(外治)와 경제의 안정·성장에 집중적으로 투여되기 위해서는 대통령이 관장하는 과중한 직무의 재조정이 불가피하다.

분권형 대통령제(이원집정부제)를 주장하는 사람들은 흔히 대통령의 과중한 직무의 일부, 특히 내치(內治)를 국회에서 간선되는 총리가 구성하는 내각에 분담시키는 방식으로 해결할 수 있다고 본다. 이런 견해는 대통령의 과중한 책무가 국회의 과부하로 이어지지 않는다는 것을 전제한다.

그러나 이런 전제는 '견제와 균형'의 원리에 입각해 설계된 행정부-입법부 권력분립제의 본질을 도외시한 것이다. 대통령의 과중한 책무는 국회의 과부하로 이어지기 마련이다. 국회의 국정감사와 예산 심의가 부실하게 이뤄지고 있다는 지적을 받아온 것은 어제오늘의 일이 아니다. 국정감사와 예산 심의의 기간을 늘리고 전문 보좌인력을 늘리는 것으로 문제의 근원이 해결되지 않는다. 국회의 고질적인 입법 정체는 국회의 심각한 과부하 현상을 적나라하게 보여 준다.

제18대 국회의 개원 이후 2011년 1월 10일 현재까지 발의된 총 10,002건 중 위원회의 심의를 거쳐 정상 처리된 법률안은 고작 1,756건뿐이다. 법률안 처리율이 17.6%에 불과한 셈이다.[1] 위원회에 계류 중 회기 종료로 자동 폐기된 법률안이 1,879건, 현재 위원회 심사를 기다리고 있는 법률안은 무려 6,367건에 달한다.

입법 정체의 심각성은 날로 심화되는 추세에 있다. 이전 17대 국회(2004년~2008년)의 법률안 처리율은 접수된 전체 법률안 7,489건 중 위원회 심의를 거쳐 2,009건이 처리되어 26.8%였다. 16대 국회(2000년~2004년)의 법률안 처리율은 접수된 총 법률안 2,507건 중 993건이 정상 처리되어 39.6%였다.

현재 국회 행정안전위원회에는 무려 1,056건(의원 발의 979건, 정부 발의 77건)의 법률안이 심의를 기다리고 있다. 행정안전위원회가 무슨 수를 써서 1천 건이 넘는 법률안을 제대로 심의할 수 있단 말인가? 16개의 다른 위원회도 행정안전위원회보다 다소 사정은 낫지만 법률안 과부하로 몸살을 앓기는 마찬가지다. 200건 이하의 법률안이 계류된 위원회는 정보위원회(12건), 외교통상통일위원회(72건), 1개 특위(85건), 여성가족위원회(137건)뿐이다. 대다수 위원회에는 법률안이 2백~5백 건씩 계류되어 있다. 특히 국토해양위원회에는 605건, 보건복지위원회에는 967건의 법률안이 잠자고 있다.

18대 국회의 저조한 법률안 처리 실적이 거의 매달 위원회를 열어 법률안 심의를 한 결과임을 고려해야 한다. 국회의 과부하를 그대로 둔 채 국회법을 대폭 손질하고 국회 운영을 쇄신한다고 국회의 입법 정체 문제가 해결될 것으로 기대할 수 없다. 국회의원들이 게을러서 입법 정체를 초래하고 국가 경쟁력의 발목을 잡고 있다고 질타한다면, 의정활동에 여념이 없는 대다수 국회의원은 분통을 터뜨릴 것이다. 국회의 과부하 문제를 해소하는 근본적인 해법은 다름 아닌 지방분권 개혁이다.

1) 동일 사안에 대해 발의된 복수 법률안이 단일 법률로 처리된 경우를 계상하면, 법률안 처리율은 다소 높아질 수 있다.

2 세입 자율권의 위축과 돼지여물통 정치

지방분권의 장점이 나타나기 위해서는 무엇보다 재정분권이 필요하고, 재정분권의 긍정적 효과는 지방정부 간 조세 경쟁과 정책 경쟁을 야기할 만큼 지방자치단체가가 상당 수준의 과세자치권을 비롯한 세입 자율권을 확보해야 한다.

그러나 한국의 지방재정제도는 이런 재정연방주의적 요건을 제대로 갖추고 있지 못해 왔다. 무엇보다 자치권의 본질적 요소인 지방자치단체의 과세자치권은 고작 지역개발세의 탄력세율을 정하는 등 미미하기 이를 데 없다. 참여정부 시절에 세출 부문의 지방분권이 다소 진척된 것은 사실이지만, 세입 부문의 지방분권은 거의 도외시되었다. 2010년 1월 실용정부가 지방소비세와 지방소득세를 도입했지만, 지방소득세는 주민세 소득할과 사업소세 균등할을 명칭만 바꾼 것이고, 지방소비세는 국세인 부가가치세 5%를 지방세로 전환해 이양 효과가 2010년에 약 1조 5천억 원 발생했으나 세원 이양이 아니라 세액 이양에 불과해 과세자치권의 확대와는 거리가 멀다.

한국 지방재정의 심각한 문제점은 역대 정부가 지방분권을 주요 국정 과제로 표방하면서 오히려 세입 부문의 중앙집권을 꾀했다는 것이다. 그 동안 지방자치단체 세입자치권의 유력한 지표인 지방재정자립도는 크게 하락했다. 전국 평균 지방재정자립도가 2000년 59.4%에서 2010년 52.2%로 7.2%나 떨어졌다. 시・도와 시・군・자치구에서 두루 확인되는 지방재정자립도의 하락 추세는 2010년 지방소비세가 도입된 후에도 지속되고 있다.

지방재정자립도의 지속적 하락을 야기한 주요 요인으로는 부동산 경기의 둔화와 사회복지비에 대한 중앙정부 부담의 지방자치단체 전가를 들 수 있다. 먼저, 부동산 경기가 나빠지면서 부동산 관련 조세 위주의 지방세 수입이 격감한 것은 당연한 일이다. 부동산 경기 둔화를 중앙정부의 의도적 정책의 결과로 보기는 어렵다. 그러나 중앙정부가 사회복지비의 부담을 지방자치단체에 전가한 것은 성격이 다르다. 2005년 참여정부 시절 67개 사회복지사업을 중심으로 149개 국고보조사업을 지방자치단체사무로 이양하면서 분권교부세를 신설해 지원하도록 조치했는데, 문제는 지방비 부담률이 해마다 크게 증가한 것이다. 지방비 부담률이 2005년 63%에서 2010년 72%로 상승해 이미 어려운 지방재정을 점점 더 옥죄었다. 사회복지사업의 지방 이양 후 복지 관련 지방예산의 연평균 증가율이 16.4%에 달했는데, 이는 전체 예산증가율의 2배가 넘는 것이었다.

세입재정의 중앙집권 폐단은 '돼지여물통 정치(pork-barrel politics)'로 나타난다. 돼지여물통 정치란 정부지원금 쟁탈을 위해 투쟁하는 양상이 마치 돼지들이 여물통 먹이를 차지하기 위해 머리를 들이밀고 싸우는 모습과 닮았다고 하여 만들어진 용어다.

국회의원들과 지방자치단체들이 지원금 쟁탈을 둘러싸고 벌이는 돼지여물통 정치는 재정적 낭비, 방만한 재정 운영, 관-관부패, 지역감정의 조장 등 온갖 병폐를 야기한다. 무엇보다, 돼지여물통 정치는 재정적 공유자원(commons)의 과잉 착취를 초래한다. 국회의원들과 지방자치단체장들은 제각기 지방과 나라의 발전을 구상하고 실행하기 위해 진력하기보다 정부지원금을 따오는 일에 매달린다. 이들은 자신의 정치적 생명이 대정부 로비 능력과 연줄에 좌우된다는 사실을 잘 알고 있기 때문이다. 그 결과, 상당한 정부지원금이 정실에 따라 특정 사업에 과잉 배분되어 자원 배분을 크게 왜곡시킨다. 로비와 연줄로 따온 정부지원금은 '눈먼 돈' 쯤으로 간주되어 재정의 방만한 운영을 부추긴다. 정부지원금의 쟁탈 과정에서 빚어지는 관-관부패와 지역주의의 폐해도 크다.

정부부처들이 예산안을 편성할 때부터 시작되는 돼지여물통 정치는 정기국회에서 예산안이 심사 및 계수 조정되는 과정에서 특히 극심하다. 이를테면, 지난 2010년 12월 8일 한나라당이 2011년도 예산안을 단독으로 강행 처리한 북새통 속에서도 국회의원들의 지역구 챙기기 돼지여물통 정치는 어김없이 극성을 부렸다. 예산안이 강행 처리되기 직전에 추가 증액된 예산만 4,613억 원에 달했다.

지방자치단체장들 역시 돼지여물동 정치에 자신들의 정치 생명을 걸기는 마찬가지다. 몇 년 전 퇴임하면서 토로한 전임 김천시장의 고백은 충격적이다. 주민의 두터운 신뢰를 받아 3선 연임을 한 그는 정부지원금을 따오고 사업 등의 허가를 얻기 위해 일 년에 150일 이상 서울과 과천 출장을 다녔다고 했다. 중앙부처의 장·차관과 국장은 고사하고 과장과 계장을 만나 읍소하려고 복도에서 1시간 넘게 서성인 적도 한두 번이 아니었다고 했다. 시·도지사의 형편도 크게 다르지 않다. 주요 사업의 정부지원금을 확보하기 위한 로비활동은 시·도지사의 가장 중요한 업무로 간주된다. 시·도지사의 명을 받은 부단체장과 국장들의 중앙부처와 국회 출장도 잦다. 예산 편성이 막바지에 이르고 국회에서 예산 심의가 이뤄지는 시기에 이들은 아예 중앙부처와 국회로 출퇴근하기도 한다.

지방자치단체들은 앞다퉈 돼지여물통 정치의 전초 기지로 서울사무소를 설치 운영하고 있다. 현재 16개 시·도 모두와 39개 시·군이 서울사무소를 두고 있다. 근래 기초지방자치단체의 서울사무소 개설이 크게 늘고 있다.

정부가 세금을 거둬 지방에 나눠 주는 재정 운영 방식, 특히 재량권을 가지고 지원금을 배정하는 한 돼지여물통 정치는 지속될 것이다. 이를테면, 2010년부터 정부가 종래 국고보조금의 용도 제한에서 비롯되는 경직성을 해소하고 재정 운용의 자율성을 확대할 목적으로 일정 범위 내에서 사업선택권을 부여해 도입한 포괄보조금도 사업계획서의 평가와 선정 과정에서 돼지여물통 정치를 원천 봉쇄할 수는 없다. 오히려, 새로운 포괄보조금 제도의 등장으로 지방자치단체들 간의 사활을 건 국비 확보 경쟁이 더욱 과열될 것으로 우려된다.

돼지여물통 정치를 예방하는 최선의 방안은 지방자치단체의 자율과 책임이 맞물려 돌아가는 재정연방주의 체제를 구축하는 것이다. 이를 위해서는 재량적 정부지원금의 규모를 최소화하고 지방자치단체의 자체재원 비율을 대폭 확대하는 방향으로 재정제도를 개편하는 전면적 재정분권화 개혁이 필요하다.

3 지역정부 지수를 통해 본 한국의 허약한 광역자치정부

마크스 등(Marks et al., 2008: 161-181)은 각국 지역정부의 권한 변동과 국제 비교를 위해 '지역단체 지수(Regional Authority Index)'[2]를 개발했다. 지역단체 지수는 지역행정기관 또는 지역정부의 자치권(self-rule)과 국정참여권(shared rule)의 크기로 측정되었다. 자치권은 지역행정기관 또는 지역정부의 ① 정책결정권 행사 범위와 ② 과세권 수준 및 ③ 대표 선임 방식(임명제·간선제·직선제)으로, 국정참여권은 ① 헌법결정권 참여 수준과 ② 입법권 참여 수준 및 ③ 행정권 참여 수준으로 각각 측정되었다. 이들의 연구에 의하면, 1950년에서 2006년까지 42개 민주국가 내지 준(準)민주국가에서 추진된 384건의 지역정부 관련 구조개편 중에서 89%인 342건이 지역정부를 강화하는 것이었다. 지난 50여 년 동안 대다수 국가에서 편차는 크지만 지역정부가 괄목할 정도로 신장된 것이다. 아울러, 총 384건 중 75%인 289건이 대의민주제의 확충과 과세권을 비롯한 행·재정권의 확대 등의 자치권 신장과 관련된 것이었고, 25%인 95건이 국정참여권 신장과 관련된 것이었다. 그리고 지역정부의 국정참여권 강화는 오직 지역정부가 강한 자치권을 누리는 나라에서만 확인되었다.

<표 2-1>은 이들이 분석 대상에 포함한 인구 4,000만 명 이상의 독일·스페인·미국·이탈리아·러시아·프랑스·일본·영국·터키에 필자가 한국을 추가해 1950년부터 2006년까지 지역단체지 수의 변동을 주요 시기별로 정리한 것이다. 우리는 <표 2-1>를 통해 중요한 사실을 확인할 수 있다. 연방국가로서 강력한 주정부를 유지해 온 독일과 미국, 예외적으로 지역정부 강화에 무관심했던 일본, 그리고 아직 고질적인 중앙집권적 소용돌이 정치를 벗어나지 못한 한국과 터키를 제외한 나머지 다섯 나라는 지역정부의 권한을 점차 강화시켜 왔음을 알 수 있다. 특히 스페인·이탈리아·프랑스의 지역정부 권한 강화는 가히 헌정 질서의 근본적 변화를 초래한 것이었다.

[그림 2-1]은 이들이 42개 국가의 인구 자연 로그(natural log)값과 지역단체 지수값을 표시한 그림에 필자가 우리나라의 인구 자연 로그값과 지

2) 지역단체 지수의 구성 요소와 산출 방식 및 타당성에 대한 자세한 논의는 섀켈(Schakel, 2008: 143-166)을 참고할 것.

표 2-1 인구 4천만 명 이상의 10개국 지역정부 강화 추세(1950~2006년)

나라명	연도	자치권 점수	국정참여권 점수	지역단체 지수
독일	1950~2006	25.0	8.0	33.0
스페인	1978	8.0	2.0	10.0
	1979~1981	20.2	3.9	24.1
	1982~2006	24.0	6.5	30.5
미국	1950~2006	20.0	6.5	26.5
이탈리아	1950~1963	10.4	1.2	11.6
	1964~1988	17.0	2.0	19.0
	1989~2006	23.0	3.0	26.0
러시아	1993~1995	13.0	8.0	21.0
	1996~2004	16.0	8.0	24.0
	2005~2006	13.0	8.0	21.0
프랑스	1950~1958	6.0	0	6.0
	1959~1981	10.0	0	10.0
	1982~1990	18.0	0.1	18.1
	1991~2006	18.0	0	18.0
영국	1950~1963	9.4	0	9.4
	1964~1996	9.8	0	9.8
	1997~2002	12.6	0.5	13.1
	2003~2006	12.3	0.5	12.7
일본	1950~2006	8.0	0	8.0
한국	1950~1990	0	0	0
	1991~2006	5.0	2.0	7.0
터키	1950~2006	5.0	0	5

출처: Marks et al.(2007: 23-33)의 자료에 필자가 한국 지역단체 지수를 계산해 추가한 것임.

역단체 지수값을 계산해 추가한 것이다. 우리는 [그림 2-1]를 통해 자연로그값 7에 해당되는 인구 1,000만 명 이상의 나라들, 즉 그림의 중간에 세로로 그어진 점선의 오른쪽에 위치한 나라들 중에서 포르투갈·터키·폴란드를 제외한 나머지 나라들이 모두 우리나라보다 높은 지역단체 지수값을 나타낸다는 사실을 알 수 있다. 인구 4,000만 명 이상의 나라들 중 우리나라 시·도의 지역단체 지수값보다 낮은 지역단체 지수를 나타낸 나라는 오직 개도국 터키뿐이다. 터키가 우리나라보다 낮은 지역단체 지수를 나타낸 이유는 지역정부의 수장을 중앙정부가 임명하기 때문이다. 우리나라

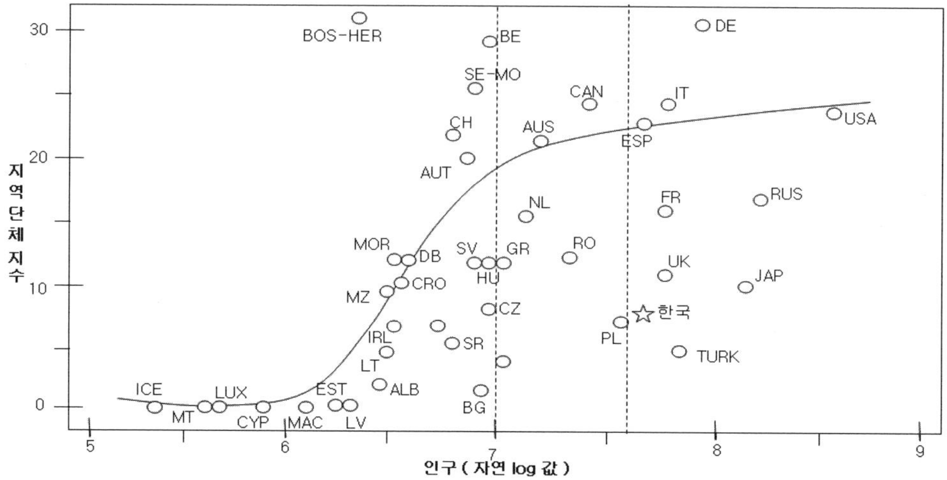

그림 2-1 42개국+한국의 지역단체 지수와 인구 규모

범례: 인구의 자연 로그값: 5 = 10만 명; 6 = 100만 명; 7 = 1,000만 명; 8 = 1억 명; 9 = 10억 명
BOS-HER(Bosnia and Herzegovina), BE(Belgium), DE(Germany), SE-MO(Serbia and Montenegro), CAN(Canada), USA(United States), CH(Switzerland), AUS(Australia), IT(Italy), EST(Estonia), AUT(Austria), NL(Netherlands), FR(France), RUS(Russia Federation), NOR-(Norway), CRO(Croatia), DK(Denmark), SV(Slovenia), GR(Greece), UK(United Kingdom), JAP(Japan), HU(Hungary), FIN(Finand), NZ(New Zeeland), IRE(Ireland), SR(Slovak Republic), CR(Czech Republic), PL(Poland), TURK(Turkey), LT(Lithuania), ICE(Iceland), LUX-(Luxembourg), MT(Malta), MAC(Macedonia), EST(Estonia), SLE(Slovenia), LV(Latvia), ALB-(Albania), RO(Romania), CYP(Cyprus)
출처: Marks et al., 2008: 174의 [그림 3]에 필자가 한국을 포함시킨 것임.

시·도의 자치권과 국정참여권이 국제 비교의 관점에서 가장 낮은 수준에 있음을 뜻한다.

[그림 2-1]이 보여 주는 또 한 가지 중요한 사실은 지역정부의 편익이 250만 명 수준부터 나타나기 시작해 급증하다가 2,000만 명을 기점으로 완만한 곡선을 이룬다는 점이다. 이를테면, 250만 명 미만의 소국에서는 지역정부가 존재하지 않고, 300만~2,000만 명 구간의 국가군에서 지역단체 지수가 크게 높아지는 경향을 보인다. 특히 2,000만 명 이상의 민주국가들은 모두 상당한 권한을 갖는 지역정부를 두고 있는 것으로 밝혀졌다. 인구 5천만 명의 한국에서 도 지역정부를 약화 내지 폐지하려는 정치권의 지방자치체제 개편 구상이 얼마나 국제적 동향에서 이탈한 것인지 알 수 있다. 가장

낮은 지역단체 지수를 보인 터키의 지역정부조차 도로·병원·교육 등에 관해 자치권을 행사하며, 주민 직선의 지역의회를 가지고 있다(Marks et al., 2008: 173-174).

4 세계 최대의 기초정부와 다중심 거버넌스의 민주적 효율성

우리나라 시·군·자치구의 구역이 얼마나 광역적으로 설정되어 있는지 선진국의 기초정부 구역과 비교해 보면 한눈에 알 수 있다. <표 2-2>는 우리나라 시·군·자치구의 수와 평균 인구·면적을 주요 선진국 기초정부의 수와 평균 인구·면적과 비교한 것이다.

남유럽 국가들과 미국의 기초정부 평균 인구는 1만 명을 넘지 않는다. 남유럽 국가들과 미국에서 기초정부의 평균 인구는 고작 수천 명에 불과하다. 프랑스·스위스·독일·스페인의 대다수(84~95%) 기초정부 평균 인구는 우리나라 면의 평균 인구인 5천 명 미만이다.

표 2-2 주요 선진국과 한국의 기초지방정부 규모

국가명	기초정부 수	기초정부당 평균 인구	기초정부당 평균 면적
프랑스	36,763개	1,743명	15㎢
스위스	2,681	2,835	15
스페인	8,109	4,998	62
독일	14,805	5,452	24
미국	39,006	6,623	240
이탈리아	8,104	7,040	37
핀란드	416	12,620	713
스웨덴	290	31,240	1,417
덴마크	98	56,127	433
일본	1,772	67,313	210
영국	433	128,061	560
한국	228	219,298	428

출처: 필자가 각국 CIA의 *The World Factbook* 자료로 계산해 작성한 것임.

북유럽 국가들은 1970년대와 1990년대 이후 기초정부의 구역을 확대한 결과, 기초정부의 평균 인구는 1만 명 이상이다(Wollman, 2008). 핀란드는 12,620명, 스웨덴은 31,240명, 덴마크는 56,127명이다. 영국은 128,061명에 달한다. 일본은 대체로 북유럽 국가들처럼 시·정·촌 통합에 열중한 결과, 기초지방정부의 평균 인구가 6만 7천여 명에 이른다.[3] 이들의 기초정부 평균 인구는 남유럽 국가들과 미국보다 월등히 많지만, 우리나라 기초정부의 평균 인구 22만 명에 비하면 아주 적다.

국토 면적이 좁아 조밀하게 사는 우리나라의 기초정부 평균 면적은 영국 다음으로 넓다. 심지어, 우리나라 기초지방정부의 평균 면적은 광활한 국토를 갖는 미국 기초지방정부의 평균 면적보다도 1.8배나 넓다.

이처럼 우리나라 기초정부의 자치구역이 여느 나라와 비교할 수 없을 정도로 광대하게 설정된 것은 1952년 시작된 읍·면 자치가 1961년 5·16군사정부에 의해 군(郡)자치로 전면 개편된 데다 1990년대 중반 정부의 강요에 가까운 종용으로 또 한 차례 대규모 시·군 합병이 이뤄졌기 때문이다. 그 결과, 기초정부 수가 1960년 1,467개에서 2011년 1월 현재 228개로 대폭 줄었고, 기초정부의 면적은 6.5배나 넓어졌다.

2009년 노벨경제학상을 받은 오스트롬(E. Ostrom)과 동료들이 지난 반세기 동안 연구해 온 주제는 수많은 소규모 일반 목적·특별 목적 기초정부들을 포함한 분절적 자치 단위들의 거버넌스, 즉 다중심 거버넌스(polycentric governance)였다. 다중심 거버넌스 체제는 근래 정치권과 정부가 추진하려는 시·군·자치구 합병을 통한 전면적 지방자치 체제 개편 방안과 정면으로 배치된다. 오스트롬은 노벨상 수상 강연에서 "수십 년 동안 자신과 동료들이 수행해 온 경험적 연구는 지방정부의 합병론자들의 주장이 사실과 다름을 밝혀냈으며, 대도시 내 수많은 소규모 지방정부로 이뤄진 다중심 거버넌스의 복잡성은 혼돈이 아니라"고 역설했다. 그는 "다중심 거

---

3) 1999년 3,232개의 시·정·촌을 2008년 1,772개로 감축시킨 일본의 정·촌은 기원과 규모에서 우리나라의 읍·면에 해당되므로 일본의 정·촌 통합을 우리나라의 시·군 통합과 동일시할 수 없다(오재일, 2007: 349-371; 권영주, 2006: 63-79). 2008년 2월 현재 일본에는 아직도 1만 명 미만의 기초지방정부가 478개나 있다.

버넌스가 단일중심 거버넌스(monocentric governance)보다 더 비효율적이라는 증거는 확인된 바 없다"고 했다.

그렇다면, 다중심 거버넌스가 민주주의는 말할 것도 없고 효율성 측면에서도 우월한 까닭은 무엇인가? 오스트롬은 다중심 거버넌스의 민주적 효율성(democratic efficiency)이 경쟁 · 발언권 · 공공기업가 정신 · 공동 생산 · 가외성에서 비롯된다고 설명한다.

첫째, 다중심 거버넌스 체제는 공공 서비스 사용자들이 탈퇴(exit) 압력을 통해 지방정부 간의 경쟁(competition)을 야기함으로써 효율성을 높인다는 것이다. 일찍이 티부(Tiebout, 1956)는 '발로 찍는 투표(voting by feet)'에 의한 주민의 이주 압력이 지방정부들 간의 경쟁을 야기하고 공공 서비스 공급의 효율성을 제고한다고 지적했다. 물론, 주민의 이주 선택이 공공 서비스에 대한 불만에 의해서만 쉽게 결정되는 것도 아니고, 공공 서비스 공급을 결정하는 지방공직자들에게 미치는 영향은 흔히 상당한 시차를 두고 간접적으로 이뤄진다. 이런 의미에서 이주 결정은 지방정부를 주민의 선호에 부응하도록 만드는 불충분한 메커니즘이다. 이런 한계에도 불구하고, 다중심 거버넌스는 공공 서비스 선호에 따른 이주 · 전입 선택의 기회를 원천봉쇄하는 단일중심 거버넌스에 비해 지방정부들을 주민의 선호에 맞춰 공공 서비스를 제공하도록 경쟁을 벌이도록 유도하는 점에서 우월하다.

둘째, 다중심 거버넌스는 주민에게 공공 서비스에 대한 불만 토로와 요구를 제기할 수 있는 발언권(voice) 기회를 확대함으로써 효율성을 제고한다. 주민에게 공공 서비스에 대한 불만과 요구를 표명할 수 있는 발언권 기회를 주는 것은 이주 압력과 함께 지방정부를 주민의 욕구와 선호에 부응하도록 만드는 유력한 주민통제 메커니즘이다(Hirschman, 1970). 발언권 확대는 지방정부로 하여금 주민의 욕구와 선호에 부응하는 공공 서비스를 제공하도록 유도함으로써 배분적 효율성을 높인다는 것이다.

셋째, 다중심 거버넌스는 "주민과 지방공직자에게 공공경제가 적절히 기능하는 데 필요한 공공기업가 정신(public entrepreneurship)을 발휘하기에 적합한 체제다"(Aligica & Boettke, 2009: 47). 오스트롬은 성공적인 다중심 거버넌스 사례들에서 공공문제 해결을 위한 토론과 협상 과정에서 아이디어를 제시하고 창의적 해결책을 모색하며 비용을 기꺼이 부담하는 창의적인 개인들, 곧 공공기업가들이 있음을 확인했다. 이들이 발휘하는 공공기업가정신은 민주주의를 진작할 뿐만 아니라 대도시지역 공공경제의 효율성을 제고하는 데 필수적이라는 것이다.

넷째, 다중심 거버넌스의 민주적 효율성을 뒷받침하는 또 하나의 유력한 논거는 주민이 공공 서비스의 생산소비자(prosumers)로서 참여하는 '공동생산(co-production)' 메커니즘이다. 오스트롬은 교육·경찰·사회복지 서비스 등 대면 접촉이 필요한 지방공공 서비스의 효율성과 질이 관료들과 주민의 공동 노력에 크게 좌우된다는 사실을 확인하고, 이런 현상을 설명하기 위해 공동 생산이라는 새로운 용어를 만들어냈다. 다중심 거버넌스가 '공공 서비스의 전문화가 효율성 저하와 질 악화'로 이어지는 단일중심 거버넌스의 '서비스 역설(service paradox)' 덫에서 벗어나는 비결은 주민을 공공 서비스의 본질적 공동생산자로 인정하고 공동 생산을 고무하는 데 있다. 아울러, 공동 생산은 시민정신을 함양하고 지방민주주의를 심화하는 데도 기여한다.

다섯째, 다중심 거버넌스의 '가외성(redundancy)'은 정책 쇄신을 촉진하고 정책 오류로 인한 부작용을 최소화하고 국지화한다는 것이다. 오스트롬은 복잡한 동태적 체제의 관점에서 다중심 거버넌스의 가외성이 지닌 장점을 다음과 같이 설명한다.

> "다중심 거버넌스 체제는 각 하위 단위가 특정 유형 자원 시스템의 다양한 규칙과 외부 충격에 대한 상이한 반응 능력을 가지고 실험할 수 있는 상당한 자원을 보유한다. 다중심 거버넌스 체제의 실험 과정에서 주민과 관료들은 지방 지식에 쉽게 접근하고 정책 변동에 신속하게 적응할 수 있으며 다른 단위들의 경험으로부터 교훈을 얻을 수 있다. 광대한 지역에 하나의 정부만 존재하면, 그 정부가 외부 위협에 적절히 대처하지 못하는 것이 체제 전반에 치명적 재난이 될 수 있다. 반면, 동일 지역에서 상이한 수준에서 조직된 복수의 거버넌스 단위들이 존재하는 경우에는 외부 위협에 대한 일부 단위의 실패가 작은 재난으로 끝나고 만다. 더욱이 이런 실패는 다른 단위들의 성공적 대응으로 상쇄된다.……정책분석가들은 다중심 거버넌스 체제가 과도한 가외성으로 인해 심각한 비효율을 야기하는 것으로 배판해 왔다. 그러나 이런 비판은 경험적 연구가 아니라 정태적

적정관리론에 근거한 것이다. 대도시지역에 지방정부의 수가 너무 많다는 단순한 사실만으로 비효율적 거버넌스로 단정한 것이다.……진지한 경험적 연구들에 의해, 다중심 거버넌스 체제가 단일중심 거버넌스 체제보다 낮은 비용으로 더 높은 성과를 내는 경향이 있음이 밝혀졌다"(Aligica & Boettke, 2009: 157-158).

제 3 절 참여정부의 지방분권정책: 화호묘묘(畵虎描猫)

1 참여정부 지방분권정책의 특징과 성과

참여정부는 과거 정부 지방분권정책의 실패를 교훈 삼아 2004년 1월 지방분권특별법을 제정했다. 지방분권특별법은 지방분권정책의 강력한 추진을 뒷받침할 지방분권의 3대 원칙을 천명했다. ① 주민의 생활과 밀접한 권한을 주민에게 가까운 정부에 이양하는 보충성 원칙, ② 권한이 이양 후 지방자치단체의 수권 역량을 강화하는 선(先)분권 · 후(後)보완 원칙, ③ 중 · 대 단위의 사무를 이양하는 포괄성 원칙이 그것이다.

지방분권특별법에 근거해 5년 한시기구로 설치된 대통령 소속의 정부혁신지방분권위원회는 7개 분야 47개 지방분권 과제를 2008년까지 완수함으로써 '분권형 선진국'을 만들겠다는 의지를 담아 '지방분권 5개년계획'을 수립했다. 이 계획이 달성되는 경우에 국가의 총 사무 중 지방사무의 백분비가 28%에서 40%로 확대되고, 지방재정이 중앙 의존형에서 자립형으로 전환되며, 과다한 중앙통제의 지방자치제가 주민 참여의 지방자치제로 탈바꿈될 것으로 기대되었다.

참여정부는 역대 어느 정부보다 지방분권 개혁에 많은 관심과 노력을 기울였다. 그 결과, 제주특별자치도와 주민투표제 · 주민소환제의 도입 등과 같은 괄목할 만한 성과를 거뒀다. 자치조직권도 어느 정도 신장되었다. 기구 및 정원 책정에 관한 다수의 승인권 이양과 총액인건비제의 도입으로 자치조직권의 강화가 다소 이뤄졌다. 지방재정 측면에서도 지방예산 편성

지침의 폐지와 지방채 발행 총액한도제의 도입으로 지방자치단체의 재정 운영의 자율성이 다소 확대되었다.

그러나 지방교육자치제의 개선 등과 같이 관련 이익단체들의 극심한 반대에 부딪혀 당초 계획이 다소 수정된 형태로 추진된 과제들이 적지 않다. 특별지방행정기관 정비, 지방자치경찰제 도입, 국세의 지방세 이양을 비롯한 세입 부문의 재정분권 추진 등과 같이 논의는 무성했지만 관련 부처의 소극적 태도와 저항 및 국회의 입법 거부 등으로 소기의 성과를 거두지 못한 과제들이 많다.

정부혁신지방분권위원회와는 별도로 지방이양추진위원회는 중앙 권한의 지방 이양을 전담했다. 지방이양위원회는 참여정부 시절 901개의 중앙 권한 이양을 확정했다. 이 중 696개 사무가 법령의 개정을 통해 이양 완료되었다.

그러나 참여정부 시절의 이런 중앙 권한 지방 이양 성과를 지방분권화의 의미 있는 진척으로 평가할 수 없다. 왜냐하면 이런 성과가 국가 총 사무 중 지방사무의 비율을 개선하지 못했기 때문이다. 국가 총 사무에서 지방사무가 차지하는 백분비는 1994년 25.0%에서 참여정부가 출범하기 직전 해인 2002년 28.2%로 증가했다가 참여정부 마지막 해인 2007년 27.0%로 오히려 감소했다. 이런 실망스러운 결과가 부분적으로 단위사무의 판단 기준 상위에 기인할 수 있지만, 주로 국가사무가 이양된 사무 수를 능가해 양산되었기 때문이다. 더구나, 지방이 원하는 핵심적 사무의 이양 거부와 사무 이양에 따른 행·재정 지원의 연결 미흡으로 지방에서 느끼는 사무 이양 체감도는 더 낮았다.

2 '제주특별자치도' 사례의 성격과 교훈

제주특별자치도는 참여정부의 대표적인 지방분권정책이다. 중앙정부는 외교와 국방, 사법을 제외한 전반적인 권한을 제주도로 이관해 최고의 자치권을 행사하는 지역인 특별자치도로 지정한 것이다(정부혁신지방분권위원회, 2008: 98-207). 이를 법률적으로 뒷받침하기 위해 2006년 2월 9일 국회에서 통과된 「제주특별자치도 설치 및 국제자유도시 조성을 위한 특별법」이 제정되었다.

2006년 7월 1일 출범한 제주특별자치도는 다른 지역과 차별화된 자치권과 핵심 산업 관련 규제 완화를 1천 건 가량 인정받았다. 추가적인 지방분권과 규제 완화는 국무총리 산하 제주특별자치도지원위원회를 통해 이뤄지도록 계획되었다.

제주특별자치도의 출범과 함께 그 동안 논의만 무성했지 단 한 건도 실행되지 못했던 중앙정부의 특별지방행정기관이 이관이 이뤄졌다. 제주특별자치도에 이관된 7개 특별행정기관은 <표 2-3>과 같다.

참여정부는 감사조직의 독립성과 전문성을 강화하고 번잡한 중복 감사의 폐단을 해소하기 위해 제주특별자치도에 자치감사조직으로 감사위원회를 설치하고, 미미한 수준이나마 자치경찰제를 도입했다.

제주특별자치도는 참여정부가 분권 개혁을 위해 야심차게 추진한 분권 정책이었다. 그러나 최초 계획했던 분권 과제가 적극적으로 추진되지 못해 실패 사례로 전락할 우려를 낳고 있다.

제주특별자치도에 이관된 7개 특별지방행정기관의 경우, 제주특별자치도가 반드시 필요한 권한 이양은 없이 중앙정부가 권한을 유지한 채 재정과 사무의 부담만을 가중시킨 측면이 있다. 양영철(2010: 59-100)의 평가

표 2-3 특별지방행정기관의 이관 현황(2006년 7월 현재)

기관명	조직	인원(명)	2005예산 규모(억 원)	주요 업무
국토관리청	3과1실	75	684	국도 5개 노선 454km 관할 등
중소기업청	2과1팀	23	10	중소기업 육성 시책 추진
해양수산청	7과1사무소	132	1,097	무역 · 연안항 개발, 해양정책
보훈지청	2과	23	35	국가유공자 권익 보호
환경출장소	-	9	3	환경영향평가
노동위원회	사무국	9	4	노사권리 분쟁 조정 판정
노동사무소	3과1센터	43	33	노사분규 예방, 고용 동향
계	-	314	1,856	-

출처: 제주특별자치도(2007: 189-201).

에 의하면, 보충성 및 포괄적 이양 원칙을 준수한 기관은 국토관리청, 보훈청, 노도위원회뿐이었다. 나머지 네 기관은 형식적으로 이양하거나 불응했다. 그 결과, 특별행정기관의 제주 이관 성과는 복합적이다. 긍정적 효과와 함께 부작용이 야기되고 있다. 심지어, 제주지방국도관리청조차 권한에 비해 재정 부담이 과도해 제주특별자치도가 중앙정부 환원을 정식 요청하고 있는 실정이다. 더욱이, 이관한 중앙부처들이 제주특별자치도의 관련 사무에 대해 비협조적 태도를 보여 업무 수행에 상당한 애로를 겪고 있다. 중앙부처들이 제주의 성공 사례가 다른 지역에 설치된 특별지방행정기관의 추가적 지방 이양을 야기할 것을 우려하기 때문이다.

제주특별자치도에 도입된 감사위원회의 성과는 대체로 긍정적이지만 기구의 독립성은 아직 미흡하다.

참여정부는 제주특별자치도에 당초 기초지방자치단체에 이관하려던 교통·방범·경비 중심의 경찰사무만 담당하는 경미하고 간출한 자치경찰제를 도입함으로써 경찰지방자치제의 장점을 살리지 못하고 있다.

참여정부가 제주특별자치도를 도입하면서 기초지방자치단체인 4개 시·군을 2개 하급행정기관으로 강등시켜 단층자치제로 전환한 것은 2005년 이후 정치권과 정부가 추진하려고 시도해 온 지방자치제 개편안과 일맥상통하는 것이다. 논의 과정에서 필자를 비롯한 전문가들은 제주특별자치도의 단일 자치계층화에 반대했지만 주민투표를 통해 결정하자는 행정자치부와 제주특별자치도의 제안에 물러서지 않을 수 없었다.

문제는 주민투표 과정에서 의도적으로 시·군 자치 폐지를 유도했을 뿐만 아니라 주민투표 결과도 자의적으로 해석했다는 점이다. 이를테면, 주민투표운동 과정에서 시·군 자치의 폐지를 혁신안으로, 존치를 점진안으로 호칭하는 등 조직적으로 단일 자치계층화를 유도했다. 더구나, 4개 시·군 자치 폐지에 대한 전체 주민투표의 결과는 57%의 찬성으로 나왔지만, 서귀포시와 남제주군에서는 반대가 우세한 결과가 나왔음에도 불구하고, 주민투표 결과를 4개 시·군 자치를 모두 폐시하는 것으로 해석했다. 이에 대해 서귀포시와 남제주군 주민이 대법원에 소송을 제기했지만, 대법원판사들은 정부와 제주도의 손을 들어 주었다. 해당 지방자치단체 주민의 다수가 반대하는 지방자치단체 법인격의 박탈 사태가 벌어진 것이다.

제주특별자치도의 시・군 자치 폐지로 인한 폐단으로 주민의 불만이 거지면서 지난 2006년 6・2지방선거에서는 시・군 자치 부활을 공약으로 내건 후보자들이 대거 당선되었다. 지방선거가 끝난 후 제주특별자치도에는 시・군 자치의 부활을 위한 움직임이 시작되었다.

제 4 절 실용정부의 지방분권정책: 부진과 뒤틀림

1 실용정부 지방분권정책의 특징과 실적

실용정부는 지방분권정책을 100대 국정 과제의 하나로 선정하고 2008년 2월 5년 한시법의 「지방분권촉진특별법」을 제정했다. 이 특별법에 근거해 동년 12월 지방분권정책의 총괄・조정・심의기구로서 대통령 소속의 지방분권촉진위원회[4]를 출범시켰다.

실용정부의 지방분권에 대한 관점과 정책의 우선순위 및 방법은 이전 정부와 사뭇 다르다. 실용정부는 국정을 유도하는 핵심 가치로서 실용주의를 표방하고 있다. 참여정부와 구별해 실용정부로 호칭되는 까닭이다. 실용정부는 행정자치부를 행정안전부로 개칭했다. 참여정부에서 실용정부로, 행정자치부에서 행정안전부로의 명칭 변경은 정부가 역점을 두어 추구하는 가치의 변동을 의미하는 것으로 해석될 수 있다.[5] 국정의 핵심 가치가 '참여'와 '자치'에서 '실용'과 '안전'으로 바뀐 것이다. 지방분권정책이 국정 과제

4) 지방분권촉진위원회는 종래 정부혁신지방분권위원회(2008년 6월 1일 폐지)와 지방이양추진위원회(2008년 9월 1일 폐지)의 기능을 종합적으로 수행하게 되었다. 지방분권촉진위원회는 10명의 위원으로 구성되며, 산하에 4개의 지방분권촉진실무위원회와 사무지원기구로서 지방분권지원단을 두고 있다.

5) 제자 자로(子路)가 "위정(爲政)의 첫걸음을 무엇이라고 생각하십니까?"라고 물었을 때, 공자(孔子)는 "맨 처음 해야 할 일은 이름을 바로 세우는 일(正名)"이라고 대답했다(「論語」 子路).

표 2-4 실용정부 7대 분야 20개 지방분권 과제

분야	과제
1. 권한 이양 및 사무 구분 체계 정비	사무 구분 체계 개선
	중앙행정 권한의 지방 이양
2. 특별지방행정기관 정비	교육자치제도 개선
	자치경찰제도 도입
	특별지방행정기관 기능 조정
3. 지방재정 확충 및 건전성 강화	지방교부세제도 개선
	국세와 지방세의 합리적 조정
	지방재정 투명성 · 건전성 강화
4. 지방의회 활성화 및 지방선거제도 개선	자치입법권 강화
	지방의회의 전문성 · 독립성 강화
	지방선거제도 개선
5. 주민 참여 확대	주민직접참여제도 강화
	자원봉사활동 장려 · 지원
6. 자치행정 역량 강화	지방자치단체 행정 체제 정비
	지방자치단체 평가 기준 마련 및 진단 · 평가
	지방공무원 인사 교류 활성화
	지방공무원 교육훈련제도 개선
7. 국가와 지방자치단체의 협력 체계 정비	중앙-지방정부 간 협력 체제 강화
	분쟁 조정 기능 강화
	특별지방자치단체제도 도입 · 활용

출처: 지방분권촉진위원회 자료.

에서 차지하는 우선순위도 참여정부 시절의 12대 국정 과제에서 100대 국정 과제로 하락했다.

지방분권촉진위원회는 7대 분야 20개 지방분권 과제를 선정 · 발표했다. <표 2-4>에서 보는 바와 같이 대부분 참여정부가 계획했다가 제대로 추진하지 못했던 지방분권 과제들이다.

지방분권촉진위원회는 2008년부터 2010년 11월까지 약 2년 동안 1,178개의 중앙사무를 지방에 이양하기로 확정했다. <표 2-5>에서 보는 바와 같이 이양 확정된 사무 수로는 실용정부 2년의 실적이 지난 11년 중 가장 높다. 그러나 이 중 현재까지 법령의 개정을 거쳐 이양 완료된 사무는 4개에 불

표 2-5 중앙행정 권한의 지방 이양 추진 실적

(단위: 개)

구분	계	2000년	2001년	2002년	2003년	2004년	2005년	2006년	2007년	2008년	2009년	2010년
이양 확정	2,746	185	176	251	478	53	203	80	88	54	697	481
이양 완료	1,440	185	175	250	466	52	158	59	61	30	4	-
추진 중	1,306	-	1	1	12	1	45	21	27	24	693	481

* 2010년 실적은 11월 30일 기준임.
출처: 지방분권촉진위원회 내부 자료.

과하다. 나머지 이양 확정된 사무가 얼마나 이양 완료될 것인지 귀추가 주목된다.

지방분권촉진위원회는 2010년 11월 말 현재 중앙정부 소속의 특별지방행정기관의 정비와 관련해 그 동안 실용정부는 국도하천, 해양항만, 식의약품 등 3개 분야의 시설관리, 인·허가, 지도·단속 등 집행 기능의 11개 법률 조항을 개정하고, 이와 관련한 인력 208명과 예산 3,969억 원을 이관했다. '지방자치경찰제 도입' 논의는 지방자치 체제 개편 논의가 다시 부가되면서 중단되었다.

실용정부는 2010년 1월 1일부로 지방소득세와 지방소비세 제도를 도입했다. 지방소득세 제도는 현행 주민세 소득할과 사업소세 종업원할을 통합해 3년 동안 현행의 과세표준과 세율을 그대로 유지하기로 했다. 따라서 지방소득세 도입으로 인한 지방세수와 납세자의 조세 부담 및 지방자치단체의 과세권에는 전혀 변화가 없다.

지방소비세는 국세인 부가가치세의 세원을 공유하는 방식으로 부가가치세수의 5%로 정했다. 지방소비 세수는 시·도별 민간 최종 소비 지출에 가중치를 곱해 산정한 소비지표에 의해 시·도별로 배분함으로써 시·도별 세수 격차를 완화하기로 했다. 소비지표에 적용되는 가중치는 수도권(서울·인천·경기)는 100%, 비수도권 광역시는 200%, 비수도권 도는 300%로 정했다.[6] 그리고 지방소비세 도입으로 인한 지방교육재정교부금 감소를

6) 지방소비세를 재정보전금의 재원에 포함시켜 지방소비세 도입으로 인한 시·군의 재원

보전하기 위해 교육교부금률을 현행 20%에서 20.27%로 인상하기로 했다.

지방소비세 제도의 도입으로 지방자치단체의 자주재원 비율이 종래 63.8%에서 65.5%로 약간 늘어날 것이다. 그러나 과세자치권의 신장 없이 일부 국세의 지방세 전환만으로는 재정연방주의가 상정하는 지방자치단체 간의 정책 경쟁과 조세 경쟁을 통한 알뜰한 지방재정 운영을 기대할 수 없다.

제1기(2009~2010) 지방분권촉진위원회는 1,129개의 기관위임사무를 폐지해 자치사무로 이양하거나 국가사무로 환원하고, 이양이나 환원이 어려운 사무를 가칭 '법정수임사무'로 전환하는 방향으로 법령 개정을 추진하기로 결정했다.

2010년 9월 제정된 「지방행정체제개편특별법」에 따라 2011년 1월 대통령 소속 지방행정체제개편위원회가 구성되었다. 위원회는 자치구와 군의 지위와 기능 개편, 시·군·자치구 합병 등의 지방자치 체제 개편안을 마련해 2012년 6월 30일까지 대통령과 국회에 보고하도록 되어 있다. 심각한 문제는 총 27명의 위원 중 지방 4대 협의체 추천 8명을 제외하고 3명의 당연직 장관과 대통령 추천 8명 및 국회 추천 8명을 합하면 19명이 대다수 전문가들이 반대하는 중앙집권적 개편안을 주장해 온 정치권과 정부의 입장을 두둔할 것이라는 점이다(김익식, 2010: 10). 특별법이 규정한 합병 위주의 지방자치 체제의 개편 방향과 시·군·자치구 합병 절차의 중앙 주도적 성격도 큰 문제다.

2 '마·창·진 합병' 사례의 성격과 교훈

실용정부는 마·창·진 합병을 결정하고 관련 특별법을 제정했다. 실용

감소를 보전하기로 했다. 또한, 지방소비세가 국세인 부가가치세에서 비롯된 시·도세이기 때문에 내국세의 일정 부분으로 조성되는 지방교부세 규모의 축소로 시·군의 지방교부세 세입 감소가 초래되므로 이를 보전하기 위해 지방소비세수의 27%를 시·군에 재정보전금으로 교부하기로 했다. 아울러, 지방소비세 도입으로 인한 수도권과 비수도권 간의 재원 불균형을 완화하기 위해 2010년부터 10년 동안 수도권의 지방소비 세수 중 매년 3천억 원씩 지역상생발전기금으로 조성하여 비수도권 시·도를 지원하기로 했다.

정부는 합병을 유도하기 위해 2010년 7월 1일부로 새로 태어난 창원시에 10년간 추가재정 보정 2,104억 원, 특별교부세 150억 원, 합병 이전 교부세액 보정 115억 원을 합한 총 2,369억 원의 재정 특혜와 각종 정책 특혜를 약속했다. 주민의 반대로 합병 무산을 우려해 주민투표를 실시하지 않고 중앙정당의 공천권에 정치 생명을 걸고 있는 지방의원들의 의결로 주민 의사를 대신하게 했다. 합병된 창원시 산하에는 지방자치단체로서의 법인격을 갖지 못한 하급행정기관인 4개의 행정구가 신설되었다.

실용정부는 합병된 창원시를 대다수 전문가가 지방자치의 심각한 후퇴로 극력 반대하는 시·군·자치구 합병의 모범 사례로 만들어 향후 지방자치 체제 전면 개편을 추동하는 본보기로 만들겠다는 복안을 갖고 있다. 최근 여당 대표는 합병된 창원시를 방문한 자리에서 "창원시의 성공을 위해 아낌없이 지원하겠다"고 약속했다.

강정운(2010: 39-53)은 참여 관찰을 통한 사례분석에서 정치권과 정부가 마·창·진 합병을 자율적 합병 사례라고 홍보하지만 사실은 중앙정부의 강력한 영향력에 의해 타율적으로 추진된 중앙집권적 도시 합병이었다고 지적했다. 마·창·진 합병 과정에서 자율성과 거버넌스, 이익 균형과 시민학습, 전문성과 종합성, 비용과 규모불경제, 광역지방자치단체의 소외 등 지방자치와 그 운영에서 소중히 다뤄야 할 가치들이 거의 무시되었다(강정운, 2010: 46-51).

지방분권정책을 주도하는 대통령 소속 지방분권촉진위원회는 마·창·진 합병 과정에서 합병에 따른 문제점을 전혀 지적한 바 없다. 일찍이 정치권이 기도하는 지방자치 체제 개편을 20대 지방분권 핵심 과제에 포함시킨 지방분권촉진위원회가 합병의 문제점을 지적하는 것을 기대할 수 없는 일이었다. 오히려 지방분권혁신위원회는 마·창·진 합병을 미약하나마 경찰지방자치 도입을 시도하고 교육지방자치제도의 개선을 꾀한 실용정부 지방분권정책의 대표적 성과로 홍보하고 있다. 지방분권정책의 뒤틀림이 아니고 무엇인가.

제 5 절 지방분권정책의 발전 과제

향후 지방분권정책을 성공적으로 추진하기 위해서는 적어도 합병 위주의 지방자치 체제 개편 방향의 교정, 지방일괄이양법의 제정, 대의민주주의와 참여민주주의의 적절한 결합을 통한 주민 참여 활성화, 적정 경쟁을 유도하는 재정연방주의의 확립, 보충성 원칙의 헌정화, 지역대표형 상원의 창설, 지방분권 개헌, 그리고 8단계 정책 리더십이 요구된다.

1 정치권 지방자치 체제 개편 방향의 교정

정치권과 정부는 대다수 전문가들의 반대에 아랑곳하지 않고 지방자치단체의 수를 4분의 3 이상 감축하려는 지방자치 체제의 전면 개편을 기도하고 있다. 이미 마・창・진이 합병되었고, 관련 특별법이 제정되었다. 대통령 직속으로 위원회가 개편안 마련에 착수했다.

지방자치 체제를 전면 개편하려는 정치권의 움직임 역시 행정효율과 국제경쟁력을 개편의 명분으로 내세우지만 실은 잠재적 경쟁자들인 시장・군수・구청장과 시・도지사를 제거하려는 의도에서 비롯된 것이라는 해석이 일반적이다(이기우, 2009: 120; 정세욱, 2009: 13). 다른 사안에 대해서는 사사건건 의견을 대립해 온 여・야 국회의원이 대다수 전문가가 반대하는 이 사안에 대해서는 일치된 입장을 보이는 까닭은 정치적 경쟁자인 시장・군수・구청장의 수를 일거에 4분의 1로 줄이고 시・도지사들의 위상과 권한을 약화시킴으로써 자신들의 정치적 위상과 영향력을 강화하려는 데 있다. 국회의원직을 역임했던 김문수 경기도지사는 2008년 10월 17일 엔파람인터넷신문과의 회견 통해 지방자치 체제 개편에 집착하는 정치권의 동기를 정확히 지적했다. 그는 국회의원들이 시・군・자치구 합병에 집착하는 것은 “하루 종일 돌아다니며 주민을 만나는 시장・군수・구청장과 국회의원선거에서 경쟁하는 것을 두려워하기 때문"이라고 털어놓았다. 지방자치 체제가 중앙 권력 엘리트들의 '사악한 규모 정치'의 제물로 전락할 위기에 직면한 것이다.

그 동안 많은 연구자가 정치권의 지방자치 체제 개편안의 문제점을 지적해 왔다. 이런 비판에도 불구하고, 정치권과 정부의 지방자치 체제 개편 움직임이 구체적으로 가시화되자, 2009년 9월 14일 145명의 지방자치 연구자들이 집단적으로 반대 성명서를 발표했다.

이처럼 대다수 전문가가 정치권의 전면적인 지방자치 체제 개편안에 대해 반대하는 이유는 무엇인가? 전문가들의 반대 요지는 다음과 같다.

첫째, 국내외 연구 결과에 기초해 현행 시·군·자치구의 작은 규모 때문에 발생하는 행정비효율을 해소하기 위해 이들을 몇 개씩 묶어 통합광역시를 만들어 규모 경제의 장점을 살려야 한다는 정치권의 주장은 설득력이 없다.

둘째, 주류 정치권의 지방자치 체제 개편안이 관철될 경우 대의민주주의의 파괴와 결손, 참여민주주의의 손실 문제가 야기된다.

셋째, 주류 정치권의 도(道) 자치정부 폐지안은 세방 시대의 지역화 요구와 지역정부 강화의 국제적 추세에 역행하는 것이다. 우리나라 광역자치정부는 다른 나라의 지역정부들에 비해 매우 취약하다.

넷째, 정치권 지방자치 체제 개편의 내밀한 동기는 자치 단위의 규모 변경을 통해 자신들의 정치적 이익을 도모하려는 것이다. 이로 말미암아 한국의 지방자치 체제는 정치권의 사악한 규모정치의 제물로 전락할 위기에 있다.

다섯째, 직접적 이해당사자들인 국회의원들이 지방자치 체제 개편을 주도하는 것은 '편견의 억제'라는 절차적 정의 원칙에 위배된다. 지방자치 체제 개편 과정에서 정치인들의 편견을 억제하는 방안은 이들의 역할을 최소화하는 것이다.

여섯째, 지방자치 체제 개편을 포함한 헌정 질서를 설계할 때 전문가들이 수행해야 할 임무는 직접적 이해관계자들인 정치인들이 넘어서는 안 될 규범적 표준을 제시하는 것이다. 2009년 9월 14일 145명의 지방자치 연구자들이 기자회견을 열어 '정치권의 지방자치 체제 개편안에 대한 학계의 우려'라는 제목의 성명서를 발표한 것은 전문가의 이런 임무를 수행한 역사적 사건이라고 하겠다.

일곱째, 지방자치단체 법인격의 폐지를 수반하는 지방자치 체제 개편은 일부 주민의 의견조사 결과와 지방의회의 의결이 아니라 주민투표를 통해 결정해야 할 중대한 사안이다. 제주특별자치도를 도입하면서 종래 제주도 산하의 4개 시·군의 폐지 여부를 묻는 주민투표에서 서귀포시와 남제주군 주민의 다수가 반대했음에도 불구하고 4개 시·군 주민의 57%가 찬성했다는 이유로 서귀포시와 남제주군까지 지방자치단체의 법인격을 박탈한 것은 주민자결권을 무시한 처사다. 그리고 마·창·진 합병을 주민투표가 아니라 합병을 원하는 국회의원들의 공천권에 정치 생명을 걸고 있는 지방의원들의 의결로 결정한 것은 정치적 정당성을 결여한 술수였다는 비판을 면키 어렵다.

여덟째, 현행 지방자치 체제에 개선의 여지가 있지만 지방자치구역과 지방자치 계층을 전면 개편해야 할 정도로 심각한 수준에 있는 것은 아니다. 지방자치 체제 개편은 헌정 질서의 근간을 재편하는 백년대계로서 적어도 4~5년 동안 전문가들의 충분한 연구와 공론화 과정을 거쳐 지방분권형 개헌과 함께 추진되는 것이 바람직하다.

2 지방일괄이양법의 제정

지방분권촉진위원회는 지난 2년(2009~2010) 동안 1,174개의 중앙행정사무를 지방자치단체에 이양하기로 확정했다. 이 중 법령의 개정을 통해 이양이 완료된 사무는 고작 4개에 불과하다. 실용정부의 중앙 권한 지방 이양의 실적이 아직 거의 없다는 말이다. 법령의 개정에는 시간이 걸리기 때문에 앞으로 실용정부의 실적은 이보다 높아질 것이다. 그러나 미래를 낙관할 수 없다. 지방분권에 대한 국회의원들의 소극적·저항적 자세와 더불어 국회의 심각한 입법 과부하가 지방 이양 실적의 제고에 걸림돌로 작용할 것이다.

이런 장애 요인을 극복하는 데는 대통령의 지방분권 의지가 무엇보다 중요하지만 제도적 보완책도 적극 강구할 필요가 있다. 이른바 지방이양일괄법을 제정하는 것이 지방 이양의 어려움을 더는 유력한 방안으로 고려될 수 있다(조성호, 2010). 지방분권촉진위원회가 이양 확정한 1,174개와 이전 정부들에서 이양 확정되었지만 아직 이양 완료되지 못한 사무 131개를 합한 1,306개의 사무 중 법률 개정을 요구하는 사무들을 모아 지방이양일괄법안을 작성해 국회 상임위원회에 상정해 일괄 심의하는 방식을 취하자는 것이다. 이처럼 방대한 사무들에 대한 상임위원회의 심의가 철저하지 못할 것을 우려할 필요는 없다. 지방이양일괄법안에 담긴 사무들은 이미 여느 국회 상임위원회의 심의보다 충실한 연구와 검토를 거쳐 이양 확정된 것들이기 때문이다.

프랑스는 1980년대 초부터 대대적인 지방분권 개혁을 단행하면서 지방에 이양할 방대한 양의 중앙 권한을 발굴하고 연구 검토를 거쳐 이양을 확정한 후 분야별로 지방이양일괄법을 제정해 사무를 포함해 재정과 인력 및 조직을 포괄적으로 이양 완료했다. 1985년 「교육 분야의 권한 이양에 관한 법」, 1986년 「사회복지와 보건의료에 관한 법」, 1992년 「운하와 연안항구 설립과 운영에 관한 법」 등이 그 예다.

일본 역시 1995년 제정된 「지방분권추진법」에 입각해 지방분권추진위원회는 몇 년 동안 발굴·검토한 후 지방에 이양하기로 확정한 중앙사무들을 1999년 7월 단일의 「지방분권일괄법」을 제정함으로써 지방 이양을 완료했다. 만일 「지방분권일괄법」이 제정되지 않아 475개 법률안으로 나뉘어 처리되었더라면 일본의 지방분권 개혁은 상당한 지체와 난관을 면치 못했을 것이다. 「지방분권일괄법」을 통해 국가와 지방 간 명확한 역할 분담과 기관위임사무의 폐지, 광역지방자치단체와 기초지방자치단체 간 권한 이양 등을 일괄해서 달성했다.

한국은 프랑스와 같은 기능별 지방이양일괄법과 일본과 같은 단일의 포괄적 지방분권일괄법 중 하나를 선택할 수 있다. 그러나 일본 방식이 더 획기적이고 근본적인 지방분권에 유리하다고 볼 수 있다. 고질적인 중앙집권적 정체의 개혁을 위해서는 몇 년 동안 강도 높게 지방분권 과제를 발굴·검토하고 광범위한 공론화 과정을 거친 후 일본처럼 「지방분권일괄법」을 제정해 지방분권 개혁을 추진하는 것이 더 바람직하지 않은가 생각한다. 일본 사례에서 부족했던 한 가지 개혁 과제를 추가한다면 재정분권, 특히 세입 부문의 재정분권을 「지방분권일괄법」에 다른 과제들과 함께 포함시키는 것이다.

3 대의민주주의와 참여민주주의의 결합

지방분권화가 기대되는 장점을 나타내기 위해서는 주민 참여 활성화를 수반해야 한다. 일견 지방분권과 주민 참여는 별개의 문제처럼 보인다. 그러나 지방분권과 주민 참여는 이론적으로나 실천적으로 긴밀히 연관되어 있다. 지방분권을 결여한 주민 참여는 공허할 뿐만 아니라 실천되기도 어렵다. 주민 참여를 결여한 지방분권은 그 장점이 제대로 살아나지 않으며 지방 엘리트 독재로 전락할 우려가 크다. 이런 의미에서 지방분권과 주민 참여는 지방자치 수레의 두 바퀴와 같다. UN 지방분권 국제지침의 제1절이 '대의민주주의와 참여민주주의'로 시작되는 까닭은 바로 이 때문이라고 하겠다. UN지침 제1절의 첫 문장은 "정치적 지방분권화는 민주화와 굿 거버넌스(good governance) 및 주민 참여의 본질적 요소이며, 대의민주주의와 참여민주주의의 적절한 결합을 반드시 포함해야 한다."고 규정한다.

지방자치의 나라 스위스는 이 점에서 전형적인 모범을 보여 준다. 스위스는 세계에서 가장 지방분권적인 연방국가로서 대의민주주의와 직접 민주주의를 접목시킨 준직접민주주의를 실현하고 있다. 많은 연구자가 고도의 지방분권 수준과 어우러진 준직접민주주의야말로 스위스 정체성의 정수이며, 세계 최고 국가경제력의 제도적 기반임을 지적해 왔다.

한국의 주민 참여 현실은 한마디로 외화내빈이다. 2000년부터 조례제정개폐청구, 주민감사청구, 주민투표, 주민소송, 주민소환, 주민참여예산 등 다양한 제도가 도입되었지만, 참여민주주의의 정신을 제대로 살린 제도는 드물다. 무엇보다, '참여민주제의 꽃'으로 일컬어지는 주민투표제와 조례제정개폐청구제(한국형 주민발의제)는 부실하기 이를 데 없다. 먼저, 주민투표제는 청구자 수, 청구 기간과 대상, 주민투표운동 기간 등에서 지나치게 폐쇄적으로 설계되어 있다. 그 결과, 주민투표제는 발효된 지 6년이 지났지만 지금까지 단지 세 차례의 주민투표('제주도 시・군자치 폐지' 주민투표, '청주시-청원군 합병' 주민투표, '방사성 폐기물처리장 유치 경쟁' 주민투표)만 실시되었다. 그나마 이 세 건 모두 중앙정부의 요구로 실시된 것이다. 주민이 청구해 실시된 주민투표는 현재까지 단 한 건도 없었다. 조례제정개폐청구제 역시 주민발의제도로서 제 기능을 다하지 못하고 있다. 지방의회가 주민발의 안건에 대한 최종 결정권을 독점함으로써 의회가 수정 가결 또는 부결하거나 아예 심의를 거부해도 주민은 속수무책이다. 이 제도가 발효된 후 지금까지 발의된 130여 건 중 대다수가 수정 가결・부결 또는 심의 거부로 폐기되었다. 무늬만 주민발의제도인 것이다.

한국의 참여민주주의 활성화를 위해서는 '직접민주적 개방성'을 확대하고, 숙의민주주의 절차를 확충해 정보 공유와 심사숙고 및 진지한 토의를 수반하는 주민발안제와 주민투표제로 전환해야 한다. 재정주민투표제와 의무적 주민투표제 도입도 필요하다.

주민참여가 주민자치의 이상에 근접하기 위해서는 지방분권이 동네분권으로 이어져야 한다. 그 동안 한국은 시・군・구 합병 유도, 읍・면・동 기능 전환과 통폐합 등으로 오히려 주민 참여를 제약해 왔다. 정치권과 중앙정부에게만 그 탓을 돌릴 수 없다. 기존 법제 내에서 실현 가능한 주민 참여 혁신에 소홀했던 대다수 지방자치단체장과 지방의원들의 책임도 크다.

한국은 동네분권의 추진과 관련해 평균 인구 규모 3천 명에 불과한 스위스 코뮌자치와 여느 선진국의 커뮤니티 수준의 자치혁신 사례를 참고할 수 있다. 읍・면・동을 주민자치의 거점으로 만들기 위해 이를 준(準)자치행정계층[7]으로 전환하는 동네분권 개혁이 필요하다. 이를테면, 읍・면・동 기능 강화와 이에 상응한 주민센터(읍・면・동사무소)의 인력과 예산의 확

7) 읍・면・동의 준자치행정계층 격상은 독자적 법인격을 갖지 않는 행정계층으로서 다소의 자치적 요소를 갖는 준지방자치단체로 만드는 것을 의미한다. 준지방자치단체의 개념과 유형에 관해서는 하혜수・최영출・홍준현(2010: 237-256)을 참고할 것.

층, 주민자치회의 구성이 요구된다. 아울러, 동네자치 운영의 혁신을 위해 동네자치 리더의 육성, 소외된 주민의 참여 유도, 민관 파트너십을 통한 주인 의식 함양, 은퇴 노인과 청소년의 참여 기회 확대, 동네주민 간 대화와 동네 공론장을 촉진하는 의사소통 채널의 다양화, '동네자치 챔피언'으로서 지방자치단체장의 변혁적 리더십 발휘가 필요하다.

4 적정 경쟁을 유도하는 재정연방주의

한국의 지방분권이 당면한 중대한 과제 중 하나는 세입 부문의 재정분권이다. 세입 무문 재정분권의 성공은 지방정부 간 적정 경쟁을 유도하는 재정연방주의를 실현하는 것이다. 재정연방주의와 관련해 스위스의 성공과 브라질의 실패는 우리에게 귀중한 교훈을 준다.

스위스의 분권·참여형 정치 체제가 성공적으로 운영되고 있는 것과는 대조적으로, 브라질은 1980년대 이후 의욕적으로 지방분권을 추진했으나 기대했던 성과를 거두지 못했다. 그 결과, 일부 논자들은 브라질과 같은 개도국에서는 지방분권이 발전을 위한 적절한 정책 수단이 아니라고 단정짓고 다시 중앙집권화해야 한다고 주장한다.

지방분권의 효과와 관련한 스위스의 성공 조건, 브라질의 실패 원인은 무엇인가? 그것은 두 나라의 상이한 재정 운영 방식, 즉 경쟁적(競爭的) 재정연방주의와 조정적(調整的) 재정연방주의에서 찾아볼 수 있다. 스위스의 경쟁적 재정연방주의는 주 및 지방정부 간 적정 경쟁을 유도하면서도 조세 경쟁의 부정적 효과를 완화시킴으로써 주 및 지방정부로 하여금 적은 세금으로 양질의 공공 서비스를 제공하도록 만들 뿐만 아니라 지속적으로 정부 혁신을 촉진한다.

브라질에서는 주 및 지방정부 간의 조세 경쟁을 금기로 여기고 경쟁보다 균형과 조정을 중시하는 분위기가 지배적이다. 이런 분위기는 흔히 '공유재의 비극(the tragedy of commons)'이 시사하는 것처럼 대규모 의존재원으로 살림을 꾸리는 주 및 지방정부로 하여금 예산의 방만한 운영을 유도해 재정을 함부로 고갈시킨다. 재정위기에 봉착한 주 및 지방정부는 중앙정부의 비상구제자금에 손 내미는 것을 당연지사로 여기고, 거의 관행적으로 경제적 고려보다 정치적 홍정에 따라 재정을 운영한다. 여기에 재정의 경직성, 관리의 비효율, 시민통제의 결여, 탈세, 부패, 거대한 비공식경제, 정치적 불안 등이 겹쳐 브라질의 조정적 재정연방주의의 폐해는 눈덩이처럼 커진다.

유감스럽게도, 우리나라의 사정은 브라질 사례를 너무나 많이 닮았다. 이미 여러 측면에서 브라질의 실패 경험을 답습하고 있는 우리나라는 스위스의 성공 경험과 브라질의 실패 경험에서 귀중한 교훈을 얻을 수 있다.

스위스와 브라질의 경험을 참고해 향후 재정분권 개혁의 과제를 요약하면 다음과 같다.

첫째, 지방정부 간 경쟁의 진작을 위해서는 획기적 재정분권이 선행되어야 한다. 지방정부의 상당한 세입 및 세출자치권은 지방정부 간 경쟁의 전제 조건이기 때문이다.

둘째, 국세의 지방세 이양 등 자주재원의 확충이 필요하다. 지방재정의 확충을 위해 지방교부세의 법정교부율을 인상하는 것은 신중해야 한다. 지방교부세를 포함한 의존재원의 확대는 지방의 고질적 의타심과 재정 책임의 이완을 더욱 악화시킬 수 있기 때문이다.

셋째, 지방정부의 과세권(taxing power)을 대폭 강화해야 한다. 자치재정권의 핵심인 과세권을 갖지 못한 지방정부들의 경쟁을 유도하고 이들에게서 엄정한 재정 책임을 묻기는 어려운 일이다. 지방정부의 과세권을 획기적으로 강화하기 위해서는 국회가 만든 법률로만 지방세를 규정하도록 제한하는 편협한 조세법률주의를 극복해야 한다. 조세가 사회구성원들의 의식과 행태를 변화시키는 사회개혁의 수단이라는 스미스(A. Smith)의 관점(구교준, 2010: 38)에서 과감한 국세의 지방세 전환이 필요하다.

넷째, 지방재정에 관한 주요 의사결정 과정에 직접민주주의를 적극 활용할 필요가 있다. 특히 지방세의 세목(稅目)과 세율(稅率), 일정 금액 이상의 사업이나 일정 수의 주민이 요구하는 사업은 주민투표로 결정하도록 하는 것이 바람직하다.

다섯째, 국민 통합을 위협할 정도의 지방정부 간 재정력 격차를 완화하기 위한 지방재정조정제도는 필요하다. 다만, 재정조정제도는 지방정부 간의 적정 경쟁을 손상시키지 않도록 신중히 설계되어야 한다.

5 보충성 원칙의 헌정화

2007년 국제연합 해비타트(UN Habitat)가 채택한 국제지방분권지침은 "보충성 원칙은 지방분권 과정의 본질적 존재 이유가 된다. 이 원칙에 따라 공공 책임은 시민에게 가장 가까운 선출된 당국에 의해 행사되어야 한다."고 천명하고 있다. 아울러, 국제지방분권지침은 "권한은 상이한 정부 부문 간에 공유하거나 동시에 행사되어야 한다. 그러나 이것이 지방자치를 저해하거나 온전한 동반자로서 지방자치단체의 발전을 저해해서는 안" 되며, "국가적·지역적·지방적 책임은 권한을 명확히 규정하고 분권화된 기관이 배정된 기능을 수행하는 데 필요한 자원에 대한 접근성을 보장하기 위해 헌법 또는 법률로 구분되어야 한다."고 규정하고 있다.

우리나라에서도 보충성 원칙은 지방분권의 기본 원칙으로 인정되어 왔다. 참여정부 때 제정된 「지방분권특별법」에 이어 실용정부 때 제정된 「지방분권촉진특별법」은 사무배분의 원칙으로서 보충성 원칙을 명시하고 있다. 현행 「지방분권촉진특별법」 제6조 제2항은 사무를 배분하는 경우에 "지역주민생활과 밀접한 관련이 있는 사무는 원칙적으로 시·군 및 자치구의 사무로, 시·군·구가 처리하기 어려운 사무는 특별시·광역시·도 및 특별자치도의 사무로, 시·도가 처리하기 어려운 사무는 국가의 사무로 각각 배분하여야 한다."고 규정하고 있다.

그 동안의 경험은 특별법에 규정된 보충성 원칙의 현실 적용에는 한계가 있는 것으로 드러났다. 보충성 원칙을 좀 더 철저하고 광범위한 공론화 과정을 거쳐 헌법 조항으로 규정할 필요가 있다. EU 협약은 회원국들이 헌법에 보충성 원칙을 명기할 것을 요구하고 있다. 보충성의 원칙은 개인과 국가, 국가 내 정부간 관계(IGR)에서 업무 배분의 원칙으로 정하는 원칙으로 자유주의적인 국가 구성 원리로서 헌법상의 원칙으로 명기하는 것이 필요하다.

국가만 입법권을 행사하는 사항으로는 ① 국가외교, 국가방위, 국세, 국가조직, ② 통화, 물가정책, 금융정책, 수출입정책, ③ 국가종합경제개발계획, 국토종합개발계획, ④ 도량형, 우편, 철도, 고속국도, ⑤ 항공, 기상, 원자력, ⑥ 기타 국가만 입법권을 행사하는 것이 명백히 타당한 것으로 인정되는 기능으로 한정한다. 그 밖의 기능은 도가 입법권을 행사하되, 전국적 통일성을 가지는 경우에 한해 국가가 도와 경합적으로 권한을 행사할 수 있도록 한다. 그리고 지역정부와 지방자치단체의 입법권 역시 보충성 원칙에 따를 필요가 있다.

6 지역대표형 상원

지방분권국가는 지역대표형 상원을 필요로 한다. 지역대표형 상원[8]은 국가 수준에서 지역을 대표하고, 지역에 공론의 장을 제공하며, 지역과 국회를 직접 연결함으로써 우리나라의 정치 체제가 당면한 중대한 문제들을 해결하는 데 기여할 수 있다. 이를테면, 지역대표형 상원은 지방분권을 촉진하고 지방자치를 안정화시킬 뿐만 아니라 지역균형 발전에도 기여한다. 지역대표형 상원은 승자 독점(勝者獨占)의 다수결 민주주의가 야기하는 지역 할거주의를 예방하고 지역 갈등을 해소하는 데도 도움을 준다. 지역대표형 상원은 정당들 간의 대립과 갈등을 완화하고, 평화 통일과 통일 한국의 국민 통합을 도모하는 제도로서 활용될 수 있다. 아울러, 지역대표형 상원은 정치 체제의 '견제와 균형'의 기능을 강화하고 국회의 위상을 제고함으로써 한국 정치의 선진화에 기여할 수 있다.

최근 범세계적으로 양원제를 채택하는 나라들이 늘고 있다. 1970년 45개에 불과했던 양원제 채택 국가가 현재 80개국에 달하며, 10개국가량이 추가적으로 상원 도입을 고려하고 있다. GDP 규모로 세계 15위 국가들 중

8) 상원의 논거와 설계에 방안에 관한 좀 더 구체적인 논의는 안성호(2007)를 참고할 것.

오직 중국과 한국만이 단원제 국회를 운영하고 있다. 그나마 중국은 상원은 아니지만 정협(政協)을 통해 입법 과정에서 지역대표들의 의사가 투입되고 있다. 이렇게 보면, GDP 규모 세계 15위 국가 중 중앙정부의 입법 과정에 지역대표성이 전혀 반영되지 않는 유일한 나라는 한국뿐이다.

지역대표형 상원 설계의 일차적 과제는 전국을 어떻게 몇 개의 지역으로 구분하고 각 지역에 몇 명의 상원 의석을 배정할 것인가의 문제다. 필자는 세계화 시대 지역주의의 요구와 역사성 및 남북 통일을 고려해 지역을 구분하고, 지역대표형 상원 설치의 근본 취지에 부응해 소수지역의 과다 대표성을 어느 정도 인정하면서 지역 간에 적절히 안배하는 방식이 바람직하다고 본다. 이를테면, 현행 6개 광역시를 과거에 속했던 도(道)로 통합시켜 전국을 서울을 포함해 10개 광역자치구역으로 묶은 후 각 광역자치구역별로 100만 명 미만은 2석, 100만~300만 명은 3석, 300만~600만 명은 4석, 600만~900만 명 이상은 5석, 900만 명 이상은 6석을 배정해 40~50명의 상원의원을 선출하는 것이 바람직하지 않은가 생각한다. 여기에 270명 내외의 하원의원을 두면, 국회의원 정수는 현행 299명보다 10~20명이 증가한다. 국회의원 수 증가에 대한 부정적 국민 정서가 걱정이지만, 정치 선진화를 위해 필요한 투자임을 설득할 수 있을 것이다. 상원 창설 후의 국회의원 정수 310~320명은 인구 대비 국회의원 수에서 여느 나라보다 크게 적은 것이다.

양원제 설계의 두 번째 주요 과제는 상원의 대표 원리와 선출 방법을 정하는 것이다. 먼저, 상원의원의 선출은 미국과 스위스 및 제2공화국 때처럼 주민이 직선하는 방식과 독일이나 프랑스처럼 간선하는 방안을 고려할 수 있다. 주민직선제는 상원의 민주적 정당성을 높이는 장점이 있으나 상원의 지역대표성을 약화시킬 우려가 있다. 반면, 지방자치단체장과(이나) 지방의회에 의한 간선제는 상원의 지역대표성을 강화하지만 상원의 민주적 정당성을 약화시킨다. 따라서 어떤 방식을 선택하든지 선택한 방식의 단점을 극소화하는 방안을 강구해야 한다. 필자의 견해로는 직선제를 채택하되, 10개 광역자치구역을 선거구로 하여 다수 득표자 순으로 상원의원을 선출하는 방안이 바람직할 것으로 생각한다. 이때 특정 지역 편향적 정당 구도를 완화하기 위해 선거구마다 특정 정당이 의석의 3분 2 이상을 점유하지 못하도록 제한할 수 있다. 이를테면, 선거구당 상원 의석이 2~4석인 경우는 1석을, 5~6석인 경우는 2석을 반드시 제1당 이외의 다른 정당에 배정하는 것이다.

'정치 체제의 균형자와 조정자'로서 상원의 역할을 강화하기 위해서는 정당 규율과 정당정치의 영향력을 완화하는 제도적 장치를 마련해야 한다. 이를 위해 선거제도 등을 통해 정당 및 정파의 이해관계로부터 어느 정도 거리를 둔 상원을 만들 필요가 있다. 특히 정당 간 대립과 갈등이 심한 우리나라에서는 정당 노선에 따라 움직이는 하원을 보완·시정할 수 있는 좀 더 적극적인 대책을 강구해야 할 것이다. 예컨대, 상원에서는 정당 중심의 조직을 구성하지 못하게 하고 상원의원으로 재직하는 동안 주요 당직을 맡을 수 없도록 제한하는 방안을 고려할 수 있다.

상·하원의 권한 관계를 설정하는 방안으로 미국과 스위스처럼 상·하원이 대체로 동등한 권한을 갖도록 하는 방안, 독일처럼 지역의 이해관계가 걸린 영역에서는 배타적 거부권을 행사할 수 있도록 하고, 그 밖의 영역에서는 지연 내지 자문의 권한을 갖도록 하는 방안 등이 고려될 수 있다. 각 방안은 장단점을 지니지만, 국민의 대표인 하원의 위상을 크게 손상시키지 않으면서 지역대표형 상원의 적극적 역할을 보장하기 위해서는 후자의 방안이 더 바람직할 것으로 생각한다.

7 지방분권 개헌

우리는 그 동안의 경험을 통해 법률적 차원에서 시도되는 지방자치의 제도화 노력이 중앙집권 세력의 반(反)지방분권적 반격에 얼마나 무력한지 경험했다. 초당적 동의와 국민적 합의에 기초한 헌법의 제도적 보장과 비전을 결여한 채 추진되는 지방분권 개혁이 당파적 이해관계에 의해 좌우되다 결국 용두사미로 끝난다는 것을 목도했다.

우리나라 헌법의 지방자치 관련 규정(제117조와 제118조)은 빈약하기 이를 데 없다. 헌법은 전문과 부칙을 제외한 조항 수가 130개인데, 이 중 지방자치와 직접 관련된 조항은 단 두 조항뿐이다. 더구나, 이 두 조항조차 지방자치의 구체적인 내용을 포함하지 않고 대부분 법률로 정하도록 위임 또는 유보하고 있다.

이로 인해 헌법은 지방자치 보호 기능을 제대로 수행하지 못하고 있다. 예컨대, "지방자치단체의 종류는 법률로" 정하도록 한 헌법 제117조 제2항의 규정에 따라 지방자치단체의 존폐 문제가 국회의원들의 입법 재량에 맡겨져 있다. 이 때문에 국회의원들은 지난 17대 국회에 이어 또다시 시·군·자치구를 몇 개씩 묶어 60~70개의 통합광역시로 만들고, 시·도 자치정부를 폐지하는 대신 국가지방행정기관을 설치하는 구상을 2011년 연말까지 법제화하려 서둘렀다.

현행 헌법은 지방자치의 발전을 이끄는 향도 기능도 수행하지 못하고 있다. 지방의회 방청인의 발언을 위법으로 판결한 대법원 판례[공1993년. 4. 15. (942), 1098]는 그 대표적 증거다. 1990년대 초 완주군의회가 "방청인이 출신지역 의원의 소개를 받아 본회의 또는 위원회의 방청석에 출석하여 발언할 수 있다. 다만, 상정된 안건의 가부에 영향을 미칠 발언은 할 수 없고, 발언 내용은 24시간 전 의장에게 제출하여 허가받아야 하며, 발언 시간은 10분을 초과할 수 없다."는 요지의 회의규칙을 제정했다. 대법원 판사들은 이런 제한적 주민 참여마저 지방자치법이 기초하는 대표제 원리를 침해한다는 이유로 이 회의규칙을 위법으로 판결했다. 선진국의 지방의회가 흔히 방청인에게 자유롭게 의견을 개진할 수 있는 별도의 자유발언 시간을 두는 것과 너무나 동떨어진 판결이었다. 그러나 헌법은 주민 참여에 대한 대법원 판사들의 부정적 인식을 전환할 아무런 지침도 제공하지 못했다.

현행 헌법은 지방자치를 촉진하기커녕 가로막는 경우도 적지 않다. 필자는 제주특별자치도특별법의 제정 과정에 참여하면서 현행 헌법 규정이 지방분권 개혁을 가로막는 최대의 장애 요인임을 절감했다. 특히 지방자치단체의 입법권을 법령에 종속시켜 제한하는 헌법 제117조 제1항과 "조세의 종목과 세율은 법률로 정한다."는 「헌법」 제59조 등은 제주특별자치도의 자치권 확충을 차단하는 주범이었다. 좀 참신한 아이디어다 싶으면 거의 어김없이 담당 공무원은 "위헌의 소지가 있다"고 난색을 표명했다.

새 헌법에 추가되어야 할 지방분권 및 지방자치 관련 조항을 열거하면 다음과 같다.

첫째, 대한민국이 '분권국가'임을 천명한다.

둘째, 국가와 지역정부 및 지방자치단체 간 입법권 배분의 원칙으로서 "공적 책임은 국민 또는 주민에게 가장 가까운 선출된 당국에 의해 행사되어야 한다."는 보충성 원칙을 명시한다.

셋째, "국가와 지역정부 및 지방자치단체는 대의민주주의와 참여민주주의의 적절한 결합을 통해 시민 참여를 활성화해야 한다."는 규정을 둔다. 아울러 "지방자치단체는 주민 참여 활성화를 위해 동네 의회, 지역사회 의회, 전자민주주의, 주민 참여 예산, 주민발의, 주민투표 등 새로운 참여 방식을 상황에 적합하게 활용하려고 노력해야 한다."는 규정을 둔다.

넷째, 법률에 대한 국민투표제를 규정한다. 이를테면, 국회에서 통과된 법률은 유권자 20만 명의 요구로 국민투표에 회부될 수 있도록 한다.

다섯째, 지역정부와 지방자치단체의 종류, 즉 도와 시・군・자치구를 명시한다. 도의 구역과 명칭(예: 특별시와 광역시 및 제주특별자치도 등)은 지방자치기본법으로 정한다.

여섯째, 국민을 대표하는 하원과 지역을 대표하는 상원을 규정함으로써 국회를 양원제로 만든다.

일곱째, "지역정부와 지방자치단체의 재정적 자원의 상당 부분은 자신이 제공하는 서비스의 비용을 감당하기 위해 법률에 의해 다소 제한되고 조정되더라도 세목과 세율 또는 요율 결정권을 갖는 지방세, 수수료, 사용료 등 자주재원으로 충당되어야 한다."는 규정을 둠으로써 오직 법률로만 지방세를 부과할 수 있도록 제한하는 편협한 조세법률주의를 극복한다.

여덟째, "지역정부와 지방자치단체가 징수・부과 권한을 갖거나 보장된 몫을 받는 세금은 지방자치단체의 과업과 필요에 비례해야 하고, 지역정부와 지방자치단체가 의무를 감당할 수 있도록 충분히 보편적이고 역동적이며 유연한 속성을 지녀야 한다."는 규정을 둠으로써 지역정부와 지방자치단체 과세권의 헌법적 근거를 마련한다.

아홉째, "재정적 지속가능성이 국가와 지역정부 및 지방자치단체 간 또는 지역정부 간 및 지방자치단체 간에 적정 경쟁을 해치지 않는 범위 내에서 재정균형제도를 통해 보장되어야 한다."는 규정을 둔다.

8 8단계 지방분권정책 리더십

지방분권정책의 진정한 성공은 법제화를 넘어서 구성원의 가치관과 태도, 행동의 변화, 즉 새로운 문화의 정착이 이뤄졌을 때 일단락된다. 이런 의미에서 지방분권정책 과정은 구성원들의 장기적 사회학습 과정을 포괄해야 한다. 따라서 정책 리더십은 해당 정책에 대해 적어도 5년 이상 10년의 장기적 시계(時界)를 가지고 지속적으로 발휘되어야 한다.

이런 관점에서 기업 경영 분야에서 개발된 코터(John Kotter)의 8단계 변화 리더십 모형을 원용할 수 있다. 코터의 모형에 기초해 국가 수준의 지방분권정책 추진을 위한 정책리더십모형을 제시하면 다음과 같다.

첫째, 지방분권정책의 성공은 무엇보다 절박감(a sense of urgency) 조성에 달려 있다. 중앙에서 지방으로, 관청에서 주민에게로 권력 이동을 초래하는 지방분권 개혁에서 기득권을 잃게 되는 세력들의 명시적·묵시적 반대와 저항은 매우 완강하다. 지방분권 개혁의 동력은 이들의 반대와 저항을 극복하기에 충분한 절박감을 정부 공직자들을 비롯한 전 사회 구성원들의 머리와 가슴에 심는 것이다. 지방분권 개혁이 흔히 용두사미로 끝나는 가장 중요한 이유는 절박감 조성에 실패하기 때문이다. 중앙집권의 병폐와 지방분권의 필요성을 주지시키는 데 매스컴의 협조를 얻는 일이 매우 중요하다. 그러나 그 동안 유력 중앙언론은 지방분권 개혁에 무관심하거나 지방분권 개혁을 가로막는 경향을 보였다

둘째, 대통령의 의지와 혁신선도 세력의 연대가 중요하다. 대통령의 확고한 의지와 지속적인 관심은 소용돌이의 정치구조와 관행을 바꾸는 지극히 어려운 지방분권 개혁을 성공적으로 추진하는 데 필수적이다. 지방분권 개혁과 같은 주요 대통령 의제는 집권 초기의 강력한 드라이브로 추진될 때 성공가능성이 높다(Bruel & Kamensky, 2008: 1009). 아울러, 지방분권정

책을 주도할 강력한 혁신선도 세력의 연대를 다지는 일도 매우 중요하다. 이를테면, 광역·기초지방자치단체, 시민사회와 전문가집단 등과의 협력 관계를 형성하고 주기적으로 점검해야 한다. 혁신선도 세력이 지방분권 개혁의 취지와 과제 및 방법을 숙지하고 솔선수범하며 결과에 대해 함께 책임지도록 해야 한다.

셋째, 절실한 비전의 개발과 적실한 추진 전략의 수립이 필요하다. 지방분권 개혁이 수반하는 상당한 고통을 감내할 가치가 있다고 느낄 만큼 절실하고 영감을 불러일으키는 지방분권의 미래상을 그리는 비전을 개발해야 한다. 비전은 이런 미래상을 실현하는 데 요구되는 핵심 행동을 기술하는 것이어야 한다(Cohen, 2005: 4). 그리고 비전을 달성하기 위한 구체적 추진 전략을 마련해야 한다. 그러나 유감스럽게도 실용정부가 채택한 20대 지방분권 과제 중에 지방자치 체제의 전면 개편이 포함되어 있고, 정치권과 행정안전부가 대다수 전문가가 반대하는 중앙집권적 지방자치 체제 개편을 무리하게 추진해 지방분권 개혁이 표류하는 경향마저 나타나고 있다.

넷째, 지방분권 개혁의 비전을 이해당사자들과 전 국민이 공유하도록 만드는 효과적 커뮤니케이션이 필요하다. 지방분권정책을 이끄는 리더들은 비전의 실현에 필요한 신뢰와 지지 및 헌신을 북돋우기 위해 간명하고 감명 깊은 메시지를 개발해야 한다. 그리고 가능한 모든 커뮤니케이션 채널을 활용할 뿐만 아니라 지방분권 의지를 구체적 정책과 행동으로 솔선수범을 보여야 한다.

다섯째, 장애 요인 제거와 국회의 지지 확보가 중요하다. 비전 실현을 가로막는 장애 요인을 제거하고 새로운 아이디어와 행동을 장려하는 조치를 취해야 한다. 더불어, 지방분권정책의 법제화를 결정하는 국회의 지지를 얻는 일은 지방분권정책의 원활한 추진을 위해 매우 중요하다. 참여정부 시절 어렵게 발의된 중앙권한 지방이양일괄법안과 지방자치경찰제법안이 국회 상임위원회의 심의 지연으로 회기 만료와 함께 폐기된 바 있다.

여섯째, 지방분권정책의 진척을 알리고 개혁의 절박성을 다시 일깨우며 새로운 에너지를 충전하기 위한 단기적 성과 실현이 매우 중요하다. 지방분권정책의 진도에 관해 주기적으로 보고 받고 작지만 의미 있는 성과를 낸 기관과 개인에 대해 보상하는 것은 장기간에 걸친 개혁 피로감을 해소하고 개혁의 새로운 동력을 얻는 길이다. 아울러, 단기적 성과 실현은 방관자를 지지자로, 수동적 지지자를 적극적 지지자로 전환하는 효과도 있다.

일곱째, 개혁의 추진 체계와 관리 방식의 쇄신을 꾀해야 한다. 단기적 성공으로 자만하거나 개혁의 긴장감을 늦추지 말아야 한다. 오히려 작은 단기적 성공으로 얻은 자신감과 신뢰를 장기적·근본적인 개혁을 촉진하는 동력으로 삼아야 한다. 비전 실현의 능력을 갖춘 인재를 충원하고 승진시키며, 구성원의 비전 실현 능력을 개발하기 위한 교육·훈련을 실시하는 것도 필요하다. 새로운 프로젝트 및 변화 역군의 수혈을 통한 지방분권 개혁의 활력을 공급하는 일도 중요하다.

여덟째, 지방분권 문화의 정착이 필요하다. 지방분권 체제에 부응하는 새로운 태도·행동규범·가치관이 중앙정부와 지방자치단체 및 일상생활 속에서 문화로 정착되도록 인정하고 보상하며 솔선수범해야 한다. 지방분권 개혁과 새로 학습된 행동을 연결시키는 제도를 창안해 실천하는 공공기업가 정신의 발휘도 필요하다.

제 3 장 지방분권의 현황과 인식

김성호

제 1 절 서론

1991년 지방의회 선거와 1995년 단체장을 포함한 동시지방선거를 통해 지방자치가 본격적으로 시행되었다. 지방자치제도는 구조적인 측면에서는 국가 전체의 권한이 중앙정부와 지방자치단체 간에 배분하며, 실질적인 측면에서는 해당 국가별로 지방분권을 통해 국가 전체의 상태를 바람직한 방향으로 전환하고자 하는 규범적 수준까지 국가의 권한이 지방자치단체에 배분된 상태를 말한다(한국지방발전연구원, 2009: 5). 이처럼 지방자치제도는 지역 중심의 지방자치단체가 그 지역 내의 공공 과제를 단체의 자치적 기구에 의해 스스로의 책임 아래서 처리함으로써 국가의 과제와 업무의 과중을 덜어 주고 지역주민의 자치 역량을 길러 민주정치와 권력 분립의 이념을 실현시키는 자유민주적 통치기구의 중요한 조직 원리에 해당한다(허

---

* 이 글은 시민사회포럼·(사)한국미래정부연구회 공동 주최 '지방분권과 시민운동' 세미나(2011. 11. 17., 서울 프레스센터)에서 "지방분권정책 추진 성과와 과제 실증연구"로 발표되었다.

영, 2005: 787).

그러므로 지방자치에서 지방분권화의 논리는 국가 기능을 여러 정치 단위에 분산시킴으로써 분업을 통한 효율성의 증대를 위한 것이며, 다양한 정치실험을 통한 구성원의 학습 기회를 제공하며, 더 나은 해결책을 모색해 나가는 정치 과정이다(이기우, 2003: 17).

따라서 국가경쟁력 강화를 위해 지방자치제는 필수적인 요소이며, 합리적 지방분권은 지방자치단체를 위해서만이 아니라 중앙정부의 업무효율성을 높이기 위해서도 반드시 필요한 것이다. 이러한 관점에서 중앙행정 권한의 지방 이양 즉 지방분권은 실질적 지방자치의 토대다. 지방자치를 실시하기 위해서는 중앙-지방정부 간 입법 및 행재정권을 합리적으로 재배분하는 것이 필수다. 그러나 유감스럽게도 우리나라에서는 중앙집권적 행재정제도를 유지하면서 지방의회를 구성하고 단체장만 선출하면 지방자치인 줄 착각했다는 데에 오류가 있다.

이후 문민정부, 국민의 정부, 참여정부, 실용정부를 거쳐 오면서 나름대로는 지방분권을 주요 국정지표로 삼아 이를 추진할 것처럼 보인 경우도 있었으나 합리적 지방분권의 성과를 이뤄내지 못한 채 오늘에 이르고 있다.

미국의 금융위기가 재정위기를 부각시킨 데 이어 남유럽 국가의 재정위기가 끝도 보이지 않는 금융 혼란과 국가재정의 파산을 놓고 전전긍긍하고 있으며, 이러한 불안이 언제 종료될지 아무도 알 수 없는 시대가 되었다. 개별 국가별로 재정건전성이 얼마나 중요한 과제임을 웅변적으로 학습하는 시기다.

이러한 세계경제 시스템의 변화에 따라 중앙집권 체제로 운영되었던 근대적 국가 운영 방식에 대한 변화가 요청되고 있다. 즉, 국제 질서의 기준으로 작용하던 이데올로기가 종식되고 각국의 경제적 이익이 국제 질서의 주요 기준으로 대치되었다. 최근 우리나라가 추진하는 자유무역협정(FTA)은 이러한 추세를 반영한 것이다. 국가의 역할은 경제 블록화·지역화로 인해 경제 발전을 위한 중앙정부의 역할과 동세는 제한될 수밖에 없다. 주요 선진국은 종래의 국가의 역할을 지방정부를 통해 우회적으로 달성하려는 경향이 나타나고 있다. 특히, 유럽연합(EU)의 탄생과 함께 경제적 관점에서 지방분권이 요구되고 있다. 국가보다는 지역정부가 경제적 권한을 가지고, 지역정부 간의 경쟁을 통해 지역의 발전정책을 주체적으로 유도할 수 있고, 이러한 건전한 상호 경쟁 관계 속에서 지역 간 경제적 역량도 길러지게 되며, 결국 국가의 글로벌 경쟁력도 강화된다는 주장이다.

민주성 관점에서 지방분권은 실질적 지방자치의 실현을 가능하게 하는 것으로서, 이에 대한 논거로 제시되는 것이 보충성(subsidiarity)의 원칙[1]이다. 이처럼 지방분권은 효율성과 민주성이라는 행정 이념의 양 측면에서 요구되고 있으며, 중앙-지방정부의 경쟁력 강화를 위해 필수적인 과제다.

그럼에도 불구하고 지난 10여 년 동안 지방분권을 주요 국정 과제로 선정했음에도 성과를 올리지 못한 이유가 대통령, 국회의원, 행정관료 등의 의지에 문제가 있었다고 한다면, 이는 분권 추진의 장애 요인이 분권 추진 체계나 절차의 문제가 아니라 지방분권에 대한 국민의 정치적 열망이 낮은 것으로 이해될 수 있다. 왜냐하면, 지방분권이 중앙행정 권한의 지방 이양이라는 성격을 가지므로 중앙정부 또는 국회가 지방정부나 지방의회에 권한을 이양한다는 것은 국민의 정치적 욕구와 결부되지 않고서는 불가능하다는 것을 의미한다. 따라서 이 장에서는 이러한 문제 의식을 바탕으로 지방자치와 지방분권 과제에 대한 일반 국민의 인식과 지방분권 과제의 추진 방향에 대한 정책적 함의를 구하고자 한다.

제 2 절 선행연구 고찰

1 지방분권 평가

지방분권 추진에 대해 평가한 연구는 대부분 참여정부 지방분권에 대한

1) 보충성 원칙이 1975년 틴데만 보고서(Tindemann-Bericht)를 통해 유럽 차원에서 처음으로 언급된 이후, 지난 1992년 마스트리트(Maastricht)조약이 체결되면서, 유럽공동체(EC) 조약에 명시적으로 수용되었다.

평가다. 이를 시기적으로 구분하면 크게 중간평가와 결과에 대한 평가로 구분된다. 먼저 중간평가와 관련된 논문(김순은, 2005; 이기우, 2007; 이승종, 2005; 정순관, 2007; 하혜수, 2005)은 평가의 관점이 각각 다르다. 강형기 외(2005)에서는 참여정부 2년의 지방분권 정책에 대해 주요 선도 과제(11과제)를 중심으로 평가하고 있다. 김순은(2005)은 참여정부가 출범한 이후 추진되었던 지방분권정책의 내용과 성과를 평가하고 문제점과 과제를 제시하고 있는데, 정책평가 기준을 정책의 내용, 정책집행의 과정 및 절차, 정책집행의 성과, 정책 성과의 영향 등으로 구분해 접근하고 있다. 이기우(2007)는 지방분권 과제별로 추진 개요, 추진 성과, 추진의 문제점과 과제로 나눠 검토한다. 이승종(2005)은 노무현 정부의 분권정책을 추진 과제, 기구 및 추진 성과로 나눠 개괄적으로 평가한다. 정순관(2007)은 지방분권정책이 민주성의 제고라는 큰 틀 속에서 이해되고 평가되어야 한다고 하면서, 민주적 평가모형에 따른 지방분권정책의 추진 과정에 대한 평가를 하고 있다. 하혜수(2005)는 참여정부의 지방분권 추진 과정을 평가하기 위해 효과성, 절차적 민주성, 기대충족도, 권한 이양과 책임성, 차등분권 등을 준거 기준으로 하여 평가하고 있다. 이 밖에 참여정부 지방분권의 추진을 외국과 비교 평가하는 연구도 있다. 김순은(2004)은 일본과의 비교를 통해 정부혁신지방분권위원회의 명칭 및 참여정부의 지방분권 추진전략을 분석한다. 임승빈(2005)은 지방분권의 성과가 일본과는 다르다고 주장하면서 그 원인에 대해 분석하고 있다.

최근 참여정부 지방분권정책 결과에 대한 평가를 시도하는 연구(권영주, 2009; 권경득·우무정, 2009; 강재호, 2010)가 일부 진행되었다. 권영주(2009)는 참여정부 47개 분권 과제의 성과평가에서 정책의 유형, 집행 능력, 정책이 요구하는 변화의 크기, 정책이 초래하는 혜택의 유형, 정책에 대한 순응, 정치 체제의 구조 및 정권 특성 등 총 7개의 변수를 시간적 요인, 내용적 요인, 환경적 요인 등으로 구분해 평가하고 있다. 권경득·우무정(2009)은 참여정부 지방분권 과제 중 중앙사무의 지방 이양 과제를 중심으로 평가하고 있다. 평가 방법은 이양된 지방사무의 소관 분야별·부처별로 분석하고, 주요 지방이양사무의 이양 내용을 분석하고 있다. 강재호(2010)

는 참여정부의 분권 추진의 결과를 중앙-지방 관계, 주민-지방 관계로 나눠 평가하고 있다. 즉, 개별적 분권 과제의 측정보다는 분권정책의 추진 결과를 전체적 관점에서 평가한다.

다만, 이명박 정부의 분권정책을 평가한 논문은 많지 않다. 이창균(2010)과 김순은(2010)의 논문 정도가 발견된다. 특히, 이창균(2010)은 지방분권촉진위원회의 입장을 반영하고 있어 학문적 객관성은 다소 결여되어 있다 하겠다. 김순은(2010)는 이명박 정부의 지역정책을 지역균형 발전과 지방분권 관점에서 평가하고, 지방분권 과제별 구체적 평가보다는 지방분권이 지역발전정책의 일환으로 추진되고 있다고 평가한다.

이러한 관점에서 지방분권 평가에 관한 선행연구는 지방분권 추진 과정 또는 절차에 초점을 맞추는 연구(김순은, 2005; 정순관, 2007; 하혜수, 2005)와 지방분권 정책의 성과에 초점을 맞추는 연구(이기우, 2007; 권영주, 2009; 이창균, 2010; 권경득 · 우무정, 2009)로 구분할 수 있다.

2 지방분권 의식조사

지방분권에 관해 의식조사를 실시한 사례는 학술 연구에서는 많지 않았다. 학술 논문으로서 조사연구는 권영주(2009)의 연구가 있다. 권영주(2009)는 참여정부 분권 과제의 성패 요인에 관한 연구를 수행하면서 지방분권 정책의 과제별 성패(종속변수)를 지방분권 전문가에 대한 설문조사를 통해 구하고 있다.

이 밖에 사례는 경실련(2006), 전국시도지사협의회(2009) 등이었다. 먼저 경실련(2006)의 조사를 살펴보면, 경실련은 민선 4기를 구성하는 5 · 31 지방선거를 맞아 참여정부에서 가장 강조한 지방분권 국정 과제와 관련해 정부가 수립한 "지방분권 5개년 종합실행계획의 추진 정도와 내용을 평가"했다. 조사 대상은 지방자치학회 회원에 대한 전문가 대상 설문조사를 기초로 경실련 지방자치위원회 검토를 거쳐 참여정부의 지방분권 이행에 관한 평가와 제도 개선 과제를 제시했다.

전국시도지사협의회(2009)의 조사는 지방분권 추진 전략을 마련하기 위한 것으로서 전문가와 일반 국민을 구분해 인식조사를 수행했다.

3 선행연구 검토

이러한 선행연구에 대해 지방분권 과제 평가 대상, 연구 방법 등 크게 두 가지 한계를 지적할 수 있다.

첫째, 선행연구의 대부분이 지방분권 과제 평가 대상을 지방분권촉진위원회[2]에서 제시하고 있는 지방분권 과제를 대상으로 하고 있다. 그러나, 현재 지방분권촉진위원회의 지방분권 과제를 보면 "자원봉사활동 장려 · 지원" 등 지방분권과 실질적으로 관련이 없는 제도 개선 내지는 지원 과제도 포함시키고 있어 지방분권 과제에 대한 명확한 이론적 검토가 부족하다는 한계가 있다.

둘째, 연구 방법의 한계로서 권영주(2009)의 연구를 제외한 대부분의 연구가 질적 연구 방법을 사용하고 있다는 것이다. 또한 지방분권 의식조사를 한 경우는 경제정의실천시민연합과 전국시도지사협의회 자료 정도다.

연구 방법과 관련해 개별 분권 과제의 추진 내용에 대한 연구는 질적 연구 방법이 더 필요하고 유용할 수 있으나, 지방분권 전체에 대한 평가를 시도하는 연구에서는 연구자의 주관보다는 객관성을 유지할 필요가 있으므로 양적 연구 방법도 필요하다. 특히, 지방분권이 중앙-지방 간 권한 범위의 변화를 의미하므로 권한 범위의 변화 정도는 개별 연구자마다 다를 수 있기 때문에 지방분권 평가 및 방향에 대한 연구가 주로 질적 연구 방법이 사용되고 있는 것은 한계로 지적할 수 있다.

---

2) 참여정부의 지방이양추진위원회와 MB정부의 지방분권촉진위원회의 기능이 유사하므로 이를 따로 구분하지 않고 지방분권촉진위원회라 하겠다.

제 3 절 연구 분석틀

1 지방분권 과제

1) 국정 과제에서 지방분권 관련 과제

이 연구는 지방자치와 지방분권 과제에 대한 일반 국민의 의식과 지방분권 과제의 추진 방향에 대한 정책적 함의를 구하는 것을 목적으로 한다. 특히, 선행연구 검토를 통해 그 동안의 지방분권 과제에 대한 연구가 지방분권과 관련이 없는 과제가 다수 포함되었다는 한계를 지적했다. 따라서 지방분권 과제 선정에 대한 구체적 설정이 필요하다.

표 3-1 이명박 정부 지방분권 과제

구분	분야	과제명
100대 국정 과제	지방행정 체제 개편	계층구조 단순화, 규모 적정화 국가경쟁력 제고를 위한 기능 배분
	지방정부 권한 강화	중앙 권한 지방 이양 기관위임사무 폐지 중앙-지방 국정협력 시스템 구축 지방자치단체 평가제도 개선 특별지방행정기관 정비
192개 국정과제	인재 대국	지방교육 자치의 내실화
	섬기는 정부	특별지방행정기관 정비
		지방교부세제도의 발전적 개편 지방재원 확충 및 세원불균형 완화 중앙 권한 지방 이양 중앙 · 지방 간 국정협력 시스템 구축
		자치경찰 도입 기관위임사무 폐지 지방자치단체 등의 자율적 감시 체계 확립

이명박 정부의 분권 과제 역시 다양하게 제시되었다. 최초 2008년 2월에 대통령직 인수위원회에서 192개 국정 과제를 발표했고, 이후 2008년 10월 192개 국정 과제를 100대 국정 과제로 재편했다. 192개 국정 과제 내용은 크게 5대 국정지표로서, 활기찬 시장경제, 인재대국, 글로벌 코리아, 능동적 복지, 섬기는 정부 등을 제시했다. 각 국정지표별 핵심 과제, 중점 과제, 일반 과제로 구분해 개별 국정 과제를 제시하고 있는데, 분권 과제는 주로 섬기는 정부의 핵심 과제, 중점 과제, 일반 과제 등에서 9개 과제로 제시했다. 한편 이명박 정부 100대 국정 과제에서는 지방행정 체제 개편을 분권 과제로 포함시켰다.

이를 정리해 비교하면 앞의 <표 3-1>과 같다.

2) 지방분권촉진특별법상 지방분권 과제

이러한 이명박 정부의 분권 과제는 2008년 2월에 제정된 「지방분권 촉진에 관한 특별법」 제10조~제16조에서 좀 더 구체적으로 표현되었다. 지방분권촉진법상의 분권 과제를 살펴보면, 제10조는 중앙 권한 및 사무의 지방 이양, 위임사무 폐지 등을 규정하고 있으며, 제11조는 특별지방행정기관의 지방 이양, 교육자치제도 개선 방안 마련, 자치경찰제도 도입 등에 대해 규정하고 있다. 제12조는 지방재정의 확충 및 건전성 강화, 제13조는 조례 제정 범위 확대, 지방선거제도 개편 등이 제시되어 있다. 제14조는 주민 참여의 확대, 제15조는 자치행정 역량 강화, 제16조는 국가와 지방자치단체의 협력 체제 정립 등을 제시하고 있다.

지방분권촉진위원회에서는 이를 정리해 4대 분야 20개 분권 과제를 제시했다(<표 3-2> 참조).

3) 지방분권 과제 적정성 평가

이 연구에서의 지방분권이란 중앙-지방정부 간 권한 배분의 정도뿐만 아니라 중앙 권한의 지방 이양 의지를 포함하는 것으로 규정했으며 중앙 권한의 지방 이양에 초점을 맞췄다. 따라서, 지방분권촉진위원회가 제시하고

표 3-2 지방분권촉진위원회 지방분권 과제

분야	분권 과제
권한 및 기능 재배분	사무 구분 체계 개선
	중앙행정 권한의 지방 이양
	특별지방행정기관 기능 조정
	교육자치제도 개선
	자치경찰제도 도입
지방재정 확충	국세와 지방세의 합리적 조정
	지방교부세제도 개선
	지방재정의 투명성 · 건전성 제고
자치 역량 강화	자치입법권 확대
	지방의회의 전문성 · 자율성 강화
	주민직접참여제도 보완
	지방선거제도 개선
	지방자치단체 평가 기준 마련 및 진단 · 평가
	지방자치행정 체제 정비
협력 및 공감대 확산	정부 및 지방자치단체 간 협력 체제 강화
	분쟁 조정 기능 강화
	특별지방자치단체제도 도입 · 활용
	지방공무원 인사 교류 확대 및 교육훈련제도 개선
	자원봉사 활동 장려 · 지원
	지방분권 홍보 및 공감대 확대

출처: 지방분권촉진위원회(2011).

있는 과제 중 중앙 권한의 지방 이양과 관련이 없는 제도 개선 과제는 지방분권 과제에서 제외할 필요가 있다. 평가 기준은 중앙으로부터 지방으로의 권한 배분과 관련되어 있는 사항만 분권 과제로 하며, 지방정부의 권한을 축소시킨다거나, 권한 배분과 전혀 관련이 없는 제도 개선 사항은 분권 과제에서 제외하는 것이다. 이러한 기준에 따라 분권촉진위원회의 분권 과제를 지방분권 과제로서의 적정성을 평가하면 <표 3-3>과 같다.

표 3-3 지방분권촉진위원회 분권 과제에 대한 적정성 평가

분야	분권촉진위의 분권 과제	적정성 평가
권한 및 기능 재배분	사무 구분 체계 개선	○
	중앙행정 권한의 지방 이양	○
	특별지방행정기관 기능 조정	○
	교육자치제도 개선	○
	자치경찰제도 도입	○
지방재정 확충	국세와 지방세의 합리적 조정	○
	지방교부세제도 개선	△
	지방재정의 투명성 · 건전성 제고	×
자치 역량 강화	자치입법권 확대	○
	지방의회의 전문성 · 자율성 강화	△
	주민직접참여제도 보완	△
	지방선거제도 개선	×
	지방자치단체 평가 기준 마련 및 진단 · 평가	×
	지방자치행정 체제 정비	×
협력 및 공감대 확산	정부 및 지방자치단체 간 협력 체제 강화	△
	분쟁조정 기능 강화	×
	특별지방자치단체제도 도입 · 활용	×
	지방공무원 인사 교류 확대 및 교육훈련제도 개선	×
	자원봉사 활동 장려 · 지원	×
	지방분권 홍보 및 공감대 확대	△

* ○: 권한 배분 사항, △: 세부 내용 검토 필요, ×: 권한 배분 아닌 사항

위의 표 중 권한 배분과 관련해 △표시한 내용은 좀 더 구체적 세부 내용을 살펴보아야 한다.

첫째, 분권촉진위(2009) 자료를 바탕으로 지방교부세제도의 개선을 살펴보면, 분권교부세 5년 연장에 관한 내용이다. 따라서 중앙재정의 지방 이양이라는 측면에서 그 재원의 규모가 크지 않다고 하더라도 분권 과제로 평가할 수 있다.

둘째, 지방의회의 전문성 · 자율성에 관련해서는 지방의회제도 중장기 방안 마련이라고 제시되어 있다. 이는 제도 개선 과제이지 분권 과제라 할 수 없다.

셋째, 주민직접참여제도 보완은 주민 지방정부 간 관계로서, 중앙-지방정부 간 권한 배분과는 관련이 없는 내용이다. 따라서 분권 과제라고 할 수 없다.

표 3-4 이명박 정부 실질적 지방분권 과제

분야	실질적 분권 과제
권한 및 기능 재배분	사무 구분 체계 개선
	중앙행정 권한의 지방 이양
	특별지방행정기관 기능 조정
	교육자치제도 개선
	자치경찰제도 도입
지방재정 확충	국세와 지방세의 합리적 조정
	지방교부세제도 개선
자치 역량 강화	자치입법권 확대
협력 및 공감대 확산	정부 및 지방자치단체 간 협력 체제 강화
	지방분권 홍보 및 공감대 확대

넷째, 정부 및 지방자치단체 간 협력 체계 강화는 중앙으로부터의 지방에 대한 권한의 직접적 배분이라고 할 수는 없으나, 정책 과정에 지방정부 의사를 반영하겠다는 것으로 이해될 수 있으므로 분권 과제로 분류할 수 있다.

마지막으로 지방분권 홍보 및 공감대 확대를 살펴보면, 언론 및 관련 단체 등을 통한 대국민 홍보 강화라고 되어 있으므로 지방분권 과제로 볼 수 있다. 이를 정리하면 <표 3-4>와 같다.

2 조사표 설계

이 연구는 지방자치 및 지방분권 대한 일반 국민의 인식과 지방분권 추진 방향에 대한 정책적 함의를 구하는 것을 목적으로 하고 있으므로 조사내용은 크게 두 가지로 구분할 수 있다. 먼저 지방자치 및 지방분권에 대한 인식은 지방자치 일반에 대한 평가 및 지방자치 필요성 등에 대한 인식 조사다. 둘째, 지방분권 추진 방향에 대한 정책적 함의를 구하기 위해서는 각 개별 분권 과제에 대한 인식 및 의견조사가 필요하다. 이 연구에서는 조사내용을 명확히 하고자 앞서 제시한 <표 3-5>의 이명박 정부 실질적 지

표 3-5 국민 인식조사 조사표 설계

구분	지방분권 과제	조사 내용	척도
지방자치 지방분권 인식	-	지방자치 후 서비스 개선도	비례(5점)
		지방자치의 필요성	비례(5점)
		지방자치 수준 정도	비례(5점)
		지방자치 정착 장애 요인	명목
		지방분권 용어 인지	비례(5점)
분권 과제별 인지 정도 필요성	자치입법권 확대	조례의 지위에 대한 평가	비례(5점)
		조례의 적절한 지위	명목
	자치경찰제 도입	자치경찰제 도입 필요성	비례(5점)
		자치경찰제 도입 방법	명목
	국세지방세 조정 교부세제도 개선	지방재정 확충 방안	명목
		지방재정자율성 수준에 대한 평가	비례(5점)
		적절한 지방재정 자율성 수준	비례
	교육자치제도 개선	지방자치-교육자치 일원화 필요성	비례(5점)
		교육감 선출 방식 선호도	명목
	특・지・행 기능 조정	특・지・행 지방 이관 필요성	비례(5점)
	중앙-지방 협력 체계 강화	지방정부 입법 참여 필요성	비례(5점)
	지방자치행정 체제 정비[3]	단층제 개편 방안에 대한 인식	비례(5점)

방분권 과제의 내용 중 설문 표현이 어려운 부분은 조사 내용에서 제외시킨 결과, 구체적 조사 내용은 <표 3-5>와 같다.

앞서 제시한 지방분권 과제 중 제외된 것은 사무 구분 체계 개선, 중앙행정 권한의 지방 이양, 지방분권 홍보 및 공감대 확대 등이다. 사무 구분 체계 개선의 경우, 기관위임사무, 위임사무 등 전문용어의 이해가 필요한 사항은 설문에서 제외했으며, 중앙행정 권한의 지방 이양도 현행 제도를 설명해야만 이해가 가능하므로 제외했다. 또한 지방분권 홍보 및 공감대 확대도 이 연구 자체가 이에 대한 검토이므로 조사대상에는 포함시키지 않았다. 그리고 사회인구학적 통제변수는 성별, 연령, 거주 지역, 학력으로 구분했다.

3) 지방행정 체제 개편 관련 내용은 앞서 지방분권 과제에서는 제외했으나, 사안의 시의성을 고려해 조사 대상으로 포함시켰다.

3 조사설계 및 분석 방법

조사는 만 20세 이상 1,070명 국민을 대상으로 했으며, 표본의 크기는 95% 신뢰 구간에서 오차 범위 ± 3.1%이다. 조사 방법은 전화면접조사로 하고 조사 기간은 2010년 12월 15일~17일까지 3일간 실시했다. 조사 기간을 단기간으로 한정한 것은 조사 기간이 길어질 경우, 언론 기사 등에 의해 영향을 받아 신뢰도에 영향을 줄 수 있어 최대한 단기로 했으며, 표본 추출 방법은 16개 시·도 및 연령에 따른 비례표출 방법을 활용했다.

표 3-6 조사설계

구분	내용
조사 대상	만 20세 이상 전국 16개 시/도의 대한민국 국민
표본 크기	1,070명
표본 오차	95% 신뢰 구간에서 ± 3.1%
조사 방법	전화면접조사
조사 기간	2010년 12월 15일~17일(3일)
표본 추출	지역(시/도), 연령에 따른 비례층화 추출

분석은 SPSS 18.0 프로그램을 활용했고, 분석 결과는 교차분석 자료를 바탕으로 기술통계 중심으로 제시한다.

제 4 절 설문 결과 분석

1 지방자치 · 지방분권에 대한 인식

지방자치에 대한 일반적 인식 및 지방분권이라는 용어에 대한 인지도를 살펴보기 위해 조사를 실시했다. 먼저 지방자치 후 서비스 개선도 평가 결과를 살펴보면, 전체 응답자 중 44.2%가 지방자치 실시 후 행정 서비스가 개선되었다고 평가했다. 반면 서비스 수준이 악화되었다고 평가한 응답자는 3.2%에 불과했다. 하지만 변화가 없다에 52.6%가 응답했다는 데 주목할 필요가 있다.

표 3-7 지방자치 실시 후 서비스 개선도 평가

구분	매우 악화	악화	변화 없음	개선	매우 개선	합계
빈도	6	28	568	454	23	1,079
비율 (%)	0.6	2.6	52.6	42.1	2.1	100.0
	3.2		52.6	44.2		100.0

다른 나라에 비해 우리나라 지방자치제도 정착 수준을 묻는 질문에는 응답자의 69.7%가 우리나라 지방자치 수준이 낮다고 했으며, 4.1%만이 지방자치 수준이 높다고 응답했다. 우리나라 지방자치 수준이 낮다는 것이 일반적 인식임을 알 수 있다.

표 3-8 지방자치 제도 정착 수준

구분	매우 낮음	낮음	비슷	높음	매우 높음	합계
빈도	82	663	280	42	2	1,069
비율 (%)	7.7	62.0	26.2	3.9	0.2	100.0
	69.7		26.2	4.1		100.0

현재, 우리나라 국정 운영 시스템을 고려할 때 지방자치의 필요성을 묻는 설문 결과에는 필요하다는 답변이 66.5%에 달했으며, 불필요하다는 답변은 15.4%였다. 지방자치의 유용성을 66.5%가 인정하고 있다는 것은 매우 고무적이다.

지방자치 제도 정착의 장애 요인에 관한 질문에는 가장 중요한 요인을 2개 이내로 중복 선택이 가능하도록 했다. 응답 결과를 살펴보면, 가장 중요한 원인으로 주민의 자치 의식 부족 및 무관심 41.7%로 응답했다. 다음으

표 3-9 지방자치 필요성

구분	매우 불필요	불필요	중립	필요	매우 필요	합계
빈도	44	122	195	600	118	1,079
비율 (%)	4.1	11.3	18.1	55.6	10.9	100.0
	15.4		33.5	66.5		100.0

로 지방의회 역량 부족 32.8%, 단체장의 역량 부족 30.5%, 지방정부 권한 부족 24.8%, 중앙정부의 중앙집권 의지 25.2% 순으로 응답해 비교적 고르게 분포하고 있다는 것은 선정된 요인이 대부분 높은 상관 관계가 있음을 의미한다.

간과해서 안 될 부분은 50%의 국민이 지방정부 권한 부족과 중앙정부의 집권 의지에 문제가 있다고 응답하고 있다. 결국 국민은 국가가 입법권·행정권·재정권을 필요 이상으로 행사하고 있어 지방자치제도 정착에 장애요인이 되고 있다고 인식하고 있음을 의미한다.

표 3-10 지방자치제도 정착의 장애 요인

구분	지방정부 권한 부족	단체장 역량 부족	지방의회 역량 부족	주민 무관심	중앙정부 집권 의지
빈도	268	330	355	451	273
비율(%)	24.8	30.5	32.8	41.7	25.2

지방분권이라는 용어에 대한 인지를 묻는 질문에는 43.9%가 내용을 안다고 답했으며, 용어 자체는 들어봤으나 내용을 잘 모른다는 응답을 포함하면 전체 56%에 달하고 있어 지방분권에 대한 인지도는 상당히 부족하다고 판단된다.

이상의 지방자치에 대한 일반적 평가 및 지방분권 개념의 인지에 대한 질문 중 5점 척도로 구성된 지방자치 후 서비스 개선도 평가, 지방자치 필요성 정도, 우리나라의 지방자치제도 정착 정도의 평가, 지방분권 용어의 인지 등을 사회인구학적 배경을 기준으로 정리하면 <표 3-11>과 같다. 이러한 정리는 각 응답에 대해 사회 인구학적 변수의 영향을 살펴볼 수 있다

표 3-11 지방분권 용어 인지

구분	들어본 적 없음	들어는 봤음	용어만 앎	내용 약간 앎	매우 잘 앎	합계
빈도	105	192	307	400	73	1,077
비율	9.7	17.8	28.5	37.1	6.8	100.0
(%)	27.5		28.5	43.9		100.0

는 장점이 있다.

첫째, 지방자치 실시 후 지방자치단체의 행정 서비스의 변화를 묻는 질문에는 남성 3.46, 여성 3.39로 남성이 여성보다 행정 서비스 개선에 대해 긍정적으로 평가했다. 연령별로 살펴보면, 40대가 3.52로 서비스 개선 정도에 대해 가장 긍정적으로 평가하고 있으며, 40대를 기준으로 양측으로 서비스 개선 정도에 대한 평가가 다소 낮아지고 있으며, 20대는 3.30으로 가장 낮게 평가하고 있다. 거주 지역에 따라서는 큰 차이가 발생하지 않았으며, 학력별로는 대학원 이상에서 지방자치 후 서비스 개선 정도를 3.75로 답해 평균 3.43에 비해 높은 평가를 하고 있다.

둘째, 지방자치 필요성에 대해서는 성별 차이가 발생하지 않았다. 연령별로는 20대가 3.90으로 답하고 있고, 60대 이상은 3.41점으로 답하고 있어 연령이 낮을수록 지방자치의 필요성이 크다고 응답했다. 거주 지역별로는 시(市) 3.63, 구(區) 3.54, 군(郡) 3.48로 큰 차이는 없지만 농촌지역보다 도시지역이 다소 지방자치의 필요성에 공감하고 있는 것으로 판단할 수 있으며, 학력별로는 대학원 이상이 4.18, 고졸 미만이 3.40으로 학력이 높을수록 지방자치가 필요하다고 응답하고 있다.

셋째, 지방자치 수준의 평가와 관련해서는 평균 2.27점으로 전반적으로 낮다고 인식하고 있는 것을 확인할 수 있었으며, 성별로는 남성 2.17, 여성 2.38로 남성이 여성보다 지방자치 수준에 대해 낮게 평가했다. 연령별·거주지역별로는 큰 차이가 없으며, 학력별로는 대학원 이상 2.00, 고졸 미만 2.47 등 고학력일수록 지방자치 수준이 낮은 것으로 인식하고 있다.

마지막으로 지방분권 용어의 인지와 관련해 살펴보면, 남성 3.38, 여성 2.87로 남성이, 연령 또한 60대 이상 2.86, 30대 3.29로 30대의 인지도가 높은 것으로 나타났다. 거주 지역별로는 시 3.18, 구 3.15로 도시부가 군 2.73에 비해 인지도가 높은 것으로 나타났고, 학력별로는 대학원 이상 3.95, 고졸 미만 2.12로 뚜렷한 격차가 발생하고 있다.

지방자치 현황 평가 및 지방분권 용어의 인지와 관련한 조사 결과는 연령, 학력, 거주지역 등의 변수에 영향을 받는 것으로 판단된다.

표 3-12 지방자치 및 지방분권에 대한 인식

구분	분류	지방자치 후 서비스 개선도	지방자치 필요성	지방자치 수준 평가	지방분권 용어 인지
성별	남성	3.46	3.58	2.17	3.38
	여성	3.39	3.58	2.38	2.87
연령	20대	3.30	3.90	2.29	3.14
	30대	3.46	3.72	2.22	3.29
	40대	3.52	3.59	2.24	3.23
	50대	3.45	3.41	2.28	3.09
	60대 이상	3.38	3.23	2.33	2.86
거주 지역	시(市)	3.42	3.63	2.27	3.18
	군(郡)	3.43	3.48	2.35	2.73
	구(區)	3.44	3.54	2.26	3.15
학력	고졸 미만	3.40	3.40	2.47	2.12
	고졸	3.38	3.43	2.27	3.08
	대졸	3.46	3.73	2.21	3.47
	대학원 이상	3.75	4.18	2.00	3.95
합계		3.43	3.59	2.27	3.14

2 주요 분권 과제별 인지 정도 및 필요성

사무 구분 체계 개선, 중앙행정 권한의 지방 이양, 지방분권 홍보 및 공감대 확대 등의 주요 지방분권 과제는 다소 전문적이어서 설문 대상에서 제외했다. 조사 대상 지방분권 과제는 자치입법권 확대, 자치경찰제 도입, 지방재정 현황에 대한 평가, 교육자치제도 개선, 특별지방행정기관 기능 조정, 지방정부 입법 과정 참여 등 총 6개 과제다. 또한 지방행정 분야의 지속적 관심 대상인 지방행정 체제 정비 과제도 조사 대상에 포함했다.

첫째, 자치입법권 확대와 관련해서는 두 가지 설문을 실시했다. 하나는 현재 조례의 지위에 대한 평가이며, 이에 대해 부정적으로 평가한 응답자를 대상으로 한 조례의 적절한 지위에 관한 질문이다. 먼저 현재 부령보다 하위 법령[4]인 조례의 지위에 대한 평가를 살펴보면, 적절하다는 평가가 30.9%, 부적절하다는 평가는 31.3%로 큰 차이가 나타나지 않았다. 하지만 중립이 37.8%라는 점은 설문 내용을 충분하게 이해하기 어려웠다는 점을 반영한 것으로 볼 수 있다.

표 3-13 조례의 지위에 대한 평가

구분	매우 부적절	부적절	중립	적절	매우 적절	합계
빈도	32	299	400	190	136	1,057
비율 (%)	3.0	28.3	37.8	18.0	12.9	100.0
	31.3		37.8	30.9		30.8

조례의 법적 지위가 매우 적절하다는 응답자를 제외하고 실시한 조례의 적절한 지위에 대해서는 법률과 동등해야 된다는 의견이 40.9%였으며, 법률보다는 하위이나 대통령령보다는 상위여야 한다는 의견이 25.1%, 대통령령보다는 하위이나, 부령보다는 상위여야 한다는 의견이 34.0%로 조사되었다. 법률과 동등하거나 대통령령보다 우위를 가져야 한다는 의견이 66%

표 3-14 조례의 적절한 지위

구분	법률과 동등	법률-대통령령 중간 규범	대통령령-부령 중간 규범	합계
빈도	355	218	295	868
비율(%)	40.9	25.1	34.0	100.0

4) 조례의 법적 지위가 법령의 하위라는 의미는 실제 행정 과정에서는 부령보다도 하위 규범으로 운영되고 있다.

에 달하고 있다는 것은 조례의 법적 지위를 상향하자는 의견에 대부분 공감하고 있는 것으로 나타났다.

둘째, 자치경찰제 도입과 관련한 의식조사다. 이와 관련한 설문은 자치경찰제 도입의 필요성 및 도입 방안 두 개의 설문을 구성했다. 먼저 자치경찰제 도입 필요성에 대한 설문 결과를 살펴보면, 자치경찰제 도입이 필요하다는 의견 47.3%, 불필요하다는 의견 31.1%로 필요하다는 의견이 16%나 더 많았다.

표 3-15 자치경찰제 도입 필요성

구분	매우 불필요	불필요	중립	필요	매우 필요	합계
빈도	228	86	218	381	96	1,009
비율(%)	22.6	8.5	21.6	37.8	9.5	100.0
	31.1		21.6	47.3		100.0

자치경찰제 도입이 전혀 필요 없다는 응답자를 제외하고 실시한 자치경찰제 도입 방안에 대한 질문에는 시·도 및 시·군·구로 나눠 이관해야 한다는 의견이 38.1%로 가장 높았고, 시·도로 이관이 필요하다는 의견은 34.6%, 시·군·구로 이관해야 한다는 의견은 27.3%로 조사되었다. 시·도 또는 시·도 및 시·군·구 이관이 72.7%라 된다는 점은 정부가 자치경찰제를 도입할 때, 도입 단위를 중요시해야 함을 보여 준다.

표 3-16 자치경찰제 도입 방안

구분	시·도로 이관	시·군·구 이관	시·도 및 시·군·구 이관	합계
빈도	275	217	303	795
비율(%)	34.6	27.3	38.1	100.0

셋째, 지방재정과 관련한 설문은 세 가지로 실시했다. 지방재정 자율성 수준에 대한 평가, 적절한 지방재정 자율성 수준, 지방재정 확충 방안 등이다. 먼저 현행 20% 정도인 지방재정 자율성[5]에 대한 평가 결과를 살펴보

면, 재정자율성이 매우 낮다는 평가가 65.2%였으며, 반면 높다는 평가는 6.5%에 그쳤다.

표 3-17 지방재정 자율성에 대한 평가

구분	매우 낮음	낮음	적절	높음	매우 높음	합계
빈도	123	573	302	45	25	1,068
비율 (%)	11.5	53.7	28.3	4.2	2.3	100.0
	65.2		28.3	6.5		100.0

적절한 지방재정 자율성 수준에 대한 설문에는 20%~40% 수준이 되어야 한다는 응답이 47.0%로 가장 높았으며, 다음으로는 41%~60%가 되어야 한다는 응답이 25.6%를 차지했다.

표 3-18 적정한 지방재정 자율성 정도

구분	20% 미만	21~40%	41~60%	61~80%	81~100%	합계
빈도	231	482	263	43	7	1026
비율(%)	22.5	47.0	25.6	4.2	0.7	100.0

지방재정 확충 방안을 묻는 질문에는 국세의 지방세로의 이양 41.7%로 가장 많은 선택을 했으며, 교부세율 확대도 40.4%로 유사한 비율로 응답되었다. 다만, 지방자치단체가 적절한 세목을 신설할 수 있도록 하자는 의견에 대해서는 17.9%만이 응답해 신세목 도입에 대해서는 부정적인 것으로 판단하고 있다.

표 3-19 지방재정 확충 방안

구분	교부세율 확대	국세-지방세 이양	지방세 신설	합계
빈도	396	409	176	981
비율(%)	40.4	41.7	17.9	100.0

5) 구체적인 내용은 김홍환(2010) 참조.

넷째, 교육자치제도 개선과 관련해서도 두 개의 설문을 구성했다. 하나는 지방자치와 교육자치 일원화 필요성에 대한 것이며, 다른 하나는 일원화에 '매우 반대'한다는 응답자를 제외한 응답자만을 대상으로 교육감 선임 방식에 대해 질문했다.

먼저 지방자치와 교육자치의 일원화 필요성에 대한 응답을 살펴보면, 찬성 의견이 41.5%, 반대 의견 32.9%로 찬성 의견이 많았다.

표 3-20 지방자치-교육자치 일원화 필요성 평가

구분	매우 반대	반대	중립	찬성	매우 찬성	합계
빈도	250	98	271	364	75	1,058
비율 (%)	23.6	9.3	25.6	34.4	7.1	100.0
	32.9		25.6	41.5		100.0

'매우 반대'로 응답자를 제외한 나머지 응답자를 대상으로 지방자치와 교육자치의 통합 방안으로 교육감 선임 방식을 설문했는데 응답 결과를 살펴보면, 시·도의회에서 교육감을 선출해야 한다는 의견이 29.5%로 가장 높았으며, 시·도의회의 동의를 얻어 시·도지사가 임명해야 한다는 의견이 26.9%, 시·도지사와 러닝메이트로 선출해야 한다는 의견이 26.0% 등으로 그 뒤를 이었다.

표 3-21 교육감 선거 방식 개선 방안

구분	시·도지사와 러닝메이트	시·도의회 동의 시·도지사 임명	시·도지사 임명	시·도의회 교육감 선출	합계
빈도	199	206	135	226	766
비율(%)	26.0	26.9	17.6	29.5	100.0

다섯째, 특별지방행정기관 지방 이관에 대한 설명이 다소 어려우므로 설문을 "현재 우리나라는 지방국토관리청, 지방산림청, 지방중소기업청 등 지방자치단체에 소속되지 않고, 중앙정부에 소속된 하부기관이 다양하게 존재합니다. 이를 지방자치단체에 이관해야 한다는 주장에 대해 어떻게 생각

표 3-22 특별지방행정기관 지방 이관 주장에 대한 평가

구분	매우 반대	반대	중립	찬성	매우 찬성	합계
빈도	61	219	359	378	58	1,075
비율	5.7	20.4	33.4	35.2	5.4	100.0
(%)	31.7		33.4	40.6		100.0

하십니까?"라고 구성했다. 응답 결과를 살펴보면, 찬성 의견 40.6, 반대 의견 31.7%로 찬성 의견이 높은 것으로 조사되었다.

여섯째, 최근 지방세인 취득세를 지방정부와 사전 협의 없이 인하하겠다는 방침을 정부가 발표한 것과 관련 있는 지방정부의 입법 참여에 관해 질문했다. 질문 내용은 "현재, 법률은 국회와 중앙정부에 의해 만들어지고 있으며, 지방자치단체는 입법 과정에 참여할 수 없습니다. 그런데 지방자치단체의 역할을 고려해 지방정부가 지방 관련 입법안에는 의견을 제출하게 하거나, 법률안을 제안할 수 있게 해야 한다는 주장이 있습니다. 선생님께는 이에 대해 어떻게 생각하십니까?"라고 구성했다. 이에 대한 답변을 살펴보면, 찬성 의견이 51.2%로 반대 의견 16.5%보다 월등히 높게 조사되었다.

표 3-23 지방정부 입법 과정 참여 주장에 대한 평가

구분	매우 반대	반대	중립	찬성	매우 찬성	합계
빈도	37	139	271	507	117	1,071
비율	3.5	13.0	25.3	47.3	10.9	100.0
(%)	16.5		25.3	51.2		100.0

마지막으로 지방행정 체제 개편 방안 중 단층제 개편안에 대해 설문했다. 설문 결과를 살펴보면, 찬성 의견 34.2% 반대 의견 42.2%로 반대 의견이 많았다.

지금까지의 분석 중 집단별 평균 비교가 가능한 비례 척도인 조례의 지위에 대한 평가, 자치경찰제 도입 필요성, 지방재정 자율성 수준에 대한 평가 및 적절 재원 비율, 지방자치-교육자치 일원화 주장에 대한 평가, 특별

표 3-24 단층제 행정 체제개편안에 대한 평가

구분	매우 반대	반대	중립	찬성	매우 찬성	합계
빈도	95	357	361	230	29	1,072
비율 (%)	8.9	33.3	33.7	21.5	2.7	100.0
	42.2		33.7	34.2		100.0

지방행정기관 지방 이관 필요성 주장에 대한 평가, 지방정부의 입법 과정 참여 필요성 주장에 대한 평가, 단층제 행정 체제 개편 방안에 대한 평가 등의 설문을 사회인구학적 배경과 교차 분석한 자료는 <표 3-24>와 같다.

표 3-25 분권 과제별 추진 필요성과 방향 인식

구분	분류	조례의 지위 평가	자치경찰 필요성	지방재정 자율성	적정한 자율재원	지방-교육 자치 통합	특지행 이관 필요성	지방정부 입법 참여	단층제 도입 평가
성별	남성	2.88	3.10	2.27	38.74	2.95	3.09	3.47	2.68
	여성	2.93	3.37	2.38	35.45	2.88	3.20	3.52	2.84
연령	20대	2.99	3.10	2.34	35.66	2.76	3.17	3.61	2.63
	30대	2.85	3.17	2.29	38.36	2.85	3.20	3.57	2.73
	40대	2.89	3.28	2.29	39.34	2.89	3.16	3.51	2.77
	50대	2.85	3.17	2.35	35.76	3.13	3.11	3.42	2.90
	60대 이상	2.97	3.41	2.36	36.02	3.01	3.07	3.31	2.77
거주 지역	시(市)	2.98	3.27	2.31	37.11	2.97	3.18	3.51	2.84
	군(郡)	2.69	3.56	2.23	37.76	2.65	3.24	3.32	2.84
	구(區)	2.87	3.13	2.34	37.17	2.92	3.09	3.50	2.67
학력	고졸 미만	2.98	3.70	2.56	32.80	2.94	3.04	3.12	2.89
	고졸	2.86	3.25	2.33	36.58	2.91	3.08	3.47	2.68
	대졸	2.91	3.08	2.27	38.08	2.96	3.23	3.65	2.78
	대학원 이상	3.10	2.68	1.90	46.54	2.30	3.05	3.38	2.75
합계		2.91	3.22	2.32	37.10	2.91	3.14	3.49	2.76

위 표를 바탕으로 살펴보면 첫째, 조례의 지위에 대한 평가에서는 성별, 연령, 학력에 따른 편차는 크게 나타나지 않았으나, 거주지역과 관련해서는 도시부인 시 2.98, 구 2.87에 비해 농촌지역인 군부는 2.69로 도시지역이 현재의 조례의 지위가 부적절하다는 평가가 많았다.

둘째, 자치경찰제 도입 필요성과 관련해서는 남성 3.10, 여성 3.37로 여성이 남성보다 찬성하는 정도가 컸으며, 연령별로는 60대 이상이 3.41로 평균 3.22에 비해 찬성하고 있으며, 거주지역에 따라서는 군부가 3.56으로서 시 3.27, 구 3.13에 비해 찬성하는 비율이 높았다. 연령별로는 고졸 미만이 3.70인데 비해 대학원 이상은 2.68에 불과해 가장 큰 차이가 나타나고 있다.

셋째, 지방재정 자율성에 대한 평가에서는 성, 연령, 거주 지역별로는 큰 차이가 나타나지 않으나, 학력에 따라 고졸 미만은 2.56인데 비해 대학원 이상이 1.90으로 학력이 높을수록 지방재정의 자율성에 대해 부정적 평가를 하고 있는 것으로 조사되었다.

넷째, 국세와 지방세 간 적정한 자율재원의 비율에 대해서는 평균적으로 37.10%가 되어야 한다는 것으로 조사되었다. 사회인구학적 배경에 따른 의견의 차이를 살펴보면, 남성 38.74%, 여성 35.45%로 성별에 따라 다소 의견 차이가 있었으며, 연령별·거주지역별로는 큰 차이가 나타나지 않았다. 그러나 다른 분권 과제와 비슷하게 학력에 따라서는 고졸 미만이 지방재정의 자율성이 32.80%가 적절하다고 답한데 반해 대학원 이상은 46.54%가 적절하다고 답하고 있어 차이가 큰 것으로 나타났다.

다섯째, 지방자치와 교육자치 통합에 대한 의견에서는 연령별로는 큰 차이는 없으나 연령이 높아질수록 필요성에 공감하는 비율이 높아졌으며, 거주지역별로는 시 2.97, 구 2.92, 군 2.65로 도시지역이 농촌지역보다 필요성에 대해 공감하고 있다. 성별은 큰 차이가 없었으며, 학력별로도 큰 차이가 없으나, 대학원 이상에서는 2.30으로 반대 의견이 높았다.

여섯째, 특별지방행정기관 이관 필요성에 대해서는 성별·거주·지역별·학력별로는 큰 차이가 나타나지 않았으며, 나이가 많을수록 필요성 주장에 대해 공감하는 비율이 낮아졌다.

일곱째, 지방정부 입법 참여 필요성에 대한 공감 비율을 살펴보면, 전체

3.49로 대체적으로 공감하는 비율이 높았으며, 사회인구학적 배경별로 살펴보면, 성별 · 연령별 · 거주지역별로는 큰 차이가 없었다. 다만, 연령별로 살펴보면 연령이 높아질수록 공감 비율이 다소 낮아지는 것을 볼 수 있다. 학력별로는 대졸 3.65로 중위 학력자가 지방정부가 입법 과정에 참여해야 한다는 주장에 높은 지지를 나타냈다.

마지막으로, 단층제 지방행정 체제 개편과 관련해서는 평균 2.76으로 대체적으로 부정적 평가를 하고 있으며, 사회인구학적 배경에서는 큰 차이가 나타나지 않으나 다만 거주지역별로 시 2.84, 군 2.84, 구 2.67 등 구지역 거주자의 반대 의견이 다소 높게 나타났다.

제 5 절 결론: 지방분권 과제 추진 방향

지방자치 현황에 대한 평가 및 지방분권 용어의 인지에 대한 조사 결과를 간략히 정리하면, <표 3-26>과 같다. 지방자치 후 행정 서비스가 개선되었다는 의견이 44.2%로 그렇지 못하다는 의견 3.2%보다 매우 높게 조사되었다. 그러나 우리나라 지방자치제도가 제대로 정착되었다는 의견은 4.1%인데 반해 정착되지 못했다는 평가가 69.7%로 조사되어 실질적 지방자치가 구현되고 있지 못하다는 평가를 내리고 있다. 또한 우리나라 현실에 비춰볼 때 지방자치의 필요성에 대한 설문에서는 지방자치가 필요하다

표 3-26 지방자치 현황평가 및 지방분권 인지 조사 종합

구분	부정 의견(%)	중립(%)	긍정 의견(%)	합계(%)
서비스 개선 정도	3.2	52.6	44.2	100.0
자치제도 정착 수준	69.7	26.2	4.1	100.0
지방자치 필요성	15.4	33.5	66.5	100.0
지방분권 용어 인지[6]	27.5	28.5	43.9	100.0

는 의견이 66.5%로 그렇지 않다는 의견 15.4%에 비해 매우 높다. 다만, 지방분권이라는 용어를 알고 있느냐는 질문에는 내용을 어느 정도 알고 있는 비율은 43.9%이며, 그렇지 못한 비율이 56.1%로 나타나고 있다. 이는 지방자치 정착의 장애 요인을 묻는 설문[7]에서 주민의 지방자치에 대한 무관심이 요인이라고 답한 비율이 41.7%인 것과 관계가 있는 것으로 보인다.

지방분권 과제에 대한 필요성과 추진 방향에 대한 설문은 선행연구 검토를 바탕으로 한 지표설계에서 정부가 주장하는 전체 지방분권 과제 중 중앙-지방정부 간 권한 이양과 관련 있는 과제만을 따로 선정해 정리하면 <표 3-27>과 같다.

표 3-27 지방분권 과제별 필요성 및 추진 방향 종합

구분	부정 의견(%)	중립(%)	긍정 의견(%)	합계(%)
조례 지위의 적절성	30.9	37.8	31.3	100.0
자치경찰제 도입 필요성	31.1	21.6	47.3	100.0
재정자율 적절성	65.2	28.3	6.5	100.0
지방-교육자치 일원화 필요성	32.9	25.6	41.5	100.0
특지행 이관 필요성	31.7	33.4	40.6	100.0
지방정부 입법 참여 필요성	16.5	25.3	51.2	100.0
단층제 체제 개편 필요성	42.2	33.7	34.2	100.0

조례의 지위에 대해서는 부정평가와 긍정평가가 거의 유사하게 조사되었고, 자치경찰제 도입 필요성과 관련해서는 긍정 의견 47.3%로 부정 의견 30.9%에 비해 높게 조사되었다. 도입 방안은 시·도-시·군·구 이관이 38.1%로 가장 높게 조사되었다. 지방재정의 자율성에 대한 평가에서는 자율성이 너무 낮다는 의견이 65.2%였으며, 반면 높다는 평가는 6.5%에 불과해 자율재원 확보에 문제가 있다는 의견이 매우 많았다. 이와 관련한 지방재정 확충 방안에 대한 설문에서는 지방교부세율 확대 40.4%, 국세-지방세

6) 설문 구성을 '중립'까지는 내용을 알지 못한다는 것으로 했음.

7) <표 3-10> 참조.

이양 41.7%로 조사된 반면, 지방세 세목 신설은 17.9%로 신규 세목 설치에는 반대하는 것으로 조사되었다. 지방-교육자치 일원화 주장에 대해서는 찬성 의견이 41.5%, 반대 의견이 32.9%였으나 이를 5점 척도로 계량화하면 2.91로 나타난다.[8] 이는 적극적 반대 의견이 23.6%에 달하기 때문이다. 특별지방행정기관 이관 필요성에 대해서는 찬성 의견이 40.6%, 반대 의견이 31.7%로 대체적으로 찬성 의견이 많았다. 지방정부의 입법 과정 참여 필요성에 대한 설문에서는 필요하다는 입장이 51.2%, 불필요하다는 입장이 16.5%로 지방정부의 입법 과정 참여에 대해서는 비교적 높은 찬성 의견이 확인되었다. 마지막으로 단층제 행정 체제 개편의 필요성에 대한 설문에서는 반대 의견 42.2%, 긍정 의견 34.2%로 반대 의견이 다소 많은 것으로 조사되었다.

국민 의식을 바탕으로 한 지방분권 과제 추진과 관련해 정책적 함의를 제시하면 우선 추진 과제, 과제별 추진 방향 등으로 구분할 수 있다. 먼저 지방분권 과제 추진 우선순위는 지방재정 자율성 제고, 지방정부 입법 참여, 자치경찰제 도입, 특별지방행정기관 이관, 지방자치-교육자치 일원화, 조례제정권 확대 등이다. 추진 방안을 제시하면, 지방재정의 자율성 제고를 위해서는 국세-지방세 조정, 지방교부세율 인상을 동시에 추진해야 하며, 지방정부 입법 참여는 정부 및 국회가 지방정부와 관련된 입법을 추진할 경우 지방정부와 사전 협의하는 절차를 마련할 필요가 있다. 자치경찰제 도입은 기능에 따라 시·도-시·군·구 단위로 이관하는 방안이 타당하며, 지방자치-교육자치 일원화를 위해서는 교육감 선출 방식을 시·도 의회에서 선출하는 방안, 시·도지사가 의회 동의를 얻어 임명하는 방안, 시·도지사와 러닝메이트하는 방안 등을 공론화할 필요가 있다.

8) <표 3-20>, <표 3-25> 참조.

제 2 부

정치분권과 지역정치 과정

제 4 장

정치분권 전략과 지역정당

강재규

제 1 절 서론

중앙집권과 지방분권의 문제는 아주 오래된 과제이면서 동시에 최근의 현안 과제이기도 하다. 그것은 지방자치의 문제가 국가・사회의 민주주의의 실현에 불가결한 요소이지만, 그 구현이 쉽지 않다는 의미이기도 하다. 지금 우리는 지방자치 선진국들이 분권개혁을 상당한 수준까지 이행한 시점에서 새로운 시작을 하고 있으나, 현실적으로 우리나라가 처한 정치・경제・사회・문화적 환경이나, 현재 국가 권력을 담당한 권력 주체의 성격이나 그것이 지향하는 가치관에 따라 그 추진이 빠르게 진행되기도 하고 때로는 정체되기도 한다.

하지만 진정한 지방자치의 실현은 인류 사회가 나아가야 할 바람직한 방향임엔 틀림없는 사실이다. 즉, 유럽지방자치헌장과 세계지방자치선언의

* 이 글은 부산지방분권협의회・전국시도지사협의회 공동 주최 '전국 주요 지방분권 운동 전문가 초청 그룹워크숍'(2011. 07. 24., 해운대 토요코인호텔)에서 "지방자치 구현과 지역정당"으로 발표되었고, 『지방자치법연구』 11(2): 207-247(2011)에 게재되었다.

내용 및 세계지방자치헌장을 마련하기 위한 국제적 차원의 노력들, 그리고 미국·프랑스·독일·일본 등 지방자치 선진국에서 전개되는 지방자치 관련 논의들을 볼 때, 지방자치의 확대 강화 및 정치행정에 대한 주민 참여 확대는 거스를 수 없는 세계사적 흐름이자, 우리 인류 사회가 나아갈 바람직한 방향임이 자명하다(강재규, 2010: 6; 강재규 외, 2010: 3, 103-107).[1)]

각 국가가 지방분권을 통해 지방자치를 구현함으로써 이루려는 목표는 주민(특히 시·군·구의 주민)에게 권한을 돌려 줌으로써 국가·사회의 완전한 민주주의를 구현하는 일이다. 즉, 지방분권은 지역공동체의 형성과 시민사회의 정착으로 지방정부의 책임성을 확보하고, 지역 간 선의의 경쟁을 유도해 모든 지방이 창조와 혁신의 주체가 되는 효율적이고 민주적인 정부를 만드는 것이다. 궁극적으로는 "지방의 활력을 통한 국가 전체에 민주성과 효율성을 달성"하는 데 있을 것이다.

또한 지방분권의 이상적인 형태는 주민들에게 가장 가까운 기초자치단체인 시·군·구에 최대한의 권한과 재원을 이양해 주민 스스로의 손으로 자치단체의 정책을 수립하고, 주민이 수립된 정책에 책임을 지는 정치·행정 시스템의 구축이라 할 것이다.

지방자치의 이념은 우리 헌법이 최고의 원리로 삼고 있는 국민주권주의, 민주주의를 지방행정에 실현하는 것이며, 즉 국민주권주의와 민주주의라는 헌법 이념이 국가·사회의 구석구석까지 착상해 활짝 꽃피우도록, 국가나 지방자치단체의 모든 제도는 이들 헌법 원리가 구체적으로 구현될 수 있는 방향으로 개선해 나가야 한다. 필자는 이를 "국민주권주의와 민주주의의 전국 구석구석화"라고 부른다.

지방자치와 관련한 세계적 조류나 자치 선진국들의 사례를 보더라도, 현재의 세계사적 흐름은 민주주의의 확대 강화와 이를 위한 지방분권의 확대, 그리고 지방자치단체나 시민의 자기결정권 강화 쪽으로 나아가고 있다(강재규, 2006: 35-36). 지방자치의 확대 강화는 우리 헌법이 규정하는 민주주의와 국민(인민)주권주의를 실질적으로 구현하고, 주민의 기본권 실현이라

1) 유럽지방자치헌장과 세계지방자치헌장초안의 내용에 대해서는 廣田全男(2003: 1-6) 참조.

는 헌법의 궁극적 이념과 목적을 달성하는 데 불가피하다.[2)]

이상과 같은 자치권의 확대 강화는 현대 사회가 세계화·지방화 시대로 접어들면서, 이전에는 국가(중앙정부)의 전속적인 관할 사항으로 여겨졌던 사무들에 대해서도 최근에는 지방자치단체의 권한 사항으로 점차 확대되고 있는데, 예를 들면 영해에 대한 자치단체의 관할권 인정, 국가 외교권이나 공항·항만관할권에 대한 지방자치단체의 권한 인정, 분권과 환경운동 차원에서 제기되는 지역 화폐에 대한 실험 등은 자치권의 확대 강화를 제시하는 좋은 사례일 것이다. 또 전통적으로 법률의 전권적 규율 영역으로 보았던 사항에 대해 조례로써 규율이 가능하다는 조세조례주의나 기본권 제한 조례주의와 같은 주장도 그 연장선장에서 이해할 수 있을 것이다(심익섭, 2006: 161-162; 강재규, 2006: 251).

그런데 우리나라의 정당제도는 중앙집권주의적인 제도적 성격과 그 운용으로 지방자치를 오히려 중앙 정당에 예속시킴으로써, 오늘날 지방분권의 추세와 자치권의 확대 강화라는 세계사적 흐름과도 역행하는 실정이다. 즉, 이러한 정당제도는 국가나 지방자치단체의 정치·행정을 중앙집권주의로 퇴행시키는 역기능을 수행한다. 그러므로 지방분권을 통한 자치권의 확대 강화를 위해서는 무엇보다도 정치의 분권화를 촉진할 수 있는 방향으로의 정당제도 개선이 시급한 실정이다. 최근 일본에서는 중앙정당에 대응하는 지역정당이 출현해 지방선거에서 후보자를 당선시키는 등 그 활동이 활발하게 진행되고 있다(한겨레, 2010.06.20; 2011.02.13).

따라서 이 장에서는 정치의 분권화야말로 지방자치의 확대 강화를 위해 필수적이라는 문제 의식을 바탕으로, 우리나라에서 지역정당의 설립과 그 자유로운 활동을 보장하는 데 장애 요인인 우리나라 현행 법제의 문제점이

2) 지방자치를 국제적으로 보장하려고 생각하게 된 배경은 다양한데, 그 중요한 요인으로는 지방자치가 가지는 의미에 대한 국제적인 공감대 형성이다. 서구 선진국들의 일반적인 복지국가 체제의 한계, 동유럽 국가들의 사회주의 체제의 붕괴, 나아가 경제를 중심으로 세계화가 급속히 진행됨으로써 전통적인 '국가'나 '주권' 개념에 대한 절대적인 믿음이 동요하기 시작하고, 그러한 가운데 지방자치의 역할에 대한 기대가 커지게 되었다. 이기우(2005: 28), 杉原泰雄(2002: 103), 강재규 외(2006: 103-104) 참조.

무엇인지 살펴보고, 지역정당의 설립과 자유로운 활동을 보장할 수 있는 법제 개선 방안을 제시하려고 한다. 이를 위해 첫째, 우리나라 지방선거와 정당 참여 입법의 변천사, 지방선거와 정당 참여에 관한 외국의 사례, 지방선거 정당공천제에 관한 국내 학계의 찬반 양론, 지역정당의 의의와 필요성, 그리고 지역정당 설립을 위한 관련 법제의 개정 방향, 일본의 대표적인 지역정당인 가나가와네트워크운동에 대해 중점적으로 검토한다.

제 2 절 지방선거와 정당 참여

1 우리나라의 지방선거와 정당 참여 법제의 변천사[3]

1) 광역선거 허용 · 기초선거 배제

1988년 지방의회의원선거법의 제정으로 약 30년 만에 지방선거가 부활되었다. 그러나 1990년 지방의회의원선거에 즈음해 지방선거에 정당의 참여를 허용할 것인가를 놓고 여야가 찬반 양론으로 대립되었으나, 당시 여당은 정당의 참여는 지방정치의 중앙정치 예속화, 정쟁으로 인한 지방행정의 혼란, 지역사회의 분열과 반목 심화 등의 폐해로 말미암아 결과적으로 지방의 자율적 성장을 저해할 것이라며 정당 배제를 주장했다. 이에 반해 야당은 지방자치가 실질적으로 정착되기 위해서는 지방선거에 정당의 참여가 당연히 허용되어야 하고, 그 적합성 여부는 선거 과정에서 주민들의 선택에 맡겨야 한다는 논리로 반대했다. 결국 논란 끝에 시 · 도의 선거에서만 정당 공천을 허용하고 시 · 군 · 자치구의 선거에서는 정당의 공천과 선거운동을 금지하는 선에서 타협이 이뤄져 「지방의회의원선거법」(법률 제

---

3) 지방선거에서 정당 참여를 허용 여부와 관련한 입법사의 변천에 대해서는 정만희(2004: 13-14)와 홍정선(2009: 222-223) 참조.

4311호)과 「지방자치단체의 장 선거법」(법률 제4312호)이 각각 개정 및 제정되기에 이르렀다.

2) 전반적 허용

1994년 3월 16일, 기존에 별개의 선거법 체계로 되어 있던 「대통령선거법」, 「국회의원선거법」, 「지방의회의원선거법」, 「지방자치단체의 장 선거법」을 단일법으로 통합한 「공직선거 및 선거부정방지법」(법률 제4739호)이 제정되었으며, 동법은 광역자치단체선거에서뿐만 아니라 기초자치단체선거에서도 정당의 참여를 허용했다.

3) 기초의회의원선거만 배제

1995년 6월 27일 지방선거 직전 여당은 다시 지방행정의 탈정치화를 내세우며 기초지방선거에서 정당 배제를 주장했고, 이에 반대하던 야당과 절충 끝에 기초자치단체장선거에서는 정당 공천을 허용하되 기초의회의원선거에서는 정당의 관여를 배제하는 선에서 관련 법령을 개정하기로 합의했다. 이에 따라 「공직선거 및 선거부정방지법」 제47조 제1항 및 제84조의 개정이 이뤄지게 되었다. 헌법재판소는 2001헌가4 사건에서 기초의회의원선거의 경우에만 정당추천제를 배제하는 것은 헌법에 위반된다고 했다.

4) 지방선거 전반에 허용한 현행법

헌법재판소의 판결에 따라 2005년 8월 4일 개정된 「공직선거법」은 제47조 제1항에서 "정당은 선거에 있어 선거구별로 선거할 정수 범위 안에서 그 소속 당원을 후보자(이하 "정당추천후보자"라 한다)로 추천할 수 있다."고 개정함으로써, 모든 지방선거에서 각 정당들은 그 소속 당원을 후보자를 추천할 수 있게 되었다.

이상에서 알 수 있듯이 우리나라의 지방선거에 대한 정당 참여[4]와 관련된 법제는 정당 공천 여부에 관한 확고한 입장을 보이지 못하고 관련 조항

4) 지방선거에 정당 참여의 헌법적 의의 등에 대한 자세한 연구문헌으로는 정만희(2004) 참조.

의 일관성 없는 개정 과정을 거듭해 왔음을 알 수 있다.

2 외국의 지방선거와 정당 참여

1) 미국

미국의 경우 주(州) 단위의 선거는 정당 주도로 실시되나, 지방선거는 정당 참여가 허용되는 주와 금지되는 주로 구분된다. 그 중 지방선거에 정당 참여가 금지되는 주가 전체의 70%에 해당한다. 특히 미국의 기초자치단체 중에는 정당 공천을 금지하는 곳이 80.8%로 정당 공천을 허용하는 곳보다 4배 이상 많다. 1975년에는 정당공천제를 채택하는 지방정부의 구성비가 35.8%였으나 1991년에는 25.5%로 무려 10.3%나 감소했고, 그 후에도 계속해서 정당 공천이 배제되는 경향이 증가한다(International City Management Association, 1993: 67-68).

지방선거에 정당 공천이 배제되는 대표적 주인 캘리포니아 주는 헌법에 지방자치단체의 공직은 당에 속하지 않는다고 규정해 시·읍·면장, 지방의원 등 후보자의 정당 공천과 당적 표시를 금지한다. 이와같이 미국이 많은 주에서 지방선거에 정당의 개입을 금지하는 이유는 19세기에 이른바 엽관제(spoil system) 아래서 정당정치의 폐해가 극심했기 때문이다. 즉, 정당정치의 발전에 따라 정당이 정치의 주도권을 장악하고 관료의 인사를 직접 관장하게 됨으로써, 관료는 정당에 충성을 요구받아 유능한 인재가 공직에 임용되지 못했고, 관료는 국민을 위한 봉사보다는 집권당을 위한 봉사자로 전락되었다. 이러한 엽관제의 폐해와 정당정치의 부패를 극복하기 위해 지방정부는 지방자치에서 정당의 영향력을 배제하려는 방향으로 나가게 되었다. 도시개혁운동의 중요한 요소의 하나가 지방선거에서 중앙 정당의 배제이며, 정당을 관여시키지 않는 선거(nonpartisan elections)다(정세욱, 2000: 313). 미국에서 지방선거에 정당 배제의 선거가 행해지고 있는 지역은 지리적으로 태평양 연안지역의 대부분과 서북부 중앙지역에 밀집되어 있으며, 정당 참여 선거는 동부의 대서양 중부 연안(Mid-Atlantic) 지역에 압도적으로 많다.

한편 정당관여 투표제에는 중앙정당(national parties)과 지역정당(local parties)이 참여하는 여러 형태가 있으나, 1982년 조사에 의하면 시 선거에 정당이 참여하는 1,195개의 시 중에서 지역정당만이 관여하는 시는 13.5%에 불과하고, 중앙정당과 지역정당 모두가 관여하는 시는 43.5%에 이른다 (Sanders, 1982: 179).

2) 영국

영국은 국가의회로부터 지방의회에 이르기까지 대부분의 의원은 정당에 소속되어 있으며 의회정치가 정당 중심으로 이뤄진다. 영국은 제2차 세계대전 이후 도시에 기반을 둔 노동당에 의해 지방자치의 정당정치화가 시작되었으며, 특히 1972년의 지방제도 개혁 이후 거의 모든 지방의원은 정당 공천에 의해 당선되고 무소속 의원은 거의 찾아보기 어렵다. 즉, 민의를 수렴하고 정책에 반영해야 할 정당이 지방의회의 의결과 운영에 관여하는 것은 지극히 당연한 요청이라는 인식에 따라 지방의원선거와 지방의회의 정책결정에 정당이 주도적 역할을 담당한다. 그리고 지방의원과 주민과의 개인적인 유대 관계는 약하며 지방의원들은 개인적 활동으로 평가되기보다는 소속 정당에 대한 평가에 따라 평가되는 것이 특징이다.

영국의 지방선거에서 정당투표는 그 지방의회를 지배하는 다수당이나 소수당에 대한 평가라든지, 정당의 지방조직의 각 지역에서의 활동에 대한 평가가 아니라, 국가 차원에서 중앙정당으로서의 여당과 야당에 대한 평가로 이뤄진다는 것이 많은 연구와 조사 결과가 지적한다. 1985년의 정부조사 분석에 따르면, 지방선거의 투표 성향은 대부분 국정상의 요소에 의존하며 유권자의 5분의 4 이상이 자신의 중앙정당에 대한 선호에 따라 투표하는 것으로 나타났다(Miller, 1972: 172; 中村宏, 1996: 87).

3) 캐나다

캐나다는 연방 또는 주 정당이 지방선거에 후보자를 추천하지 않으며 지방정치에 관여하지도 않는다. 시에는 중앙과는 별도로 지역정당이 결성되어 있어서 시 선거에 관여한다. 각 주의 법률은 지방선거에 정당의 관여를 제한하거나 시의원의 당적 보유를 금지하는 규정은 없으나, 중앙정당이 지방선거에 참여하는 것은 매우 소극적이며 오히려 지방선거 참여는 당선에 불리하게 작용한다. 연방정당은 연방적 이해에 관한 사항에만 관심을 집중시키고 지방의 문제에 대해서는 관여해서는 안 된다는 것이 국민의 지배적 사고이기 때문이다. 그것은 중앙정당에 대한 자치단체의 예속화를 방지하기 위해 필요하다고 보는 것이다. 따라서 시의 선거와 지방자치는 중앙정당이 배제되고, 시 자체만을 위한 독자적인 지역정당이 출현하게 되는 것이다.5)

4) 독일

독일의 대표적인 지역정당으로는 바이에른 주를 활동무대로 하는 기독교사회연합(Christian Social Union)과 바이에른 당(The Bayern Party)이 있다.

기독교사회연합은 1945년 창당 이후 지방분권적 주장을 지속해 왔으며, 기민당(CDU)과 긴밀한 유대 관계를 형성하고, 연방 차원에서는 기민당과 연정을 구성하는 등 사회적으로 광범위한 지지 세력을 가지고 바이에른 주의회 선거에서 지속적으로 안정적 다수를 차지하고 있다. 바이에른 주 의회선거에서 기독교사회연합은 창당 후 2003년까지 거의 50% 내외의 득표율을 기록하고 있다(김남철, 2007: 182-183; 하세헌, 2007: 30).

구동독 지역의 지방 이익을 대변하는 정당으로 등장한 민사당(PDS), 북부 독일에 근거지를 두고 있는 독일당(Die Deutsch Partei)도 있다.

5) 일본

일본은 지방선거에서 정당공천제를 허용하지만, 실제로는 기초자치단체

---

5) 예컨대 몬트리올 시의 집권정당은 공민당(Civic Party)인데, 공민당은 몬트리올 시에만 있는 정당으로서 몬트리올 시에 관한 사항에만 관심을 쏟고 있다(정세욱, 2000: 314; 최우용, 2007: 125).

장과 의원은 무소속이 다수를 차지하며(강재규 외, 2010: 68, 79, 85-86, 92), 특히 소규모의 정・촌일수록 무소속 비율이 높게 나타나는 것이 특색이다.[6] 즉, 일본의 지방선거는 한마디로 말해서 무소속 후보에 대한 비정당 투표가 일반적으로 행해지는 것이며, 따라서 지방자치도 무정당정치로 될 수밖에 없다는 것이 주요 특징이다(中村宏, 1996: 147).

일본의 시・정・촌의회선거는 일부의 대도시를 제외하고는 대다수가 무소속 후보이며, 따라서 의원도 다수가 무소속이므로 자치단체에서 정치적 균열이나 대립 관계는 별로 찾아볼 수 없다. 무소속 의원의 다수가 보수계로 구성되나 의원들은 초당파적 지지를 받기 때문에 영국과 같이 거의 모든 지방의회 의원이 정당 소속으로 되어 있는 경우와 비교할 때 확실히 정치적 균열 현상은 찾아보기 어렵다.

소규모의 시와 정・촌의 단체장도 대부분 무소속이며, 단체장선거는 무소속과 무소속 후보 간의 다툼이 많고 무투표 당선도 적지 않다. 단체장선거는 이데올로기와 정책을 중심으로 하는 조직정당을 전제로 하는 영국의 경우와는 완전히 구별되며, 여기서 정치적 대립은 단지 지역의 대립이나 인간관계의 대립에 지나지 않는다(中村宏, 1996: 130).

또한 일본에서는 지역정당 운동이 활발하게 전개된다. 대표적인 지역정당으로는 가나가와네트워크운동[7]을 들 수 있다. 또 2011년 2월 6일 아이치현 지사와 나고야 시장 선거에서 가와무라 다카시 나고야 시장이 이끄는 '감세일본'이란 지역정당이 승리를 거뒀다. 민주당의 5선 중의원 출신으로 2009년 4월 나고야 시장에 당선된 그는 시의회가 자신의 정책을 계속 반대하자 의회 해산을 묻는 주민투표를 이끌어 냈다. 시장직을 사임하고 재출마한 가와무라는 재선에 성공했고, 그가 지원한 오무라 히데아키(지역정당 '일본 제

---

6) 1990년의 자료에 의하면 지방자치단체장의 경우 정당 공천을 배제한 무소속의 비율이 지사는 47명 중 37명인 78.7%, 시장은 655명 중에서 634명인 96.8%, 정・촌장은 2,590명 중에서 2,573명인 99.3%, 특별구장은 총 23명 중에서 23명 전부인 100%로 나타났다. 광역자치단체장을 제외한 시구정촌장의 무소속 비율은 평균 98.7%에 달하며, 시정촌 의회의 무소속 비율은 평균 71.9%에 이른다(주용학, 2002).

7) 이에 대해서는 절을 달리해 자세히 논한다.

일의 아이치를 위한 모임' 대표) 후보가 아이치 현 지사에 당선됐다.

지방자치단체장 주도의 지역정당이 일본 지방정치에 확고히 뿌리를 내릴지는 앞으로 전개될 지방선거의 결과를 지켜보아야 할 것 같다(한겨레 신문, 2011.02.13).

이와같이 일본에서 지역정당들이 출현할 수 있는 배경으로는 정당 설립 요건에 대해 헌법이나 법률로 규정하지 않고 정치결사체의 등록제도로 운영되기 때문이다. 즉, 일본국 헌법에서는 "정당에 관한 명문 규정이 없고, 「헌법」 제21조의 보장 아래에 있는 '결사'의 일종, 즉 표현의 자유의 한 형태로 이해된다(樋口陽一 編, 1994: 133-134). 비교 헌법적 관점에서 보면 일본국 헌법은 정당을 통치 과정에 깊숙하게 위임하는 대신에 특별한 결사로써 취급하는 자세는 보이지 않고, 시민적 자유의 영역에 둔다. 즉, 정당국가 관행을 소극적으로 추인하는 단계라 할 수 있다(樋口陽一 編, 1994: 134).

이상과 같이 외국의 사례를 통해서도 이해할 수 있듯이, 지방선거에 정당 참여의 허용 여부는 각 국가의 역사적 경험이나 정치 현실에 따라 각각 다른 모습으로 나타난다. 그리고 지방선거에 중앙당의 참여 허용 여부도 마찬가지다. 하지만 미국, 캐나다, 독일, 일본의 사례에서 보는 것처럼 지방선거에서는 지역정당의 활동도 허용하는 것이 정치분권의 차원에서도 바람직하다고 본다. 우리나라에서 지역정당의 활동이 보장되기 위해서는 우선적으로 정당법과 공직선거법의 개정이 급선무다.

제 3 절 지방선거정당공천제와 학계 견해

지방선거 후보자에 대한 정당공천제 폐지와 그 반대에 관한 국내 학계의 논의를 정리하면 다음과 같다.

1 정당공천제 반대론

반대 논거는 다음과 같다.

첫째, 지방이 중앙정치에 예속되고 풀뿌리 민주주의의 본질을 훼손한다. 즉, 정당을 통해 중앙과 지방 사이에 수평적·협력적 관계가 아닌 수직적·위계적 관계가 형성되고, 정당의 개입으로 자치단체는 중앙정당의 하급기관 내지 부속기관으로 전락한다. 지방정치의 중앙정치 예속화는 지방자치의 본질을 침해하고, 지역 민의를 수렴해 지역적 특성에 맞는 행정을 하려는 자치행정은 기대하기 어렵고, 지방의 문제가 지방적인 관점이 아니라 전국적인 이해관계에 따라 결정된다(강경태, 2009: 229; 김남철, 2007: 179; 김봉채, 2010: 466; 송광태 외, 2010: 17; 우성호 외, 2010: 63; 육동일, 2009: 28-29; 이동윤, 2010: 84-85; 이부하, 2008: 266).

둘째, 후보자 공천심사위원장인 지역구 국회의원의 공천 권한이 강력해 주민을 위한 지방자치보다는 국회의원에게 순종하는 단체장과 지방의원을 양산하는 시스템으로 귀착된다. 따라서 지방의원들이 지역주민에게 봉사하는 것이 아니라 정당 및 국회의원에게 봉사하는 구조적인 모순을 보인다(송광태 외, 2010: 20; 육동일, 2009: 32; 황아란, 2010: 44-45).

셋째, 지역주의 고착화와 정부-의회 간 견제·균형 원리를 상실한다. 지역주의 현상이 지방선거 정당공천제와 결합해 지방정치에서 일당 독점이 형성된다. 특정 지역에서 특정 정당이 지방의회 과반수 의석과 지방자치단체장을 독점함으로써 지방정부와 지방의회 간 '견제와 균형'의 원리가 작동되지 않는다(김봉채, 2010: 466; 우성호 외, 2010: 63; 육동일, 2009: 29; 이동윤, 2010: 85; 이부하, 2008: 267; 송광태 외, 2010: 20-21). 2010년 지방선거의 경우 16개 시·도 가운데 10개 시·도에서는 단체장 소속 정당과 같은 정당이 지방의회 지역구 의석의 과반수를 차지했고, 기초단체의 단체장과 기초의회의 의석까지도 다수를 점하는 일당 지배적 양상을 보였다. 이는 과거에 비해 상당히 완화되긴 했으나 여전히 지방정부가 지역주의 특정 정당에 지배되는 경향을 보여 준다(황아란, 2010: 39-41).

넷째, 지방자치 의식을 지닌 후보의 당선이 어렵다는 것이다. 유권자의 지역주의 성향뿐 아니라 2010년 지방선거처럼 1인 8표 선거의 경우 선거에 참여한 유권자들은 혼란이 가중된 가운데 후보자의 능력과 지방자치 관련 공약보다 정당을 기준으로 같은 정당에 기표하는 현상을 보였다. 심지어 중선거구제 도입으로 정당이 후보를 복수 공천하자 유권자들은 '가' 기호를 무조건 찍는 소위 '묻지 마 투표' 현상('기호 효과')까지 적잖게 나타났다(육동일, 2009: 42; 황아란, 2010: 42-43).

다섯째, 지방자치의 비정치성을 들 수 있다. 지방자치 또는 지방행정은 지역주민에 대한 공공 서비스를 제공하고, 지역 발전과 개발 등 지역적 기능에 초점을 맞추는 것이다. 지역 특성에 맞도록 지방정책을 개발하고 주민소득원을 창출하는 등 주민복지와 서비스의 증진 및 생활환경 개선을 통해 주민생활의 질을 향상시키는 데 목적이 있다. 이런 목적을 달성하기 위해서는 전국적 이슈에 좌우되는 전국정당의 공천을 배제하는 것이 오히려 효과적이다. 정당공천제를 폐지함으로써 오히려 지방의회와 단체장이 주민을 위한 행정 서비스 공급에 전념할 수 있게 된다(강경태, 2009: 230; 김남철, 2007: 179; 김봉채, 2010: 466; 우성호 외, 2010: 63; 황아란, 2010: 31). 정당공천제가 폐지되어야 할 가장 대표적인 선거가 기초지자체선거인 바 기초자치단체의 주요 기능과 업무는 쓰레기 분리 수거나 도로 정비 등 지역주민들의 일상생활과 밀접하게 관련된 것이 대부분이고, 이러한 업무는 정치적 성격이라기보다는 비정치적인 것이기 때문에 지방선거의 기초 단위까지 정당공천제가 필요하지 않다(이동윤, 2010: 84). 기초의회의원선거에서 후보자에게 정당 공천을 필수적으로 요구해 정당을 관여시키면, 소속 정당이 후보자 선택의 중요한 기준이 된다. 기초의회는 당해 지역 주민들이 그 지역의 경제·사회·문화 등의 쟁점을 자주적으로 해결하기 위한 합의제 기관이므로, 정당 추천에 구애받지 않고 그 지역에서 필요로 하는 유능하고 전문성을 갖춘 인물을 뽑는 것이 지방자치의 본질에 부합한다(이부화, 2008: 268).

여섯째, 정당 공천의 불투명성과 공천 비리 양산을 든다. 정당 공천이 정당을 고리로 부정부패를 확산하는 통로로 작용하고 공천 비리를 양산할 가능성이 다분하다(강경태, 2010: 230; 송광태 외, 2010: 18; 우성호 외, 2010: 63; 육동일, 2009: 29). 지방선거에서 정당공천제는 이른바 '공천 장사'로 지칭되는 공천 과정으로 부정부패를 유발하며, 정치 신인의 진입을 어렵게 만든다. 우리나라 정당공천제는 예외 없이 중앙당과 당 총재가 거의 전권을 휘두르는 하향식으로 진행되었으며, 공천 과정에서 지방당이나 일반 당원의 참여가 배제되어 왔다. 각 정당의 공천 과정이 불투명하게 이뤄지다 보니 지방의원이나 자치단체장은 평소 성실한 의정활동이나 행정 수행보다는 중앙당의 눈치를 살피는 '줄서기'가 횡행할 수밖에 없었고, '돈공천'으로 인한 정치부패가 더욱 심각해질 수밖에 없었다. 정당 공천을 통한 중앙당의 지방선거 개입은 지역적 인물의 인지도나 기타 인맥 관계 등에서 정치 신인보다 현직 지방의원이나 자치단체장, 그리고 지방 토호 세력이 후보 공천에서 훨씬 유리한 입장에 놓이게 한다(이동윤, 2010: 85-86). 2006년 도입된 이른바 '분권형 공천제도'도 결국 지역구 국회의원의 공천권을 강화시켰다. 현직 단체장이나 지방의원의 재공천 여부가 지역구 국회의원과의 관계에서 결정됨으로써 사적 예속화가 형성되고 지방정치의 자율성을 침해했다(황아란, 2010: 32). 2006년 지방선거로 사법 처리된 118명 중 공천 비리와 관련된 것이 86건에 이른다. 지역구 국회의원이 공천 조건으로 공천 헌금은 물론 충성 서약까지 요구했다가 사법 처리되기도 했다. 사실상 국회의원 등 특정 정치인에게 공천권이 독점됨으로써 지역정치인들은 주민의 이해에 토대를 둔 행정과 의정을 펼치는 것이 아니라 지역구 국회의원의 눈치를 볼 수밖에 없는 구조적인 모순을 근본적으로 배태하게 된다. 참신하고 역량 있는 지역정치인, 전문적인 능력을 갖춘 새로운 인물은 오히려 공천에서 배제되고 특정 정치인의 주변에 있는 재력가나 '예스맨'들이 공천을 받는 경우가 많아, 이러한 관행이 부정을 확산시키는 결과를 초래한다(송광태 외, 2010: 20).

일곱째, 지방선거가 중앙정치의 대리전, 정부의 중간평가적 성격으로 전락한다(송광태 외, 2010: 17; 이부하, 2008: 267). 지방선거의 주요 이슈로 지역의 구체적인 현안보다는 대통령의 업무 수행이나 경제 전반에 대한 평가 혹은 중앙정치권의 전국적인 쟁점 등이 부각되고, 이는 정당의 입장에서는 전국적인 이슈 제기를 통해 정당 간 경쟁으로 선택의 범위를 줄이고 지지 동원이 손쉽기 때문이고, 지방선거가 정부여당에 대한 중간 평가적 성격이 강하게 부각되기 때문이다. 지방정부의 공직 교체가 단체장이나 지방의원의 공직 수행에 대한 평가이기보다 중앙정치에 대한 평가로써 절대적인 영향을 받기 쉽다(황아란, 2010: 32-39). 지역민의 구체적인 삶의 질과 지역 발전, 지방행정의 민주적인 집행 등 지방의제가 지방선거에서 중요한 선택 기준이 되지 못한다(송광태 외, 2010: 20). 각 정당들은 지방선거의 쟁점을 '지방권력교체론'과 '중앙권력심판론'으로 부각시켜 지방의 쟁점을 실종시켜 많은 지역 유권자가 지방선거를 외면하게 한다(육동일, 2009: 42).

여덟째, 지방자치의 효율성 저하다. 정당공천제는 중앙정치에서의 정당 간 경쟁 구도를 지방 차원에서도 재생산해 지방의회 다수 정당과 단체장의 소속 정당이 다를 경우 지방자치의 효율성을 떨어뜨리는 원인이 된다. 지방의회 다수 정당과 단체장의 소속 정당이 다를 경우 견제와 균형보다는 대립과 반목이 격화되어 지방행정의 효율성은 물론이고 마비 현상까지 나타나 지방자치의 효율성이 저하된다(강경태, 2009: 230; 김남철, 2007: 179). 지방의회도 국회와 마찬가지로 여·야 간의 대립으로 인한 소모적인 정치 구도를 형성해 지역 발전에 역행한다(육동일, 2009: 32).

아홉째, 정당공천제는 정당민주화와 성숙한 시민 의식을 전제로 하나, 현실적인 여건은 그렇지 못하다. 현재 지방선거에서 정당의 공직후보자 추천은 당원의 의사가 전적으로 반영되는 아래로부터의 상향식 공천이기보다 위로부터 당 지도부의 의사가 강하게 지배한다. 이러한 풍토에서 지방자치단체선거를 오로지 정당 공천에 의지하는 것은 공직선거의 민주성을 포기하는 결과를 낳는다(이부하, 2008: 270). 정당공천제는 정당 민주화와 성숙한 시민 의식을 전제로 하지만, 우리 정치문화와 의식은 아직 부족하다. 따라서 이 전제 조건이 확립될 때까지 정당공천제 도입을 유예하거나, 기초자치단체의 경우에는 당분간 정당 공천을 배제할 필요가 있다(김봉채, 2010: 467). 정당 참여의 효과는 어디까지나 기존 정당이 제도화되어 있고 인물 중심이 아닌 정책 중심의 정당 그리고 당내 민주주의가 확립되어 있을 때만 가능하다(육동일, 2009: 29). 우리나라의 현 지방자치의 실태 및 정당정치의 제도화 수준과 선거 관행, 그리고 중앙정치인의 의지와 유권자의 의식 수준을 종합적으로 판단할 때 개정선거법에 규정된 기초의원의 정당공천제의 철회와 기초단체장의 정당공천제의 폐지가 바람직하다(육동일, 2009: 44).

2 정당공천제 찬성론

찬성 논거는 다음과 같다.

첫째, 정당은 대의민주주의의 핵심이고 지방자치의 기본 원리는 민주주의이므로, 지방선거에 정당이 참여하는 것은 당연하다(가상준, 2009: 214-217; 강경태, 2009: 246; 김남철, 2007: 178; 이부하, 2008: 266; 황아란, 2010: 31). 정당은 정권 획득을 목적으로 하는 정치적 결사로서 국가기관 구성에 참여하고 국민의 정치적 의사 형성에 관여하는 것이 그 본질적 기능이다. 정당이 이러한 기능을 수행하는 중요한 수단이 선거이므로, 정당이 선거에 관여하는 것은 당연하다. 정당의 선거 참여는 헌법이나 법률에서 보장(「헌법」 제8조 제2항, 「정당법」 제2조 및 제44조, 「공직선거법」 제47조 등)하는 정당의 권리이자 의무다(김봉채, 2010: 452-453). 정당은 여론을 수렴하여 정책에 반영시키기 위해 지역주민과 그들의 대표, 그리고 정부를 매개함으로써 풀뿌리 민주주의와 책임정치를 구현하는 데 가장 효율적인 기제다(강경태, 2009: 229; 김봉채, 2010: 465; 우성호 외, 2010: 63; 이동윤, 2010: 83; 황아란, 2010: 31). 정당은 지방정부의 운영과 관리에 책임을 지게 하는 유일한 정치기구로서(이동윤, 2010: 83), 정당 참여는 권력의 사유화를 방지시켜 책임정치와 책임행정을 실현하게 한다(육동일, 2009: 28). 「정당법」 제44조 제2호는 "최근 4년간 임기 만료에 의한 국회의원선거 또는 임기 만료에 의한 지방자치단체장의 선거나 시·도의회의원선거에 참여하지 아니한 때"와, 제3호 "임기 만료에 의한 국회의원선거에 참여하여 의석을 얻지 못하고 유효 투표 총수의 100분의 2 이상을 득표하지 못한 때"라는 정당 등록 취소 사유에 비춰, 선거 참여는 '후보자 추천'이 그 핵심이다. 정당의 지방선거 참여는 현행법 아래에서는 이론상 전면적으로 금지될 수 없다. 따라서 지방자치의 본질을 해하지 않는 범위 내에서 정당의 선거 참여가 이뤄져야 한다(김봉채, 2010: 453-456).

둘째, 지방선거에 정당의 참여는 정당정치가 제도화되고 지방자치가 민주주의의 교육장으로 거듭나게 해 아래로부터의 민주주의를 실현한다. 지방선거에 정당이 참여해 지역주민의 정당 가입을 유도하면 각 정당의 지방조직이 활성화돼 정당정치를 제도화할 수 있다(김봉채, 2010: 465; 황아란, 2010: 31). 정당은 지방자치에 정치 의식을 심어 주고 시민의 정치 참여 의식을 고양시켜 진정한 민주주의의 훈련장, 민주주의의 학교로서 여건을 조성하며, 이를 통해 아래로부터의 민주주의를 실현한다(강경태, 2009: 229; 김남철, 2007: 179; 육동일, 2009: 28). 정당의 지방자치에 대한 개입은 우리나라와 같이 취약한 정당의 하부구조를 강화시키는 데 도움이 되고, 결국 지방정치와 중앙정치의 연계와 더불어 각 지방정치의 활성화로 아래로부터의 민주주의를 구현하는 데 기여한다(이부하, 2008: 266).

셋째, 지방자치는 정치 영역이므로 정당이 참여해야 한다. 지방자치는 정치 중립적인 행정 영역에만 머물지 않고, 제한된 자원을 어떤 분야에 어떻게 투입할 것인지, 즉 가치를 어떻게 배분할 것인지 결정하는 정치 영역이다. 따라서 대의민주주의를 기본 원리로 하는 현대 정치 과정에서 정당의 선거 참여는 필연적이다. 유권자들은 지방정부의 정책결정 및 행정 처리에 우선시되는 것이 무엇인지, 효율과 균등 중에서 강조되고 있는 것이 무엇인지 정당을 통해 인지하며, 정치적 선택을 통해 그들의 의사를 전달한다.

넷째, 유권자에게 후보 인지의 편의성을 높이고 선거 관심을 제고한다. 정당의 경쟁적인 환경에서 유권자의 투표 참여가 높아지고(가상준, 2009: 223; 김남철, 2007: 179; 우성호 외, 2010: 63; 이동윤, 2010: 83; 황아란, 2010: 31). 정당 소속을 밝힘으로써 후보자에 대한 정보 취득과 선택이 쉽다(김남철, 2007: 179; 김봉채, 2010: 465). 즉 투표 선택의 기회비용을 축소시킨다(이동윤, 2010: 84). 특히 현행 선거법은 후보자의 유권자 접촉, 여론조사 결과의 공표 기간, 선거운동 기간, 시민단체의 활동 등에서 엄격한 제한을 두므로 유권자가 후보자를 판단할 수 있는 기회와 정보가 제약되므로 후보의 소속 정당은 유권자의 투표 선택에 매우 중요한 정보의 요약 도구로서 이용된다(황아란, 2010: 31). 유권자는 정당을 통해 주요 정치 현황이 무엇인지 파악하고 어떠한 선택이 놓여 있는지 알 수 있으며, 복잡한 정치적 현안을 정당의 입장을 통해 소개받고 정당과 후보자의 위치에 대해 이해하며 이를 중심으로 후보자를 선택하는 것은 현실 정치에서 매우 당연한 현상이다(가상준, 2009: 224). 비정당선거의 경우 유권자가 정당보다 훨씬 덜 합리적인 정보에 의존해 투표하거나 기권하는 경향이 높다. 한국의 경우도 정당 공천이 금지된 과거 기초의원선거에서 당선인의 지역별 기호 편중 현상이 뚜렷했다. 2006년부터 정당 공천을 허용한 중선거구제의 기초의원선거는 같은 정당에 여러 후보가 존재하게 되면서 기호 '가'를 배정받은 후보의 당선이 월등히 높은 현상을 보였다. 후보의 정책적・이념적 입장을 추론할 수 있는 정당이 인지적 정보의 요약 도구로써 유권자의 정보비용을 낮추고 합리적인 후보 선택을 돕는 기준을 제공한다(황아란, 2010: 33).

다섯째, 법적 근거의 문제를 든다. 헌법재판소의 2003년 판결에 따르면, 기초의회의원선거에서 후보자의 정당 표방을 금지한 「공직선거 및 선거부정방지법」 제84조는 위헌이다(가상준, 2009: 227; 강경태, 2009: 233-234; 김봉채, 2010: 465-466; 이부하, 2008: 268). 헌법재판소는 "후보자가 정당의 지지・추천을 받았는지 여부를 유권자들이 알았다고 하여 이것이 곧 지방분권 및 지방의 자율성 저해를 가져올 것이라고 보기 어렵고, 기초의회의원선거를 광역의회의원선거, 광역자치단체장선거 및 기초자치단체장선거와 다르게 취급을 할 만한 본질적인 차이점이 없다"고 보았다. "기초의원 정당공천제 금지는 합리적 이유 없이 유독 기초의회의원 후보자만을 다른 지방선거의 후보자에 비해 불리하게 차별하고 있으므로 평등 원칙에 위배된다"고 판시했다. 헌법재판소는 통합선거법(공직선거 및 선거부정방지법) 제84조가 지방분권과 자율성의 확보를 위한 수단으로 후보자의 정당 표방을 금지한 것은 「헌법」 제37조 제2항에서 도출되는 과잉 금지의 원칙에 위배된다고 보았다. 자치 기능 보장의 관점에서 볼 때 광역 및 기초단체장선거나 광역의회의원선거는 기초의회의원선거와 아무런 본질적인 차이가 없다는 것이다.

여섯째, 중앙정부와 지방정부가 유기적인 협력 관계를 형성할 수 있도록 정당이 매개체 역할을 한다(김남철, 2007: 179; 우성호 외, 2010: 63; 황아란, 2010: 31). 오늘날 행정 기능은 날로 광역화되어 지방의 문제와 전국적 문제가 명확하게 구분되지 않고 있으며, 기초자치단체의 사업이 광역자치단체나 중앙정부와 연계를 필요로 하는 부분도 다양하게 발생한다. 이러한 가운데 지방자치단체의 정책 중 어떤 것들은 다른 자치단체 혹은 중앙정부와 연계를 필요로 하며, 특히 이것이 순수한 지역적 문제라고 하더라도 제한된 예산과 재정을 좀 더 효과적으로 투입하기 위해 중앙정부와의 연계는 필수적이다(이동윤, 2010: 83-84). 정당은 지역의 이익을 중앙당을 통해 중앙정부에 요구함으로써 주민의 요구와 이익을 국정에 반영할 수 있다(육동일, 2009: 28). 정당이 지방자치에 개입하게 되면, 국가와 지방자치단체 간, 국가사무와 지방사무 간의 유기적 관계 유지에 기여할 수 있고, 지역적 이해관계의 대립이 아닌 국민 의사의 통일적 형성에 기여한다(이부하, 2008: 266).

일곱째, 지방자치단체의 재정 상태가 열악해 현실적으로 자치단체는 중앙정부에 의존할 수밖에 없으므로 지방자치에 정당이 관여해야 한다(가상준, 2009: 223; 김봉채, 2010: 465). 지자체가 예산의 획득을 위해 중앙정부에 의존해야 할 경우가 아직 상당히 많은데 정당이 지역사업의 필요성 및 예산의 필요성 등을 중앙정부에 전달하는 매개 역할을 한다.

여덟째, 정당공천제를 통해 지역의 정치적 인재들을 충원할 수 있다. 지방에서 새로운 정치지망생들을 발굴·양성하여 지방정치 무대에서 경험을 쌓도록 함으로써 장차 정치 무대에 진출할 수 있는 역량을 키울 수 있다(가상준, 2009: 224; 김봉채, 2010: 465; 우성호 외, 2010: 63; 이동윤, 2010: 83). 이는 '아래로부터의 민주주의'를 촉진시키고(이부하, 2008: 266), 정당공천제는 물적·인적 자원이 부족한 신인 정치인이 정당의 추천으로 정치권 진입을 용이하게 한다(송광태 외, 2010: 19; 육동일, 2009: 42; 황아란, 2010: 35-36). 학계의 전문가나 시민단체의 환경운동가, 보육과 친환경 급식 전문가 등 정치에 관심 있고 능력 있는 전문가들이 정당 공천을 받아 지역 토착 세력을 이길 수 있다(송광태 외, 2010: 19). 정당공천제는 비교적

인지도가 낮은 후보자로서는 자신을 알리기 위한 조직과 자금 동원에 유리하다. 따라서 정당의 선거운동을 통해 선거비용을 절감할 수 있다(가상준, 2009: 225; 이동윤, 2010: 84).

아홉째, 정당의 지방선거 참여를 통해 토호 세력과 연고주의를 약화시킬 수 있다. 정당이 제 기능을 발휘하면 단순히 지역적 기반만으로 지방정치의 공공 영역에 영향을 미치는 기득권층 또는 지방 토호 세력의 전횡을 막고 참신한 정치 신인의 진입을 가능하게 한다(우성호 외, 2010: 63; 이동윤, 2010: 84; 황아란, 2010: 31). 지방선거에서 정당이 배제되면 지역 단위의 혈연과 지연, 학연 중심의 연고주의가 강화될 수 있다. 연고주의는 지방이기주의와 결합해 그나마 정당이 갖고 있던 전국적 차원의 국가 이익 추구도 방해한다(이동윤, 2010: 84).

열 번째, 여성 등 정치적 소수자의 정치적 대표성을 제고한다. 의원 정수의 10%에 해당하는 비례대표 의석은 정당명부 작성에서 홀수 순번의 50% 여성할당제를 적용해 여성들의 지방자치제 참여를 높이는 데 결정적 요인이었다(우성호 외, 2010: 63; 육동일, 2009: 42; 황아란, 2010: 38-39).

열한 번째, 후보의 난립을 방지하며, 공천 심사를 통해 후보자를 검증할 수 있다. 지역 정치인에 대한 정당 공천이 공정하고 합리적으로만 이뤄진다면 정당 공천을 위해 각 당별로 예비심사를 진행해 객관적으로 능력이 검증된 인물들을 고를 수 있다(송광태 외, 2010: 19; 육동일, 2009: 44).

이상에서 살펴본 것처럼 우리나라에서 지방선거에 대한 정당참여 문제는 기초자치단체 의원의 정당공천제를 두고 주로 논의되었다. 즉, 광역자치단체장 및 그 의원, 기초자치단체장에 대해서는 지금까지 줄곧 정당 공천이 이뤄졌다. 그런 의미에서 우리나라 지방선거에서 정당 공천 문제는 이제 보편적으로 정착된 제도가 아닌가 한다. 따라서 이러한 이해를 바탕으로 우리나라 지방선거에서 정당 공천 문제가 초래하는 폐해는 순전히 국가정당 중심의 중앙집권적인 정당제도와 비민주적인 운영에서 비롯되었다는 판단 아래, 이를 극복할 수 있는 유용한 대안으로서 지역정당 문제를 검토하고자 한다.

제 4 절 지역정당

1 지역정당의 개념

지역정당(local party)이란 "전 국가적인 국민의사 형성 과정에의 참여는 2차적인 목적에 지나지 않고 주로 지역문제의 해결 내지 지역적 의사 형성에 참여하는 것을 주목적으로 하는 정치적 결사체"를 말한다(장영수, 1995: 351). 또한 여기서 말하는 지역정당이란 현행 헌법이나 정당법상의 정당처럼 대통령선거나 국회의원선거에 참여하는 것이 1차적 목적을 두는 정당이 아니라, 지방선거에 참여하는 것을 1차적 목적으로 하는 '새로운 유형의 정당(local party)'[8]을 말한다. 이는 지역의 문제에 대해서는 지역주민이 1차적으로 책임을 지고 해결해야 하는 지방자치의 본질에도 합치한다고 할 수 있다. 우리나라의 현행 정당제도나 선거제도는 지방자치의 세계적 흐름이나 지방자치제를 제도화하고 있는 우리의 헌법 정신에도 합치되지 않는다고 할 수 있다.

2 지역정당의 필요성

지방자치제도가 제대로 정착되기 위해서는 지역주민의 의사가 가장 잘 반영될 수 있는 정당제도와 선거제도가 마련되어야 한다. 지방분권을 통한

8) 지역정당의 장점으로는 "① 지역문제와 사정에 좀 더 정통할 수 있다. ② 중앙정치의 영향력에서 벗어나 지역문제에 집중할 수 있다. ③ 전국정당보다 탄력적 설립과 활동이 가능하다"는 점이고, 또 지역정당의 특징으로는 "① 국정 차원의 정당 계열화를 지역에 이식하는 집권형·이권배분형 정당을 거부하고, 지역 주권과 시민 주권의 입장에서 분권을 요구한다. ② 중앙과 지방 관계의 종언, 지역시민 정부와 지역 자립을 목표로 한다. ③ 지역정당은 국민적 공동성과 아이덴티티보다 개인의 자립과 지역 공동성에 더 가치를 둔다."는 점이다(하세헌, 2007: 28 참조).

지방자치의 진정한 실현을 위해서는 지역주민이 지역의 정치·행정에 대한 주체로서 자리매김되어야 한다. 하지만 현행 정당제도는 헌법과 정당법 및 공직선거법에 따라 국가정당제도 중심으로 제도화되어 있고, 중앙정당의 지방조직은 중앙당의 지시와 통제로 자율성이 상실되고, 이들을 통한 지방선거는 단순히 중앙당의 '대리전' 성격을 크게 벗어나지 못하고 있다. 따라서 정당의 내부조직과 운영 방식이 좀 더 민주화되고 제도화되기 위해서는 무엇보다도 대중적 기반을 둔 지역정당 조직의 확충과 활성화가 전제되어야 한다(이동윤, 2010: 96-97). 더불어 국가정당과는 독립된 지역정당[9]의 설립과 그 활동의 자유가 보장되어야 한다.

또한 현행법상 가장 큰 문제점은 지방선거에 참여하는 정당이 국가정당으로 제한되어 있어서, 이들이 지역주의 성향과 맞물려 선거에서 정당 간의 경쟁 없이 특정 지역들을 장악함으로써, 선거를 통해 지역의 정치·행정을 중앙정치에 철저하게 예속시킨다는 점이다. 이의 개선을 위해서는 지역의 특수성을 반영해 각 지방의 다양한 정치 세력들이 선거에 참여할 수 있는 방안이 마련되어야 한다. 즉 지역정당이나 선거인단체와 같은 다양한 지방정치 세력들에게 지방선거 참여의 가능성을 열어 주는 것이야말로 헌법이 보장하는 지방자치의 실현에도 긍정적인 역할을 수행하게 될 것이다(김남철, 2007: 193-194).

지역 시민사회단체나 정치 세력들이 지역주민들과 함께 지역정당을 설립해 교육, 환경, 복지 등의 지역정책 결정에 참여하거나 자신들이 공천한 후보를 자치단체장이나 지방의원에 입후보시킬 수 있다면, 전국정당의 지방선거 후보자 공천제의 폐해를 극복할 수 있음은 물론 지방자치를 제대로 실현할 수 있을 것이다(우성호 외, 2010: 79). 지역의 특수성을 반영해 각 지방의 다양한 정치 세력들이 선거에 참여할 수 있도록 지역정당이나 선거인단체와 같은 지방정치 세력들에게 지방선거 참여의 가능성을 열어 주는

9) 필자는 '국가정당'에 대응하는 개념으로 '지방정당'이 아니라 '지역정당'이란 개념을 사용하기로 한다. 이에 대해 "'지방정당'을 '지역주의'가 기승을 부리는 한국적 상황에서 성립한 '지역정당'과 구별한다"며 '지방정당'이란 용어를 쓰기도 한다(하세헌, 2007: 27 참조).

것이야말로 헌법이 보장하는 지방자치의 실질적인 구현에도 기여하게 될 것이다(김남철, 2007: 193-194). 즉, 지방분권과 지방자치의 확대·강화는 세계적 추세임에도 불구하고, 우리나라의 중앙집권주의 정당제도는 오히려 지역의 정치·행정을 중앙정치에 철저히 예속시켜 중앙집권화를 초래함으로써, 헌법이 지향하는 지방자치의 이념과 구현에 역행하고 있기 때문이다. 오늘날 진정한 지방자치의 구현을 위해 '정치의 분권화'가 강하게 요청되는 이유가 여기에 있는 것이다.

3 지역정당의 설립 및 활동 보장을 위한 법적 조건

이러한 지역정당은 현행 「헌법」 제8조의 정당 조항과 현행 정당법에 의해 보호와 규율의 대상이 되는 정당에 해당되지 못한다. 따라서 우리나라에서 지역정당의 설립 및 활동의 자유가 허용되기 위해서는 우선 현행 「정당법」과 「공직선거법」이 개정되어야 한다. 현행 「정당법」 제17조가 규정하는 5개 이상의 시·도당을 가질 것과, 동법 제18조가 규정하는 시·도당의 법정 당원 수가 1천 명 이상일 것과 같은 등록 요건을 대폭 완화해 이들 정당을 5개 이상의 시·도당을 가진 '전국정당'과는 구별해 '지역정당'으로 별도 관리할 필요성이 있다. 또한 국회의원선거에 참여하여 의석을 취득하지 못하거나 유효 투표 총수의 100분의 2 이상을 득표하지 못하면 등록을 취소할 수 있도록 규정한 현행 「정당법」 제44조도 지역정당의 출현을 고려해 개정되어야 한다.

즉, 「정당법」 및 「공직선거법」을 개정해 대통령선거나 국회의원 등 국가선거 참여가 주목적인 전국정당과는 달리, 지방선거 참여를 주목적으로 하는 이른바 '지역정당'의 설립 및 활동의 자유를 보장해야 한다. 이렇게 될 경우 굳이 국회의원 선거에 후보를 추천하지 않더라도 지역정당이 존립할 수 있는 근거가 마련될 수 있을 것이다(강경태, 2009: 246-247; 김남철, 2007: 192-193; 우성호 외, 2010: 80; 이동윤, 2010: 99).

외국의 경우에는 지방자치단체 내에서만 활동하는 소규모의 지역정당을 드물지 않게 볼 수 있으며, 이들 지역정당의 역할은 지방자치에서 매우 비중 있게 평가된다. 예컨대 독일의 경우[10] 지역정당은 지방적 차원의 정치적 의사 형성에만 참여하기 때문에, 본래 의미하는 국민의 정치적 의사 형성에 참여하는 정당법상의 정당과는 구별되지만, 지방자치의 영역에서는 일반 정당에 비해 불리한 대우를 받지 않도록 하고 있다. 지방자치에서 지역적 특수성에 대한 고려는 지역 단위로 활동하는 지역정당에 대해서도 선거에의 균등한 참여 기회가 보장되고 있는 것이다(장영수, 1995: 351). 캐나다의 경우도 전국정당이 지방선거에 참여하는 것은 매우 소극적이며, 특정의 지방자치단체만을 위한 독자적인 지역정당이 선거에 참여하고 있다. 일본 역시 헌법이나 정당법으로 정당의 설립 요건을 제한하고 있지 않기 때문에, 가나가와네트워크운동처럼 지역정당의 설립과 활동의 자유가 널리 보장되는 것이다.

이러한 지역정당은 지방적(local)임과 동시에 글로벌(global)하게 전개되는 시민 주권, 생활자 주권에 입각한 커뮤니티운동으로 볼 수 있고, 지역밀착형 과제들인 환경, 복지, 주민 권리의 확대 등이 주요한 활동 과제가 될 것이다(하세헌, 2007: 28).

우리나라에서 지방선거에 참여하는 본격적인 지역정당의 출현을 위해서는 입법론적으로 정당법[11]과 공직선거법의 개정을 통해 전국정당과 지역

---

10) 독일「정당법」제2조 제1항은 "정당은 지속적 또는 장기간 동안 연방과 주의 영역에서 정치적 의사 형성에 영향을 미치고 연방의회와 주의회에서 국민의 대표로서 참여하고자 하는 시민들의 결사체이다.", 동조 제2항은 "6년 동안 연방의회 또는 주의회 선거에 자신들의 고유한 후보자명부를 가지고 선거에 참여하지 않는 경우 정당의 법적 지위가 상실된다.", 동조 제3항은 "전체 구성원 또는 이사회 구성원의 다수가 독일 국민이고, 그 소재지가 정당법의 효력이 미치는 범위 내에 있어야 한다."고 규정한다. 따라서 독일에서는 이상과 같은 정당법상의 요건만 갖추면 되므로, 정당의 중앙당이 수도에 소재해야 하고, 법정 지구당 수나 당원 수를 엄격하게 제한하지 않아 그 설립이 자유롭다(김남철, 2007: 182-183; 하세헌, 2007: 29 참조).

11) 예컨대 지역정당을 허용하기 위해 개정해야 할 현행 정당법의 규정 중 주요 내용을 예시하면 다음과 같다.「정당법」제1조는 "이 법은 정당이 국민의 정치적 의사 형성에 참여하는 데 필요한 조직을 확보하고 정당의 민주적인 조직과 활동을 보장함으로써 민주정치의 건전한 발전에 기여함을 목적으로 한다."고 규정한다. 지역정당을 허용하기 위해서는 제1조의 "국민의 정치적 의사 형성"을 "국민 또는 주민"으로, 제2조는 "이 법에서

정당의 이원적 구조를 전제로 하여 지역정당의 지방선거 참여를 보장하는 것이 필요하다.

필자는 향후 우리나라가 현행 「정당법」과 「공직선거법」을 조속히 개정해, 지역정당의 설립이 법적으로 제도화되고, 현행법상의 정당과 동등하게 헌법과 정당법의 보호를 받을 수 있는 길이 열리기를 희망한다. 또한 궁극적으로는 현행법상의 정당도 지방선거에서 후보를 낼 수 있고, 반대로 지역정당 역시 대통령 및 국회의원 선거에서 후보자를 냄으로써, 현행법상의 정당과 앞으로 설립될 지역정당이 공정하게 경쟁할 수 있는 정당제도로 정착되기를 희망한다. 진정한 지방자치의 구현을 위해서는 정당제도의 분권화 역시 시급한 과제이기 때문이다. 우리나라 현행 정당제도는 지방선거를 중앙당에 예속시킴으로써 진정한 지방자치의 구현에 오히려 역행하고 있기 때문이다.

아래에서는 일본의 대표적인 지역정당인 가나가와네트워크운동에 대해 자세히 검토한다.

4 일본의 지역정당: 가나가와네트워크운동을 중심으로

1) 가나가와네트워크운동의 의의

가나가와(神奈川)네트워크운동이란 지역정당(local party) 운동이다. 이 운동은 지방분권 시대에 국가정당이 지방정치를 통제하는 것이 아니라, 다양한 지역정당이 정책을 경쟁하고 살기 좋은 도시를 만들어가는 사회를 목

"정당"이라 함은 국민의 이익을 위하여 책임 있는 정치적 주장이나 정책을 추진하고 공직선거의 후보자를 추천 또는 지지함으로써 국민의 정치적 의사 형성에 참여함을 목적으로 하는 국민의 자발적 조직을 말한다."는 규정 중 "국민의"를 "국민 또는 주민"으로, 제3조 "정당은 수도에 소재하는 중앙당과 특별시 · 광역시 · 도에 각각 소재하는 시 · 도당(이하 "시 · 도당"이라 한다)으로 구성한다."는 규정 중 "수도에 소재하는 중앙당"을 "시 · 도 또는 시 · 군 · 구에 소재하는 중앙당"으로, 제17조 "정당은 5 이상의 시 · 도당을 가져야 한다."는 규정, 제18조 제1항 "①시 · 도당은 1천인 이상의 당원을 가져야 한다."는 당원 수 등에 대한 개정이 우선 이뤄져야 할 것이다.

표로 한다. 1984년 설립 이래 시민과 정치의 새로운 관계를 정립하기 위해 정치에 대한 개인 기부를 펼치는 운동, 의원은 2기 8년으로 교대하는 자주 관리규칙 등 참여정치 시스템 만들기를 실천한다. 가나가와네트워크운동은 시민 모두가 정치에 참여하도록 요청한다.[12]

2) 가나가와네트워크운동의 연혁

1980년 가나가와현에서 활동하던 '생활협동조합 가나가와'[13]의 조합원들은 주민 22만 명의 서명을 받아 현내 7개 지방의회에 합성세제를 추방하는 조례 제정을 요구했다. 그러나 모든 지방의회는 이를 부결시켜 버렸다. 생협은 이를 계기로 의회활동에 시민의 생각을 직접 반영할 '대리인'이 필요하다고 생각하게 되었다. 생협은 3년 뒤인 1983년 통일지방선거에서 독자 후보를 내어 가와사키 시의회 의원을 당선시켰다.

대리인 보내기운동[14]은 이듬해인 1984년 지역정당 '가나가와네트워크운

---

12) http://kanagawanet.org/(2011년 5월 2일 접속).

13) '생활클럽'은 1965년 도쿄도 세타가야구에서 설립되어, 1968년 '생활클럽생협'으로 조직을 개편했다. 생활클럽생협은 '소비생활의 장으로부터 현대 자본주의 사회의 문제를 제기하고, 자신의 생활방식, 일하는 방식을 동료들과 함께 바꿔나가는 주부를 중심으로 한 생활협동조합운동'을 말한다. '생활협동조합 가나가와' 역시 가나가와에서 활동하는 '생활협동조합'이다.

14) 대리인운동이란 생활클럽생협의 대리인(대표)을 정치적 의사결정의 장에 내보내는 운동으로, 1977년 도쿄도의회선거에서 처음으로 시도했으나 당선되지 못하고, 1979년 도쿄도 네리마구의회 선거에서 첫 당선되었다. 1983년에는 지바현, 사이타마현 등 생활클럽생협이 있는 도도부현으로 확대되었다. 현재는 9개의 도도부현에 150명 이상의 여성 의원이 활동한다. 대리인운동이 처음 등장했을 때, 운동 주체가 '평범한 주부'라는 점에서 주목받았다. '평범한 주부'란 노동자, 조직활동가, 좌익운동가, 직업적 정치가 등 남성에 대립하는 새로운 정치 주체로서 '생활자・시민'을 대표했다. 그러나 '평범한 주부'의 속성은 '도시 중산층의 고학력 전업주부 혹은 겸업주부'였다. 대리인운동에서 '평범한 주부'나 '생활자'는 운동의 의미기도 한계이기도 했다. 생활자 개념은 남녀 성차를 희석해 사회적 성차별의 제도화 계기를 차단했다. 하지만 사회운동이나 지방자치에서 대리인운동의 의의는 컸다. 대리인운동은 사회운동・시민운동과 의회활동을 병행하는 '운동정당'이다. 한편, 본래 대리인운동은 의회제민주주의를 시민 참여를 통한 활성화였으나, 운동의 전개 과정에서 의회활동과 시민활동의 균형이 무너져 활동 중심이 의회로 이동했다. 또 '대리인' 개념에서 상징되듯, '강제적 위임'을 요구했다. 그러나 가나가와네트워크운동은 1997년 '대리인' 개념을 공식적으로 폐기했다. 대리인운동과 지역정당운동은 생협

동'[15]을 설립하면서 본격화되었다. 1987년 지방선거에서는 15명을 출마시켜 9명을 당선시켰고, 2003년 선거에서는 66명을 출마시켜 전체 지방의원의 4%에 이르는 39명을 당선시키기도 했다.

가나가와네트워크운동은 매주 2쪽짜리 작은 소식지를 만들어 배포함으로써 활동 상황을 주민들에게 자세히 알린다. 지역변호사회의 협력을 받아 무료 법률상담을 해주고, 지역문제를 연구하는 개인과 단체에 예산을 지원하는 '시민사회챌린지기금'도 운영한다.

지역정당을 통한 지역자치운동은 도쿄・지바・사이타마・홋카이도・이와테・후쿠오카 등에서도 벌어지고 있다. 지역정당들은 기업단체의 정치헌금을 금지하고 개인 기부를 늘리도록 하는 내용의 청원서를 2008년 국회에 낸 바 있다. 또 다른 연금제도에 견줘 혜택이 지나치게 많은 지방의원 연금제도의 폐지운동을 함께 벌이고 있다. 여성과 약자의 노동권 문제 등 지방의회 차원에서는 해결하기 어려운 과제들은 전국적 연대를 통해 해결 방안을 모색한다. 중의원・참의원 선거 때는 '정책협약'을 맺은 다른 정당 후보를 지원하기도 한다(한겨레신문, 2010.06.20).

이와같이 환경문제에 대처하기 위해 시작된 가나가와네트워크운동의 지금까지의 활동 연혁은 홈페이지[16]에 잘 정리되어 있다.

3) NET헌장

가나가와네트워크운동은 헌장[17]을 제정해 2005년 3월에 발효시켰다. 3대 정치 이념으로 "시민사회를 강화한다"는 슬로건 아래 "① 정치 참여의 확

의 남성 리더들의 발상이 반영된 것으로, 운동 과정에서 그들의 영향력이 컸다. 또한 대리인운동은 정치 참여 영역을 지방정치로 제한하려 했지만, 실제로는 국정과 연동해 지역정당을 형성했다.

15) "지역정당이 미래를 개척한다."는 신년 메시지에서 지역정당에 대해 언급하고 있다. 神奈川ネット共同代表/若林ともこ(横浜市議), 永島順子(磯子市民ネット), 山本裕子(縣議)(2011. 1. 15) 참조.

16) http://kanagawanet.org/(2011년 5월 2일 접속).

17) 헌장 전문은 가나가와네트워크운동 홈페이지에 게재되어 있다. http://kanagawanet.org/(2011년 5월 2일 접속).

대, ② 생활자 정치의 추진, ③ 시민 민주주의의 육성"을 제시하고, 또 "① 모금과 자원봉사로 정치와 선거를 한다. ② 의원도 구성원도 활동을 공개한다. ③ 이상하다고 생각되면 미니 포럼을 연다. ④ 의원의 보수는 시민의 활동비로 한다. ⑤ 의원은 2기 8년으로 교대한다."라는 5대 정치 강령을 제시하고 있다. 그리고 가나가와를 바꾸기 위한 일곱 가지 주요 과제로서, "① 의회를 개혁한다. ② 분권을 추진한다. ③ 인권을 지킨다. ④ 지속 가능한 환경을 미래에 전승한다. ⑤ 시민에 의한 새로운 공공을 넓힌다. ⑥ 성차별을 없앤다. ⑦ 시민에 의한 평화 네트워크를 확대한다."라는 일곱 가지 과제를 제시하고 있다.

4) 기본 정책

2007년 통일지방선거에서는 가나가와 네트워크의 로컬 매니페스토가 6개의 조례를 제안했다. 즉 ① 육아와 일의 양립을 추진하는 조례, ② 간병보험 조례의 개정, ③ 가나가와현 지구온난화 방지 조례, ④ 비핵·평화 도시선언 조례, ⑤ 정무 조사비 조례의 개정, ⑥ 자치단체 의회 기본 조례의 제정이 그것이다.

5) 가나가와네트워크운동에 대한 평가[18]

(1) 생활정치의 확산: 대리인운동에서 지역정당으로

생협에 참여했던 남성들은 대리인운동과 지역정당운동을 구상할 단계부터 국정 참여를 지향했으나, 실제 주도적으로 참여한 여성들은 지역우선정치를 지향했다. 대리인운동은 생활클럽생협의 설립자인 이와네 쿠니오 씨의 제안으로 1977년 출현했는데, 그는 1960년 사회당에 가입해 사회당의

18) 이하 부분에 대해서는 박희숙, "지역네트워크운동의 생활정치의 확대와 장애 요인: '가나가와네트워크운동'의 사례", 「소시오로고스」 제29호(2005년)에 실린 글에 힘입은 바 크다. 이 글의 필자인 박희숙 씨는 도쿄에서 유학하면서 가나가와네트워크운동에 참여했던 관계자들을 폭넓게 만나 직접 인터뷰를 하는 등, 가나가와네트워크운동의 연혁과 구체적인 활동 사례들을 세밀하게 분석·정리해 두었기에, 필자가 가나가와네트워크운동을 짧은 시간에 깊이 이해하는 데 큰 도움이 되었음을 밝혀둔다.

지역활동을 거쳐 지역운동을 지향하며 생활클럽생협을 설립하고, 1997년 사회당을 탈당하면서 1977년 대리인운동을 제안했다. 대리인운동은 협동조합의 주장을 지방의회에 반영하기 위해 자신들의 대리인을 국회와 지방의회에 진출시켜 생협의 이념을 지역이나 의회로 확산해 지역정치와 국가 체제의 변혁을 지향하는 운동이었다.

지역정당은 1984년 가나가와네트워크운동을 설립할 때 생협가나가와의 설립자인 요코다 카츠미 씨가 제안했는데, 이 역시 출발은 지역이었으나 그 목표는 지역에 한정되지 않았다. 그는 도큐(철도회사)노동조합 출신으로 1959년부터 1995년까지 사회당 당원이었다. 지역정당은 가나가와현을 중심으로 활동하기로 했으나, 지역정치에서 출발해 궁극적으로는 국가정치를 바꾸려는 단계적 구상을 하고 있었다.

가나가와현의 대리인운동은 합성세제 추방을 위한 직접청구운동에서 시작되었고, 생협은 1979년 '사가현 비와호의 부영영화 방지에 관한 조례'의 성립을 계기로 1980년부터 합성세제 추방을 위한 조례 제정을 요구하는 직접 청구를 시작했다. 가나가와현의 8개 시에서 22만 명의 서명을 받은 조례안은 모든 시에서 부결되었다. 조례가 부결된 후 운동에 참여한 여성들은 합성세제 추방과 비누사용운동의 지속 및 직접청구운동을 계기로 설치된 합성세제심의회를 통해 자신들의 주장을 실현하기로 결의했다. 1982년 생협 남성 지도자들이 대리인운동을 제안하자 조합원 여성들은 강하게 반발했다. 그러나 계속된 직접청구운동과 쓰레기·자원의 문제 등을 토론하는 과정에서 의식이 바뀌었다.

대리인운동이 추구한 생활정치란 개인의 생활 양식과 정치 스타일의 변화를 동시에 추구하는 정치였다. 또한 생활정치는 선거로 당선된 대표에게 자신의 생활과 지역 운명 모두를 위임하지 않고, 스스로 참여해 결정하려는 것이었다. 즉, 생활정치란 직업정치인이 하는 정치의 문제점을 지적하고 시민이 생활하는 지역에 책임을 지고 해결하는 것이다.

생활정치의 이념을 바탕으로 행한 대리인운동의 성과는 컸다. 대리인운동은 참여자인 여성들의 생활과 의회 및 자치단체를 변화시켰다. 여성들은 집단으로 의회 방청을 하고, 마을의 중요한 문제들이 자신들도 모르는 사이에 결정된다는 사실을 목격했다. 따라서 지역네트워크운동에 참여한 여성들은 대리인을 통해 자치단체와 교섭력을 강화해 자신들의 요구를 의회나 자치단체에 반영하는 것이 더 쉽다는 사실을 알았다. 지역네트워크운동은 '지역문제 발견→자율적인 조사→관계자들에 대한 문제 제기→토론의 장 만들기→해결책 모색→문제 해결'이라는 과정을 통해 의회와 시민활동을 종횡하며, 지역문제 해결을 모색했다. 지역네트워크운동은 지금까지 무관심했던 쓰레기, 먹을거리 안전, 고령자 복지, 어린이, 환경 등 과제를 의회 과제로 만들었다. 의원 질의나 압력으로 자치단체도 이들 과제들을 정책에 반영했다.

하지만 여전히 의회의 벽은 높았다. 소수파 의원은 질의에서 배제되고, 다수파 정당이 의회 결정을 좌우하는 것을 목격했다. 교섭단체가 아니면 대표 질의도 불가하고, '무소속 시민파' 의원으로서는 자치단체의 정보를 시민에게 공개하고, 시민의 힘을 빌려 자치단체에 압력을 가하는 것이 전부였다. 더 많은 의원을 의회에 보내는 것이 절실한 염원이었다. 지역네트워크운동은 의원 복수화, 의원제안권 확보를 적극 모색했다.

이처럼 의회활동에 거는 기대가 높아진 가운데 의원과 지역네트워크운동 조직 사이에 의견차가 발생했다.[19] 지역네트워크운동은 단일쟁점운동에서 지역 과제 일반에 대응할 포괄정당을 지향했는데, 이것이 바로 지역정당 노선이었다. 지역정당은 가나가와네트워크운동의 설립과 동시에 제안되었지만, 그 구체화는 1990년대 이후였다. 1991년 통일지방선거를 전환점으로 지역네트워크운동은 의원이나 지역네트워크 조직 수가 비약적으로 늘어났다. 1990년대 중반에는 지역네트워크운동은 '문제제기운동'에서 '정책제안정치'로 전환되었고, 지역 네트별로 정책 형성 능력을 높이는 동시에 지역정당으로서의 가나가와네트워크운동을 전체적으로 통합하는 기능도 강

19) 즉, 회원은 대리인에 대해 "주민은 도로 건설에 반대하지만, 대리인은 의회에서 찬성했다. 운동을 하면 할수록 의회와 갈등이 생긴다. 표와 무관한 문제는 무관심하다."고 비판한다. 한편, "의원은 네트와 과제만이 아니라 자치단체의 모든 문제에 입장 표명을 요구받는다. 유권자는 의원을 활용하려 하지만, 첫 문제가 해결되고 생활환경이 바뀌면, 의원에 대한 지원이 어려워진다."고 대리인은 말한다.

화되었다. 이와같이 지역네트워크운동은 생활정치를 지역정치로 확대하는 노력을 계속했다.

(2) 생활정치와 정당정치의 충돌

지역네트워크운동은 1980년대부터 1990년대까지 직·간접적인 국정참여 운동을 했다. 대리인운동 초기의 정치계약, 90년대 전반의 '생활파 국회의원', 90년대 중반의 네트워크형 전국정당 설립이 그것이다.

① 정치계약

지역네트워크운동이 시도한 국정 참여 방침은 '정치계약'이었다. '정치계약'이란 지역네트워크운동이 정당이 아닌 개별 정치인과 계약을 맺어 "아마추어 손으로 국가를 통제 방법"(1986년 6월 30일 기관지 *NET* 15호)이라 정의할 수 있다. 원래 '정치계약'이란 정당의 '강령주의'에 시민운동의 '테마주의'의 대결로 시작했다. 즉 이러한 방식에 대해 "다양한 단체가 다양한 정치계약을 맺을 수 있고, 기존 정당의 경직화를 막는 동시에 각 단체의 정당 회피 현상도 극복해 정당정치를 포섭하는 다면적인 시민자치가 가능하기를 기대"했다. 정치계약이란 '지지정당이 없는' 지역네트워크운동의 다수 회원의 정당에 대한 알레르기 반응을 최소화하면서, 정당정치에 자신들의 정치적 과제를 반영시키려는 전략이었다.

그러한 정책 과제 중 하나가 원자력 발전의 문제였다. 그 배경은 1986년의 체르노빌사건을 계기로 원자력에 대한 대중적인 위기 의식이었다.[20] 한편 국가 차원에서는 1989년 자민당리쿠르트사건과 소비세 도입으로 국민적 신뢰를 잃고 지방의회도 소비세를 둘러싸고 예산 심의가 이듬해로 넘어가는 등 정치 상황이 혼란스러웠다. 가나가와네트워크운동은 정국에 대해 "자민당 독재 체제는 내부로부터 붕괴되고 있지만 약한 야당으로 정권 교체 가능성은 없다"(1989년 5월 1일 기관지 *NET* 47호)고 진단했다. 이런

20) 이를 계기로 일본에서는 1987년 이후 많은 새로운 단체가 결성되어 이전과는 다른 새로운 시민운동이 활성화되었다. 가나가와현의 각 지역네트는 핵안전 대책이나 수입식품의 방사능 오염 등에 대해 학습을 시작하고, 대리인은 자치단체에 압력을 가했다. 1989년 가나가와네트워크운동은 탈원자력발전법 제정을 위한 서명운동에 돌입했다.

상황에서 7월 참의원선거에서 가나가와네트워크운동 운영위원회는 사회당의 의뢰로 고바야시 타다시 사회당 의원을 추천하기로 결정했다.[21)]

사실 시민운동의 주제를 정당정치에 반영하려는 전략으로서의 정치계약의 효과는 불확실했다. 왜냐하면 정치계약의 주체가 지역네트가 아닌 가나가와네트워크운동이어서 지역 네트는 정치계약에 무관심했다. '네트타마'의 사례를 통해서도 알 수 있듯이, 가나가와네트워크운동과 지역 네트가 정치적 입장이 대립했을 때, 정치계약은 조직 내에서도 집행력을 행사할 수 없었다. 또한 지역네트워크운동이 정당이 아닌 정치인 개인과 정치계약을 맺는다지만, 개별 정치인은 독립된 개인이라기보다는 정당에 구속될 수밖에 없으므로, 소속 정당의 입장을 떠나 지역네트워크운동과의 정치계약을 우선할 수는 없었던 것이다. 더욱이 정치계약은 일회성이라는 한계 때문에 지속적인 관계를 맺기가 어려웠다.

② 생활정치에서 정당정치로

1989년은 동구사회주의권의 붕괴되고, 일본에서는 참의원선거에서 여야 의석 비율이 역전되었다. 가나가와네트워크운동은 1990년 중의원선거에서도 여야 역전을 기대하면서, 시민 후보를 내어 사회당 추천을 받을 방침이었는데, 이른바 '생활파 국회의원' 구상이었다. 사회당과 사민련의 추천 및 노동조합과 협력해 치른 선거에서 가나가와네트워크운동의 생활파 국회의원 후보는 낙선했다. 1993년에는 일본신당, 신당사키가케 등 신당 결성과 함께, 시리우스, 자민당, 하네다파 등 기존 정당의 내부에서도 정계 개편 움직임이 격렬한 시기였다. 같은 해 6월, 자민당의 분열로 중의원에서 내각불

---

21) 이 결정에 대해 가와사키시 타마구의 '네트타마'는 반대했다. '네트타마'는 참의원선거에서 원자력 발전에 대해 73개 시민운동단체(지역 네트 4개 포함)와, 소비세에 대해 3개의 지역 네트와 함께 지역구 7명의 후보에 대해 앙케트조사를 실시, 가나가와네트워크운동이 추천하기로 한 고바야시 씨는 부적합하다는 결론을 내렸다. 당시 '네트타마'의 가와사키시 의회의원이던 E씨는 "가나가와네트워크운동은 사회당의 고바야시 씨를 전면적으로 지지하기로 결정한 뒤 지역 네트에 응원을 요청했다. 지역 네트는 지역별로 생활정치를 하는데 갑자기 위에서 결정한 특정 후보 지지를 수용할 수 없다. 게다가 반(反)원자력 발전에 대한 사회당 입장은 모호했고, 가나가와네트워크운동은 원자력 발전에 반대 입장이었지만, '상황에 따라 인정한다.'는 입장으로 변했다"고 비판했다.

신임안이 가결되어 미야자와 내각이 총사퇴하고 호소가와 연립정권이 탄생했다. 정당의 재편 속에서 세대 교체와 지방분권의 확대가 정치 주제로 부각되었다. 가나가와네트워크운동은 1993년 정국을 '생활정치가 국정에서도 역할을 해야 한다.'고 생각했다. 그러한 인식을 토대로 한 운동 방침의 전환은 가나가와네트워크운동이 1993년 1월에 발표한 '중의원선거 방침'에 명확히 제시되었다.[22]

이러한 방침 전환은 대리인운동을 국정으로 확대하려는 것이었다. 지역네트워크운동에서 '사회 변혁'이란 "스스로의 변혁을 전제로 생활 방식, 노동 방식, 정치 방식을 바꾸려는 운동"(1993년 3월 1일 기관지 *NET* 92호)이었다. 이것이 정권 획득과 구별되는 생활정치의 핵심이었다. 하지만 정권 교체 기대가 높았던 시기에 가나가와네트워크운동은 생활정치와 정권 교체를 직접 연결시켰다.

1990년 참의원선거, 1993년 중의원선거에 입후보한 어떤 이는 생활정치와 중앙정치의 불가분성을 주장했는데,[23] 그는 2기째 기초자치단체의 의원으로 활동 중 가나가와네트워크운동의 결정으로 국회의원선거의 후보자가 되었다. 또 인구 2만의 기초자치단체 의원과 가나가와네트워크운동의 대표를 역임하기도 했던 그는 지역네트워크운동의 중앙정치 참여에 대한 저항감이 없었다. 하지만 그가 속한 지역 네트워크는 어렵게 기초의원을 만들었는데 임기 도중에 중앙정치에 참여한다는 것은 납득할 수 없었고, 결국 지역 네트워크의 지지를 받지 못한 채 국회의원 후보로 출마했다.[24]

---

22) '지역이 정치한다'는 실체를 만드는 것이 대리인운동이며, 가나가와네트워크운동을 지역정당으로 만든 이유다. 대리인운동을 '사회변혁'운동으로 자리매김한다면, 국정과 분리되었다고 할 수 없다……. 자치단체 차원의 선거와는 다소 형식이 다르지만 국정 차원의 의원선거도 고려함은 당연하다. 대리인운동을 단지 생활자의 대표를 지방의회에 보내는 운동으로 인식해 자치단체 차원으로 제한하는 활동이란 생각은 잘못이다.

23) 먹을거리의 안전문제만 해도 후생성의 문제 등 국가 차원에서 해결해야 할 문제가 산적해 있다. 국회의원 개인과 정치계약을 맺어도 거의 효과가 없었다. 지역문제의 정책화는 국정에도 요구된다는 것은 말할 필요도 없다. 국회의원과 지역의원은 규모는 다르지만 의원으로서 역할은 다르지 않다.

24) 지역 네트워크의 대다수 회원은 국회의원에서 자신들의 후보자를 내는 것은 본래의 대리인운동의 취지에 맞지 않다고 보았다. 회원들의 반발에도 불구하고 가나가와네트워크

가나가와네트워크운동의 중앙정치 참여 추진자인 생협의 남성 지도자, 가나가와네트워크운동 운영위원회, 의원 경험자들로서는 생활정치와 정당정치는 불가분의 관계였고, 정치무대를 지역에서 국가 차원으로 확대하는 과정은 자연스러운 것이었다. 하지만 가나가와네트워크운동의 일반 회원들은 스스로의 역량, 의사결정 과정, 나아가 지역의 생활정치가 정당정치에 흡수되지 않을까 하는 우려로 강하게 반발했다.

③ 생활정치의 정당정치로의 포섭

1995년 통일지방선거를 맞아 지역정당 붐이 일어나 시민단체들은 전국적으로 통일지방선거에 후보자를 내려는 움직임이 있었다. 1996년 2월 요코하마에서 전국 로컬 네트워크 오브 저팬(이하, J네트) 결성을 위한 집회가 열렸다. J네트는 요코미치 타카히로 중의원 의원 등의 리버럴 포럼이 주도했다. 이 집회에서 당시 가나가와네트워크운동 대표이던 마타키 쿄오코 씨는 "내셔널 파티는 로컬 파티의 전국적 네트워크형 연합조직이며, 의원은 2중 당적, 즉 로컬 파티의 당적과 내셔널 파티의 당적을 동시에 갖는 것은 당연하다."고 했다. 한편, 당시 신당사키가케의 대표간사로서 J네트 결성에 참여한 하토야마 유키오 중의원 의원은 "네트워크 사회에서는 어떤 의미에서 내셔널도 하나의 로컬에 지나지 않는다."고 응수했다.

이리하여 J네트가 발족했지만 결국 지역정당의 전국 네트워크는 실현되지 못했다. 이러한 J네트의 흐름은 같은 해 7월, 8월에 하토야마 유키오 씨를 중심으로 하는 신당 결성으로 이어져, 이후 하토야마 유키오 씨와 간 나오토 씨의 2인 대표 체제의 민주당 결성의 길을 열게 되었다. 1996년 10월의 총선거 이후에도 민주당은 네트워크형 조직론이나 분권모형을 주창하기도 했다. 그러나 1996년 가을부터 1997년 3월에 걸쳐, 각지에서 민주당의 지부조직이 결성되었고, 그것은 지역정당의 원칙이나 네트워크형 조직과는 한참 동떨어진 정당형 조직론에 기반을 둔 것이었다. 즉 'J네트는 민주당에

운동은 중앙정치 참여를 포기하지 않았다. 1993년 중의원선거에 가나가와네트워크운동은 5명의 후보자(그 가운데 사회당 1명, 일본신당 1명)를 추천했으나 일본신당 후보자만 당선하고 전부 낙선함으로써, 결국 '생활파 국회의원'의 꿈은 무산되었다.

이르는 수단에 불과'했던 것이다.

J네트가 민주당의 하부조직으로 흡수되는 가운데 가나가와네트워크운동은 민주당의 설립에 깊숙이 참여했다. 1996년 9월 민주당 설립준비위원회는 11명의 간사회로 구성하고, 가나가와네트워크운동의 고문인 요코다 카츠미 씨가 들어갔다. 같은 해 10월에는 가나가와네트워크운동은 중의원선거를 위해 민주당과 정치계약을 맺었다. 민주당으로서도 가나가와네트워크운동이 5,000명 정도의 회원과 생협이나 복지시민사업에 대한 노하우를 구비해 연계 대상으로 구미가 당겼다. 그러나 선거 결과는 참혹했는데, 가나가와네트워크운동은 민주당 후보 12명, 무소속 후보 1명을 추천 혹은 정치계약으로 지원했으나 13명 중 2명만 당선되고 11명은 낙선했다.

이러한 가운데 가나가와네트워크운동은 1997년 1월부터 의원이나 회원의 민주당 입당을 추진하는 방침을 정했다. 그 목적은 "민주당을 통해 네트의 정책이나 의견을 국정에 반영한다."는 것이었고, "민주당은 국정 과제, 네트는 지방 과제라는 역할 분담을 상정했다. 사실상 2중 당적이지만 그 역할 분담은 가능하고 혼란은 없었다."(가나가와신문, 1997.01.30)고 당시 대표인 마타키 쿄오코 씨는 말했다. 가나가와네트워크운동의 마타기 쿄오코 씨와 요코 타카츠미 고문이 민주당 설립에 깊이 관여한 가운데 회원들에게 민주당 가입을 강력하게 권유했으나, 가나가와네트워크운동의 민주당 가입 방침에 일부 회원이나 지역 네트의 반발은 격렬했다.

하지만 가나가와네트워크운동은 지역네트워크운동의 문제 해결 능력 향상을 호소하며 민주당 참여를 강행했다. 즉 "지역의원으로 활동하며 국가 법률에 구속된다는 사실을 깨달았다. 내셔널과 관계를 가져야 한다고 생각하고, 지역정당연합을 만들고자 J네트에 참여했다. 민주당은 J네트에서 탄생했다고는 할 수 없지만, 부정할 수도 없다. 민주당 가나가와는 네트의 참여로써 참여형 정치의 가능성이 생겼다."는 것이 국가정당운동 주창자들의 주장이었다.

가나가와네트워크운동 측의 이상과 같은 설명에도 불구하고 회원들이나 지역 네트는 민주당 참여 방침을 납득할 수 없었고, 결국 지역네트워크형 국가정당 설립 시도는 실패로 끝났다.

(3) 전국정당 설립의 실패 이유

지역네트워크운동의 전국정당 설립이 실패한 것은 대리인운동에서 지역정당으로 확대된 생활정치 이념이 국정 참여에서는 힘을 발휘하지 못했다는 의미다. 왜 지역네트워크운동의 전국정당 설립에 생활정치 이념이 힘을 발휘하지 못하고 좌절했을까?

① '여성정치'의 한계

대리인운동이나 지역정당운동은 안보 투쟁이나 혁신정당 활동을 경험한 생협의 남성 지도자들의 구상이었음은 이미 살펴보았다. 운동 주창자인 이와네 씨는 "원래 나는 청년들과 함께 무엇인가 해보려고 생각했다. 생활클럽과 같은 여성운동조직을 만들 생각은 전혀 없었다. 그러나 여성운동으로 전락한 것은 일본 사회구조 탓"이라고 했다. 생활정치는 확실히 지역주부가 중심이었지만, 배후에는 남성 지도자들이 있었다. 와타나베 씨는 "대리인운동에는 두 가지 요인이 있는데, 하나는 '시민에게 정치를 되돌리는 정치의 시민화=시민의 정치화라는 방향성'이며, 또 다른 요인은 '정치에 대한 여성 참가라는 방향성'이었다고 한다. 바꿔 말하면 그것은 '여성으로 정치를 바꾸는 운동'이며, 동시에 '여성이 정치를 바꾸는' 것이기도 했다. 실제 이러한 견해는 대리인운동의 성격을 명확히 제시한다. 첫째, 대리인운동에서 여성은 대상이자 주체였다. 둘째, 대리인운동에서 생협 남성 지도자들의 위치는 운동 주체가 아닌 지원자였다. 대리인운동의 두 주체 중 남성들이 사라지고 '여성만의 운동'으로 변해 버렸다.

생협 남성 지도자들이 대상화한 여성들은 자신들의 과제를 정치적 테마로 부각시키며 의회에 진출했다. 지역네트워크운동에 대해 '아마추어 주부의 정치', '부엌에서 정치까지', '주부 감각', '여성의 관점', '마돈나 선풍' 등등, 다양한 의미로 규정하지만, 한결같이 '여성정치 참여'라는 점을 극단적으로 강조했다. 하지만 지역네트워크운동에 참여한 여성들은 '여성으로서'가 아닌 '지역주민, 시민으로서' 정치에 참여했다는 의식이 강했다.

이러한 차이는 지역네트워크운동의 두 주체 중, 남성들은 지역네트워크운동을 자신들의 운동으로 자리매김하기보다는 여성운동으로 규정했고, 그들은 정당운동이나 노동조합운동의 반성에서 지역네트워크운동에 참여했다. 그들은 여성들을 '아무런 이데올로기에 물들지 않은 백지 상태'의 존재로 여겼다. 남성들은 지역네트워크운동을 과거 운동의 교훈을 계승하기보다, 완전히 새로운 주체의 운동이나 정치로 보았다. 이것이 기존 정치와 단절된 '아마추어 주부정치'란 개념 규정이다.

한편 참여한 여성들은 생협운동, 직접청구운동의 경험에도 불구하고 대다수가 정치에 직접 참여하는 데 회의적이었다. 이른바 '정치 알레르기', '정당 알레르기'가 강했다. 이러한 여성들은 기존 정치와 구별하고자 '자치' 또는 정당정치와 구별되는 '생활정치'를 내세웠다. 또한 여성들은 기존 정치나 기존 정당과의 대립축을 여성과 남성과의 대립으로 환치했다. 그로부터 생활정치는 '여성정치'로 의미가 규정되기 시작했다.

이런 현상은 대리인운동 초기의 기초의회의 상황을 고려하면 당연했다. 지역네트워크운동의 대리인은 기초의회에서 첫 여성 의원이 되는 경우가 많았다. 의회에서 학교 급식, 어린이, 합성세제 등에 대해 질의하면, 남성 의원들은 "그 따위 문제는 다른 데 가서 하라"고 비웃기 일쑤였다. 그런 와중에 여성들은 '주부' 경험을 자신들의 정치 자산으로 활용해 의회나 자치단체에 결여된 정치 과제를 '여성 관점'이라는 틀로써 반영해 가기 시작했다.

이상과 같은 지역네트워크운동의 두 주체의 운동에 대한 서로 다른 의미 규정은 생활정치의 잠재력을 축소시켰다. 지역네트워크운동이 제기한 생활문제는 여성에게 한정된 과제가 아니라, 지역주민 일반의 정치 과제였다. 스스로의 생활을 바꾸는 동시에 정치를 바꾼다는 생활정치 이념은 반드시 여성에게만 한정된 것이 아니었다. 그럼에도 불구하고 '주부 감각', '여성 관점'이라는 의미 규정으로 생활정치의 의미는 축소되고 말았다.

② 생활정치의 궤도 이탈

생활정치란 "개인 생활양식의 변화와 정치 변혁을 동시에 추구하는 정치"로 정의할 수 있다. 의사결정의 장에의 참여는 개개인이 스스로의 라이프 스타일을 바꾸는 일과 불가분적 관계다. 생협운동에서 직접청구운동으로, 다시 대리인운동으로의 확대 과정은 참여 주체가 자신의 생활문제를 제기하면서, 동시에 정치를 바꾸는 과정이다. 그러나 문제는 대리인을 만들어낸 이후였다.

지역네트워크운동이 대 의회 영향력 강화를 위해 의원을 복수화해 교섭단체를 구성하고, 의원제안권을 확보하고자 노력하는 것은 지역네트워크운동의 구성원들로서는 자연스러운 일이다. 자치단체에서 정책 형성 기능을 수행하고자 지역정당을 지향한 것도 지역네트워크운동 안에서는 공유하고 있었다.

그러나 지역네트워크운동에서 의회활동의 강화가 반드시 시민활동의 확대로 연동되지 않았다. 앞서 의원 경험자, 회원 및 지역네트의 인식의 갭을 언급했지만, 그런 차이가 국정 진출 과정에서 극에 달했다. 즉 지역네트워크운동의 취지는 '시민'이 지역정치에 참가해 지역 과제를 스스로 결정하는 것인데, 운동의 전개 과정에서 '시민'은 소외되었다. 의원, 정책담당자, 지역네트 사무국장 등 많은 시간을 정치활동에 쏟는 사람들은 전문가가 되고, 일반 회원은 개별 의원 및 지역 네트 활동의 단순한 지지자로 전락했다. 지역네트워크운동은 적극적인 시민활동을 통해 문제 해결 능력을 향상시키고, 의원제안권 획득을 통해 의회에의 영향력 확대를 도모했지만, 시민운동과 의회활동의 균형 유지는 대단히 어려운 일이며, 어느새 시민활동에서 의회활동으로 중점이 이동되었다.

정치계약에서 생활파 국회의원, 다시 국가정당 설립이라는 흐름은 지역네트워크운동이 추구한 생활정치 프로세스와는 방향이 달랐다. 생활정치의 확산이 아니라, 정당정치에 포섭되는 과정이었다. 지역네트워크운동의 국정 참여에 대해 주체인 여성들은 참여 의미를 발견하기 어려웠다. 여성들에게 필요했던 의원은 같은 눈높이로 마을문제를 고민하고, 함께 해결하는 사람이었다. 국회의원 배출이나 국가정당 설립 시도는 지역네트워크운동의 여성들을 다시 '응원의 정치', '위임의 정치'로 후퇴시켰다.

지역문제에 집중하면서 생활정치의 주체를 만드는 일과, 국회의원을 배출하고 전국정당을 만들어 생활정치를 비약적으로 확대하려는 발상은 대립한다. 생활정치는 이념만으로, 또 시대 변화에 따라 순식간에 확대되지도 않는다. 마을문화나 전통 형성처럼 긴 시간이 요구된다. 한편 정당정치는 생활정치를 확대할 가능성은 있지만, 생활정치를 뿌리부터 규정하지는 못한다. 그런 의미에서 지역네트워크운동 여성들은 정권 교체 희망이 각지에서 격렬했던 시기에도 그에 편승하지 않고 지역에 뿌리를 둔 활동을 계속하자고 했던 주장은 소중하다.

③ 생활정치 네트워크의 유연성과 국가정당의 경직성

생활정치로서의 지역네트워크운동은 '의원과 후원회'라는 종래의 정당정치 형식이 아닌 '대리인과 지역 네트'라는 문제 해결 시스템을 만들었다. 프로 정치가에게 정치적 요구를 신탁·위임해 그를 응원하던 정치에 대한 자기 반성에서 출발한 것이었다. 그것은 정치가에게 지역이나 집단의 운명을 맡긴 결과 분배정치나 이권정치로 전락한 데 대한 비판이었다. 지역네트워크운동은 크게 두드러지지는 않지만 성실한 활동을 통해 발견되는 정치 과제를 대리인이란 파이프를 활용해 해결하는 형식이었다. 대리인은 어디까지나 역할 분담이며 권력을 행사하는 자리가 아닌 것이다. 거기서는 정치가가 아니라 시민의 생활·정치적 요구가 앞선다.

가나가와네트워크운동의 국가정당 가입 방침을 비판하는 논리로서 지역네트가 주목한 것은 '네트워크형 조직'이었다. 네트워크란 '자발성에 기초해 느슨하게 연결된 횡적인 관계'이며 상호부조와 정치적 과제를 해결하는 기능을 동시에 갖는다. 네트워크형 지역정당에서는 다양한 생활문제에 대해 다양한 해결책이 모색될 수 있다. 그러나 가나가와네트워크운동의 국정 진출 시도에서는 대등하고 수평적인 조직보다는 위로부터의 방침을 지역 네트에 강제하는 형식이었다. 그것은 강령에 기초한 정당조직의 중앙당과 지부 관계에 가까웠다. 지역 네트가 중앙당과 지부라는 조직 형식이 아니라 지역 네트 간의 수평적인 네트워크조직을 지향하는 점은 중요하다. 단일 방침에 따라 설득과 동의를 요구하는 경직된 조직 속에서는 다양한 생활의 요구가 실현되기 어려울 것이다.

실제로 지역네트워크운동 안에서는 생활정치가 정당정치에 포섭되는 데 대한 저항이 있었다. 그러한 저항은 의회활동보다는 시민활동에 중점을 두거나 정당정치와 생활정치를 명확한 선으로 구분해 정당정치에 포섭되지 않는 생활정치의 영역을 확보하려는 전략이었다. 물론 지역정치와 국정의 구분이나, 생활정치와 정당정치의 구분은 현실적인 의미에서의 선긋기라기보다는 정치적 전략이었다. 또한 지역의 고유한 과제 해결을 가장 우선적인 목표로 하는 지역네트의 구성원에게 생활정치의 다양한 요구를 정당정치 안에서 해결하기란 불가능하다.

지역네트워크운동은 '지지 정당 없는' 층이 정치적 무관심층이 아니라 정당정치에 강한 비판 세력이 될 수 있다는 가능성을 보여 주었다. 그러나 아마추어나 자원봉사 활동에 의존하는 생활정치가 정당정치와 같은 방법으로 정치적 영향력을 확대하려면 정당정치에 휩쓸려 버릴 위험성이 높다는 것도 경험을 통해 보여 준다. 네트워크형 정당을 새롭게 만드는 것, 또는 국가정당에 가입해 '변혁한다'는 것은 지역정당의 야심찬 기획이었음에 틀림없다. 그러나 소수이지만 지역에 꼭 필요한 활동을 지원하고 소수이기에 목소리를 내지 못하는 사람들의 의견을 정치로 연결하는 일이야말로 생활정치의 가장 중요한 역할이다. 지역네트워크운동이 그러한 이념에서 이탈하는 즉시 생활정치의 주역들은 정치에서 이탈하게 된다.

생활정치는 4년에 한 번 있는 투표로 정치인에게 모든 것을 맡기는 정당정치와는 다른 구조다. 생활정치는 일상성에 기초한 정치이며 사람과 사람의 관계로 확대된다. 지역네트워크운동은 그 이념상 참여와 탈퇴가 자유롭다. 직업적 구속도 규제도 의무도 없다. 조직의 효율성 증대를 위해 지역네트워크운동의 일부 활동가는 강력한 연대조직을 지향하기도 했으나 모든 회원을 강한 연대구조에 끌어들이지는 못했다. 생활정치 형식인 네트워크가 경직되거나 네트워크 안에서 충분한 합의 없이 정치적 영향력 확대를 추구할 때 생활정치의 이념은 사라지고 만다.

국정 참여가 실패로 끝난 후 지역네트워크운동은 지역정당 노선으로 돌아와 의원입법과 자치단체장 선거에 적극 참여했다. 2000년 지방분권추진일괄법의 성립으로 의원입법에 필요한 의원 수가 완화되어, 소수파라도 의원입법이 가능해진 것도 하나의 요인이었다. 한편 의원입법 추진은 지역네트워크운동이 의회활동과 시민활동의 병행에서 의회활동으로 중심 이동을 예고하는 측면도 있다. 또한 자치단체장선거에 적극 참여는 국정참여 실패로부터 방향 전환으로서, 지역네트워크운동의 문제 해결 능력을 높이는 방안이기도 하다. 그러나 1998년 요코하마시장선거, 2001년 가와사키시장선거, 2003년 가나가와현지사선거, 2003년 아쓰기 시장선거 등 모든 시장선거에서 실패했다. 그것은 지역네트워크운동이 자신들의 후보를 내어 자치단체장 선거에 임했을 때 거의 승산이 없음을 보여 주었다. 하지만 언론 보도에 따르면 최근 일본에서는 또 다른 지역정당이 지방선거에서 당선되는 등 지역정당의 돌풍이 불고 있고, 앞으로도 확산될 가능성을 예측하고 있다. 앞으로 지역정당운동이 어떻게 전개될 것인지는 앞으로 유심히 관찰해 보아야 할 것 같다.

한편 생활정치와 정당정치의 새로운 접점의 모색이 선거와는 다른 국면에서 이뤄진다. 시민사업으로서의 워커즈 컬렉티브(worker's collective)[25]의 제도화를 위한 활동이 그러하다. 1998년에 NPO법이 성립됨으로써 많은 워커즈 컬렉티브가 법인격을 획득했으나 NPO 법인격과 워커즈 활동과는 차이가 많아, 현재 워커즈는 독자적인 법제화를 추진 중이다. 이러한 움직임은 시민입법·의원입법을 통한 지역네트워크운동의 생활정치와 정당정치가 협력할 수 있는 공간으로서 주목받는 지점이다.

---

25) worker's collective란 소비자운동과 시민운동 참가자, 생협의 조합원 등이 공동 출자해 스스로 노동자로 일하는 자주관리 사업체를 말한다. 리사이클 숍과 자연식 레스토랑, 무농약 야채 판매 등 수많은 직종이 있다. 즉, 일하는 사람들이 스스로 출자하고 경영도 하는 사업체를 총칭한다. 현재 일본에서는 고용되어 일하지 않고 동료와 함께 협동해 노동하고 공동으로 자금을 출자해서 스스로 노동자로서 또 경영자로서 책임을 지는 노동 형태로 워커즈 컬렉티브가 폭넓게 이해되고 있다. 구성원의 상호부조를 목적으로 하는 점, 임의 가입과 임의 탈퇴가 인정되는 점, 출자액에 관계 없이 의결권이 동등한 점, 잉여금이 발생할 경우 배당은 이용 정도에 따라 분배할 것을 약속하고 있는 점 등으로 실질적인 협동조합의 일종으로 보고 있다. 초기에는 먹을거리의 안전성에 주목해 도시락, 빵집이 중심이었으나, 현재는 미용, 편집과 기획, 환경, 재택복지 등 점점 다양한 분야로 확대되고 있다.

제 5 절 결론

진정한 지방자치의 실현은 인류 사회가 나아가야 할 바람직한 방향이라는 사실, 지방분권이 지향하는 최종적인 목표는 주민, 특히 주민과 근접한 기초자치단체의 주민에게 지역의 정치 · 행정에 관한 권한을 돌려 줌으로써 국가 · 사회의 완전한 민주주의를 구현하는 길이라는 것을 검토했다. 또 지방자치의 진정한 이념이란 우리 헌법이 최고의 원리로 삼고 있는 국민주권주의, 민주주의를 지방행정에 실현하는 것이며, 그를 위해서는 국민주권주의와 민주주의라는 헌법 이념이 국가 · 사회의 구석구석까지 착상해 활짝 꽃피우도록, 국가나 지방자치단체의 모든 제도는 이들 헌법 원리가 구체적으로 구현될 수 있는 방향으로 개선되어야 한다. 필자는 이를 일컬어 "국민주권주의와 민주주의의 전국 구석구석화"라고 부른 바 있다.

세계의 지방자치 선진국들은 지금까지 중앙정부의 권한 사항으로 보았던 사무, 예컨대 외교정책, 영해 등 바다의 관할권, 재산권 등 기본권의 규제, 과세권 등을 포함한 광범한 권한까지 지방자치단체의 규범인 조례로써 규율할 수 있도록 허용함으로써, 지방자치단체의 권한 사항으로 하고 있다. 일본에서 다수의 지방자치단체가 '자치단체의 헌법'이라 할 수 있는 자치기본 조례를 제정해 나가는 것도 이러한 추세의 반영이라 할 수 있다.

이상과 같은 지방자치의 확대 강화를 위한 세계적 흐름과는 달리, 우리나라 현행 헌법과 정당법상의 정당제도는 그 제도가 갖는 중앙집권주의적인 성격과 그 운영 방식으로 인해 중앙당이 선거라는 형식을 통해 지역을 예속시킴으로써, 헌법이 규정하는 지방자치의 본지를 현저히 해치고 있을 뿐만 아니라, 진정한 지방자치의 구현이라는 세계사적 흐름과도 오히려 역행하는 실정이다.

따라서 필자는 무엇보다도 '정치의 지방분권화'야말로 지방자치의 확대 강화를 위해 필수적이라는 문제 의식을 바탕으로, '정치의 지방분권화'를 위한 유용한 수단으로서의 지역정당(local party)의 설립과 그 자유로운 활동이 적극 보장되어야 한다고 주장하는 것이다. 여기서 말하는 지역정당이란 "전 국가적인 국민의사 형성 과정에의 참여는 2차적인 목적에 지나지 않고 주로 지역문제의 해결 내지 지역적 의사 형성에 참여하는 것을 주목적으로 하는 정치적 결사체"를 의미한다. 이는 지역의 문제에 대해서는 지역주민이 1차적으로 책임을 지고 해결해야 하는 지방자치의 본지에도 부응하는 것이다.

이러한 지역정당은 현행법상 허용되지 않지만, 헌법상 결사의 자유(제21조 제1항)에 의해 보장될 수 있을 것이다. 지역정당은 현행 정당법상 정당설립의 요건을 충족시킬 수 없기 때문에, 정당법상 권리와 의무의 주체가 될 수 없고, 선거법상 선거에 참여할 수도 없다. 따라서 지방선거에 참여할 수 있는 지역정당의 설립·활동의 자유를 보장하기 위해서는 입법론적으로 「정당법」과 「공직선거법」의 개정이 시급하다 할 것이다. 그럴 경우 정당제도는 국가정당과 지역정당이라는 이원적 시스템으로 상호 선의의 경쟁을 통해 정당제도와 지방자치의 발전을 견인하게 되리라 믿는다.

필자는 향후 우리나라도 현행 「정당법」과 「공직선거법」의 조속한 개정을 통해, 외국의 사례에서 보는 것처럼 지역정당의 설립이 법적으로 제도화되고, 현행법상의 정당과 동등하게 헌법과 정당법의 보호를 받을 수 있는 길이 열리기를 희망한다. 또한 궁극적으로는 현행법상의 정당도 지방선거에서 후보를 낼 수 있고, 반대로 지역정당 역시 대통령 및 국회의원 선거에서 후보자를 냄으로써, 현행법상의 정당과 앞으로 설립될 지역정당이 공정하게 경쟁할 수 있는 정당제도로 정착될 수 있기를 기대한다. 진정한 지방자치의 구현을 위해서는 정치의 지방분권화가 무엇보다도 시급한 과제이기 때문이다.

제 5 장 지방선거와 지역정치 참여

김형준

제 1 절 서론

170년 전 미국 사회를 분석한 프랑스 사회학자 토크빌(Clérel de Tocqueville)은 『미국의 민주주의』라는 저서를 통해 평등주의 정신, 시민들의 활발한 정치 참여 등이 미국 민주주의의 정수라고 분석했다. 토크빌은 미국 사회의 평등은 법 앞의 단순한 평등을 넘어 '평등의 느낌'을 즐기고 누리기에 충분할 만큼 사회 구석구석에 깊숙이 스며들고 있었다고 진단했다. 그런데 토크빌이 미국 사회가 자유와 평등의 균형을 유지할 수 있었던 핵심은 평화롭고 내실 있게 운영되는 '타운십(township)'이라고 지적한 점을 주목해야 한다. 미국은 자유롭고 강력한 공동체인 타운에서 많은 사람이 공익 영역에 참여하고, 권력을 정교하게 배분해 자신들의 마을에 애착을 갖도록 했다. 한마디로 자유주의적이고 도덕적인 민주 사회 건설의 핵심에 이른바 '풀뿌리 민주주의'인 지방자치제도가 자리잡고 있었다.

* 이 글은 제32회 '시민사회포럼'(2006. 02. 14.)에서 "한국의 지방선거와 공천제도"로 발표되었다.

우리나라에 지방자치가 본격적으로 도입된 지도 벌써 10년이 넘었다. 한국의 지방자치는 짧은 역사 속에서 지방정부의 행정 서비스 제고 등 긍정적인 효과를 가져온 면도 있다. 더구나 2002년 지방선거에서 최초로 도입된 국민 참여 경선제도는 지역주의적 균열이라는 한국 선거 환경 속에서 정당 운영의 민주화를 통한 선거 및 정당의 사회 의사 통합 기능을 회복시켜 주는 순기능적 측면이 있었다(황아란, 2002). 또한, 일반 국민의 정치적 선호를 충족시키며 정당의 대표성을 확보할 수 있으며, 나아가 참여를 통한 유권자들의 정치적 효능감을 제고하는 데도 기여한 면이 있다(박효종, 2002). 더구나 모종린·전용주(2004)의 2002년 6·13 기초단체장 선거의 경험적 연구에서 보듯이 당원과 주민들이 참여한 경선에 의한 상향식 공천으로 선출된 후보들이 비경선 방식에 따른 하향식 공천으로 선출된 후보들보다 득표율과 당선율을 측정한 본선 경쟁력에서 앞서는 것으로 분석되었다.

이와 같은 지방자치 자체와 경선에 따른 순기능이 있었지만, 아직까지 지역과 정당 발전에 기여하는 정도는 지극히 미약하고, 오히려 상당한 폐단만이 속출되고 있는 실정이다. 특히, 지방선거 본래의 의미가 퇴색되어 중앙정치의 축소판이나 대리전으로 변질되어, 지방자치가 중앙정치에 예속되는 현상이 고착화되고 있다는 평가가 지배적이다. 결과적으로, 지역주민이 지방의 주권자가 되어 중앙에서 지방으로 이양된 일정한 권한을 행사하는 역할을 다하지 못한다는 부정적 평가가 대세를 이루고 있다.

한국의 지방자치에 대한 이와 같은 부정적인 평가는 다양한 요인에 의해 설명될 수 있지만, 간과할 수 없는 중요한 이유는 생활정치와 풀뿌리 민주정치의 핵심이 되어야 사람들이 지방정치에 배제되고 있다는 점이다. 다시 말해, 지방선거 공직 후보자를 선정하는 충원 과정이 심하게 왜곡되어 있다는 것이다. 예를 들어, 생활정치에서 중추적인 역할을 담당할 수 있는 여성들이 지방자치에서 철저하게 배제되고 있다. 2002년 지방선거 결과, 여성 광역단체장은 한 명도 없고, 기초단체장은 0.4%(2명), 광역의회 의원은 9.2%(63명), 기초의회 의원은 2.2%(77명)에 불과했다.[1] 여성만이 아니라

1) 지방선거에서 이러한 선출직 여성 비율의 참담한 결과는 궁극적으로 한국의 '여성 권한

전문성과 청렴성을 갖춘 인사들이 기존 정당들이 철옹성처럼 구축한 장벽으로 인해 지방선거에 참여하기가 어려운 실정이다.

일반적으로 정당이란 동일한 이념과 정치적 성향을 가진 사람들의 자발적인 결사체이지 국민이 선출한 대표기관이 아니다.[2] 정당의 목적은 공직 후보를 내서 당의 이념과 정책을 실현시키는 데 있다. 즉, 정당의 존재 이유는 국민과 정부를 연계시키는 데 있다고 할 수 있다. 이러한 정당의 중요한 기능 중의 하나는 이익 집약(interest aggregation) 기능이다. 국민의 다양한 이해관계는 정당을 통해 수렴되고 집약된다. 정당이 이러한 기능을 제대로 수행하면 정치 안정과 발전을 가져오지만 그렇지 못할 경우 정치 불안정과 혼란을 촉발시킨다. 예를 들어, 현재 남미의 여러 국가가 겪고 있는 정치 혼란의 근본 이유는 정당이 각계 각층의 의견을 수렴·집약해 정책으로 연결시키지 못하기 때문이다. 한국 정치에서 최근 정당 대신 시민단체들이 이익 집약 기능을 대신하는 경향이 있다. 이러한 상황이 정당에 대한 국민의 불신과 무관심을 가속화시키고 있다. 문제는 국가의 보조를 받을 정도로 공익 성격이 강한 정당이 이익 집약 기능을 제대로 수행하지 못하면 정당은 국민과 멀어지면서 계파정치가 판을 치고 정당의 비생산성만 증폭된다. 이익 집약을 통해 시민과 정부를 연계하는 정당의 존재 이유 자체가 무너지기 때문이다.

정당의 또 다른 주요한 기능은 충원(recruitment) 기능이다. 정당은 경선 또는 심사를 통해 공직 후보를 선출하는 기능을 담당한다. 공직 후보로 선출된 후보자는 선거의 장에서 유권자들과 다양한 약속을 하게 되며 정당은 후보자가 국민과 한 약속이 지켜지도록 도와 주는 기능을 한다. 세상이 변화되고 있는데 비해 한국 정당들은 정체되어 있다. 예를 들어, 아직도 지역

척도'를 최악으로 몰아가고 있다. '여성 권한 척도'는 여성 의회 점유, 행정·전문기술직 등에서 여성의 역할 등을 근거로 여성이 정치·경제 분야에서 얼마만큼의 권한을 행사하는가를 보여 주는 지표인데, 한국은 70개국 중 63위로 최하권에 머무르고 있다(김형준, 2004a).

2) 「정당법」 제2조에서는 정당을 "국민의 이익을 위하여 책임 있는 정치적 주장이나 정책을 추진하고 공직선거의 후보자를 추천 또는 지지함으로써 국민의 정치적 의사 형성에 참여함을 목적으로 하는 국민의 자발적 조직을 말한다."고 규정하고 있다.

주의에 기대어 새로운 인물을 발굴해 정치 신진대사를 이루는 데 실패하고 있다. 오히려, 지역주의에 편승해 전문성과 경쟁력 없는 인사를 거리낌 없이 충원하는 '잘못된 선택(adverse selection)'을 확대 재생산하고 있다. 정당이 정치 신진대사를 위한 충원 기능을 제대로 수행하지 못하면 국민들과 멀어지면서 궁극적으로 정당의 대표성은 떨어지게 된다.

이 장에서는 한국 지방자치와 정당정치가 갖고 있는 고질적인 비생산성의 근원을 정당의 공직 후보 선출 측면에서 고찰하려 한다. 이를 위해 첫째, 정당의 공직 선출 후보 제도(공천)가 어떻게 생산적인 정당정치에 영향을 미치는가를 고찰한다. 둘째, 미국 · 영국 · 독일 등 선진 민주주의를 구현하고 있는 국가들의 공지 후보 선출 과정을 비교 · 고찰하고, 한국 정당들의 공직 후보 선출 과정의 특징을 살펴본다. 셋째, 이러한 논의를 바탕으로 한국의 지방선거와 정당정치의 생산성을 높이기 위한 공직 후보 선출 방식의 개선 방안에 대해 논의한다.

제 2 절 공직 후보 선출과 생산적 정당정치

공직 후보 선출 방식과 생산적 정당정치와는 밀접한 상관관계가 있다. [그림 5-1]에서 보듯이 공직 후보를 어떤 방식으로 선출하느냐가 선출된 후보자의 전문성과 대표성, 그리고 자율성에 지대한 영향을 미치고, 이것이 궁극적으로 생산적 정당 활동과 밀접한 관련이 있다는 가설을 제기할 수 있다.

우선, 정당구조 및 당원 체제 등과 같은 정당이 처해 있는 '구조적 맥락(structural context)'이 공직 후보 선출 방식에 직접적으로 영향을 미친다. 즉, 많은 당원이 자발적으로 당비를 내고 정당 활동에 적극적으로 참여하는 진성 당원 체제가 구축되어 있는 경우, 그리고 정당이 원외보다는 원내 중심으로 조직되어 있으며, 현역 의원이 지구당 위원장직을 맡지 않아 경쟁자들이 지역구 당원들과 접촉하는 데 균등한 기회를 갖게 될 경우에는

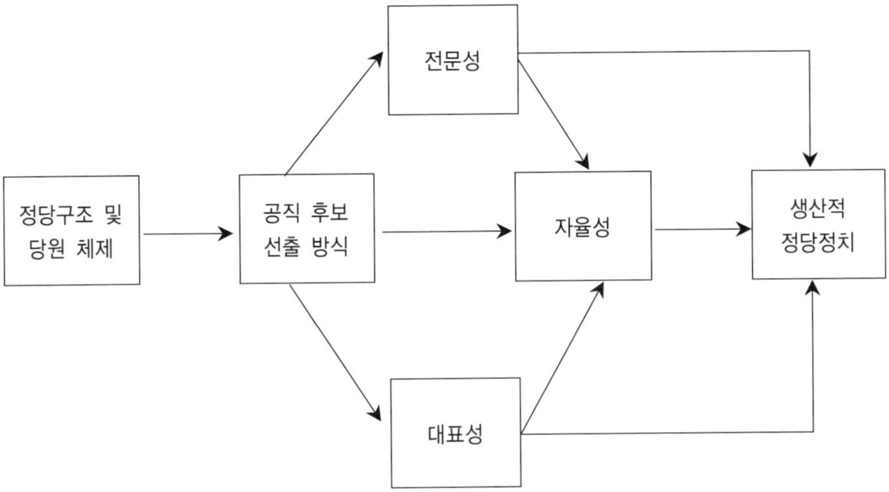

그림 5-1 공천 방식과 생산적 정당정치에 관한 분석 틀

정당이 공직 후보를 선출할 때 당원만이 아니라 일반 국민도 함께 경선에 참여하는 예비선거제(primary election)가 부상할 것이다.

반면, 자발적으로 당비를 내는 당원은 적고, 많은 당원이 적극적으로 정당 활동에 참여하지 않아서 허수 당원 체제가 구축되어 있는 경우, 그리고 지구당이 특정 인물의 사조직으로 전락되어 하부구조가 허약하고, 정당이 원내보다는 원외를 중심으로 조직되어 있는 경우에는 정당의 공직 후보 선출은 중앙당이 적극 개입하는 하향식 방식이 대세를 이루게 된다.

둘째, 정당의 공직 후보 선출 방식이 전문성과 대표성을 활성화시키는 역할을 하고, 이러한 전문성과 대표성은 자율성을 확대시키는 데 기여한다. 공천은 전문성을 갖춘 인물을 선출할 수 있는 유일한 충원 메커니즘이다. 그렇다면 각 분야의 전문가를 충원하는 데 어떤 공천 방식이 더 효율적인가? 여기에는 단순히 하향식이나 상향식 중 어느 방식이 좋다고 단정할 수 없다. 왜냐하면 공천 방식에 상관없이 어떤 정치적 환경에서 공천이 이뤄지느냐에 따라 큰 차이를 보일 수 있기 때문이다.

예를 들어, 과거 지역구 위원장과 같은 지역구 당원협의회 운영위원장이 당원을 모집·관리하는 것을 독점하고 있는 상황에서는 중앙당에서 공직 후보를 결정하는 하향식 공천이 당원과 일반 주민이 참여해 후보를 선출하는 상향식 공천보다 오히려 전문성 있는 후보를 선출하는 데 기여할 수 있다. 다시 말해, 공천 환경에 따라 지역구 경선을 통한 전면적인 상향식 공천이 오히려 전문성 있는 인사들의 진입을 막을 수도 있다는 뜻이다. 하지만, 한국 정당의 공천에서는 중앙당의 밀실에서 이뤄지는 하향식 공천이 전문성 있는 인사를 충원하는 데 명백한 한계를 보여 주고 있다. 왜냐하면 공천이 전문성보다는 당 최고지도자와의 연고 또는 계파별 안배가 중요한 기준이 되어 왔기 때문이다.[3]

일반적으로, '대표성(representation)'을 광의의 개념으로 정의한다면 선출된 후보자와 주민들과의 관계를 의미하며, 이 관계가 어떻게 구성되어 있는가를 말한다(Kim & Pai, 1981: 45-46). 즉, 선출된 후보자와 지역구 주민들이 상호 설득과 영향력을 행사해 공통의 문제점을 해결하기 위한 대책을 강구하는 과정이라 볼 수 있다. 그런데, 공천 방식은 이러한 대표성에 직접적인 영향을 미친다. 일반적으로, 하향식 공천 방식보다는 상향식 공천 방식이 선출된 후보가 대표성을 확보하는 데 기여한다. 만약 지역주민이나 당원들의 의사와 상관없는 인사들이 공천되면 과연 이들이 누구를 대표할 것인지 하는 문제가 발생할 수밖에 없다. 지역 주민들이 자신들의 선호와 전혀 무관한 후보자들 중에서 강요된 선택을 할 수밖에 없는 상황에서 낙점식 공천에 의해 선출된 후보들은 자신을 뽑아 준 지역 주민보다는 자신을 공천해 준 정당이나 정당지도자를 자신이 대표하는 대상(representational focus)으로 인식하게 된다. 즉, 지역구 대표자가 정당 지도자의 추종자로 전락하게 된다. 과거 한국 정치에서 하향식 공천이 국회의원들로 하여금 자신의 소신보다는 당 총재나 대표의 거수기로 활동하게 만든 것도 바로 이러한 왜곡된 충원 과정 때문이었다.

셋째, 공천 방식은 후보자들의 자율성에 직접적으로 영향을 미칠 수 있다. '자율성(autonomy)'이란 공천된 후보가 자신을 공천한 정당이나 그 정

3) 한국 국회의원 공천제도의 지속과 변화, 그리고 공천 과정의 주요 특성에 대해서는 김용호(2003), 홍득표(2000) 등을 참조할 것.

당의 최고지도자의 지시나 명령에 구애받지 않고 자신의 판단과 신념에 따라 자율적으로 정당 및 의정 활동을 하는 것을 의미한다. 하향식 밀실 공천이 이뤄진다면 공천자는 중앙당이나 당의 최고지도자의 지시에 자유스럽지 못할 것이다. 반면, 미국 정당과 같이 후보 지명이 중앙당의 개입 없이 전적으로 지역구에서 이뤄진다면 후보자는 정당의 눈치를 보지 않고 오로지 지역주민의 의견과 결정에 관심을 보일 것이다.

한편, 공천 방식은 직접적으로 자율성에 영향을 미칠 뿐만 아니라 전문성과 대표성을 통해 간접적으로 영향을 미칠 수 있다. 전문성이 오로지 정당과 정당 지도부 내에만 존재한다면 공천 후보는 자율적인 결정을 할 수 없다. 또한, 공천된 후보가 광범위한 대표성을 갖지 못하고 결과적으로 지역주민의 지지를 받지 못하면 자율적인 행동을 하는 데 제약을 받게 된다.

다시 말해, 전문성과 대표성이 결여된 후보들은 자율성을 갖고 생산적인 정당 활동을 하기가 원천적으로 불가능하다. 정당은 주장이나 이념이 같은 사람들이 정권을 창출하고 자신들의 추구하는 정책을 실현하기 위해 모인 자발적인 임의단체인데, 구성원들의 자율성 상실이란 결과적으로 정당 본연의 기능인 이익 집약 기능과 충원 기능을 제대로 수행하지 못하게 함으로써 정당은 정책정당이 아니라 당 지도자 중심의 인물정당으로 전락하게 된다. 다시 말해, 정당은 정책결정 기능을 제대로 수행하지 못한 채 비생산적인 정치의 장으로 전락함과 동시에 동일한 논리로 지방정치가 중앙정치에 예속되는 현상을 고착화시킨다.

공천 방식과 생산적 정당정치 간의 관계를 모형화한 분석 틀로부터 공천과 관련해 다음과 같은 몇 가지 함의가 도출된다. 첫째, 공천 방식은 정당 조직 및 당원 체제 등의 요인에 의해 영향을 받을 수밖에 없기 때문에 제반 조건이 갖춰져 있지 않은 상황에서 급진적인 공천 개혁은 오히려 부정적인 결과를 초래할 가능성이 크다. 따라서 공천 개혁은 장기적인 안목을 갖고 제반 조건의 변화와 함께 효율성을 극대화시킬 수 있는 방향으로 단계별로 이뤄져야 한다. 둘째, 생산적인 정당정치가 이뤄지기 위해 공천 개혁은 전문성과 대표성을 강화하고, 더불어 자율성을 증진시키는 방향으로 이뤄져야 한다. 셋째, 지방정치를 중앙 정치의 예속에서 벗어나 정상화시키기 위해서는 공직 후보 선출에서 획기적이고 전향적인 변화가 수반되어야 한다.

제 3 절 각국의 공직 후보 선출제도 고찰

1 선진 민주국가들의 공직 후보 선출 고찰

정치제도라는 것은 각국이 공유하고 있는 고유한 역사와 전통, 문화 등의 요인들에 의해 크게 영향을 받기 때문에 어느 것이 좋은 제도인가를 결정짓는 데는 한계가 따를 수밖에 없다. 하지만, 선진 민주주의 국가들의 공직 후보 선출 방식을 비교·고찰하는 것은 한국 정당들이 추진하고자 하는 공천 개혁 논의의 폭을 넓히고 내실을 기할 수 있다는 점에서 상당한 의미를 가질 수 있다. 각국의 정당들은 다양한 형태의 공직 후보자 선출 방식을 발전시켜 왔다. 현대 정치에서 다양한 형태의 정치 충원과 후보 지명 과정을 이론적으로 분류한 여러 학자들 중 노리스(Pippa Norris)의 분류 방식이 상당한 현실성을 갖고 있다. 노리스(Norris, 1996: 203)는 두 가지 기준에 따라 각국 정당의 충원 형태를 분류했다. 하나의 기준은 정당의 후보자 선정 및 정치 충원 과정이 얼마나 관료화(bureaucratic) 또는 후원적 체계(patronage)를 갖고 있는가다. 관료적이라는 의미는 후보자 출마 신청에서 후보 최종 선정 결정까지의 과정이 당의 엄격하고 세부적이며 또한 명시적인 규칙으로 제도화되어 있으며 또 철저히 집행되고 있는가 하는 여부다. 반면, 후원적 체제란 후보 선정 과정이 공식적인 규칙보다는 당의 지도부 또는 특정 인사와의 개인적 친분 관계나 후원이 더 중요하다.

또 다른 기준은 후보 선정 결정 과정이 중앙집중적(centralized) 또는 지방분권적(localized)으로 이뤄지는가 여부다. 중앙집중적 체제에서는 중앙당, 지구당, 그리고 계파 지도자들의 권한이 절대적인 반면, 지방분권적 체제에서는 후보 선정 결정권이 지구당의 일반 당원, 중간 간부 그리고 경우

표 5-1 공직 후보 선출의 형태

	중앙집권적 결정 (centralized decision making)	지방분권적 결정 (localized decision making)
관료적(bureaucratic)	제1유형 오스트리아 사회주의당 그리스 PASOK	제3유형 영국 노동당 독일 사회민주당
후원적(patronage)	제2유형 프랑스 UDF 일본 자민당	제4유형 미국 민주당 캐나다 자유당

출처: Norris(1996: 203).

에 따라서는 일반 유권자에 있는 형태다.[4] 노리스는 <표 5-1>에서 보듯이 이러한 두 개의 기준을 바탕으로 네 가지 유형의 후보 선출 형태를 분류하고 있다.

제1유형은 '중앙집권화된 관료 체제(central bureaucratic)'다. 오스트리아 사회주의당과 같이 매우 권위적인 간부 정당에서 그 예를 찾아볼 수 있다. 즉, 당규에 의해 중앙당 지도부나 계파 지도부가 후보 선정을 전적으로 결정하도록 공식적으로 명시화하고 있다. 다시 말해, 당내 응집력이 강한 각 계파들에 의해 정치 충원이 이뤄지는 특징을 보인다.

제2유형은 '중앙집권화된 후원 체제(central patronage)'다. 일본의 자민당에서 그 예를 찾을 수 있다. 후보자 선정 과정이 당 지도부 간, 계파 간 협상으로 이뤄진다. 해당 지역의 일반 당원이나 시민들은 전혀 영향력을 행사하지 못한다.

제3유형은 '지방분권화된 관료 체제(localized bureaucratic)'다. 영국, 독일 등 많은 유럽 국가에서 채택하고 있다. 정치 충원 및 공직 후보 선출은 지방의 선거구 자체의 권한인 동시에 그 선정 과정은 매우 엄격한 내부 규

4) 래니(Ranney, 1981)와 하잔(Hazzan, 2002)은 이를 지명인단(selectorate)의 포괄성 정도(degree of inclusiveness)로 분류하고 있다. 즉, 미국과 같이 일반 유권자들도 참여하는 비당파적 지명의 절차를 가장 포괄적인 형태로, 그리고 당 지도부에 의해 결정되는 형태를 가장 배타적인 형태로 분류했다.

칙에 따라 규제된다.

제4유형은 '지방분권화된 후원 체제(localized patronage)'다. 미국이 가장 전형적인 나라다. 당 지도부가 후보 선정 과정에 전혀 영향력을 행사하지 못하고 통상 당원과 일반 주민들이 참여하는 예비선거라는 경선 과정을 거쳐 결정하게 된다. 이와 같은 경선을 거쳐 선출된 후보에 대해서는 당 지도부가 거부권 행사와 같은 경선 결정을 바꿀 수 있는 어떠한 권한도 없다.

미국, 영국, 독일 등 주요 선진 민주국가들의 공직 후보 선출 방식을 좀 더 세부적으로 비교·고찰해 보면 <표 5-2>와 같다. 표에서 보듯이 크게 분권화, 개방화, 법률적 규정, 경선 담당기구 등의 다양한 측면에서 고찰해 볼 수 있다.

첫째, '분권화'는 후보자의 선출 과정에 어느 정도 중앙이나 지방 정당 간부의 개입이 배제되고 지역 선거구가 자율적으로 결정하느냐의 문제다. 미국의 경선제도는 중앙이나 지방 당 간부의 개입이 철저하게 배제되어 있다는 점에서 완전 분권형 모형이다. 독일도 미국과 같이 후보자 선출제도의

표 5-2 주요 선진 민주국가들의 공직후보 선출제도 비교 분석

	미국	독일	영국
분권화 정도	▲완전분권형 - 중앙당 및 정당 간부의 개입 완전 배제	▲분권형 - 중앙당이나 주 정당조직이 개입할 장치 부재 (주정당 의장단의 이의 제기 권한 보유)	▲중앙당 우위 분권형 - 중앙당이 예비후보자의 명부를 관리하고 지구당의 결정을 승인
최종 후보 선출 기구	▲당원대회 ▲폐쇄형 예비선거 ▲개방형 예비선거	▲지구당 대의원대회 -지구당 당원총회→지구당 대의원대회→	▲중앙당 -지구당 집행위원회→지구당 총회→중앙당
개방화	▲완전 개방형 - 일반 유권자도 참여	▲제한적 개방형 - 당원만 참여	▲제한적 개방형 - 당원만 참여
법적 규정	▲주법에 규정	▲정당법에 후보자 선출 과정과 절차 법률로 규정	▲정당의 당헌과 당규에 유임
경선 관리·감독기구	▲주 선거관리위원회	▲연방정부	▲개별 정당
정당 특성	▲약한 응집력과 기율 ▲원내 중심 정당	▲강한 응집력과 기율 ▲원내외 중심 정당	▲강한 응집력과 기율 ▲원내외 중심 정당

출처: 마인섭(2003), 이준한(2003), 정병기(2003), 손병권(2003) 등의 논문 내용을 참조해 작성.

분권화가 잘 발달된 나라다. 후보자 선출을 위한 당대의원 대회는 당해 지구당의 당원총회나 당원대회에서 선출되는 대의원으로 구성된다. 그런데, 선거구 당원총회에서 선출된 대의원들이 비밀투표로 결정한 지구당 후보자 결정은 의원 후보 결정의 최종 절차다. 즉, 주의 정당조직이나 연방의 중앙당은 지구당의 후보자 결정 과정에 개입할 제도적 장치가 없으며, 지역 선거구에서 결정된 후보자를 수용해야 한다.[5]

반면, 영국의 의원 선출제도는 미국과 독일에 비해 분권화의 수준이 낮은 편이다. 중앙당이 예비 후보자의 명부를 관리하고, 지구당 집행위원회의 결정을 승인하는 상당히 실질적인 권한을 가지고 있기 때문이다. 예를 들어, 영국 노동당의 경우, 중앙당의 전국집행위원회(National Executive Committee)는 지구당의 집행위원회에서 선정한 최종 후보 지명을 뒤집을 수 있는 권한이 있다. 이에 비해 보수당의 경우는 중앙당이 후보자의 명부를 관리하고 후보자의 선정 절차와 원칙을 감독하지만 후보자 선정의 최종적인 권한은 지구당의 집행위원회에 있다. 따라서, 노동당에 비해서는 분권화 수준이 높다고 할 수 있지만 중앙당의 개입 여지가 용인된다는 점에서 미국과 독일에 비해 상대적으로 분권화가 낮다고 할 수 있다.

둘째, '개방화'는 후보 선출 과정에 당원이나 대의원뿐만 아니라 비당원으로서의 일반 주민들이 얼마나 자유롭게 참여할 수 있느냐에 따라 결정된다. 미국의 예비선거 방식은 크게 '폐쇄형 예비선거(closed primary)'와 '공개형 예비선거(open primary)'로 구별된다. 전자의 경우, 유권자가 비당원이라 할지라도 예비선거에 참여하기를 원하면 사전에 당원으로 등록하거나 그 정당의 지지를 밝히면 된다. 반면, 후자의 경우는 유권자가 사전에 당원으로 등록할 필요도 없고 다만, 투표소에 들어가기 전에 한 정당의 투표용지만 받아서 경선에 참여하면 된다.[6] 따라서, 미국의 예비경선 제도는 개별

5) 다만 주 정당의 의장단은 선거구 당원총회 또는 대의원회의의 후보 결정에 대해 이의를 제기할 수 있고, 이의가 제기된 경우 재투표를 실시해 그 결과를 마지막 결정으로 한다. 독일의 후보 선출 방식에 대해서는 마인섭(2003: 5), 정병기(2003: 120-124) 등을 참조할 것.

6) 일부 주에서는 공개형 예비선거를 더 발전시킨 '완전 공개형 예비선거(blanket primary)'를 채택하고 있다. 여기에서는 투표 참여가 당원의 자격과는 무관할 뿐 아니라 유권자가

유권자의 참여가 확대되어 있다는 점에서 매우 개방적이라 할 수 있다. 비당원인 일반 유권자의 참여 수준이 가장 높은 제도다.

반면, 독일이나 영국의 경우는 미국에 비해 개방성이 현격하게 떨어진다. 독일의 경우, 당원총회나 당 대의원대회에 당원이 아닌 일반 유권자가 참여하지 못한다는 점에서 개방성은 낮다고 할 수 있다. 영국의 경우도 비당원의 자격으로는 후보 선출에 직접 참여할 수 없다는 점에서 개방성이 낮다.

셋째, '법률적 규정'은 후보자 선출 과정과 절차가 법률로 규정되어 있는가에 대한 문제다. 반면, '경선 담당기구'는 경선 과정에 중앙정부 또는 지방정부의 관리·감독이 허용되는지 여부를 기준으로 평가할 수 있다. 우선, 미국의 경우, 의원 후보자 선출 과정은 주법에 상세히 법률로 규정하고 있어 유권자들은 주법에 정해진 선거의 방식에 따라 예비선거에 참여한다. 또한, 후보자 선출 과정은 주 선거관리위원회의 관리·감독 하에 이뤄진다.

독일도 후보자 선출 과정과 절차가 상대적으로 상세히 법률로 규정되어 있다. 예를 들면 독일의 정당법은 "후보자 추천은 지구당의 직접 투표를 통해 혹은 적어도 대의원으로 구성된 선거인단에 의한 간접 투표를 통해 선출해야 한다"고 규정하고 있고, 후보자 선출을 위한 당대의원의 선출과 당대의원회의 후보 선출의 시기를 법률로 정하고 있다(마인섭, 2003: 5).

한편, 영국은 미국이나 독일과는 달리 의회 의원의 후보자 선출 절차에 대한 법적인 규정이 없고 세부적인 절차를 정당에 위임하고 있는 까닭에 후보자 선출 절차에 모든 정당이 동일하지 않다. 미국과 독일의 경우를 제외한 대부분의 경우에 의회 의원 후보자의 선출 과정은 대개 정당의 당헌과 당규에 위임되어 있고 연방이나 주의 법률로 규정한 경우는 많지 않으며, 따라서 중앙이나 지방의 공적인 선거관리기관이 관리·감독하는 것도 예외적이다.

하나의 정당 후보에의 투표에 제한되지 않고 복수의 정당의 예비선거 후보명부에 등재된 후보들에게 투표할 수 있는 제도로 예비선거에의 참여가 모든 유권자에게 제한 없이 공개된 제도다.

2 한국 정당의 공직 후보 선출제도 고찰

2002년 제3회 지방선거의 경우, 각 정당들은 제한적이지만 기존과는 다른 공천 방식을 채택했다. 과거에는 중앙당이 후보를 추천하는 전형적인 하향식 방식을 채택했으나 2002년에는 여야 정당들이 6・13 지방선거 이전에 대선 후보자를 일반 국민들도 참여하는 경선으로 선출했기 때문에 과거와 같은 하향식 공천보다는 당원과 주민들이 참여하는 상향식 공천을 적극 추진했다.[7] 하지만, 당시 집권당이었던 민주당은 상향식 공천을 의무화했고, 한나라당은 원칙적으로 경선을 치르도록 했다. 당시의 상향식 공천 방법은 지방선거에 나설 시장, 군수 후보자 선출을 중심으로 지구당 경선, 지구당 운영위원화 추대, 지구당 운영위원회 표결 등 크게 세 가지 방식이었다. 광역단체장의 경우, 정치적으로 중요한 직책을 담고 있기 때문에 여야 정당은 경선을 통해 후보자를 선출했다. 민주당의 경우, 자신들이 강세 지역이라고 여기는 서울, 인천, 광주, 전북, 전남 등에서는 경선을 통해 후보를 선출했고, 취약지역인 부산, 강원에서는 추대 회의를 통해 후보자를 공천했다. 이러한 상향식 공천과는 대조적으로 경남은 중앙당에서 새로운 인물을 영입했으며, 제주도는 현직 도지시를 후보자로 결정했다. 한나라당도 비슷한 패턴을 보였다. 서울, 부산, 대구, 인천, 대전, 울산 등 강세 지역에서는 경선을 통해 후보자를 선출했고, 나머지 지역에서는 현 단체장을 출마시키거나 지구당에서 추대해서 결정했다(서울대 한국정치연구소, 2002: 20-21).

---

7) 위에서 언급한 노리스(P. Norris)의 유형에 따르면, 한국 정당들은 공직 후보 선출에서 '중앙집권화된 후원 체제(central patronage)'에서 '지방분권화된 관료 체제(localized bureaucratic)' 유형으로 전환하고 있었다. 김용호(2003: 18-19)는 2004년 17대 총선 이전의 한국 국회의원 공천제도의 특징을 다음과 같이 설명한다. 첫째, 미국, 독일, 핀란드, 노르웨이 등 일부 국가에서는 공직 후보 선정 방식을 법으로 정하고 있는 데 반해, 우리나라는 정당에 맡기고 있는 실정이다. 둘째, 우리나라 공천제도는 매우 중앙집권적이어서 지방당의 권한은 거의 없고 중앙당이 모든 공천 과정을 관리하고 최종 결정권을 갖는다. 셋째, 후보 선정 과정에서 유권자나 당원이나 대의원의 실질적인 참여가 거의 없고 주로 중앙당의 소수 지도자 중심으로 이뤄지고 최종 결정권은 당의 최고지도자가 행사한다.

반면, 기초단체장 후보 선출에서는 여야 모두 많은 지역에서 경선을 실시했지만, 현직 단체장들이 불공정 경선을 문제삼아 경선 결과에 불복해 무소속으로 출마하는 사례가 많았다.[8] 특히, 민주당과 한나라당의 텃밭 지역인 호남과 영남지역의 공천을 보면, 경선 결과에 상관 없이 지구당의 비민주적 운영과 불투명성에 대해 많은 후보자가 반기를 들고 무소속으로 출마했다. 따라서, 경선이라는 절차를 거쳤다는 사실만으로 민주적 선거 결과를 확신할 수 없었다. 역대 지방선거에서 나타난 여야 정당의 공천 과정은 선거인단 구성 등 경선 절차와 방식에 대한 더 많은 숙고가 필요하다는 교훈을 남겼다.

2006년 제3회 지방선거를 앞두고 각 정당들은 앞다퉈 당헌·당규를 개정해 일반 국민들이 경선에 참여할 수 있는 기회를 높이도록 제도화했다. 여야 거대 정당들의 공직 후보 선출 과정을 살펴보면 다음과 같다.

1) 열린 우리당의 공직 후보 선출 규정

2005년 12월 26일 열린 우리당의 중앙위원회가 확정한 당헌·당규 개정안에 따르면 공직 후보 선출은 후보자 심사, 경선, 중앙위원회 의결 등 3단계를 거치도록 규정하고 있다. [그림 5-2]는 열린 우리당의 공직 후보 선출 규정을 도식화한 것이다.

제1단계는 심사 단계다. 당헌 제110조에 따라 중앙위원회는 중앙당에 공천심사위를 설치하고, 시·도당 상무위원회는 당헌 제111조에 따라 시·도당에 공천심사위를 설치한다. 더욱이, 예비후보자 자격심사위원회(이하 '자격심사위')와 후보자 추천심사위원회(이하 '추천심사위')를 두어 예비후보자를 심사하도록 하고 있다. 당헌 제108조에 따르면, 각급 공직선거 후보자를 발굴·관리하기 위해 자격심사위를 상설로 설치한다. 자격심사위는 각급 공직선거 예비후보자의 자격을 심사해 명부를 작성하고 이를 관리하며,

8) 민주당의 현직 구청장이 경선 결과에 불복해서 무소속으로 출마한 경우는 서울 서대문구, 성북구, 강북구, 경기 시흥시, 부산 강서구, 동래구, 대구 중구와 서구 등이었다(서울대 한국정치연구소, 2002: 20-21).

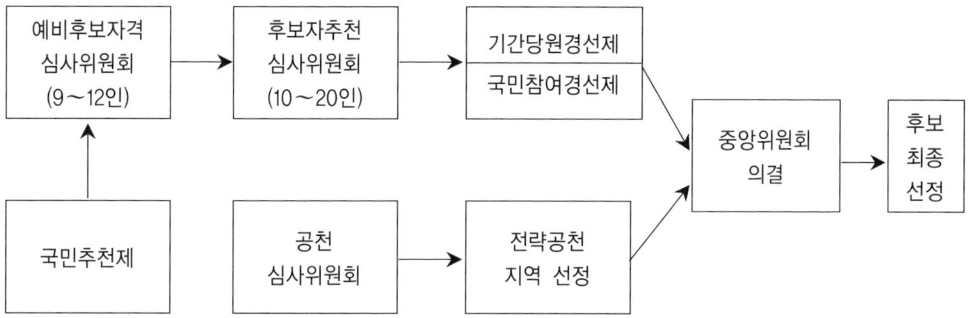

그림 5-2 열린 우리당의 공직 후보 선출 과정

출처: 열린 우리당의 당헌(2005.12.26 현재)과 당규 제9호 '공직후보자선출 규정' 내용을 토대로 작성.

9인 이상 15인 이하로 구성한다. 시・도지사, 지역구 국회의원 예비후보자명부 작성을 위한 자격심사위는 중앙당에 설치하고, 기초단체장, 시・도의원 예비후보자명부 작성을 위한 자격심사위는 시・도당에 설치한다. 중앙당에 설치하는 자격심사위의 위원장과 위원은 당의장이 최고위원회와 협의하고 중앙위원회의 의결을 거쳐 임명한다. 공직선거 예비후보자는 자격심사위의 심사를 통과해 예비후보자명부에 등록된 자로 한다. 자격심사위는 서류심사, 여론조사, 개별 면접 및 집단 인터뷰 등을 통해 당성과 당 기여도 등 예비후보자의 자격을 심사하고 심사위원의 다수결에 의해 예비후보자 등록 자격을 부여한다.

열린 우리당은 공직 후보자 선출 시 유능한 인재를 폭넓게 발탁하기 위해 '국민추천제도'(당헌 제112조)를 채택하고 있다. 국회의원, 시・도지사 후보자의 국민추천 접수창구는 중앙당에, 기초단체장, 시・도의원 후보자의 국민추천 접수창구는 시・도당에 설치하도록 하고 있다. 국민 추천을 받은 사람도 중앙당과 시도당의 자격심사위의 심사를 받아야 하는 것으로 해석된다.

우리당은 자격심사위와 더불어 중앙당과 시도당에 '추천심사위'를 두고 있다. 추천심사위는 1인의 위원장과 10인 이상 20인 이하의 위원으로 구성하며, 위원의 3분의 1 이상은 당외 인사를 포함하도록 하고 있다. 추천심사위의 위원장과 위원은 당의장이 최고위원회와 협의하고 중앙위원회의 의결을 거쳐 임명하며, 위원회가 심사·결정한 사항은 위원회가 당의장에게 보고하고 당의장이 중앙위원회에 제안하고 중앙위원회의 의결을 거쳐 확정된다.

추천심사위의 핵심 기능은 당성과 당 기여도를 기준으로 가산점을 부여하며, 서류심사, 여론조사, 개별 면접, 집단 인터뷰 등을 통한 평점에 의해 경선 후보자를 선발하는 것이다. 선거구별 경선 참여 인원은 3인 이하로 하고, 경선 후보자 중 여성이 있는 경우에 여성 후보의 선발 방법과 절차는 당규로 정하도록 했다. 우리당의 개정된 당헌당규에 따르면 공천심사위는 경선 후보자 중 여성이 포함되어 있는 선거구에서는 여성 후보자가 4위의 점수를 받은 심사 결과가 나왔을 때 그 여성 후보자를 3인의 경선 후보자에 포함하도록 하고 있다(당규 제9호 9조 ⑤항).

제2단계는 경선과 전략지역 선정 단계다. 당헌 제114조(상향식 경선제 실시)에 따르면, 모든 공직 후보자 추천 선거는 기간 당원 경선 또는 국민 참여 경선 방식으로 한다.

(1) 시도지사, 자치구시군의 장 후보자 선출

대통령, 국회의원, 시도지사, 자치구시군의 장 후보자를 선출하는 선거는 국민 참여 경선 방식을 채택하도록 규정하고 있다. 국민 참여 경선 방식의 경우 선거인단은 다음의 두 가지 방식 가운데 하나로 한다. 한 방식은 기간 당원 30%, 일반 당원 20%, 일반국민 50%로 구성하며, 일반국민의 경우 여론조사를 포함할 수 있다. 또 다른 방식은 기간 당원 30% 이상 50% 이하로 하고 나머지는 일반국민으로 구성하는 것이다. 다만, 해당 선거구의 기간 당원 수가 유권자의 3% 이상일 경우 중앙위원회 또는 상무위원회의 의결로써 기간 당원 경선 방식으로 후보자를 선출할 수 있도록 규정하고 있다.

(2) 지방의원 후보자 선출

지방의원 후보자를 선출하는 선거는 기간 당원 경선 방식 또는 국민 참여 경선 방식으로 한다. 기간 당원 경선 방식의 경우 선거인단은 기간 당원만으로 한다. 기간 당원 경선을 위한 '기간 당원 선거인단'은 중앙위원회 또는 시도당 상무위원회의 의결로써 다음의 세 가지 방식 중에 하나를 선택해 구성한다. 기간 당원 선거인단의 선출의 경우에는 기간 당원 전원 투표 후

가중치를 부여하는 방안, 기간 당원 중 표본 추출을 통한 추첨, 읍・면・동별 기간 당원대회를 통해 선출하거나 읍・면・동별 기간 당원대회 개최가 불가능한 경우에는 선거구별 기간당원대회를 통해 선출하는 방식이다. 다만, “공직 후보자 추천 선거 시 후보자가 합의하면 100% 여론조사 방식으로 후보자를 선출할 수 있다”는 규정을 두고 있다.

(3) 전략공천 지역 선정

이와 같은 경선 방식 이외에 열린 우리당은 ‘전략 공천 지역 선정’(당헌 제117조) 규정을 두고 있다. 즉, 중앙위원회는 국회의원과 시도지사 선거에서, 시도당 상무위원회는 자치구・시・군의 장 선거에서 후보자 및 지방의원 후보자를 단수 추천하는 전략공천 지역을 선거구 총수의 30% 이내에서 선정할 수 있다. 국회의원, 시・도지사 후보 선출을 위한 공천심사위원회는 당세가 취약한 지역, 유력한 후보자가 없는 지역, 선거전략상 특별한 고려가 필요한 지역 등을 기준으로 전략공천 지역을 선정해 당의장이 최고위원회와 협의하고 중앙위원회의 인준을 받도록 하고 있다. 자치구・시・군의 장, 지방의원 후보 선출을 위한 공천심사위원회도 전략지역 후보지역을 선정해 시도당 위원장이 집행위원회와 협의해 상무위원회의 인준을 받도록 하고 있다.

제3단계는 최종 단계로 중앙위원회 의결 단계다. 경선을 거치든, 전략공천 지역으로 선정되든 모든 공직 후보자는 단수 추천되어 중앙위원회의 의결을 거쳐 최종 후보로 선정된다.

2) 한나라당 공직 후보 선출 규정

한나라당이 2005년 11월 17일에 확정한 당헌과 공직 후보자 추천 규정에서 나타난 공직 후보 선출은 공직 후보자 공모, 중앙당 또는 시・도당 공천심사위원회의 심사, 최고위원회의 의결 등 3단계를 거쳐 확정하도록 하고 있다. [그림 5-3]은 한나라당의 공직 후보 선출 규정을 도식화한 것이다. 우선, 공직 후보자로 추천 받고자 하는 자는 공직선거법에 의해 피선거권이 있고, 후보자 등록 신청일 현재 책임 당원이어야 하며, 중앙당 공직후보

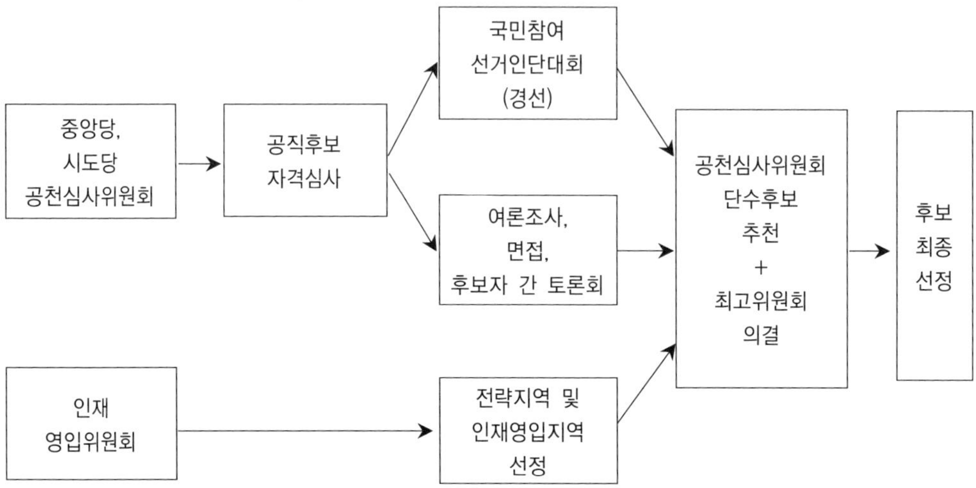

그림 5-3 한나라당의 공직 후보 선출 과정

출처: 한나라당 '당헌 · 당규집'(2005.11.17)과 '공직후보추천규정'(2006.1.9) 내용을 토대로 작성.

자추천심사위원회는 위원회의 의결로 후보자 공모일과 기간을 정한다.

중앙당 및 시 · 도당 공천심사위원회는 서류심사, 득표기반조사(실태조사), 여론조사 및 국민참여선거인단대회 등이 반영된 자격심사 기준을 위원회의 의결로 확정해 최고위원회의에 보고한다. 구체적으로 공천심사위원회는 공모가 완료된 후 추천 신청을 한 자에 대해 객관적이고 공정하게 자격심사를 하며, 서류심사 및 여론조사를 거쳐 3인 이내의 국민참여선거인단대회 후보자를 선정할 수 있다. 다만, 국민참여선거인단대회는 공천심사위원회의 결정에 따라 여론조사, 면접, 후보 간 토론회 등으로 대신할 수 있도록 하고 있다. 다시 말해, 경선이 의무적인 사항은 아니며 공천심사위원회는 국민참여선거인단대회, 여론조사, 면접, 후보 간 토론회를 통해 단수의 후보자를 선정할 수 있다.

(1) 특별시장 · 광역시장 · 도지사 후보자의 추천 방법

광역단체장은 국민참여선거인단대회를 원칙으로 하되, 취약지역 등은 이를 실시하지 아니할 수 있도록 하고 있다. 경선을 실시할 경우, 특별시장 · 광역시장 · 도지사 후보자의 추천 방법은 당헌 제82조(후보자 선출) 내지

第83조(국민참여선거인단 구성 등)에 규정된 대통령 후보 선출 방식을 준용하도록 하고 있다. 다만, 이 경우 국민참여선거인단은 '국민참여 시·도 선거인단'으로 한다. 한나라당의 당헌과 대통령 후보자 선출규정에 따르면, 대통령 후보자는 대통령 후보자 선출을 위한 '국민참여선거인단대회'의 투표 결과(80%)와 여론조사 결과(20%)를 종합해 선출한다. 대통령 후보 선출을 위한 '국민참여선거인단대회'에 포함되는 선거인은 전당대회 대의원(8분의 2), 전당대회 대의원이 아닌 일반 당원(8분의 3), 일반국민을 대상으로 공모한 선거인(8분의 3)으로 구성된다. 한나라당의 대통령 후보자 선출 규정에 따르면 선거인단은 각각 여성이 50%, 40세 미만이 30% 이상 포함되어야 한다. 일반 당원 선거인은 모집 당원 선거인 공모 기간 개시일 전일까지 당원명부에 등재된 당원(전당대회 대의원은 제외) 중에서 각 시·도 및 지구당 운영위원회가 선정한다.

이러한 규정을 원용하면 한나라당 서울시장 후보 선출은 서울시 대의원(20%), 서울시 일반 당원(30%), 서울시민을 대상으로 공모한 선거인(30%)을 포함하는 '서울시 국민참여선거인단' 결과(80%)와 서울시민을 대상으로 실시한 여론조사 결과(20%)를 종합해서 선출한다.

(2) 자치구의 구청장·시장·군수 후보자의 추천 방법

자치구의 구청장·시장·군수 후보자의 추천 방법은 중앙당 공천심사위원회의 의결 사항과 지역구 국회의원 후보자의 추천에 규정된 지역구 국회의원 후보자의 추천 방식을 준용한다. 다만, 이 경우 선거인단은 국민참여자치구·시·군선거인단으로 한다. 공직후보자 추천 규정 제18조(국민참여선거인단 구성)에 따르면, 지역구 국회의원 후보자 선출을 위한 국민참여선거인단은 당해 선거구 당원과 일반국민으로 구성하고, 국민 참여 방식(여론조사 방법 포함)은 중앙당 공천심사위원회에서 결정한다고 규정하고 있다. 공천심사위원회는 경선의 결과를 존중해 공직 후보자를 추천한다. 다만, 경선 결과에 영향을 미친 불법 선거운동이나 현저한 하자가 있는 경우에는 직접 후보자를 추천할 수 있도록 규정하고 있다. 다만, 공천심사위원회는 자격심사에 의해 경선 없이 단수의 후보자를 추천할 수 있는 별도의 규정을 두고 있다.

(3) 지역구 시 · 도의회의원 및 자치구 · 시 · 군의회의원 후보자의 추천

지방의회 의원 후보자의 추천 방법은 중앙당 공천심사위원회의 의결 사항과 지역구 국회의원 후보자의 추천에 규정된 지역구 국회의원 후보자의 추천 방식을 준용한다. 다만, 이 경우 선거인단은 국민참여 지방의회의원 선거구선거인단으로 한다. 국민참여 지방의회의원 선거구선거인단은 지역구 국회의원 후보자 추천 선거인단의 구성 방식을 준용하되, 선거인단 구성 등 기타 필요한 사항은 시 · 도당선관위 결정으로 정한다.

공직 후보자 추천 확정은 공천심사위원회가 결정한다. 공천심사위원회는 경선의 결과를 존중하여 공직 후보자를 추천한다. 다만, 경선 결과에 영향을 미친 불법선거운동이나 현저한 하자가 있는 경우에는 직접 후보자를 추천할 수 있도록 하고 있다. 공천심사위원회가 공직 후보자로 추천한 자는 최고위원회의의 의결을 거쳐 공직 후보자로 최종 확정된다. 중앙당 공천심사위원회가 심사한 사항은 최고위원회의의 의결을 거쳐 확정하고 시 · 도당 공천심사위원회가 심사한 사항은 시 · 도당 운영위원회의 의결을 거쳐 최고위원회의의 의결로 확정한다. 다만, 공직 후보자로 최종 확정되었더라도 불법선거운동이나 금품 수수 등 현저한 하자가 있는 것으로 판명되었을 경우에는 최고위원회의의 의결로 공직 후보자 추천을 무효로 할 수 있다.

(4) 전략지역 및 인재영입지역 선정

당헌 제92조(전략지역 및 인재영입지역 선정 등)의 규정에 따라 인재영입위원회는 전략지역 및 인재영입지역으로 단수의 후보자를 선정할 수도 있다. 이 경우에는 최고위원회의의 의결을 통해 후보자를 확정한다) 한나라당 당헌 제12절에 따르며 인재영입위원회는 당의 각종 선거 후보자 발굴과 인재 영입에 관련된 업무를 수행한다. 인재영입위원회는 최고위원회의의 의결을 거쳐 대표최고위원이 임명하는 15인 이내의 위원으로 구성하며, 위원장 1인과 부위원장 약간인을 둔다. 위원 중에서 최고위원회의의 의결을 거쳐 대표최고위원이 임명하며, 위원장은 공천심사위원회의 당연직 위원으로 한다.

3) 한국 정당의 공직 후보 선출제도의 한계점

현재 각 여야 거대 정당이 채택하고 있는 공직 후보 선출은 '선(先)중앙당 심사-후(後)국민 참여 경선' 방식에 의존하고 있다. 즉, 중앙당에 중립적인 외부 인사를 포함한 공천심사위원회를 구성하고 객관적인 공천심사 기준에 따라 소수의 후보자(3인)를 선거구에 추천하면 주민과 당원들이 참여해 경선을 실시하는 방식이다. 후보 선출 과정의 운영상 절차로 볼 때 앞서 검토한 영국식 모델에 가깝다. 따라서, 공직후보 추천의 실질적인 최종 권한은 지역구에 있다고 할 수 있다.

마인섭(2003)은 의원후보 선출 모델로 미국의 예비선거형 완전분권형, 독일의 대의원회의형 분권형, 영국의 중앙당 우위의 분권형 등의 특징과 장단점을 비교·분석한 다음 정당의 하부구조가 취약하고 진성 당원이 절대적으로 부족한 한국에서 가장 부합하는 공직 후보 선출 방식으로 '중앙당 심사-지구당의 국민 참여형 경선' 방식을 제안하고 있다.[9] 즉, 지역구 공직 후보 선출 과정은 중앙당의 공모, 중앙당 심사기관의 심사 및 선정, 국민참여형 지구당 선거인단회의의 투표와 선출, 중앙당의 승인 및 추천으로 요약된다(마인섭, 2003: 15; 강원택, 2003: 10-11). 또한, 현실적인 국민참여형 경선의 방법으로 1,000명의 당원과 1,000명의 비당원으로 구성할 것을 제안한다. 마인섭은 이러한 방식이 기존의 중앙집권의 하향식 정당 공천제도를 청산하고 분권화되고 민주화된 제도를 정착시키며 새로운 공천제도로 전환되는 과정에서 지불해야 할지 모를 부작용을 최소화하기 위한 방안이라고 주장한다.

9) 마인섭(2003: 19-20)은 중앙당이 예비 후보자를 심의·선정해 후보자명부를 작성하고 그 명부에 대해 지구당의 집행위원회가 투표하는 영국의 상·하향식 혼합형은 중앙당의 역할이 유지되면서 지방당의 자율적 결정권을 인정한다는 측면에서 우리에게 흥미 있는 모델이지만 지구당에서의 명부에 오를 후보자의 선임을 후보선정위원회(selection committee)에서 하고 후보자의 결정을 지구당 집행위원회에서 한다는 점에서는 우리의 현실에 맞지 않는다고 진단한다. 그 이유로 한국 정당들은 하부구조는 취약하지만 중앙당의 역할이 핵심적이었고, 정당의 기율은 강한 편이지만 정책과 이념의 분화는 약한 편이기 때문이라고 지적한다.

이러한 현행 선 중앙당 심사-후 국민 참여 경선에 의한 공직 후보 선출 방식은 과거와 비교해서 큰 변화를 보이고 있지만 과거 지구당의 역할을 대신하고 있는 당원협의회가 사당화되어 있고, 진성 당원이 전무한 상황에서 단기간에 해결하기 힘든 몇 가지 내재적인 한계를 갖고 있다. 다시 말해, 공직 후보 선출 과정에서 분권화와 개방화를 통한 민주성만을 강조해 후보자 선출의 전권을 경선으로만 종결할 경우 현실적으로 많은 문제점을 낳을 수 있다.

첫째, 지역주민에게 생소하고 조직력을 갖고 있지 못한 개혁적 신진 인물의 발굴과 훌륭한 경력과 전문성을 갖춘 인물의 등장을 어렵게 만든다. 지역구 당원들의 대부분을 당원협의회의 운영위원회 위원장이 모집·관리함으로써 진성 당원 제도가 정착되어 있지 않는 상황에서 일반 주민도 참여하는 지역구 경선은 선거인단의 규모가 적고 선거인단 구성에서 현역 당원협의회 운영위원장들의 영향력이 절대적이기 때문에 이들과 개인적 연고가 있으면서 조직 동원력과 재력이 있는 지역 토후들의 선출만을 보장할 위험성이 크다. 결과적으로 '선(先) 심사-후(後) 경선' 방식은 대대적인 공천 물갈이와 경선 부작용을 최소화하고, 전략 공천을 하기에는 사실상 커다란 한계를 갖고 있다.10)

둘째, 과열·혼탁·불법 경선을 막을 수 있는 최종적인 안전 장치가 없다. 즉, 지역구 경선 결과가 공천에 대한 최종적인 결정이 될 수밖에 없기 때문에 경선 출마자들은 온간 수단을 동원해 경선에 임할 가능성이 크다. 따라서 경선에 엄청난 비용이 들게 되고, 혼탁·과열 선거가 판을 칠 것이다. 또한, 국가 차원에서 경선관리가 이뤄지지 않기 때문에 불법선거를 효율적으로 단속하기가 어렵다. 선거인단 규모가 적어서 선거인단을 매수하는 일도 종종 발생한다. 더구나 당원과 주민 간의 선호가 큰 차이를 보일 경우, 이러한 '표심 딜레마'를 해결할 수 있는 제도적 장치가 미약하다. 현

10) 최병렬 한나라당 전대표는 2003년 10월에 선(先) 중앙당 심사-후(後) 국민 참여 경선 방식에 따른 사고 지구당 선출을 위한 경선이 끝난 뒤 "제도로서 도저히 채택할 수 없는 형편없는 제도이며. 지연, 혈연, 학연이 동원될 수밖에 없고, 국민이 참여하지 않게 되므로 사기가 된다."고 혹평한 적이 있다(문화일보, 2003.10: 7).

재와 같은 정당정치의 구조적 상황에서는 경선 참여 후보자가 낮은 인지도와 전문성으로 주민들의 지지를 받지 못하더라도 오랜 기간 동안 당원협의회 운영위원장과 당원들과의 사적 유대 관계를 유지하면 경선에서 승리할 수 있다.

셋째, 선 중앙당 심사-후 국민 참여 경선 방식은 경선에 패배한 사람이 불법선거를 이유로 상대방을 고발할 경우, 여기에 효율적으로 대처할 수 있는 제도적 장치도 부재하다. 검찰 또는 사법 당국에 고발된 후보가 다른 당 후보와 본선에서 경쟁하게 되는 일이 비일비재하게 될 것이다. 물론, 당규로 경선에서 최소한의 비용 말고는 전혀 돈을 쓰지 못하도록 규정하고, 이를 어기는 후보는 최종 심사에서 탈락시키면 된다고 하지만 현실적으로 이를 적용하는 데는 한계가 있다. 한편, 경선 불복의 문제도 심각한 수준이다. 경선의 불공정성을 제기하면서 경선에서 패배한 사람들이 탈당해 무소속으로 출마하는 경우가 비일비재하다. 경선 이후 당 조직이 붕괴되어 정당의 안정성이 무너지게 되고, 상호 비방과 심각한 당내 갈등을 겪게 된다.[11]

넷째, 여성 후보들에 대한 진입 장벽이 지나치게 높다.[12] 2002년 3월 정

11) 이러한 경선 불복의 부작용을 불식시키기 위해 2005년 8월에 개정된 「선거법」은 경선 불복자가 선거에 출마하는 것을 원천적으로 봉쇄하는 조항을 포함시켰다. 「선거법」 제57조2(경선 후보자의 입후보)에 따르면, "당내 경선(경선 후보자 간의 서면 합의에 따라 실시한 당내 경선을 대체하는 여론조사를 포함함)의 후보자로서 당해 정당의 후보자로 선출되지 아니한 경우 당해 선거의 같은 선거구에서 후보자로 등록될 수 없다."는 규정이 신설되었다.

12) 여성들의 선출직 공직 참여가 확대되어야 할 당위성은 다음과 같다. 첫째, 양성 평등의 실현이다. 여성들이 자신들의 이해와 연계된 중요한 의사결정 과정에 참여하는 것은 '결과의 평등'으로서 양성 평등을 실현할 수 있는 유일한 방법이다. 따라서, 여성들의 선출직 공직의 참여 확대는 선택의 문제가 아니라 필연적인 사항이다. 둘째, 생산적인 의정활동의 환경을 조성한다. 역대 국회에서 가장 많은 여성 의원(13.5)%이 활동했던 17대 국회의 첫 국정감사에 대한 의정활동 모니터링 조사 결과, 여성 의원이 상위 20명 중 8명(40%)을 차지했고, 정책 심의 능력, 대안 제시 능력, 성실성, 공정성 등 모든 평가 영역에서 남성 의원들을 압도했다. 특히, 성실성에서는 여성 의원들의 평균(74.71점)이 남성 의원(69.08점)들보다 훨씬 높게 나왔다. 셋째, 부패 없는 깨끗한 정치를 정착시킬 수 있다. 지난 17대 총선에서 여성 후보가 출마한 지역구를 상대로 실시한 여론조사 결과, 국민 10명 중 7명 정도가 "여성 후보가 남성 후보보다 깨끗한 정치를 펼칠 수 있다."고 응답했고, 여성 후보를 지지했던 가장 중요한 요인으로 여성들의 청렴성을 지적했다.

치권에서는 정당법 제31조에 광역의회 비례대표제 50%를 도입하면서 2인 중에 1인은 반드시 여성으로 하도록 했으며, 지역구 여성 후보 30% 공천 할당제를 노력 사항으로 도입하면서 이를 지킨 정당에 대해 정당에 주는 국고보조금을 인센티브로 지급하기로 했다. 그러나 이러한 법이 제정되었음에도 불구하고 경선제 도입은 오히려 여성 후보들이 공천 과정에서부터 낙선되는 부수 효과만을 유발했다. 실제 2002년 제3차 동시지방선거의 기초자치단체장 후보로 출마한 사람은 민주당 11명, 한나라당 9명이었다. 이 중 대부분이 경선에서 탈락하고, 경선 또는 합의 추대를 통해 공천된 사람은 민주당 2명(경선 당선 1명, 합의 추대 1명), 한나라당 2명(합의 추대 2명)이었다.

광역의회의 경우도 여성들은 대부분 경선에서 탈락되는 양태를 보였다. 민주당의 경우, 후보 신청을 한 사람은 총 26명이었고 이 중 11명이 공천되었는데 경선을 거쳐 본선에 공천된 사람은 두 사람뿐이었다. 8명이 경선에서 탈락했고, 7명은 경선을 포기했다. 한나라당의 경우 후보를 신청한 여성은 27명이었다. 이 중 공천된 사람은 13명이었는데 경선을 통해 당선된 사람은 단 한 사람이었다. 더구나, 경선에서 탈락한 사람은 11명이나 되었다. 그리고 후보 사퇴 내지 지역구 위원장이 다른 후보를 추대한 것이 2건 있었다(김원홍 · 김민정 · 이현출 · 김은경, 2003: 47-48).

다섯째, 현재와 같이 국민 참여 경선과 전략 공천을 혼합하는 형식은 효율성이 극도로 떨어진다. 즉, 전략 공천 자체가 이뤄지기 어려운 구조를 갖고 있다. 전국 순회 세미나까지 열어 인재 공모에 나섰던 한나라당 인재영입위원회가 기대 이하라는 비판 속에 사실상 활동을 마치게 됐다. 인재영입위가 기초단체장 영입 대상 164명의 명단을 최고위원회의에 보고했지만, 최고위원들은 "제대로 다시 검증해 오라"며 영입 대상 모두 보류됐고, 인재영입위 위원장은 이에 불만을 표시하면서 사퇴했다. 또한, 지역구에서는

전 세계적으로 반(反)부패지수와 여성 의원 비율과는 밀접한 상관관계가 있다. 반부패지수를 0에서 6까지 분류하고 6에 가까울수록 부패가 적다고 했을 때, 여성 의원들이 많은 국가의 평균은 4.63인데 반해, 여성 의원이 적은 국가의 평균은 2.74인 것으로 나타났다(김형준, 2004b).

"인재영입위가 불공정 선거를 자초하고 있다"는 불만을 터뜨리면서 "영입 대상 명단을 발표하면 지역에서는 거의 공천이 확정된 것으로 선전될 것"이며, 이미 경선을 준비하고 있는 유력 주자들에게는 "낙하산 공천으로 비칠 가능성이 크다"고 목소리를 높였다. 경선에서 선출된 후보자를 단수 추천하는 상황에서 각 정당이 추진하려는 전략 공천이 얼마나 어렵다는 것을 단적으로 보여 주는 사례다.

제 4 절 효율적인 공직 후보 선출 방안 모색

1 신(新)공직 후보 선출 방식 채택

1) '선(先)경선-후(後) 후 심사' 방식 채택

진성 당원 체제의 부재, 특정 인물이 지배하는 지역구 체제 등 현재 한국 정당정치가 직면하고 있는 근본적인 한계 속에서 국민 참여 경선이 안고 있는 부작용을 최소화하고, 공천 물갈이를 효율적으로 단행해서 전문성을 갖춘 인사가 지방 정치에 충원될 수 있는 제도적 장치를 구축하기 위해서는 기존의 '선(先) 심사-후(後) 경선' 방식을 '선 경선-후 심사' 방식으로 전환해야 한다. 새롭게 제안하는 '선 심사-후 경선' 방식은 경선 후보 선정, 경선 선거인단 구성 및 규모 등에서 기존의 '선 경선-후 심사' 방식과는 큰 차이가 있다. 기존 방식에서는 중앙당이나 시도당이 예비 후보자를 심사해 3인 이내로 경선 후보를 선정한 다음 경선을 치르도록 하고 있다. 선거인단 규모에서도 기존 방식은 상당히 제한적이다. 극히 제한된 규모의 사람들만이 선거인단에 포함된다. 예를 들어, 열린 우리당의 당헌 제113조에 따르면, 시·도지사후보 선거인단은 시·도 유권자 수의 0.2% 이상으로 구성하고, 기초단체장 후보 선거인단은 해당 자치구·시·군 유권자 수의 0.5% 이상으로 구성하며, 지방의원 후보 선거인단은 해당 선거구 유권자 수의 0.5%

이상으로 구성하도록 규정하고 있다. 한나라당도 선거인단에서 우리당과 큰 차이가 없다. 당헌 제83조에 "대통령 후보자 선출을 위한 국민참여선거인단은 유권자 수의 0.1% 이상으로 한다."고 규정하고 있다. 또한, 선거인단에 참여하는 구성 요건으로 기존 방식에서는 당원과 일반주민의 비율이 50 대 50으로 되어 있다.

불법, 타락 등 기존 방식이 안고 있는 많은 문제점을 야기하는 주된 요인은 선거 규모의 크기가 지극히 적고, 경선에 실질적으로 일반주민들보다는 당원들의 참여가 훨씬 많기 때문이다. 형식적으로는 국민 참여 경선이지만 내용상으로는 당원대회라는 것이다. 이러한 문제점을 해결하기 위해 새로운 방식에서는 우선 예비심사 없이 누구나 경선에 참여할 수 있는 방안을 검토해 볼 만하다. 또한 선거인단 구성도 두 가지 측면에서 고찰해 볼 수 있다. 하나는 선거인단 구성에서 당원과 일반국민의 비율을 현행 5 대 5에서 3 대 7로 전환시켜 일반주민의 참여를 실제적으로 확대하는 것이다. 또 다른 방식은 선거인단 방식을 폐지하고 미국식으로 완전 개방형으로 바꿔, 모든 당원과 주민들에게 문호를 개방하는 것이다. 다만, 이러한 방식은 개방성을 확대한다는 점에서는 긍정적이지만, 당원과 주민들 간의 비율이 사전에 정해지지 않으면 당원들만이 참여하는 위험성이 따른다. 이러한 문제를 해결하기 위해 일반주민들을 기존과 같이 사전에 공모해서 참여시키되 공모하지 않은 주민에게도 경선 당일에 참여할 수 있도록 하는 절충 방식을 고려해 볼 수 있다. 이것은 미국의 폐쇄형 프라이머리와 개방형 프라이머리를 혼합하는 형태다.

2) 후보자 평가지수 활용: 'SMART PERSON' 지수

기존 '선 심사-후 경선' 방식'에서 여야 거대 정당들은 예비 후보자를 상대로 경선 전에 심사를 한다. 예를 들어, 한나라당 중앙당과 시도당 공천심사위원회는 서류심사 및 여론조사를 거쳐 경선 참여 후보자를 선정한다. 문제는 이러한 심사에서 누구나 공유할 수 있는 객관적인 지수가 없다는 것이다. 여론조사의 경우, 후보 인지도, 가상 대결 시의 후보 득표력 등 지극히 기초적인 자료에만 의존하는 경향을 보인다. 새로운 '선 경선-후 심사' 방

표 5-3 후보자 평가지수(Candidate Evaluation Index: CEI): SMART PERSON 지수

분야	평가 항목	핵심 내용
정책공약 (SMART) (45점)	구체성(S)	• 공약이 얼마나 구체성을 갖추고 있는가(Specification)
	측정가능성(M)	• 공약이 측정 가능하고 검증할 수 있는가(Measurement)
	목표접근성(A)	• 공약이 정말로 달성 가능한가(Achievement)
	지역연계성(R)	• 공약이 지역 특성과 연계되어 타당성이 있는가(Relevance)
개인 자질 (PERSON) (55점)	시간계획성(T)	• 공약의 추진 일정이 명시되었는가(Time table)
	업무 성취 능력(P)	• 충분한 경륜과 경험으로 업수 수행 능력을 갖췄는가(Performance)
	양성평등 인지성(E)	• 성인지적 시각에서 양성 평등에 대한 확고한 인식을 갖췄는가(Equality)
	개혁성(R)	• 새로운 비전을 갖고 잘못된 부분을 과감히 바꿔 나갈 수 있는 개혁성을 갖추고 있는가(Reform)
	전문성(S)	• 특정 분야에 대한 지식을 바탕으로 효율적인 행정 및 의정활동을 펼칠 수 있는 전문성을 갖췄는가(Speciality)
	정체성(O)	• 자신이 추구하는 이념이나 정책에 부합할 수 있는 정체성을 갖추고 있는가(Originality)
	참신성(N)	• 과거의 잘못된 관행에 물들지 않은 깨끗하고 새로운 정치를 펼칠 수 있는가(Novelty)

식에서는 표준화된 '후보자 평가지수(Candidate Evaluation Index: CEI)'를 개발해서 활용할 수 있다. 구체적으로 설명하면, '후보자 평가지수'는 크게 정책 공약과 관련된 'SMART' 지수와 개인 자질과 연계된 'PERSON' 지수 등 두 개 분야 지수로 구성할 수 있다. <표 5-3>은 이러한 '후보자 평가지수'를 요약한 것이다.

최근 사회 일각에서는 2006년 5월 지방선거를 정책선거로 이끌기 위한 방안으로 '매니페스토(manifesto)' 운동이 전개된 바 있다. 메니페스토 운동은 제대로 된 공약을 제시하는 운동이다. 정당이나 후보자기 선거 공약을 할 때 목표, 우선순위 기간, 공정, 예산 등의 사항을 수치 등으로 명기해 후보자에 대한 검증과 평가를 용이하게 하자는 운동이다. 영국의 경우, 지난 1997년 총선에서 노동당의 블레어 후보가, 일본에서는 2003년 지방선거 때

마쓰자와 후보가 시도해 확산되었다.13)

매니페스토 운동의 후보자 평가는 이른바 스마트(SMART) 지수로 이뤄진다. 후보의 공약이 얼마나 구체적인가(specification), 측정하고 검증할 수 있는가(Measurement), 정말로 달성 가능한가(Achievement), 지역 특성과 연계된 타당성이 있는가(Relevance), 추진 일정을 명시했는가(Timetable)의 5개 잣대로 점수화해 평가한다 (중앙일보, 2006.02.01: 6). 이러한 SMART 지수는 CEI 지수에서 한 부분으로 활용될 수 있다.

CEI의 또 다른 분야는 개인 자질에 관한 부분이다. 이것은 6개 항목으로 이뤄진 퍼슨(PERSON) 지수로 구성된다. 후보자가 그 동안 추진했던 각종 업무가 충분한 수행 능력을 갖추고 있는가(Performance), 성인지적 시각에서 양성 평등에 대한 확고한 인식을 갖고 있는가(Equality), 새로운 비전과 함께 잘못된 부분을 과감히 바꿔 나갈 수 있는 개혁 마인드를 갖고 있는가(Reform), 특정 분야에 전문적인 지식을 갖추고 있는가(Speciality), 정당이나 추구하는 이념이나 정책에 부합하는 정체성을 갖고 있는가(Originality), 깨끗하고 새로운 정치를 수행할 수 있을 정도로 참신한가?(Novelty) 등의 6개 항목이다. 요약하면, CEI는 정책 공약(SMART)은 45점, 개인 자질(PERSON)은 55점 등 총 100점으로 평가할 수 있다.14) CEI 지수에 바탕을 둔 '후보 부적격자' 판정 기준을 어떻게 설정할 것인가의 문제는 상당한 논의가 필요하다. 예를 들어, 어떤 정당은 CEI 총 점수 60점 미만을 후보 부

---

13) 마쓰자와 시게후미(松澤成文) 일본 가나가와현 지사는 '매니페스토 공약집'으로 2003년 4월 지방선거에 당선됐다. 최근에 개최된 한 학술 토론회에서 마쓰자와는 "선거에 앞서 2개월간 전직 현 공무원, 행정학자, 정치학자 등 10명의 팀을 꾸려 37항의 매니페스토(정책집)를 작성, 정책으로 승부했던 게 승리의 요인이었다"고 말했다.

14) 스마트 지수의 5개 평가 항목은 각각 총 9점을 부여해서 아주 뛰어난 최우수 수준이면 9점, 어느 정도 뛰어난 우수 수준이면 7점, 보통 수준이면 5점, 별로 뛰어나지 못한 하위 수준이면 3점, 전혀 뛰어나지 못한 최하의 수준이면 1점을 부여하며 총 45점으로 평가할 수 있다. 퍼슨 지수의 6개 평가 항목 중 업무 수행 능력을 제외한 나머지 평가 5개 평가 항목도 동일한 방식으로 점수를 부여하고 업무 수행 능력 항목은 10점 만점으로 평가해서 아주 뛰어난 최우수 수준이면 10점, 어는 정도 뛰어난 우수 수준이면 8점, 보통 수준이면 6점, 별로 뛰어나지 못한 하위 수준이면 4점, 전혀 뛰어나지 못한 최하의 수준이면 2점을 부여하면 총 55점으로 평가할 수 있다.

적격자'로 판정할 수 있고, 다른 정당은 40점 이하를 부적격자로 판정할 수 있다. 여야 정당은 자신들이 처한 정치적 상황에 따라 적격 판단 기준에서 차이를 갖게 될 것이다.

3) '전문 분야별 공천 신청제' 도입

여야 정당들은 실질적이고 효율적인 전략 공천을 위해 당세가 약하고 취약한 지역이 아닌 당선 가능성이 높은 지역구에 우수한 후보를 공천하는 방법을 당헌·당규로 명시할 필요가 있다. 더욱이, 2006년 지방선거에서 이러한 제도를 실용화시키기 위해 후보 공모 방식을 개선할 필요가 있다. 지역구 후보의 경우, 기존 방식은 후보자들이 자신이 원하는 지역구를 사전에 선정해 공천을 신청하고 있다.

이러한 '지역구별 공천 신청' 제도는 지역구에 조직과 연고가 없는 후보의 경우 대단히 불리하다. 따라서, 이러한 제도 대신에 '전문 분야별 공천 신청제'를 채택할 필요가 있다. 즉, 선거에 출마하고자 하는 사람들은 특정 지역을 정해서 신청하는 것이 아니라 자신이 가장 경쟁력이 있고 전문적인 분야를 선택해 신청하는 것이다. 예를 들어, 중앙당은 환경, 복지, 교육 등의 분야별로 후보자 신청을 받고, 중앙당 공천심사위원회에서 후보자를 심사한 후 후보로 선정되면 당선 가능성이 높은 지역구에 경선에 출마하도록 하고, 경선 후 심사에서 배려하는 방식이다. 특히, 이러한 제도는 여성 후보의 지역구 30% 할당제를 준수하기 위해 상당히 효율적인 것으로 판단된다.

2 효율적인 경선 관리 시기의 제도화

1) 중앙선관위의 경선 관리

2002년에 실시됐던 제3차 동시 지방선거의 경선 과정에서 나타났듯이, 경선제는 보완할 사항이 많다. 즉, 경선 과정에서 지역구 위원장의 중립성 문제, 대의원 선출 문제, 대의원 매수행위 등의 금권·타락 양상을 근본적으로 개선하기 위해 경선을 중앙선거관리위원회가 관리하는 것이 시급하다.

17대 총선 입후보자를 대상으로 실시한 여론조사 결과, "정당별 후보 경선에서도 중앙선거관리위원회의 관리가 필요하다고 생각하십니까?"라는 질문에 65.5%가 '필요하다'(매우 필요하다 34.7%, 대체로 필요하다 30.8%)고 응답했다. 낙선한 후보의 경우 '매우 필요하다'는 응답이 38.3%인 반면, 당선자의 경우에는 그 비율이 23.1%였다. 무소속 후보의 경우 '매우 필요하다'는 응답이 69.6%였으나 여당(31.3%)과 야당(27.4%)의 경우는 그 비율이 상대적으로 적었다(연세대학교 동서문제연구원 · 서강대 국제지역연구소, 2004: 135-136).[15] 여하튼, 공정한 경선 관리를 위해 중앙선관위가 경선을 관리하는 방안을 적극 검토해야 한다. 다만, 정당별로 경선을 실시할 경우, 중앙선관위가 관리하는 데 어려움이 생길 수 있으므로 동일한 날짜에 모든 정당이 경선을 실시하는 방안을 검토해 볼 만하다.

2) 경선 시기의 제도화

선거에서 공정성을 높이기 위해 반드시 고려해야 할 사항은 선거 과정의 불확실성을 제거하는 것이다. 특히, 선거 시기를 명확하게 제도화하는 것은 불확실성을 제거할 수 있는 중요한 요인이다. 17대 총선 직후 출마자를 대상으로 실시한 여론조사에서 "귀하께서 받은 공천 방식의 가장 큰 문제점은 무엇입니까?"라는 질문에 가장 많은 7.5% '중앙당의 일방적 결정'을 지적했고, 그 다음으로 '선거에 임박해 공천한 것'(6.9%)을 지적했다. "현행

---

15) 이는 무소속으로 출마한 후보들이 주요 정당의 경선에 참여하려고 했으나 기존 정당이 갖고 있는 각종 진입장벽으로 좌절을 겪었거나, 경선에 참여했더라도 불공정한 절차로 피해를 보았다고 인식하는 경우가 많아서 나타난 결과라고 판단된다. 한편, 기존 정당들은 경선을 당내 절차로 인식하는 경우가 많기 때문에 선관위가 간섭하고 관리하는 것을 반대하는 경향이 많은 것 같다. 조사 결과, 중앙당에 의해 공천을 받은 사람(34.3%)이 실제로 경선을 통해 후보로 선출된 사람(19.1%)보다 선관위의 경선 관리에 대한 필요성을 적극적으로 제기한 것으로 나타났다. 이러한 결과는 중앙당 공천보다는 경선을 통해 선출된 후보가 더욱 경쟁력이 있다고 판단해서 경선이 선관위의 관리 하에 공정하게 이뤄지는 것을 선호함으로써 나타난 결과라 판단된다.

선거법의 어떤 부분이 정치 신인에게 불리합니까?"라는 질문에 가장 많은 41.6%가 유권자의 접촉 기회 제한을 지적했고, 그 다음으로 '짧은 선거운동'(7.7%)을 지적했다. '현역 의원과 달리 신인은 일정한 기간만 접촉이 가능하다고 지적한 비율도 3.4%나 되었다. 선진 민주주의 선거를 치르는 미국의 선거와는 달리 각 당의 당헌당규에는 경선 기간이 제대로 정해져 있지 않고, 지난 17대 총선에서 선거법 개정이 선거 40여일 남겨놓고 이뤄져 각 당의 후보 공천이 아주 늦게 이뤄졌다. 중앙당 공천이 아닌 경선을 통해 후보를 선정할 경우, 경선 선거인단 구성을 둘러싸고 경선이 지연 되는 등 선거에 임박해서 후보가 확정되는 모습이 연출되었다. 어떠한 공천 방식을 택하든 경선이 늦어지면 질수록 정치 신인보다는 선거조직과 경험이 풍부한 현역 의원이 이득을 볼 수밖에 없다.

정치 신인들이 겪는 불이익을 해소하고 한국 선거정치의 불확실성을 근본적으로 제거하기 위해서는 경선 시기 또는 공천 시기를 사전에 확정시키는 일이 무엇보다 필요하다. 현재 「통합선거법」 제34조에서는 선거일을 규정하고 있다. 선거일은 선거에서 당선인을 결정하기 위한 투표를 실시하는 날이다. 임기 만료에 의한 공직선거의 선거일은 법정화되어 있다. 「통합선거법」 제정 이전에는 선거일공고주의를 채택해 법에서는 선거를 실시할 수 있는 기간만을 정하고 구체적인 선거일은 대통령 등 공고권자가 공고하도록 했으나, 선거 시기를 둘러싼 논란의 소지를 없애고 선거일의 예측이 가능하도록 하기 위해 1994년 3월 16일 선거법 제정 시 선거일 법정주의로 전환했다. 예를 들어, 대통령선거는 대통령의 임기 만료 일 전 70일 이후의 첫 번째 목요일로 규정했다. 국회의원선거는 국회의원의 임기 만료일 전 50일 이후의 첫 번째 목요일로 정해져 있다. 선거정치의 확실성을 높이고 정치 신인들이 불이익을 당하지 않게 하기 위해서는 정당법을 개정해 공천 시기를 제도화하는 방안을 적극 검토해야 한다. 예를 들어, 공천을 국회의원의 임기 만료일 전 120일 전으로 규정하는 것도 하나의 방안이 될 수 있다.

3 효율적인 경선운동 방식 구축

1) 경선비용과 선거비용은 선거법을 통해 규제

2004년 17대 총선은 역대 총선에서 가장 깨끗했던 선거로 평가받고 있다. 대통령 탄핵이라는 초유의 상황에서 탄핵이 선거의 핵심 이슈로 등장하면서 후보자들이 과거와 같이 선거비용이 많이 드는 조직선거를 포기한 것도 저비용 선거가 이뤄진 주요 원인이었다. 또한, 불법선거 신고자에 대한 5,000만 원 포상금 제도 등 획기적인 선거법 개정으로 깨끗한 선거가 이뤄졌다고 볼 수 있다. 결과적으로 공식 선거운동 기간 동안 사용한 선거비용보다는 오히려 경선비용이 더 많이 소요되는 상황을 연출됐다. 조직과 자금이 풍족한 사람이 경선에서 지나치게 많은 프리미엄을 얻는 것을 제도적으로 막기 위해서는 선거비용만이 아니라 경선비용도 선거법을 통해 규제할 필요가 있다.

17대 총선 출마자를 대상으로 실시한 대면 조사 결과, "경선비용도 선거비용과 마찬가지로 선거법을 통해서 규제해야 한다"는 주장에 압도적 다수인 84.9%가 '공감한다'('매우 공감한다' 56.3% +'대체로 공감한다' 28.6%)고 응답했다. 낙선자의 경우 적극적으로 공감한다는 비율이 62.9%로 당선자의 35.2%에 비해 약 1.8배 정도 높았다. 무소속 후보의 경우, 적극적으로 공감한다는 비율이 82.6%로 우리당 후보(46.2%)와 한나라당 후보(53.7%)보다는 압도적으로 많았다. 이러한 결과는 무소속으로 출마한 상당수의 후보자들이 경선비용 등의 이유로 기존 정당의 경선 경쟁에서 탈락하거나 참여하지 못한 것에 대한 반작용이 아닌가 추론된다.

2) 경선 예비후보자의 선거운동 제도 도입

여야 정당들은 경선에서 나타날 수 있는 과열, 혼탁 선거를 막기 위해 경선운동 기간을 극도로 제한하고 있다. 예를 들어, 열린 우리당 당규 제9호 제12조에 따르면, 경선 기간은 경선 후보자 등록 마감일 다음날로부터 경선의 선거일까지로 규정하고, 시·도지사의 후보자 선거는 15일, 지역구·비례대표 국회의원 후보자 선거, 기초단체장 후보자의 선거, 지방의원선거는 10일로 정하고 있다. 하지만, 국민 참여 경선이 대세를 이루고 있고, 예비 후보자들이 주민들과의 접촉 기회를 확대하기 위해서는 경선 예비 후보자 선거운동 제도의 채택을 검토해 볼 만하다. 「통합선거법」 제60조의 2에 따르면, 대통령선거는 선거일 전 240일, 지역구 국회의원 및 시도지사선거는 120일 전, 지역구 지방의원선거는 60일 전부터 예비 후보자로 등록할 수 있다. 예비 후보로 등록한 사람은 선거사무소를 개설할 수 있고, 선거사무원을 고용할 수 있으며, 명함 돌리기 등 유권자와의 합법적인 접촉이 가능하고, 인터넷 홈페이지를 이용한 선거운동도 허용되고 있다. 주민 관심도가 열악한 지방선거에서 주민의 선거 관심을 높여 궁극적으로 주민의 선거 참여를 확대시키기 위해서는 이러한 예비 선거운동 방식이 경선 예비 후보자에게도 적용될 수 있도록 관련법을 개정할 필요가 있다. 한나라당은 '대선예비후보등록제'를 채택하고 있다. 당헌 86조에 따르면, "대통령선거 240일 전부터 출마 희망자를 위한 대선예비후보자등록제를 운영하며, 대선 예비후보자로 등록된 사람은 상임고문으로 위촉되며 각종 회의에 참석하여 당무 전반에 관한 자신의 의견을 개진할 수 있다."고 규정하고 있다. 이러한 규정들이 대선 후보 선출을 위한 경선만이 아니라 시도지사, 기초단체장 후보 선출을 위한 경선에서도 확대·적용될 수 있도록 해야 한다.

4 여성 친화적 경선제도 구축

1) 경선공영제 도입

여성들이 경선에서 탈락되는 양상을 보인 것은 경선 자체가 비용이 많이 들고, 지역구 위원장의 중립성 문제 등이 여성에게 불리하게 작용했기 때문이다. 따라서 지방선거에서 여성들의 정치 참여를 획기적으로 확대하기 위해서는 경선공영제 도입을 적극 검토해 볼 필요가 있다. 구체적으로, 여성 후보자의 경우, 여성발전기금을 활용해서 일정 비율 득표할 경우, 정당에 지급되는 선거보조금을 활용해서 여성 예비후보자의 경선비용을 정당에서 보전해 주는 방안을 적극 검토해야 한다. 현재 「정치자금법」 제17조의2(공직후보자 여성추천 보조금)에 근거해 선거권자 총수에 100원을 곱한 금액(약 35억 원)을 주도록 되어 있다. 이것을 대폭적으로 늘려, 경선에 참여한 여성 후보자에게 득표율에 비례해 차등 지급하는 방식으로 개정하는 것도 필요하다.[16]

2) 경선 출마한 여성 후보를 심사 명단에 의무적으로 포함

영국 정당은 미국 정당보다 당 규율이 강하고 상당히 중앙집권화되어 있다. 영국 노동당은 1993년 전당대회에서 노령으로 은퇴한 지역구 위원장과 당선 가능성은 높은 지역구 후보 공천에 있어 50% 이상 여성 후보를 공천할 것을 당헌·당규에 명시했고, 그 결과 후보 선출 과정에서 여성으로만 이뤄진 후보자명단(women only short-list)을 작성해 여성을 우선적으로 공천해 1997년 총선에서 승리했다. 결과적으로 영국 하원 의원 수는 1992년 9%에서 1997년 18.2%로 거의 2배 증가했다(백경남, 2004: 85-86).

우리나라 정당들은 상향식 공천이라는 명분 아래 지구당에서 경선을 통해 승리한 후보나 추대 형식을 거친 한 명의 지역구 후보를 추천하면 중앙당, 또는 시도당은 후보자로 인정하고 있다. 하지만 이러한 단수 후보 추천제도는 지역구 여성 공천 할당제와 어긋나는 측면이 있다. 따라서, '선 경선-후 심사' 방식을 채택할 경우, 영국에서와 같이 경선에 여성 후보가 출마

16) 「정치자금에 관한 법률」 제17조의2(공직 후보자 여성추천보조금)의 1항에는 "국가는 정당법 제31조(공직선거 후보자의 추천) 제6항의 규정에 의한 보조금으로 최근 실시한 국회의원 총선거의 선거권자 총수에 100원을 곱한 금액을 임기 만료에 의한 국회의원선거 또는 시·도의회의원선거가 있는 연도에 계상하여야 한다"고 규정하고 있다. 제2항에는 "임기 만료에 의한 지역구 국회의원선거 및 지역구 시·도의회의원선거의 전국 지역구 총수의 100분의 30 이상을 여성으로 추천한 정당에 대하여 제1항의 규정에 의한 공직후보자 여성추천보조금 총액의 100분의 50은 지급 당시 정당별 국회의석 수의 비율에 따라, 그 잔여분은 최근 실시한 임기 만료에 의한 국회의원선거에서의 득표수의 비율(비례대표전국선거구 및 지역구에서 당해 정당이 득표한 득표수 비율의 평균을 말한다. 이하 '국회의원선거의 득표수 비율'이라 한다)에 따라 배분·지급한다."고 규정하고 있다.

하면 당락에 상관없이 공직후보 추천명단에 포함시켜 중앙당 또는 시도당에서 최종 심사할 수 있도록 하는 적극적인 방안을 채택할 필요가 있다(황아란, 2002: 392).[17] 생활정치의 뿌리가 될 수 있는 기초의원 선거의 경우, 여성 후보에게 일정 비율(예; 30%)의 가산점을 주는 방안도 검토해 볼 만하다. 또한, 필요하면 여성 후보를 포함한 경쟁 후보를 중앙당 또는 시도당 공천심사위원회에서 공개적으로 면접하는 방안을 채택할 수 있을 것이다. 여성 후보가 비록 경선에서 최다 득표를 하지 못했더라도 높은 전문성과 청렴성을 갖추고 있다면 공개 인터뷰를 통해 자질을 검증받을 수 있는 기회를 제공하는 것이다.

제 5 절 결론

감사원이 2006년 2월 9일에 지방자치단체 특별감사 결과를 발표했다. 2005년 출범 10년을 맞은 지자체에 대한 '종합평가 보고서'라고 할 수 있는데, 250개 전 지자체를 대상으로 예산 운용, 조직 · 인사, 재정사업 등 전 분야에 대한 포괄 감사가 동시에 이뤄졌다. 감사 결과, 지방자치단체의 예산 낭비, 인사권 남용 등 도덕적 해이가 심각한 수준에 이르고 있음을 보여 주었다. 예를 들어, 타당성을 검토하지도 않고 무리하게 사업을 추진하다 165개 사업이 중단됐고, 총 4,209억 원이 사장되거나 낭비됐다. 인 · 허가를 빌미로 법적 근거도 없는 각종 부담금 7,408억 원이 민간 사업자에게 부과하기도 했다. 감사원은 "열악한 재정 여건 속에 민선 자치제에 따른 정치화 경향, 공무원들의 도덕적 해이 등이 결합해 지방행정은 총체적 난맥상이 우려된다"고 지적했다.[18] 지방자치단체들의 도덕적 해이가 심각한 수준에

17) 기독연맹당의 경우, 후보 결정 시 예비선거를 활용하지만 전체 명부 중 1/4만을 예비선거에서 결정하고, 나머지 3/4은 당지도부에서 성과 직업, 나이 등을 고려해 대표성을 극대화할 수 있도록 명부를 작성한다. 그렇기 때문에 여성이 예비선거에서 떨어지는 경우에도 당 차원에서 대표성 확보를 위해 필요하다고 인정할 경우, 재조정이 언제든지 가능하다.

이르게 된 것은 지방단체에 대한 철저한 감시 체제가 제대로 작동하지 못했기 때문에 발생한 면도 있지만, 간과할 수 없는 사실은 여야 정당들이 후보 공천 과정에서부터 깊이 있는 검증과 심사를 실시하지 못했기 때문이다. 다시 말해, 함량 미달의 잘못된 선택(adverse selection)을 막을 수 있는 효율적인 공직 후보 선출 구조가 구축되지 못했기 때문이라는 해석이 가능하다. 전문성과 청렴성을 갖춘 인사들이 지방정치에 충원되지 못하고 오히려 지역에 조직을 갖고 있거나 지역구를 지배하는 특정 인물과의 정치적 연대가 강한 사람만이 공천되는 악순환이 반복되었기 때문이다.

현재 한국 정당들이 채택하고 있는 공직 후보 선출 방식은 국민 참여 경선과 전략 공천을 혼합한 형태다. 하지만, 기존의 정당조직 및 당원 체제가 갖고 있는 정치적 구조(context)를 깊이 고려하지 않은 채 공직 후보 선출에서 민주성의 강화라는 원칙 하에 기존의 '선 심사-후 경선'만을 강조하게 되면 많은 문제점을 노출할 수밖에 없다. 자발적으로 당비를 내고 적극적으로 정당활동에 참여하는 진성 당원이 전무하고, 지역구가 당원협의회 운영위원장과 같은 특정 인물에 의해 철저하게 지배되고 있는 상황에서는 공천 물갈이와 능력 있는 인사의 충원, 경선 부작용의 최소화라는 목표를 달성하기가 사실상 어렵다. 어느 정도 국민적 관심도가 높은 시도지사 후보 선출 선거에서는 경선이 이뤄지겠지만, 기초단체장을 포함한 지방의회 선거 후보 선출을 위한 경선은 상당 부분 이뤄지지 않을 개연성이 크다. 이와 같은 폐단을 막고 효율적인 공직 후보 선출을 위해서는 경선 방식을 유지하되 효율성을 극대화시킬 수 있는 새로운 방식이 요구된다. '선 경선-후 심사' 방식이 대안이 될 수 있다. 지역구 차원의 국민 참여 경선을 실시하고 이를 통해 추천된 후보를 중앙당 또는 시도당에서 'SMART PERSON' 지수와 같은 표준화된 후보자 평가 지수를 종합적으로 고려해 최종 후보를 선정하는 방식이 필요하다.

---

18) 감사원은 무분별한 사업 추진, 위법한 수의계약, 부적절한 경상경비 집행, 과시용 청사 건립·행사 남발, 줄 세우기 인사, 난개발 산업단지·지방도로, 빈번한 편·탈법 부담금·기부금 등 7개 유형으로 나눠 지자체의 부당·불법 실태를 밝혔다(박창억, 2006).

한국 정당정치에서 이와 같은 새로운 공천 방식이 언제 실현되고 지속될 것이냐 하는 문제는 한국 정치문화의 성숙과 기존 정치구조의 변화 속도에 달려 있다. 따라서, 현 시점에서 가장 시급한 것은 합리적인 '공천 개혁 로드맵'을 수립하는 것이다. 학계를 포함한 각계각층에서 공천 개혁에 대한 활발한 토론이 진행되고 있다. 하지만, 반드시 염두에 두어야 할 점은 민주성이라는 포장 속에 내용적으로 인기영합적인 것이 작동하는 것을 막아 순간적인 인기몰이형 정치인 또는 음성적인 방법을 동원하는 정치인이 당내 지역구 경선에서 쉽게 승리하는 것을 원천적으로 봉쇄해야 한다. 더불어 공천 개혁을 급진적으로 추진하기보다는 명확한 원칙을 갖고 비록 더디지만 제대로 된 개혁을 단계적으로 추진할 수 있는 방안을 도출해야 한다. 민주주의 사회에서 완벽한 제도란 존재하지 않는다. 좀 더 완전한 것을 향해 매진할 뿐이다.

제 6 장 지역시민사회와 지방선거

오수열

제 1 절 서론

1960년대 초 5·16 군사쿠데타로 말미암아 중단되었던 지방자치제가 민주주의의 신장과 더불어 부활된 지 벌써 15년이 흐르는 동안 우리는 지방자치제의 장점과 단점에 대해 많은 것을 경험할 수 있었다.

따라서 어떤 사람들은 역시 우리의 실정에서 지방자치를 기초자치단체에까지 도입하는 것은 무리라고 주장하면서 그 폐지를 거론하는가 하면, 어떤 사람들은 다소의 부작용에도 불구하고 지방자치제가 우리 정치의 민주화와 국민들의 정치 의식 신장에 끼친 영향을 높게 평가하기도 한다.

이러한 상황에서 5·31 지방선거는 우리의 지방자치제 발전에 하나의 분수령이 될 것으로 기대되고 있는데, 그것은 곧 금년부터 '지방의원 유급제'와 중대선거구제 그리고 기초의원에 대한 정당공천제 도입 등 지방자치의

---

* 이 글은 중앙일보 시민사회연구소·(사) 21세기 남도포럼 공동 주최 '5·31 지방선거와 지역시민사회' 세미나(2006. 04. 28., 광주 센트럴호텔)에서 "지방선거와 지역 시민사회의 역할"로 발표되었다.

내용에 대해 많은 변화가 나타나게 되었기 때문이다. 따라서 이처럼 여러 가지 면에서 많은 변화가 수반되는 가운데 실시되는 이번 선거는 '가진 자' 또는 지방 토호 세력들의 뱃지놀음 정도로 인식되던 과거와 달리 유능한 활동가들이 대거 입후보할 것으로 기대되고 있다.

물론 이러한 변화들이 지방정치의 패러다임을 바꾸는 계기가 되기 위해서는 아직도 넘어야 할 산이 적지 않다. 우선 무엇보다도 다른 나라와 달리 지역주의가 만연하고 있는 우리의 정치 풍토 속에서 신진 세력들이 특정 지역의 지배정당에서 공천을 받는 것이 결코 쉽지만은 않을 것이며, 중대선거구제의 도입은 이들의 정계 진출을 더욱 어렵게 할 가능성이 있기 때문이다. 아직까지도 기존 지방 토호 세력들의 기득권을 극복하는 것이 용이하지 않은 상황에서 정당 공천 과정에서의 검은 거래가 없어졌다고 단언할 수도 없을 것이기 때문이다.

바로 이러한 이유에서 지방선거에 지역시민사회가 방관이 아닌 참여를 통해 선거판을 깨끗이 바꿈으로써 참신하고 능력 있는 정치 신인들이 지방정치 무대에 진입할 수 있는 길을 터주는 역할과 함께 이들의 의정활동을 꾸준히 감시함으로써 좀 더 생산적인 지방의정이 도모될 수 있도록 이끌어야 할 필요성이 제기되고 있다.

이 장은 이러한 문제 의식에 바탕해 5·31지방선거를 염두에 두고 지방선거와 지역시민사회의 역할에 대해 고찰해 보고자 한다.

제 2 절 민주주의와 선거

본래 민주주의 이념은 자유(freedom)와 평등(equality)의 사상을 토대로 싹튼 것으로서 고대 그리스 시대의 민주주의 사상, 로마 시대의 인민주권 사상, 기독교 사상, 문예부흥기의 인도주의 사상 그리고 자연법 사상 등이 결합해 이론적으로 발전한 것이다(김운태, 1988: 392-393). 그러나 근대민주주의가 발달하게 된 근본적인 계기는 절대군주의 전제정치 권력에 대한 시민계급[2]의 저항운동에서 비롯되었고, 이러한 측면에서 시민혁명을 통해 절대군주정치에 대항함으로써 시민사회를 형성하려고 노력했던 서양에서 동양보다 빨리 민주주의가 개화되었던 것은 당연한 일이라고 하겠다.

민주주의는 본래 ① 인간의 존엄성, ② 자아 실현, ③ 자유・평등・복지 등을 기본 이념으로 한다. 첫째, 인간의 존엄성은 인격주의 원칙과 천부인권사상에서 유래된 것으로 여기서 인격주의는 서구 중세사회의 신본주의(神本主義) 사상과 엄격한 신분제도를 거부하고 보통・평등의 정치 참여를 요구하는 정치 투쟁의 근거가 되었다. 한편 천부인권 사상은 인간이 생리적으로 보유한 기본권을 옹호하고 인민 주권을 주장하는 사상적 기초가 되었다.

둘째, 자아 실현은 근대 인간 정신의 근간으로서 민주주의 정치에서만이 실현 가능한 이념이다. 이것은 인간의 이성이 각성된 토대 위에서 자율적 판단과 신앙・양심・학문의 자유가 보장된 사회에서만 그 실현이 기대될 수 있기 때문이다.

셋째, 자유와 평등은 민주주의의 초창기부터, 그리고 복지는 현대 국가의 중요한 과제로 제기되고 있다. 여기에서 자유와 평등은 상관관계에 있으며, 개인 자유의 신장이 사회적 불평등을 초래할 수도 있고 사회적 평등의 강조는 개인적 자유와 창의성을 위축시킬 수도 있다. 다만 자유민주주의는 평등보다도 자유를, 그리고 사회주의는 자유보다는 평등을 강조하는 이데올로기적 특징을 나타내고 있다. 또한 복지는 사회주의 관념과 관련되어 현대 산업사회에서 나타나기 쉬운 병리를 해결함으로써 인간다운 생활이 보장되는 공동사회를 구현하는 기본 이념으로 작용하고 있다(김운태, 1988: 395).

그러면 이러한 민주주의 이념을 구현하기 위해 민주정치가 지향해야 할 기본 원리는 무엇인가? 이는 ① 다원주의 또는 상대주의, ② 다수결의 원

---

2) '시민'이란 말은 중세에도 간혹 사용되었다고 하나, 근대에 이르러 널리 사용되게 된 정치적 개념으로서 일반적으로 '국민'이란 말에 대항된 개념으로 받아들여지고 있다. 여기에서 국민이란 국가 권력을 행사하는 정부가 통제하는 공공사회의 구성원으로서의 책임과 의무가 강조되고 있는 반면, 시민은 국가 권력에 저항 또는 이를 견제해 개인의 권익을 신장하려는 자율적 구성원이라는 개념이 강조되고 있다.

칙, ③ 경쟁과 타협의 원리, ④ 국민의 참여 등으로 요약할 수 있다.

첫째, 다원주의(polycentrism) 또는 상대주의는 절대주의나 획일주의를 배격하고 인간의 개성과 창의성을 존중해 자아 실현을 도모하는 데 절대적인 요건이라고 할 수 있다. 즉, 이처럼 다원주의가 수용되는 사회에서는 어떠한 쟁점을 둘러싼 토론 과정에서 서로 의견을 달리할 수 있고, 의견을 달리한 집단(group)의 존재를 당연시하는 가운데 이들 간의 대화와 타협을 통해 의견의 접근을 시도하고 최종적으로는 다수결의 원칙에 따르는 것을 받아들이고 있다.

둘째, 다수결의 원칙(majority rule)은 "민주정치는 최종적으로 다수의 의사로써 결정된 것을 집단 전체의 의사로 인정하는 데 동의한다"는 것이다. 따라서 다수결의 원칙은 다양한 국민의 의사를 집약해 집단의 단일 의사를 결정하는 방식인 동시에 대의정치 운영의 기초 원리다. 민주정치를 '수(數)의 정치'라고 부르는 까닭도 여기에 있다(김운태, 1988: 395). 그러나 민주주의 사회에서 일반적으로 통용되는 다수결의 원칙에서는 반드시 소수 보호의 원칙(protectiveness)이 함께 고려되어야 한다. 이러한 소수 보호의 원칙이 의사결정의 효율성(efficiency)과 어떻게 조화를 이루느냐에 따라 민주주의의 내용은 많이 달라지게 된다(Cohen, 1971: 62).

셋째, 경쟁과 타협의 원리는 의견을 달리하는 개인 및 집단들이 사회 정의에 입각해 공정한 경합 정신을 발휘해서 다수의 지지를 확보하고, 또 자유토론에서 서로 타협·조절하는 정신에 바탕을 두고 있다. 따라서 민주정치에서 타협의 원리는 다수가 소수의 의사에 양보하고 동시에 소수자에게도 더 많은 양보를 구하는 데에서 출발한다. 그러므로 타협은 협상 과정에서 주고 받아들이고, 가르치고 배우는 과정에서 다수와 소수의 의사는 질적으로 다른 '새로운 무엇'을 창조하는 것이다. 여기에서 상대방에 대한 사전 부정심리(否定心理)와 흑백 논리(all or nothing)는 민주정치의 최대의 적임을 알 수 있다.

넷째, 국민의 참여는 민주정치에서 주권자인 국민이 정치에 직접 참여하는 것을 의미한다. 다시 말하면 '참여자에 의한 정치'(Lindsay, 1929: 33-35), 곧 '국민에 의한 정치(by the people)'를 의미하는 것인 바, 여기에서 정치적 무관심이나 대중사회의 소외 경향 또는 정치적 무감각 등이 민주정치에서 결코 바람직하지 못한 현상임을 알 수 있다.

그러면 이러한 민주주의에의 도전에 우리는 어떻게 대응해야 하는가, 바커(Ernest Barker)는 무엇보다도 먼저 제도(制度)로서의 민주주의를 재검토하고 민주주의와 결합되고 있는 자유주의의 수정이 필요하다고 주장하면서 ① 의회제 민주주의의 소속절차(procedure)의 합리화, ② 경제의 계획화(planning)를 제안하고 있다.[3] 그는 오늘날의 정치가 이미 규모면에서 과거와 비교할 수 없을 만큼 확대되었고, 그 내용 또한 엄청나게 다양화된 사실을 직시했다고 할 수 있으며, 이의 극복을 위해서는 정치도 스미스(Adam Smith) 식의 자유방임이 아니라 계획의 원리에서 이뤄져야 한다고 주장한다.

제 3 절 지방자치와 5·31지방선거

지방자치의 연원에 대해서는 다양한 견해가 있지만, 인류가 수렵생활에서 벗어나 농경을 위주로 한 정주(定住)생활을 하게 되면서부터 외부의 적으로부터 공동으로 대항해야 할 필요성을 느끼게 되었고, 이때 제기되는 협동의 욕구가 곧 자치의 개념을 가져오게 되었다고 할 수 있다(한국지방자치학회, 1999: 22).

따라서 지방자치는 각 나라의 사정과 환경에 따라서 그 의미와 내용이 다양할 수밖에 없는 것이 사실이지만, 그 개념이 안고 있는 공통 분모를 요약하면 "일정한 지역의 주민들이 지방공공단체를 구성해 국가(중앙정부)의 감독 하에, 지역 안의 공통 문제를 스스로 논의하고 처리하는 것"(최창호, 1999: 47)이라고 정리할 수 있다.

여기에서 지방자치의 개념에는 기본적으로 두 가지 측면이 있음을 알 수 있다. 첫째는 지방자치단체와 중앙정부와의 관계가 그 하나이고, 둘째는 지

---

3) Barker(1942, Ch. Ⅲ. Part Ⅱ)를 참조할 것. 이러한 견해는 래스키(Harold J. Laski)와 만하임(Karl Mannheim)의 주장에서도 찾아볼 수 있다.

방자치단체 안의 지방정부와 주민과의 관계가 그것이다. 이 장에서 논의하고자 하는 초점이 '지방선거와 지역시민사회의 역할'에 관한 것이라는 점에서 주로 두 번째 측면과 연관지어 논의해 보고자 한다.

중앙정치도 마찬가지지만 지방선거 또한 선거가 그 출발점이다. 정치 선진국가의 선거사를 보면 지방선거에서부터 출발해 중앙선거로 이어졌으며, 이들의 정치제도는 지방의회나 연방자치를 통해 정치 권력이 분권화되고, 정치와 행정에 지역민들의 참여가 보장되는 지방자치가 정착되어 왔다는 것을 알 수 있다.

우리의 경우 1991년 3월, 30여 년 만에 회복된 기초의회선거 실시 이후 나타난 가장 커다란 변화는 이제 국민 모두가 지방자치의 존재를 당연한 것으로 받아들이게 되었다는 것과 1994년 3월 그 동안 대통령선거, 국회의원선거, 지방의회선거 등으로 나뉘어 존재해 온 선거법이 「공직선거 및 선거부정방지법」(법률 제4739호)으로 통합되어 시행되고 있다는 것이다.

이처럼 중앙선거와 지방선거를 통합해 하나의 「통합선거법」으로 제정·시행하고 있다는 것은 지방선거의 중요성이 중앙선거에 비해 결코 낮지 않다는 것을 우리 모두가 인식하게 되었다는 것을 보여 준다. 지방선거의 중요성은 횟수가 거듭될수록 높아져 왔는데, 이는 선거에 입후보한 출마자들의 학력 및 경력과 그 경쟁률이 높아져 온 데에서도 잘 나타나고 있다.

그럼에도 불구하고 그 동안 지방선거, 특히 기초의회선거에 대해 일부에서 냉소적 반응이 없지 않았던 것은 지방의회 운영 과정이 지역민들에게 충분한 만족을 주지 못했기 때문이다. 여기에는 여러 가지 이유가 있겠지만, 다음과 같이 정리할 수 있다. 지방의원의 충원 내용에 문제가 없지 않았다는 점이다. 이는 지방자치의 역사가 일천하고, 지방의원이 '무보수 명예직'으로 규정되다 보니 능력 있는 사람들이 이를 가볍게 여기고 참여에 적극성을 보이지 않았던 데에서 연유했다고 하겠다.

그러나 지방자치법의 개정으로 2006년부터 무보수 명예직이 유급제로 전환됨에 따라 지방의원의 역할과 책임은 크게 달라질 수밖에 없게 되었고, 동시에 그 선거 양상에도 커다란 변화가 나타날 전망이다.

첫째, 무보수 명예직이라는 한계 때문에 지방의원직에 커다란 관심을 보이지 않았던 지역의 활동가들과 전문가 그룹이 선거에 대거 참여할 가능성이 높아지고 있다는 것이다.

둘째, 지역의 활동가들과 전문직 종사자들이 지방의정에 참여하게 되면 지방의회도 지금까지의 이미지에서 많은 변화가 초래될 것이다. 솔직히 지금까지 지방의회에 대해 지역사회에서의 이미지가 그다지 좋은 것이 아니었다고 할 때, 이는 의회의 위상을 제고하는 데 크게 기여하게 될 것이다.

셋째, 유급제로 바뀌면서 필연적으로 지방의원의 겸직 허용이 타당한 것인지에 대한 논의가 불가피해지고, 만일 겸직이 금지된다면, 이는 지방의회의 활동 패턴에도 근본적 변화가 불가피하게 될 것이다.

물론 지방의원이 겸직이 금지되고 전업화(專業化)되기 위해서는 의정비의 현실화와 선거구 및 의원 수의 재조정 등 사전에 해결되어야 할 과제들이 놓여 있고, 역으로 겸직 금지가 전문직 종사들을 지방의회로 끌어들여 그 질적 수준을 높여 보자는 취지에 역행할 우려 등이 없지 않지만 유급제의 근본 취지는 지방의원들이 의정활동에 전념할 수 있게 하기 위한 것이라고 할 때, 깊은 논의가 필요한 부분이기도 하다.

넷째, 지방의원 선거에서 중대선거구제가 도입된 것이 지방정치판에 어떠한 영향을 미칠 것인가 하는 점이다. 정부가 지방선거의 선거구를 소선거구제에서 중대선거구제로 전환한 까닭은 우선, 선거의 공공성을 높임으로써 소선거구제 하에서 나타났던 각종 불·탈법을 방지하고자 하는 것과 그 다음으로 소선거구제 하의 의원들이 지나치게 지역이기주주의에 얽매어 자기 선거구의 이익만을 고려해 행동함으로써 지방자치의 참뜻이 왜곡되는 것을 방지하자는 데 있다고 할 수 있다.

그러나 선거구가 중대선거구제로 바뀜에 따라 지역에서 어느 정도의 지명도를 확보한 기존 의원과 명망가들에게는 유리한 반면, 정치 신인들이 의회에 참여하는 길은 더욱 어려워질 수밖에 없어 정치의 신진대사를 도모하는 데는 오히려 부정적으로 작용할 수 있다는 점도 간과할 수 없다.

다섯째, 기초의원에 대해서까지도 정당공천제가 허용됨으로써 지방자치가 철저하게 중앙정치에 예속되는 결과를 초래할 우려가 있다는 것이다. 지방자치의 근본 뜻은 지방정치가 중앙정치의 간섭으로부터 벗어나 스스로의 문제를 스스로 논의·해결하는 것이다. 그런데 기초단체의 장(長)과 의원에게까지 정당 공천을 허용하는 것은 책임정치 구현을 그 명분으로 내세우고 있지만 지방자치의 자율성 확보와 발전에 역행할 가능성이 더 크다고 하지 않을 수 없다. 그리고 이에 따른 부작용은 각 당의 공천 결과가 발표되면서 이미 여러 곳에서 나타나고 있다. 어떤 곳에서는 공천 결과에 불복해 탈당을 선언하는가 하면, 어떤 사람은 단지(斷指) 소동을 벌이기도 해 주위를 놀라게 하기도 했다.

이는 공천 과정에 대해 관련자들이 충분히 납득하지 못하고 있다는 반증이기도 하지만, 근본적으로는 공천제의 확대도 일조를 한 것으로 볼 수 있다.

제 4 절 지역사회와 시민단체

'지역'이라는 개념은 오늘날 한국 사회의 중요한 개념 가운데 하나로 등장하고 있으며, 그것은 민주화의 진전과 궤를 함께하고 있다. 지난 권위주의 시대에는 사회를 움직이는 동력으로서 정치 권력은 거의가 중앙에 집중되어 있었기 때문에 지역의 중요성이 인식될 여지는 거의 없었다고 하겠다.

드디어 1990년대에 들어와 한국 사회가 성숙된 민주주의 사회로 진입하면서 그리고 '세계화'와 함께 '지방화'가 중요한 화두로 등장함에 따라 국가와 사회 발전에 지역이 미칠 수 있는 영향력과 작용이 중요하게 다뤄지게 되었다. 특히 참여정부에 들어와 '지방분권'과 '지역균형 발전'이 중요한 국정 과제로 등장하고, 수도의 지방 이전이 논의되면서 지역은 이미 우리의 관심 영역에서 중요한 위치를 차지하게 되었다.

그럼에도 불구하고 아직까지 지역의 시민사회와 민주주의를 연계해 고찰한 연구는 그리 많지 않다. 이는 지역의 시민사회가 활동가, 재원, 그 활동에 대한 성취도 등이 중앙과 비교해 크게 미치지 못하기 때문에 대부분의 지역에서 지역사회에서의 활동이 활발하지 못한 데에서 나타난 현상이라고 할 수 있다.

표 6-1 비영리민간단체 등록 현황

■ 등록단체 현황

중앙행정기관(28개 부처)	시·도	계
638(11.2%)	5,049(88.8%)	5,687개(100%)
+23	+78	2005년 3월 31일+101

■ 시·도별 등록 현황

서울	부산	대구	인천	광주	대전	울산	경기	계
688	367	233	324	203	194	169	904	
강원	충북	충남	전북	전남	경남	경남	제주	5,687개
218	202	218	339	276	372	372	182	

출처: 행정자치부(www.mogaha.go.kr).

우리나라 시민사회단체(NGO)의 종류는 매우 다양하다. 현재 우리나라 NGO의 현황을 정확하게 파악하는 것 자체가 쉽지 않은 것은 이 분야에 대한 연구가 낮은 수준에 머물고 있기 때문이다. 그나마 그 현황을 파악하는 자료로 많이 사용되고 있는 것이 행정자치부에 등록된 단체 현황과 '시민의 신문'에서 발간한 「한국민간단체총람」인데 이들 간에도 적지 않는 차이가 나타나고 있다.

행정자치부에는 2005년 6월 현재 5,687개(중앙 638개, 시·도 5,049개)의 비영리민간단체가 등록되어 있는 반면, 「한국민간단체총람」을 발간하는 시민의 신문에 의하면 우리나라의 NGO는 총 25,000여 개에 이를 것으로 추정된다. 이처럼 실제 존재할 것으로 추정되는 숫자와 등록된 숫자 간에 엄청난 차이가 있는 것은 77.3%의 민간단체가 등록 요건을 구비하지 못하는 영세성 때문에 관할 관청에 등록조차 하지 못하고 있기 때문으로 추측된다.

지역에서 시민사회단체의 활동 영역은 상당히 다양한 분야에 걸쳐 있다. 광주광역시의 경우를 예로 들면 광주광역시에 등록된 시민사회단체는 2006년 2월 기준으로 총 436개에 이르는데, 시에서는 이를 크게 ① 연합단체, ② 시민운동단체, ③ 종교단체, ④ 직능·기타 단체로 구분하고, 이를 <표 6-2>와 같이 다시 세분하고 있다.

표 6-2 광주광역시 시민사회단체 현황

1. 연합(6)	2. 시민운동단체(225개)									
	환경	교통	청소년	여성	봉사	국제교류	새마을	바르게 살기	통일 안보	기타
	24	18	23	38	39	5	9	6	14	49

3. 종교단체(17개)	4. 직능· 기타(188개)								
	민관 협의체	5 · 18	노동	사회 복지	문화 예술	체육	연구소	협력 조합	기타
	4	6	13	39	45	2	12	53	14

출처: 광주광역시, 「광주지역 시민사회단체편람」(2006.2)에 의거 필자 작성.

이 자료에 의하면, 광주광역시는 총 436개의 시민사회단체를 우선 연합, 시민운동, 종교, 직능 · 기타로 대별한 후 이를 다시 주요 활동 분야를 중심으로 24개의 영역으로 나눠 관리 · 지원하고 있음을 알 수 있다.

그런데 이들 총 436개의 시민사회단체 가운데 비영리민간단체로 시청에 등록된 단체는 총 211개(48.4%)에 불과하며, 또한 재단법인 또는 사단법인 등의 법인격을 가지고 있는 단체는 <표 6-3>에서 볼 수 있는 것처럼 총 246개(56.4%)로 나타나고 있다.

이처럼 다양한 분야에 걸쳐 다양한 형태로 존재하는 시민사회단체들이 지역사회의 발전을 위해 어떠한 역할을 수행하고 있으며, 그 성과가 어떠한가에 대한 연구는 특정 지역을 대상으로 한 경우를 제외하고는 아직까지 찾아보기 쉽지 않다. 특히 국가의 운명과 장래를 결정하는 각종 선거와 관련되어 지역 시민사회단체의 역할이 강조되고 있는 상황에서 이를 위해 '무엇을 어떻게 해야 하는가'에 대한 좀 더 진지한 고민이 있어야 하겠다.

표 6-3 광주광역시 시민사회단체의 설립 근거별 현황

구분	사단법인	재단법인	특수법인	공익법인	특별	기타	계
숫자	209	23	13	1	1	190	436
%	47.9	5.3	3	0.2	0.2	43.5	100

출처: 광주광역시(2006)에 의거 필자 작성.

광주의 경우에 선거를 비롯한 지방자치단체의 정책에 대한 검증과 비판을 주요한 활동 내용으로 한 시민단체는 참여자치21과 경실련, 그리고 YMCA와 YWCA 등이 있으며, 선거를 앞두고 선거의 중요성을 강조하는 등 시민 의식 제고를 위한 활동을 전개하는 단체로는 21세기 남도포럼 등을 들 수 있다. 이들 단체는 경우에 따라서는 선거감시를 위해 공동으로 조직체를 결성하기도 하는 등 나름대로 효율적인 활동을 전개하기 위해 노력하고 있다. 그러나 선거가 시민단체의 노력만으로 커다란 성과를 거두기에는 아직까지도 요원한 실정이며, 이를 위해서는 시민단체의 활동력 강화를 위한 정부의 지원 확대 등 해결되어야 할 과제들이 산적해 있다.

제 5 절 지방선거와 시민사회의 역할

앞에서 이미 언급한 것처럼 사회가 다원화되면서 국가만이 사회를 움직이는 모든 권한과 책임을 지닐 수 없게 되었고, 이 점에서는 선거에서도 마찬가지라고 할 수 있다. 물론 선거 업무를 기획하고 집행하는 1차적 책임은 국가에게 있지만, 선거를 좀 더 민주적으로 치름으로써 정치 및 국가 발전을 도모해야 한다는 의무는 국민 모두에게 있다. 오늘날 언론에 이어 '제5부'로 떠오르고 있는 시민사회의 협력과 참여가 있지 않고서는 올바른 선거문화를 정착하기란 사실상 불가능하다는 점에서 시민사회의 역할 또한 매우 중요하다고 하겠다.

지방선거는 중앙선거와는 여러 가지 면에서 차이점을 지닌다. 우선, 유권자의 입장에서 보면 관심의 대상이 전국적인 것이 아니라 주로 지역문제에 집중되고 있다는 것이다. 따라서 유권자들은 국가의 운명과 같은 거대한 문제보다는 자기 지역의 살림살이와 같은 구체적 문제의 해결에 수완을 발휘할 수 있는 사람을 대표로 뽑으려고 한다.

다음으로 입후보자의 입장에서 보면 물론 경우에 따라서는 지방정치에서 경력을 쌓은 뒤 중앙정치 무대에 진출하려는 사람도 없지 않겠지만, 대부분이 지역정치에 관심을 갖고 종국적으로는 지방의 단체장으로서 지역발전에 기여해 보겠다는 사람들이 대부분이다. 따라서 이들의 주된 관심사와 활동무대 또한 지역에 집중될 수밖에 없고 이러한 점에서 지역문제에 관한한 상당한 전문성을 지니게 된다.

그러면 지방선거에서 지역의 시민사회가 수행할 수 있고 담당해야 할 역할과 기능은 무엇일까. 대체적으로 다음과 같이 정리할 수 있다.

첫째, 지역의 선거문화 발전을 위해 기여해야 할 것이다. 반세기를 넘는 민주주의와 15년이 넘는 지방자치 역사에도 불구하고 우리의 선거문화는 선진 국가의 정치 수준에서 본다면 아직도 후진국 수준을 벗어나지 못하고 있으며, 많은 문제점을 안고 있다.

지방자치의 근본적인 기능 가운데 하나가 '민주정치의 훈련장'이라고 할 때, 이러한 정치적 후진성을 탈피하기 위한 '국민교육장'으로서의 지방자치의 기본 취지에 부응하기 위해서라도 선거문화의 발전을 도모하는 방향으로 제반 규정이 준수되고, 사회의 공공선(公共善)이 도모되는 계기가 되도록 시민사회가 노력해야 하겠다.

둘째, 지금까지의 선거에서 보편화되었던 '당선되고 보자'는 풍조가 더 이상은 지속되지 않도록 후보자에 대한 감시와 감독에 시민사회가 함께 노력해야 한다. 물론 모든 선거에서 후보자들은 당선의 유혹에 빠져 상궤(常軌)를 벗어난 선거운동도 다반사일 수밖에 없겠지만, 이를 컨트롤해 제도와 상식에서 벗어나지 않는 선거가 이뤄지도록 시민사회가 역할을 해야 할 것이다.

셋째, 지금까지 각종 선거 과정에서 보여 준 시민사회의 역할은 후보자 자체의 검증에 치중되어 왔던 것이 사실이다. 예컨대 낙천·낙선운동의 경우도 후보자의 도덕성 검증에만 집중되었을 뿐 정책에 대한 검증에는 소홀했던 것이 사실이다. 후보자들로서는 일단 당선되고 보자는 심리에서 전혀 실현가능성이 없는 공약을 남발해 유권자를 유혹하는 것이 다반사라고 할 때, 이는 선거 풍토를 혼탁하게 하는 중요한 요인이 되어 왔다.

더욱이 이번의 5·31선거는 중앙선거가 아니고 지방선거라는 점에서 후보자들의 공약은 지역주민들의 살림과 직결될 수밖에 없다고 할 때, 지역시민사회의 이에 대한 철저한 검증과 비판은 매우 중요한 과제라고 하겠다.

넷째, 후보자들이 공약을 제시할 때, 지금까지처럼 무작정 나열하는 방식에서 벗어나 그 공약에 대한 우선순위를 제시하고 그 실천을 위한 구체적 방안을 제시하도록 함으로써 공약의 남발을 억제할 수 있도록 시민사회가 유도할 필요가 있다는 것이다. 지금 시민사회에서 전개되고 있는 '매니페스토(manifesto)' 공약운동이 곧 이것이라고 할 수 있는데, 이를 통해 후보자들의 무분별한 공약 남발을 억제하고 선거를 건전한 정책선거로 유도할 수 있을 것이다.

그런데 여기에서 중요한 것은 후보자들이 이러한 매니페스토운동에 동참을 약속한다고 해서 곧 선거판이 정책선거로 전환되는 것은 아니라는 것이다. 더 중요한 것은 시민사회가 그것을 검증해 그 실현가능성을 평가하고, 그 내용의 적실성(適實性)을 유권자들에게 공개함으로써 선택의 기준으로 작용할 수 있도록 해야 한다는 것이다. 매니페스토운동의 성패는 바로 여기에 달려 있다.

다섯째, 선거는 민주주의사회의 가장 중요한 정치 행사라고 할 때, 그것은 국민들에게는 흥겨운 것이어야 한다. 그러나 지금 우리 사회에서의 선거는 규제일변도의 통제 하에서 지나치게 조심스럽고, 인간미를 찾아볼 수 없는 '살벌함'마저 느끼게 하고 있다. 5천 원짜리 설렁탕 한 그릇 얻어먹고 25만 원의 과태료를 물어야 하는 상황은 비록 우리 선거가 보여 준 부패양상 때문이라고 할지라도 정치 과정에 대한 국민들의 '참여'라는 의미에서 반드시 긍정적인 것만은 아니다.

이제 이러한 고민들을 어떻게 해결해야 할 것인가에 대해서도 시민사회가 함께 지혜를 모아야 할 것이다.

여섯째, 시민사회가 지방선거를 통해 우리의 정치문화를 제고하기 위해서는 지방선거에 대한 토론문화를 활성화시켜야 할 것이다. 예컨대 얼마 전 우리 지역에서 대두되었던 '전략 공천'의 남발에 대해서도 언론이 그러한 문제에 대한 비판적 여론만 보도하는 것으로 그치지 말고, 시민사회와 함께 그것이 지역정치 발전에 미치는 영향에 대해 활발한 토론이 있어야 할 것이다. 그리고 이러한 문제는 언론기관보다는 오히려 시민사회에서 더욱 활발한 토론을 전개해야 한다고 생각한다.

일곱째, 선거가 끝났다고 해서 후보자에 대한 도덕성과 정책에 대한 검증과 평가가 중단되어서는 안 된다는 점이다. 후보자에 대한 검증과 평가는 오히려 선거가 끝난 이후가 중요하다고 할 수 있다. 특히 우리 사회는 당선자에 대해 지나치게 관대한 경향이 있는데, 이제 시민사회를 중심으로 당선자의 공약에 대해 그 이행 여부를 철저히 검증해 그 결과에 따라 '주민투표제'를 통한 '주민소환'으로까지 발전시켜야 할 것이다.

제 6 절 결론

21세기에 들어와 나타나기 시작한 사회적 다원화와 우리 사회가 보여 주고 있는 사회적 역동성에 비춰볼 때, 이제 정치와 경제에서 시민사회가 관련되지 않는 분야는 거의 없다고 할 수 있을 만큼 시민사회의 역할은 증대되고 있다.

역할의 증대는 곧 책임의 증대를 수반한다. 지금 우리 사회에서 '권한만 있고 책임은 없는 곳 가운데 하나가 시민단체'라는 말이 있을 만큼 사회 현상에 대해 시민 사회가 목소리는 크면서도 자기 행위에 대해 책임은 지지 않는다는 곱지 않은 시선이 있는 것이 사실이다

예컨대 환경의 파괴를 주장하며 호텔의 건립을 반대하는 경우, 막연하게 반대만 할 것이 아니라 그 합리적 대안을 제시하는 수준으로까지 시민단체의 역할과 기능이 제고되어야 한다는 것이다. 물론 시민사회가 정책 부서가 아니기 때문에 꼭 대안까지 제시할 필요가 있느냐, 그렇다면 '행정기관의 존재 의의가 없어지는 것 아니냐'는 반론도 있을 수 있다.

그러나 성숙한 시민사회에서는 반대를 위한 반대가 아닌 합리적 결론에 도달하기 위한 토론이 우선되어야 한다고 할 때, 이제 우리 사회도 그러한 수준에 도달되어야 할 시점이다. 이번의 5·31 지방선거가 21세기 선진 시민사회의 성숙함을 보여 주는 계기가 되었으면 좋겠다.

제 3 부

지역시민사회와 지방분권

제 7 장 시민사회 변화와 지방분권

임승빈

제 1 절 서론

1987년 민주화 이후 한국의 민주주의는 권위주의적인 정권 하에서 불구화되었던 정치사회(political society)가 회복되고 시민단체들의 출현을 통해 시민사회가 급속히 성장하게 되었다. 이제 정당 간 경쟁에 의한 공직자 선출, 시민단체들의 정책 과정 참여를 통한 협력적 정책 거버넌스 확립 등 민주주의의 보편적 가치들이 한국 사회에서도 그 정당성을 인정받고 있다. 하지만 시민들의 정책 및 정치 과정 참여는 여전히 상당 부문 비관습적(nonconventional) 방법에 의존하고 있다. 시민들의 비관습적 정책 및 정치 과정 참여란 정책 및 정치 과정과 관련된 제도와 기능이 시민들의 존중을 받지 못하고 정쟁(政爭)이 종종 제도적 장(場)을 벗어나 거리 시위, 파업, 농성 등 항의성 정치(politics of protest)에 의존하는 상황을 이른다. 이는

* 이 글은 시민사회포럼·(사)한국미래정부연구회 공동 주최 '지방분권과 시민운동' 세미나(2011. 11. 17., 서울 프레스센터)에서 "한국 시민사회의 변화와 지방분권: 김대중 정부부터 이명박 정부까지를 중심으로"로 발표되었다.

기존의 대의민주주의 제도가 시민들의 이해와 의견을 수렴하고 매개할 능력과 기능을 상실했다는 인식 때문이다(임승빈, 2009). 이와같이 한국의 NGO는 지난 10여 년간 세계 그 어느 곳에서도 유사 사례를 찾기 어려울 정도로 괄목할 만한 급성장을 이룩했고, 사회 발전에 결정적인 역할을 담당해 왔다. 이미 1994년의 한 시사주간지의 설문조사에서 경실련이 가장 영향력 있는 집단으로 선정된 사실에서 잘 알 수 있듯이 한국 사회의 발전의 중심에는 항상 NGO가 위치하고 있었다.

또한 1995년 6월 지방자치단체장의 직선제가 34년 만에 부활된 것은 중앙과 지방이라는 새로운 관계 설정을 요구하게 된다. 특히 지방자치단체의 권한이 점점 커져가고 자율성의 범위가 늘어나면서 중앙정부와 지방자치단체 간 갈등과 마찰도 현저히 증가하고 있어서 이에 대한 해결책을 마련할 필요성이 대두되고 있는 실정이다. 중앙정부와 지방자치단체 간의 갈등은 양자간 권한, 이해관계 등이 서로 얽혀 국가 전체적인 이익이나 다수의 공동 이익보다는 각자의 권한과 이익에 집착하게 되어 대립의 과정이 나타나기도 한다. 이러한 갈등이 반드시 역기능을 갖는 것은 아니고 주민에 대한 바람직한 서비스 제공 및 지자체의 역동적 기능 활성화, 상호 협력 및 이해증진 등의 순기능으로 작용할 수도 있다. 하지만 갈등의 장기화는 지역의 필요 사업이나 정책 집행의 지연으로 이어져, 지역뿐만 아니라 국가 전체적 입장에서 행정의 비효율성과 지역주민의 생활의 질을 향상시키는 데 장애 요인으로 작용할 수 있다. 따라서 중앙-지방 간 갈등의 합리적, 조기 대처가 매우 필요하며, 중앙과 지방이 협력적 관계를 도모할 수 있는 바람직한 관계 설정에 대해 크게 집권론적 발상과 분권론적 발상이 충돌하고 있다고 볼 수 있다. 주지하다시피 양자 간의 문제의 해결 방식에서 김대중 정부와 노무현 정부는 분권론적 발상이 더 우세했으며, 현 이명박 정부는 집권론적 발상이 더 우세하다고 볼 수 있다.

그러나 국정 운영의 방향을 설정하는 데에 분권적 발상 혹은 집권적 발상은 종속변수에 지나지 않고 한국 시민사회의 변화에 따른 정책 방향 설정이 타당하지 분권과 집권이 국정 목표로 설정된다면 당위론에 빠져 국민과의 소통 단절이 되어 결국에는 정책실패를 가져오게 될 것이다. 따라서

이 장에서는 김대중 정부 이후부터 현 정부까지의 시민사회 변화를 점검하면서 지방분권의 장단점에 대한 논의를 전개하여 차기 정부의 지방자치 방향 설정에 기여하고자 한다.

제 2 절 한국의 정치 체계 변화와 시민사회운동의 관계 변화

1 김대중 정부와 시민사회

1) IMF와 NGO의 성장

한국 NGO의 성장에 대해 시대적인 흐름과 변화의 요인으로 크게 두 가지를 들 수 있다. 하나는 국민의 정부의 등장이고, 다른 하나는 국난이라고 할 수 있는 IMF 시대의 도래다. 김대중 정부의 등장은 NGO의 양적 확산에 큰 기여를 했다. 이는 과거 어느 정권보다 김대중 정부가 시민단체의 지도자들과 심리적·경험적으로 유대를 맺고 있고 통치철학 역시 대중민주주의를 지향했기 때문이다. 김대중 정부의 이런 시민사회에서의 접근은 단지 심리적·정치적 친근 관계 때문이 아니라 기득권 세력에 둘러싸인 정치적 취약성을 시민단체들과의 연대로 해결책을 모색한 것이기도 하다. 결국은 김대중 정부의 이런 친시민사회 지향성은 시민단체, 즉 NGO들이 폭발적으로 늘어나는 데 크게 기여했다. IMF사태는 경기 침체와 기업활동의 위축으로 주요 수입원인 기부금이 줄어들거나 끊기면서 처음에는 시민단체들에게 큰 고통을 안겨주었다. 그러나 시민단체들이 나서서 나라살리기 운동, 대대적인 모금운동을 전개하면서, 정부와 시민단체의 관계에도 질적인 변화를 초래하게 되었다. 시민단체들은 이 위기 상황에서도 성장의 호재로 정부로부터의 인력 지원, 정부의 국고보조금의 형태로 재정 지원을 받음으로써 성장할 수 있게 된다.

2000년대 들어서는 김대중 정권의 특성과도 맞물려 설명할 수 있지만 한국의 정치 체계의 변화와 시민사회 운동은 매우 밀접한 역학 관계를 맺게 된다. 2000년도 제16대 국회의원 선거 시에 총선시민연대의 낙천·낙선운동은 전 세계의 주요 언론매체인 CNN, BBC, 일본NHK 등에서도 다뤄졌을 정도로 정계에 미치는 시민사회단체의 강력한 영향력이 주목받았다. 당시 2000년도 NGO 활동의 주목할 만한 부분은 이전과 달리 연대활동을 통해 사회운동화시켰다는 점이다. 물론 이 모든 NGO 연대활동이 성공적이었던 것만은 아니다. 연대활동 과정에 나타나는 문제점들, 즉 거대 NGO만 부각되고 군소 단체가 소외되는 운동 양식, NGO 사이의 주도권과 관련된 갈등, 참여 강도의 차이, 연대활동의 지속성 등이 그것이다. 그럼에도 여기에서 거론되는 총선시민연대, ASEM 2000 민간포럼, SOFA 개정운동 등은 모두 연대활동의 성과였다.

2) 2000년 총선시민연대 활동

2000년 4월 13일에 실시될 제16대 총선에 대비해 1월 12일에 결성된 총선시민연대는 선거를 통해 부패하고 무능한 정치인들을 퇴출시키는 데에 그 목적이 있었다. 처음에는 전국적으로 4백 여 NGO가 참여했으나 시간이 흐를수록 이 운동에 대한 시민들의 관심과 참여가 많아지고 총선연대에 대해 소극적인 반응으로 일관했던 정치권이 한층 민감하게 반응하면서 자기 방어에 급급해지자 NGO의 참여는 훨씬 강화되어 한때 참여 NGO의 수가 천여 개에 이르렀다. 결과적으로 한국의 민주주의 역사상 최초로 선거혁명을 이룩했다는 평가를 받을 정도로 성공적이었던 총선시민연대의 '낙천·낙선운동'은 전체 국회의원의 절반을 새로운 인물로 교체하는 등의 정치권의 새 판짜기를 가능케 했다. 전 세계적으로도 동일한 사례를 찾기 어려운 2000년 한국 NGO의 총선시민연대 활동은 지극히 한국적 특수성에 기반한 시민운동이었다는 점에서 앞으로 이에 대한 연구와 평가가 다양한 관점에서 이뤄져야 할 것이다. 이러한 총선연대 활동의 경험에서 한국의 NGO가 거둔 가장 중요한 성과는 역시 시민운동이 한 특정 집단이나 영역의 운동에서 전 사회적 영역으로 확대할 수 있다는 점일 것이다. 낙천·낙선운동은 운동자원을 동원하는 데 성공한 운동이었다고 평가할 수 있다. 다음의

표 7-1 총선 낙선운동 주요 참가 단체

연도	설립 단체	주요 활동	연대 단체
2000년	2000총선 시민연대	낙천, 낙선 대상자 명단 발표(86명) 당선무효운동 전개	경실련, 녹색미래, 녹색연합, 녹색소비자연대,문화연대, 참교육학부모회, 참여연대, 한국여성민우회, 한국청년연합회, 환경운동연합, 흥사단, YMCA 등 977개 단체

표 7-2 지역별 16대 총선 낙선운동 결과

지역별	낙선 대상자	낙선자	낙선율
수도권	20명	19명	95.5%
충청 및 강원	23명	18명	78.3%
영남권	35명	16명	45.7%
호남권	8명	6명	75.0%
계	86명	59명	68.6%

출처: http://www.ngokorea.org 16대 총선 낙선운동 결과.

<표 7-1>, <표 7-2>는 당시 총선시민연대에 참여한 주요 단체와 운동의 성과를 보여 준다.

그러나 한편으로는 이러한 긍정적인 측면에도 불구하고 역시 그 한계가 확연히 드러나기도 했는데, 가장 분명하게 나타난 부정적 요인은 네거티브(negative) 운동의 한계다. 즉, 특정 부적격 후보의 선정 기준의 모호성에 따른 공정성 시비와 검증되지 않은 여타 후보에 대한 평가 기준 선정의 어려움, 부정적인 면만 부각시켜 유권자들로 하여금 기존 정치에 대한 불신과 혐오증을 가중시킨 점들을 들 수 있다. 또한 시민운동 내부의 갈등도 쉽게 치유될 수 없었던 부작용으로 나타났는데, 이는 총선연대 활동이 법 테두리를 벗어난 불법 선거운동을 전개했다는 점에서 지금까지 시민운동이 합법적 공간에서 진행해 왔던 공명선거운동과 분명한 차이를 드러낸 것이다. 이것은 시민운동 사이의 이념적 분열로까지 이어졌다. 총선 과정에서 합법적으로 진행된 공선협 활동은 유권자들과 대중매체에 의해 거의 무시되었고, 불법적으로 진행되었던 낙천·낙선운동은 매우 광범위한 사회적

관심을 끌어모았다.

3) SOFA 개정과 한국 NGO 운동

2000년 12월에 체결된 주한미군 주둔과 관련된 행정협정인 SOFA 개정 역시 2000년도에 두드러진 정치행정 체제에 영향을 미친 한국 시민운동의 사례가 아닐 수 없다. 범죄인 신병 인도 부분, 환경 관련 부문의 국내법 존중, 그리고 기지 근로자 해고 요건 강화 등을 골자로 한 한·미 간의 SOFA 개정은 비록 그 동안 시민단체들이 요구해 온 수준에 미치지는 못하지만 불평등 내지 굴욕이라는 형용사를 뗄 수 있게 된 것만으로도 긍정적으로 평가할 수 있다. 당시의 과정을 단계적으로 살펴보면 다음과 같았다. 첫 번째 단계는 특히 미군 범죄와 관련된 반미 분위기가 전 사회적으로 확산되어 있었다. 이는 특히 윤금희 씨 살인사건을 비롯한 빈번한 미군 범죄에 대한 한국 정부의 굴욕적 대응에 의해 촉발되고 확산되었다. 두 번째 단계는 미군기지에서의 독극물 방류사건을 비롯한 미군기지에서의 환경오염 사태가 NGO에 의해 폭로되고 이를 한국의 언론들이 보도함으로써 한국 내의 반미 분위기는 절정에 달하게 되었고, 급기야 주한 미군사령관이 주둔 역사상 최초로 직접 사과 성명을 발표하기에 이르렀다. 세 번째 단계는 이런 반미 분위기를 기존에 구성되어 있었던 'SOFA 개정 국민행동'이 조직화해 양국 정부에 거센 압력을 가했다. 네 번째 단계는 이런 사회적 압력이 양국 정부에 커다란 부담이 되었고, 특히 김대중 정부에는 정권 차원의 부담으로 작용했다. 이는 결국 양국 정부가 SOFA 개정에 대해 전향적으로 임하지 않을 수 없도록 했다. 다섯 번째 단계는 특히 국내 여론이 한국 정부의 입장을 강화시켜 주었고, 이를 통해 적어도 한국인의 품위 유지 수준의 개정을 이끌어 낼 수 있게 했다. 범죄인 인도와 기지 노동자 근로조건의 강화를 통해 한국은 명분을 얻을 수 있었고, 환경 부문의 강화를 통해 막대한 경제적 손실을 방지할 수 있는 실질적 소득을 얻었다고 할 수 있다. 물론 거의 모든 사회운동이 이런 과정을 거쳐 그들의 주장을 관철시키기도 하겠지만 그것이 매번 성공적인 것은 아니며, 오히려 이와 같은 성공적 결과는 그리 흔치 않은 예일 것이다.

2 노무현 정부와 시민사회

2000년 이후 NGO의 활동이 비약적으로 발전하는 과정에서 시민들의 참여가 활발하게 이뤄졌고, 조직들도 전문적으로 변화해 갔다. 또한 시민단체 조직 내부에서의 세대 교체로 인해 다양한 시민운동이 전개되기 시작했다. 이 과정에서 조직 간의 이념적 분쟁이 나타나기도 하면서 시민운동의 전환기를 맞이하게 된다. 노무현 정권이 탄생한 2003년도의 한국 시민운동의 특징을 살펴보면 신사회운동과 구사회운동의 분출, NGO 간의 이념적 갈등, 참여 주체의 확대 등으로 표현될 수 있다(임승빈, 2009: 117-119).

2003년 NGO의 활동은 크게 세 가지로 정리될 수 있다.

첫째, 구사회운동을 대표하는 노동운동, 농민운동, 반미운동의 폭발적 확대다. 노동자에 대한 손배소와 가압류 등 신종 노동 탄압에 대한 불만과 노동자의 분신으로 시작된 두산중공업 파업(3월), 민영화 방침을 둘러싼 철도노조의 파업 선언(4월), 운송료 인상을 둘러싼 화물연대 파업(5, 6, 7월), 부적격 인사에 대한 거부로 시작된 방송위 노조의 출근 저지 실력 행사(5월), 노동3권 완전 보장을 요구하며 쟁의 찬반 투표를 실시한 공무원노조의 활동(6월), 7,000여 명의 집단 사표를 청와대에 제출하고 파업을 실시한 조흥은행 노조(6월), 현대차를 비롯한 6만 여 명이 참여한 민노총 시한부 파업(6월), 택시와 레미콘을 동원한 한국노총의 총파업(6월), 공공성 강화를 요구한 병원노조의 파업(7월), 주5일제 즉각 실시를 요구한 기아차 노조의 부분 파업(8월), 멕시코 칸쿤에서 WTO 농산물 시장 개방 협상에 반대하며 스스로 목숨을 끊은 농민과 전남·광주지역 전농 회원 중심의 농민대회 등 굵직굵직한 파업들이 있다.

둘째, 그 동안 소외되어 왔던 평화, 여성, 환경문제 등의 사회적 이슈에 사회운동체로서 시민사회가 적극적으로 영향력을 행사하기 시작한 것이다. 즉, 이라크 파병 반대운동, 호주제 폐지를 둘러싼 여성운동, 청계천 복원사업, 새만금사업, 서울외곽순환도로, 고속철도 금정산 통과, 경인 운하, 부안 위도 핵폐기장을 둘러싼 갈등 등이 드러난 환경운동이 급속하게 성장했다.

특히 이제 막 시작한 2003년도 노무현 정부 초기에는 이라크전 파병을 둘러싸고 어느 해보다 반전평화운동이 활기를 띠고 진행되었다. 노동운동단체, 각종 NGO단체, 종교계, 문인, 법조인, 교수, 의료계, 다양한 분야의 연예인, 여성단체, 일반시민, 법조인, 예비군, 중고등학생까지 상당히 광범위한 단체 또는 개인들이 반전평화운동을 참여했다. 또한 국가의 공식기구인 국민인권위원회가 '전쟁 반대'를 공식적으로 표명하기도 했다. 반전평화운동을 펼치는 방식도 또한 아주 다양해서, 사회운동 일반이 의사를 관철시키기 위해 행하는 모든 운동 방식이 모두 나타났다 해도 과언이 아니었다. 여성운동도 활발하게 진행되어 호주제 폐지에까지 이르게 된다.

2003년도 한국의 정치행정 체계와 시민사회운동의 역학 관계 변화의 세 번째 특징은 진보와 보수의 이념적 대립이 싹트기 시작한 것이다. 사회운동의 폭발적 성장 이면에 보수를 자처하는 NGO와 상대적으로 진보를 표방하는 NGO 간의 갈등이 두드러지게 나타났다. 그 예로서 2003년도 부안 핵폐기장 유치 반대운동,[1] 2006년도 평택 미군기지 이전 문제, 그리고 2003년 NEIS를 둘러싼 전교조와 교총·한교조의 대립, 전교조 반미교육을 둘러싼 보수단체의 '국민기도회', 침묵을 깨고 등장한 '청년보수' 온라인단체, 파병을 둘러싸고 진보 NGO와 보수 NGO의 대립, 3·1절, 4·19, 8·15 집회를 둘러싼 진보와 보수 충돌 문제는 진보와 보수 간의 갈등을 잘 보여 준다. 이런 현상을 다른 말로 하면 보수 NGO단체들이 세력화하고, 그 세력화를 바탕으로 중요한 현안을 둘러싸고 여론 확산과 의사결정에 적극적으로 개입한다고 할 수 있다. 이런 현상은 전에 볼 수 없었던 것으로 진보적 NGO 활성화에 따른 보수단체의 적극적인 대응이라고 볼 수 있다. 즉, 청년

---

1) 정부가 2003년 2월 울진·영광 등 4개 지역을 방사성폐기물 영구 처분장 후보지로 발표했으나 각 지역별 대규모 반대운동과 서울에서의 4개 지역연대 집회 등으로 사업 추진이 어려워지자 산자부가 6월 말부터 유치 신청 공모를 시작했다. 이런 과정에서 방사성폐기물 처분장 유치에 반대 입장을 밝혀온 부안군수가 군의회의 유치 청원 부결에도 불구하고 7월 14일 유치 신청을 했다. 이에 산자부는 부안을 후보지로 확정함으로써 격렬한 주민 저항이 시작되었다. 주요 활동으로서는 핵폐기장 중단·핵정책 재검토 사회단체 인사 100인 선언, '핵반대·군수 퇴진 부안군민 1만인 대회' 등 시위활동을 전개했으며, 군수에 대한 주민소환 등을 추진했다.

우파 연대와 대학생 중심의 미래한국연구회 결성 등의 예를 통해 상대적으로 진보 진영의 목소리가 높았던 인터넷에서 보수 성향의 청년들이 보수의 목소리를 낼 수 있는 독자적인 조직을 결성하기 시작한 것이다(NGO 리포트, 2003: 40-44, 임승빈, 2009: 116).

3 이명박 정권의 탄생과 시민사회

노무현 정권의 탄생이 효순이·미선이 추모 및 SOFA 개정운동에 크게 힘을 얻었다고 본다면 이명박 정부는 이에 대한 반작용으로서 보수 세력의 집결로써 평가할 수 있다. 그러나 노무현 정권 초기 때와 마찬가지로 진보적 시민사회단체의 격렬한 저항에 마주하게 된다. 정부의 대운하 건설 추진에 반대하는 '경부운하저지국민행동'이 전국 단위의 단체들과 연대하며 2008년 2월 19일 '운하백지화국민행동'을 발족, 즉 이병박 정권이 취임식이 거행되는 2008년 2월 28일 이전에 결성된 것이다. 이들은 운하백지화 서명운동, 대운하 건설 반대 촛불집회 등의 활동을 벌였다. 반면에 허남식(許南植) 부산시장, 김범일(金範鎰) 대구시장, 박맹우(朴孟雨) 울산시장, 김관용(金寬容) 경북도지사, 김태호(金台鎬) 경남도지사 등 영남권 5개 시·도지사들은 2008년 2월 23일 오후 '2008 전국국민생활 체육대축전'이 열린 대구스타디움 상황실에서 회의를 열고 낙동강 운하 조기 건설을 촉구하는 대정부 건의문을 채택했으며, 이들은 건의문에서 "반복되는 홍수 피해, 만성적인 수량 부족, 침전물의 누적으로 오염된 낙동강의 치수 기능을 강화하고 훼손된 생태계 복원과 뱃길 정비를 위해서는 낙동강 운하 건설이 필요하다"고 말했다. 이어 "낙동강 운하는 낙동강의 하상 경사가 완만해 건설이 용이하고 경제적·문화적으로 타당성이 높다고 판단되므로 지속 가능한 지역 발전을 위해 조기 건설해 줄 것"을 촉구했다. 한편 운하백지화국민행동 대구본부와 부산본부 영남지역 6개 시민단체들은 이날 오전 대구시청에서 공동 기자회견을 열고 낙동강 운하의 조기 추진 백지화를 촉구했으며, 기자회견에서 "낙동강은 영남 주민 전체의 식수원인데 낙동강 운하를 건설하려는 것은 영남지역 주민에게 안정적인 식수를 제공받을 수 있는 권리를 빼앗고 식수대란을 불러올 것"이라며 "영남권 시·도지사들은 낙동강 운하 조기 추진 요구를 철회해야 한다"고 주장했다(조선일보, 2008. 5. 24, 박원수 기자). 그 밖에도 '한반도 대운하를 반대하는 전국교수모임(이하 교수모임)'은 5월 30일 오후 성명서를 통해 "정부가 운하 건설에 반대하는 여론을 차단하기 위해 1980년대식 학원 사찰을 진행하고 있다"며 "경찰과 국정원은 교수들에 대한 성향 조사를 즉각 중단하고 정부는 지시한 주체를 밝혀야 한다"고 촉구했으며, 교수모임은 특히 "우리가 확인한 바에 따르면 이미 서울대, 충남대, 가톨릭대, 한남대, 목원대, 안동대, 한국해양대 등 많은 대학에서 모임에 참여하고 있는 교수들에 대한 경찰과 국정원의 성향 조사가 광범위하게 이뤄졌다"며 "'일상적 정보' 활동 차원이 아닌 상부의 지시와 결정에 따른 것으로 보인다"고 주장했다.

현 이명박 정권이 진보적 시민사회와 갖는 갈등 가운데 가장 큰 것은 광우병 파동일 것이다. 2008년 5월 2일, 참여연대, 한국진보연대 등 12개 시민사회단체들은 긴급하게 대책을 마련하기 위해 전국의 정당, 사회단체, 인터넷모임 등에 '범국민대책회의'를 개최하자는 제안을 했다. 제안이 이뤄진 지 4일 만에 통합민주당, 민주노동당, 창조한국당, 진보신당 등의 정당 대표들과 1,000여 개의 시민사회단체 대표들, 여러 인터넷 모임의 대표들이 참여를 알려 왔으며, 2008년 5월 6일, '광우병 위험 미국산 쇠고기 전면 수입을 반대하는 국민대책회의'를 개최했다. 이들 진보적 시민사회단체들은 미국산 쇠고기 수입 협상 반대 촛불집회, 국민대책회의 전국회의 및 협상 무효화 촉구, 광우병 안전법 입법화 추진 등의 활동을 펼쳤다. '광우병 위험 미국산 쇠고기 전면 수입을 반대하는 국민대책회의(국민대책회의)'는 5월 16일부터 촛불집회에서 정치적인 사안들을 집중적으로 다뤘다. 국민대책회의는 5월 16일 오후 서울 종로구 참여연대 사무실에서 기자회견을 열어 "앞으로 열릴 촛불집회에선 미국산 쇠고기 수입 반대를 포함해 한반도 대운하, 건강보험 민영화 등 다른 정치적 사안들까지 다룰 방침"이라고 밝혔다. 박석운 한국진보연대 상임운영위원장은 "국민대책회의는 광우병 위험을 지닌 미국산 쇠고기 문제가 중요하다고 보지만 국민이 외치고 있는 다른

표 7-3 광우병 파동 관련 주요 내역 및 활동단체

연도	설립 단체	주요 활동	연대 단체
2008	광우병국민 대책회의	쇠고기 수입 협상 반대 촛불집회 협상 무효화 촉구	경실련, 광우병국민감시단, 녹색소비자연대,녹색연합, 진보연대, 참여연대, 문화연대, 다산인권센터, 미친소닷넷, 시민참여네트워크국민의 힘, 전국농민연대, 전국예수살기, 전국학생연대회의, 평화와 통일을 여는 사람들, 한국여성민우회, 한국참교육학부모회, 환경운동연합, 환경 정의, YMCA 등 1,842여 개 단체

사안들도 수렴하기로 했다"고 말했다. 국민대책회의는 "광우병 위험 미국산 쇠고기 수입을 반대한다는 기존의 의제를 유지하면서 다른 의제로 촛불집회 의제를 확장한다는 개념의 '1(미국산 쇠고기)+5(다른 정치적 사안) 방식'으로 촛불집회를 진행할 계획"이라고 밝혔다. 이에 따라 국민대책회의는 16일 서울시청 앞 서울광장에서 '광우병 미국산 쇠고기 수입 반대와 공영방송 지키기'란 주제로 집회를 마친 데 이어 17, 19일엔 각각 '한반도 대운하 반대'와 '건강보험 민영화 반대'를 주제로 한 촛불집회를 열기로 했다. 23, 24일에도 각각 '미친 소, 미친 교육'과 '미친 소, 미친 민영화'를 주제로 집회를 열었던 것이다.

당시 정부의 대책은 실제적으로 속수무책에 가까웠다고 볼 수 있다. 정부가 쇠고기 고시를 강행하면서 시민들의 분노 표출도 거세지고 이에 따라 집회 현장에서의 폭력은 경찰과 시위집단 간에 발생했으며 광우병 국민대책회의마저도 5월 27일 "비폭력 평화집회 기조를 지킬 수 있도록 시민들의 자제를 보이자"고 호소에 나섰다. 국가인권위도 이날 "경찰은 필요 이상의 진압으로 시민들의 인권을 침해해서는 안 되고 시민들도 평화의 원칙을 깨는 폭력행위는 삼가야 한다"고 호소했다. 인권위는 대규모 집회가 예고된 28일 현장 인권지킴이단을 긴급 편성하기로 했다. 특히, 5월 26일 밤 촛불집회에 참가한 일부 시민은 조선일보·동아일보 사옥 문을 부수고 쓰레기를 던지는 등 이들 보수 언론사의 보도 행태에 대한 불만을 직접적으로 표출했을 정도로 한국의 시민사회가 진보냐 보수냐 이념적 논란의 정점에 달했던 시기라고 평가할 수 있다. <표 7-4>는 2000년도 이후 주요한

표 7-4 2000년도 이후 주요한 한국의 사회적 이슈와 시민사회 활동

2000년	2001년	2002년	2003년
총선시민연대 활동 의약분업문제 미군문제와 SOFA 개정 수도권 난개발 저지운동 정치개혁 입법활동	정치개혁 입법활동 언론개혁운동 인터넷 미군부대와 환경오염 새만금사업 중단활동	대선 시민정치 참여운동 대선유권자연대 활동 지방선거 참여활동 여중생 사망과 SOFA 개정 정치개혁 입법활동	새만금사업 반대운동 부안핵폐기장 반대운동 NEIS 반대운동 이라크파병 반대운동 호주제 폐지활동
2004년	**2005년**	**2006년**	**2007년~2008년**
대통령탄핵 반대운동 총선시민연대 활동 이라크파병 반대운동 국가보안법 폐지운동	기생충알 김치 파동 한반도 대운하 반대 운동 핵폐기장 반대운동 독도수호운동	미군기지 이전 반대운동 한미FTA 반대운동 지방선거 참여활동	대선 시민참여운동 태안기름 유출사건 광우병 파동에 따른 광우병국민대책회의

정치행정과 시민사회와의 역학 관계 변화를 보여 주는 주요한 이슈들을 정리한 것이다.

4 IT 기술의 진보와 새로운 시민운동의 전개에 대한 전망

민주주의와 경제 발전을 이룩한 선진 국가들을 연구한 퍼트남(Robert D. Putnam)과 후쿠야마(Francis Fukuyama) 등은 민주주의와 경제 발전의 핵심적 요인으로 소위 사회적 자본의 확충을 지적하고 있다. 사회적 자본은 상호간의 이익 증진을 위한 조정(coordination)과 협조(cooperation)를 용이하게 하는 네트워크, 규범, 그리고 사회적 신뢰 등 사회조직의 특질로 정의되며, 시민 참여의 네트워크(network of civic engagement)와 호혜성의 규범(norm of reciprocity)으로부터 생성된다고 한다. 즉, 사회자본은 구성원들의 면대면 접촉을 통해 생성되기 때문에 사회자본이 많은 사회 또는 공동체일수록 공동의 문제의 해결을 위한 조정과 협조가 용이하다는 것이다. 시민사회단체들의 영향력 증대 원인은 바로 정부실패(government failure)에 기인한다고 한다. 시장실패(market failure) 이후 정부는 시장에

개입하여 복지사회를 이룩하려고 했으나, 오히려 더 나쁜 결과를 초래하거나 국민이 원하는 다양한 욕구를 충족시키는 데 한계에 부딪혔다. 정부 영역은 원천적으로 다수결의 원칙, 강제성의 원칙, 획일성의 원칙, 관료제의 원칙이 적용된다. 따라서 현대 사회의 복잡한 문제를 해결하고 시민들이 원하는 욕구를 해결하는 데 한계가 있다. 정부가 해결하지 못하는 각종 사회문제를 해결하고 정부의 한계를 보완하기 위한 기제로서 시민사회에서 각종 비영리단체(nonprofit organization: NPO)가 등장한 것이다. 비영리단체는 서구 복지국가, 특히 미국과 같은 복지다원주의(welfare pluralism) 사회에서 정부와의 협력을 통해 복지 서비스를 제공하는 중요한 역할을 한다. 이 비영리단체 중의 하나가 바로 NGO다. NGO는 공공의 이익을 추구하는 결사체로서 정부가 해결하기 어려운 각종 사회문제를 자원주의(voluntarism)에 입각해 해결한다. NGO의 공익성은 정부의 목적과 상통하기 때문에 시민의 삶의 질을 증대하기 위해 정부와 일정한 협력이 이뤄진다. NGO에 대한 정부의 업무 위임과 재정 지원은 이러한 협력의 일환이다. 그뿐만 아니라, NGO는 사회 변혁을 실천하는 과정에서 정부의 개혁정책을 지지하거나 이에 반대하는 기득권 세력을 견제함으로써 개혁을 지원한다. 따라서 정부와 NGO 간에는 무언의 합의가 이뤄지고 정책 형성 과정에서 다양한 협력이 이뤄질 수 있다. 오늘날 양자 간에는 거버넌스(governance)라는 이름으로 다차원적인 협력이 일어나고 있는 것이다.

이러한 관점에서 2011년 10월 26일 서울시장선거는 소셜 미디어(social media)를 통한 정치 참여가 선거라는 관습적인 정치 참여 방식에 정당에도 큰 충격을 주었지만, 기존의 거대 시민단체들에게도 충격을 주었다는 점은 새로운 거버넌스 체제를 국민이 원하고 있다는 신호이기도 하다. 앞으로 한국 정치행정 체제 자체를 뒤흔들 수도 있는 큰 변화도 예상된다. 페이스북, 트위터 등 스마트 정보통신 기술에 의한 이들 젊은이들의 직접적인 정치 참여는 갈수록 보편화되고 있고, 이는 기존 대의민주주의 체제의 근간인 정당을 위협하고 정규 언론 중심의 매스미디어의 정치사회적 역할을 오마이뉴스, 딴지일보, 나꼼수다 등등의 인디언론의 등장이 기성의 가치 체계를 위협하고 있는 것이다. 즉, 롱테일 정치(long-tail politics)가 스마트 정보통신 기술의 등장과 맞물려 정치적 자원(political resources)의 민주화라는 측면에서 긍정적인 평가를 받을 수 있는 시기가 도래될 가능성이 높다. 전통적인 대의민주주의 제도에서는 정치적 참여가 조직, 자금, 사회적 명망 등 유무형의 정치적 자원을 가진 엘리트 집단에 한정되었다. 반면 일반대중은 이러한 정치적 자원의 부재로 인해 대부분의 경우 규칙적으로 행해지는 선거를 통해서만 정치적 참여를 하는 데 만족해야 했다. 하지만 소셜 미디어는 저비용의 정치 참여를 가능하게 했고 인터넷상의 정치적 연결망은 정당에 의한 오프라인 조직보다 효과적일 경우가 많았다. 하지만 이러한 비관습적 정치 참여가 일상화될 경우 매스미디어와 정당 등에 의한 사회필터링 기능이 무용화되어 갈등 조정의 어려움, 이해관계자 대표성 상실, 정책결정 과정상 협상 비용의 증가, 책무성 위기의 발생 등으로 정책결정의 안정성이 훼손될 우려가 있다. 소셜 미디어의 보편화는 선거와 같은 관습적인 시민 참여에도 혁명적인 변화를 이끌었다. 선거운동은 관습적으로 정당조직에 의해 그리고 매스미디어를 통해 이뤄졌다(주창범·임승빈, 2011). 하지만 2011년 10월 26일 서울시장선거에서 소셜 미디어는 정당조직과 매스미디어의 영향력을 상당 부분 무력화시켰다. 스마트폰 등 소셜 미디어를 많이 이용하는 20대에서 40대에 이르는 청장년층은 신문·방송으로 대표되는 매스미디어보다는 온라인상의 소셜 미디어를 통해 정보를 얻고 여론을 '퍼나르며' 후보자에 대한 지지 의사를 밝혔다.

SNS의 시민운동에서의 활용을 살펴보자면 21세기 시민사회 형성을 도모하는 시민단체들의 앞으로의 활동 수단 중 하나가 SNS가 되지 않을까라는 예상이다. 실제로도 최근에는 시민단체의 움직임이 SNS를 적극 활용하는 방향으로 나아가고 있는 모습을 발견할 수 있다. 현재 많은 수의 시민단체가 전용 트위터를 개설해 사용하고 있으며, 페이스북에서 시민단체의 이름으로 페이지를 개설하는 등 SNS 활용에 적극적인 모습을 보여 주고 있다. 많은 시민단체가 홍보, 소통, 정보 공유의 목적으로 SNS를 이용하고 있는 것이다. 따라서 정치행정 체계에 새로운 소통 수단으로서 이들 발달된 IT 기술이 정당이나 기존의 시민단체 활동에도 크게 영향을 주어 정치행정 지형을 바꿀 수 있다고 전망된다.

제 3 절 지방자치제 도입과 지방분권의 변화

1 1980년대 민주화와 민선지방자치의 부활

우리의 지방자치는 1980년대 후반에 민주화 바람이 불면서 1988년에 지방자치법이 개정되었지만 당초 계획대로 시행되지 못했다. 이후 수차례 법 개정을 거쳐 1991년에 지방의회가 구성되고 1995년에 지방자치단체장이 선거로 선출되었다. 이렇게 하여 우리는 지방자치법 제정 후 46년 만에 간신히 법이 정한 지방자치를 제대로 시행할 수 있었다. 지방자치제 재도 입후 15년이 경과하고 있지만 우리의 지방자치는 시행 초기에 예상했던 만큼 진전하지 못했다. 부분적으로 또 단계적으로 지방분권이 강화된 것은 부정하기 힘들지만 지방분권을 추진하고 있는 OECD 선진국의 분권 수준과 비교하면 아직 크게 뒤져 있다. 주민들의 분권 의식도 강하다고 말할 수 없지만 이를 추진해야 할 정치지도자와 관료의 분권 의식은 더욱 약하다. 그간의 지방자치를 둘러싼 우리의 현대사를 들여다보면 지방자치에 대해 권력자와 중앙정부 관료, 그리고 일부 학자층을 중심 세력으로 하는 강한 거부 그룹이 있다는 사실을 알 수 있다. 지방자치에 대한 이들의 의식은 명료하다. "조그마한 나라에서 무슨 지방자치냐. 중앙정부가 국가적 비전에 따라 국토 전체를 아우르는 계획을 짜서 사업을 효율적으로 추진하고, 지방정부는 중앙이 짠 계획에 따라 필요한 사업을 효과적으로 집행해야 중복에 따른 낭비를 막을 수 있고 행정효율도 높아지는 게 아니겠느냐"는 것이다.

전통적으로 중앙집권형 통치 체제에 익숙해 있었던 탓인지 분권형 통치 체제의 흔적을 찾아보기 힘들다. 1400년 이전의 3국 시대를 포함해 고려, 조선에 이르기까지 한반도에 들어선 정부는 중앙의 기관이 모든 권력을 쥐고 행사했으며 지방은 중앙에서 임명되어 파견된 이들에 의해 통치되었다. 지방의 수령이 토호 세력에 의해 옹립되고 세습되는 모습은 찾아보기 힘들다. 고려 이후에는 특히 그렇다. 파견된 신분이긴 하지만 지방의 수령은 관

내의 행정과 사법에 관해서는 막강한 권한을 행사했다. 그러나 임기가 길지 않아 특정 지역에 뿌리를 내리기 힘들었고 무엇보다 수조권(收租權)이 중앙의 몫이고 지방은 그 일부를 배분받아 사용해야 했기 때문에 경제적으로 여유롭지 못했다. 그러한 점에서 우리에게 지방자치와 지방분권은 역사적으로 낯선 체제였다고 말할 수 있다.[2] 지금도 지방자치에 대해 부정적인 인식을 지닌 이들은 우리의 역사적 전통과 좁은 국토, 경제적 효율성, 효과적인 형평성 제고 등의 이유를 대면서 중앙집권의 필요성을 강조한다. 정치가나 관료뿐이 아니다. 학자 등 전문가층에서도 이러한 생각을 갖고 있는 이들이 적지 않다. 그래서 지금의 지방자치를 크게 바꿔 지방정부에 행정사무 권한을 대폭 넘겨주고 이러한 사무의 집행에 필요한 재원의 징수와 활용에 관한 권한까지 이관하는 데 대해 이런저런 이유를 붙여 저항하고 있다. 그러다가 저항에 대한 강한 비판이 일면 분권화 흐름에 형식적으로나마 부응하는 듯한 시늉을 내고 있다. 2011년 현 시점의 우리 지방자치와 지방분권은 이와 유사한 상황에 처해 있다고 말할 수 있을지 모른다.

2 김대중 정부 이후 이명박 정부까지의 지방분권화

우리가 지방분권에 관심을 가진 1990년대는 우리뿐 아니라 선진국에서도 지방분권 강화를 위한 움직임이 활발했던 시기였다. 각국의 정부개혁이 추구한 지방분권 강화는 비교적 작은 정부를 가지고 있던 나라에서 동조화 현상을 보이면서 추진 내용과 추진 체계가 흡사했다.[3] 이때의 정부개혁의

2) 일본을 포함해 OECD 선진국의 경우 대부분 중세 봉건 시대를 거쳤다. 이 시대에는 봉토 등 지역 단위 차원에서 봉건영주를 정점으로 수준 높은 자치와 분권이 허용되었다. 이 과정에서 주민들은 자치와 분권의 중요성을 몸으로 체험해 왔고 시간이 흐르면서 이는 이들의 유전자에 각인되었다고 할 수 있다. 근대에 이르러 국가 간 세력다툼이 가열되면서 생존전략 차원에서 분권형 국가에서 중앙집권형 국가로 탈바꿈했지만 제2차 세계대전 후 국제 평화 체계가 확립되자 이들 선진국에서는 지방분권의 필요성을 재인식하고 지방자치, 지방분권을 강화하는 방향으로 큰 흐름을 잡고 있다.

3) 이 같은 신공공관리론에 입각한 행정개혁은 앵글로색슨형 정치행정문화를 가진 미국, 영국, 캐나다, 호주, 일본 등에 더 적합했으며 대륙형(막스 베버형) 정치행정문화를 가진

밑바탕에 있던 논리는 신공공관리론(new public management: NPM)으로 분권화, 시장 테스트에 입각한 기업화, 민영화 등에 의한 중앙정부 규모 축소라고 할 수 있다. 김대중 정부인 1999년 이후 추진된 10여 년에 걸친 지방분권 작업의 성과는 요란한 정책구호에 비춰볼 때 기대에 미흡한 상황이다. 지난 10여 년간, 지방자치를 강화할 목적으로 3개의 위원회가 가동되었으며, 2011년 현재에도 명칭이 바뀌었으나 지방분권촉진위원회가 가동 중이다. 1999년 9월에 발족해 2003년 9월에 사실상 종료된[4] 지방이양추진위원회가 있다. 이는 「중앙행정 권한의 지방이양 촉진 등에 관한 법률」(1999)에 근거해 설립, 운영되었다. 이후 2003년 5월에 발족해 2008년 6월에 종료된 '정부혁신·지방분권위원회'가 있는데 이는 앞의 법(1999)과 「지방분권특별법」(2004)에 근거해 설립, 운영되었다. 현재 가동 중인 지방분권촉진위원회는 앞의 「지방분권특별법」을 대폭 바꿔 제정된 「지방분권 촉진에 관한 특별법」(2008)[5]에 근거해 발족했다. 이들 3개 위원회는 발족 초기에는 모두 큰 목표를 내걸고 출범했지만 이룩한 성과는 기대만큼 크지 않다. 물론 지방자치에 관한 우리의 자세와 역량을 감안하면 작지 않은 성과라고 할 수 있을지 모르지만 이관사무 등 객관적 수치만 가지고 보면 당초의 목표와 거리가 있고 이러한 점에서 기대 이하라는 평가가 내려지고 있다.

지방이양추진위원회의 경우 지방에 이양키로 한 사무 612건(1998~2002, 국민의 정부)이며, 이 중 3건을 제외하고 대부분 사무를 이양했다. 하지만

독일, 프랑스 등의 국가에서는 다소 변형된 방식으로 행정개혁이 추진되었다(임도빈, 2000).

4) 1999년 1월에 제정된 「중앙행정 권한의 지방이양 촉진 등에 관한 법률」은 지방이양추진위원회를 2008년 8월 말까지 10년간 운영하도록 규정했다. 그러나 정권 교체로 인해 위원회 활동은 2003년 9월에 사실상 종료되었다.

5) 이 법은 기본적으로 한나라당이 야당이던 2005년 11월 2일 권경석 의원이 발의한 법안에 근거하고 있다. 국가가 지방분권 정책을 세우고 진행할 때 지방자치단체장 등의 협의체 의견 수렴, 국가와 지방 사무를 중복되지 않도록 배분하고 관련 사무를 배분받은 지방자치단체가 그 사무를 자기 책임 하에 종합적으로 처리할 수 있도록 포괄적으로 배분, 국가가 지방분권의 시행에 필요한 행정·재정상의 법제도적 조치 마련, 국가와 지방자치단체가 연 2회 이상 추진 실적을 공표, 국가가 지방의 재정 자치가 보장되도록 지방세 비율 증대와 국세의 지방세 전환, 지방분권촉진위원회를 설치 등이 모두 그렇다.

이양 사무의 내용을 들여다보면 숫자에도 불구하고 지방의 자치권 강화와 수요자인 주민 편익 증진 측면에서 실효성 있고 체감 효과가 큰 사무가 별로 없다. 단위사무 위주로 이양하다 보니 주민 편익 증진을 위한 기능 중심의 포괄적이고 일괄적인 이양이 되지 못한 것이다. 또 이양사무가 효과적으로 수행되도록 하기 위해선 중앙정부에 의한 행정적·재정적 지원이 병행되어야 하는데 이 부분도 매끄럽지 못했다. 정부혁신·지방분권위원회를 정권 초기에 설립해 그 어느 정부보다도 지방분권에 적극적인 노무현 정부의 지원이 있었지만 실질적인 분권 강화에는 이르지 못했다는 평가다. 분권의 기본 방향 제시 수준에 머물고, 분권정책의 큰 그림과 이에 따른 단계적 실천계획을 제시하지 못했다. 지방정부에 이양하기로 한 사무 건수가 902건이었는데 2009년 9월 기준으로 746건이 이양되고 156건이 이양되지 못했다. 정권 초기인 2003년에 478건을 이양키로 결정하는 등 의욕적으로 출발했지만 이후 급속히 동력이 떨어져 기대만큼의 실적을 거두지 못했다. 국민의 정부와 참여정부의 10년간, 분권 추진에 나서자는 총론에는 이해관계자를 포함한 참여자 다수가 마지못해 납득하는 모양새를 띠지만 어떠한 사무를 언제까지 이양하고 그에 수반해 법제도를 언제 고치고 필요한 재원을 어떻게 넘겨 주겠다는 구체적이고 실효성 있는 사업계획을 거론하기 시작하면 모두가 준비 부족을 호소하거나 시기상조라는 자세로 변한다. 이처럼 실천적인 각론의 논의와 실행 방식의 모색에 소극적이다보니 우리보다 행정이 보수적이라고 평가받는 일본에 비해서도 지방분권의 진전이 더디다. 일본의 경우 우리보다 약간 이른 1995년 이후 본격적인 지방분권 강화 작업에 착수한 바 있다. 「지방분권특별법」(2004)을 대폭 개정한 「지방분권 촉진에 관한 특별법」(2008. 2)에 근거해 2008년 12월에 발족한 지방분권촉진위원회에 거는 기대는 당초 크지 않았다. 발족까지 시간도 많이 소요되었고 위원 선임 과정에서도 갈등을 보이는 등 우여곡절이 없지 않았기 때문이다. 게다가 지난 10년과 달리 보수 성향이 강한 정부이기 때문에 지방분권 강화에 전보다 더 큰 의욕을 보일 것으로 기대되지 않았다. 동 위원회는 분권과 관련한 선도 과제를 정하고 이를 수행할 5개의 태스크포스팀과 1개의 소위원회를 구성[6]해 사업을 추진하고 있다.

특히, 주목해야 할 점은 현 이명박 정부 들어서 강력히 추진하고 있는 행정구역 개편 문제다. 과연 이것이 지방분권론적 발상이냐 혹은 집권론적 발상이냐에 대한 논의가 분분하다. 결론부터 말하자면 필자는 행정구역 개편은 집권적 발상의 정점이라고 본다. 그 근거로서 지역 규모의 경제성과 행정효율성을 가장 강조하면서 한편으로는 근린자치를 강화하자는 논리이나 이와 같은 발상은 근본적으로 분권론적 발상과는 거리가 멀다. 오히려 교육과 경찰 등의 자치제도에 대한 근본적인 기능 재조정이 필요한 시기에 실현가능성이 극히 낮은 전국을 60~70개로 단일계층화하자는 주장이 지나치게 커져서 지방자치 담론을 또다시 불러일으킨 것이다. 즉, 현 정부에서는 초기부터 지금까지 지방분권의 실종이 여전히 계속되고 있다.

3 지방분권의 국제적 조류[7)]

1980년대 이후 EU권 국가(일부 연방제 국가 포함)를 중심으로 지방분권 논의가 등장했는데 이때의 지방분권(devolution)은 중앙정부 권한을 하위정부(주, 지역, 시군)로 이관하는 것을 지칭했다. 이때의 분권은 통상 헌법을 개정하지 않고 기존 법률 체계 내에서 약간의 개정을 거쳐 추진되며 권한 이양에도 불구하고 국가 유형은 단일(unitary system) 국가를 유지하는 형태였다. 따라서 하위 정부의 권한은 필요시 중앙정부에 의해 언제든지 회수 가능하다는 점에서 연방제(federalism) 국가와 차이점을 보였다. 이후의 지방분권 논의는 미국과 일본 등으로 확산되었는데, 1980년대의 프랑스와 1990년 후반의 영국 사례가 주목받았다.

프랑스는 1980년대 사회당의 미테랑(François Mitterand) 대통령(1981~1995)이 등장하기 이전까지 세계에서 가장 중앙집권적인 국가였다. 파리의

---

6) 5개의 T/F팀은 특별행정기관정비팀, 법률자문팀, 행·재정지원팀, 사무구분체계 개선팀, 지방이양사무 발굴팀이며, 소위원회는 지방재정발전소위원회다.
7) 배준호·이진순·임승빈·김상호(2009), 지방자치의 재구조화, 경기개발연구원 2009-01 보고서.

중앙정부는 연간 예산에서 학교가 거리의 새로운 이름의 지정까지 각 지방정부(régions, départements, communes)가 수행하는 대부분의 주요 결정에 대해 사전 승인을 받도록 했다. 하위 정부의 규모와 책임이 커지면서 대부분의 시장이 '감시(tutelle)'라는 형태의 중앙정부의 권력 행사에 저항하기 시작했다. 이때 등장한 미테랑 대통령이 3층의 하위정부 권한을 대폭 증대시키고 '감시' 조치를 대부분의 정책결정에서 배제시켰다.

영국의 지방분권 논의는 1970년대 초에 활발히 전개되었으나 투표에서 부결된 후 1990년대 후반의 블레어(Tony Blair) 정권에서 활성화되었다. 스코틀랜드와 웨일스 주민들 다수의 자치 욕구가 강해지면서 스코틀랜드 국민당(SNP), 웨일스당(Plaid Cymru)에 대한 지지도가 상승했다. 1979년 노동당 정부가 스코틀랜드 국민당과 웨일스당, 자유당의 지지를 받아 지방분권을 강화하는 국민투표를 시행했으나 스코틀랜드, 웨일스 두 곳에서 모두 좌절되었다.[8] 이후 양 지역 주민들의 지방분권에 대한 욕구가 점점 커지면서 하원의원 선거에서 압도적 다수로 노동당 후보를 지지했으나 보수당이 1979년부터 1997년까지 집권하면서 지방분권이 실현되지 않았다. 1990년대 후반의 영국의 지방분권은 스코틀랜드와 웨일스에서 다르게 적용되었다. 1997년 집권한 노동당의 블레어 총리는 지방분권 작업을 추진했는데 스코틀랜드와 웨일스에 다른 형태를 제안했다. 스코틀랜드는 자체 의회를 구성해 입법권을 갖고 부분적으로 자체 세율 결정권을 갖는 반면 웨일스 의회는 중앙정부 통과 법안의 웨일스 시행 방식을 정하는 권한을 지녔다. 1997년 9월 11일 스코틀랜드 주민들은 자체의회, 세입청 창설 법안을 압도적 지지로 통과시킨 반면 일주일 후 웨일스 주민들은 간신히 자체의회 창설 법안을 통과시켜 두 의회는 1999년부터 정상적으로 기능하고 있다. 또 1998년 벨파스트 평화협정(good friday agreement)으로 북아일랜드 의회 창설과 자치 회복으로 1970년대에 시작된 중앙정부의 직접 통치가 종료되었다. 한편 잉글랜드에 지역의회를 설치하는 법안도 제시된 바 있다. 지

8) 투표한 스코틀랜드 주민들의 높은 지지에도 불구하고 법 통과에 필요한 선거구 주민 총수의 40%를 넘지 못했다.

방분권의 움직임은 핀란드, 스페인, 이탈리아 등으로 확산되고 있다. 지방분권의 확산은 이 조치가 지역 간, 종족 간, 인종 간, 종교 간 분열을 완화시키는 효과가 있기 때문이다.

특히 다인종 국가, 가령 스리랑카, 인도네시아 같은 곳에서 효과가 크다고 알려져 있다. 프랑스, 영국 외에 핀란드에서는 올란드 제도(Åland Islands) 지역의 스웨덴어 주민들에 대한 자치 허용, 스페인에서는 바스크, 카탈로니아, 가르시아, 안달루시아 등지의 지역정부에 의한 광범위한 권한 행사 등이 있다. 이탈리아에서도 일부 지역이 특별자치를 허용받고 있다. 중앙정부나 지역정부에 의해 특정지역에 대해 제한적인 자치나 자치정부 설치를 허용하는 홈룰(home rule)[9]이 확대되고 있는 것이다.

제 4 절 결론: 차기 정부와 지방분권 과제

1 자치행정 구역 개편에 관한 사견(私見)

외국의 사례들을 보면 자치단체의 구역 개편 시 대내외의 환경적 요인들, 예를 들어 권위주의 정권에서 민주주의 정권으로의 이양, 국가의 재정 상태 변동, 지역경제의 재편, 지역 내의 이익집단의 향배, 지역 및 중앙의 정치구도 등에 대해 첫 번째, 혹은 두 번째와 세 번째 접근 방법이 복합적으로 작용되어 자치행정 기능 수행과 관련되어 구역 개편이 이뤄지고 있다고 볼 수 있다. 오히려 자치행정 기능 수행과 자치구역 간의 규모의 상관성은 적다고 볼 수 있다. 따라서 자치단체의 행정 수행 능력을 향상시키는 방안

9) 본시 이 제도는 다수의 국가로 구성된 제국 등에서 사용되던 통치 방식으로 고대 로마제국과 대영제국에서 활용된 바 있다. 지역주민이 정치적으로 중앙정부 통치를 수용한다는 전제 하에 제한적으로 자체정부에 의한 지역통치를 허용하는 방식이다. 이는 1875년 이후 미국의 주헌법이 산하 지방 자치단체에 일반적이거나 특별히 열거된 자치권을 허용하기 위해 자주 개정되었는데 그 당시의 주정부나 대도시 정부에서 나타난 통치 형태기도 하다.

으로서 광역자치단체와 기초자치단체 간의 기능의 재배분이 중요하게 부각되는 것이다. 결론적으로 기초자치단체 간의 통폐합 또는 도와 광역시 간의 통폐합은 주민들의 의사를 묻고 이뤄질 수 있겠으나 광역을 없애는 계층 축소 문제보다 더 시급한 사항은 현행 자치단체 사무 권한을 좀 더 차등적이고 지역의 특수성을 반영하는 기능 조정이 필요하다고 본다.

2 시민사회와의 새로운 거버넌스 체제 구축을 통한 지방분권

앞서 살펴본 바와 같이 1987년 민주화 이후 한국 사회는 짧은 기간 동안 정당 및 국회 등이 정치적 기능을 회복해 대의민주주의가 작동하기 시작했다. 또한 대의민주주의를 보완할 수 있는 정치 및 사회제도로서 시민단체가 빠르게 성장했다. 이러한 과정을 통해 시민들의 정책 과정 참여는 상당 부분 관습적인 방법으로 제도화되었다. 이러한 상황에서 인터넷 등 정보통신 기술의 발달에 힘입은 시민들의 직접적인 정책 과정 참여가 점차 보편화되어가고 있다. 이러한 참여는 비관습적 시민 참여의 형태를 띠는 경우가 많아 무정부주의(anarchy)를 야기할 수 있는 다중(多衆)민주주의 체제의 가능성을 보여 주었다. 즉, 참여는 확대(many talks)되었으나, 대의제의 근간인 정당뿐만 아니라 거버넌스적 관계의 중요한 축을 담당하는 시민단체가 정치적 대의성을 발휘하지 못한 가운데 소규모, 자발적인 다중(multitude)이 급격히 등장한 것이다. 인터넷은 이들의 정책 과정 참여를 저비용으로 가능하게 했다. 온라인상의 정책 과정 참여는 상황에 따라 오프라인으로 쉽게 발전될 가능성을 갖고 있으며, 이는 2002년, 2004년 그리고 2008년 촛불시위에서 잘 나타난 바 있다. 이러한 다중민주주의는 시민 참여 제도화를 통해 거버넌스 체제로 발전되어야 한다. 하지만 이러한 발전이 규범적인 측면을 넘어 효과적인 체제로 발전하는 데는 여러 가지 고려해야 할 사항이 있다. 거버넌스 체제는 민주적이기는 하지만 참여집단이 많아짐에 따라 정책결정이 용이하지 않고 정책 수행의 거래비용(transaction costs)이 증가할 수 있다. 정책결정 및 집행 과정에 다양한 시민단체가 참여함에 따라 정책 책무성(accountability)의 위기도 발생할 수 있다. 또한 정책 수혜집단과 정책 손해집단 간의 갈등을 사전에 해소할 수 있는 장점이 있는 반면 합리적 결정보다는 정부의 입장에서 정치적 위험 부담을 경감시키는 정치적 목적으로 사용될 가능성도 있다. 거버넌스 체제의 중요한 역할을 담당하는 시민사회에 대한 고찰도 중요하다. 소규모, 인터넷에 기반한 다양한 시민단체는 전통적인 시민단체와 다른 성격을 지닌다. 전통적인 시민단체는 강한 규범성을 가진 대면(對面)조직(face to face organizations)이며, 사회적 평판(social reputation)에 매우 민감하다. 따라서 법적 제재 못지않게 사회적 제재(social sanctioning)에 영향을 받는다. 단체 간의 관계나 조직 내부 활동가들의 관계는 강한 사회적 유대에 기반한다. 하지만 소규모, 인터넷에 기반한 시민단체는 약한 규범성과 익명성에 기반한 비대면조직이다. 따라서 사회적 제재의 영향이 적고 느슨한 사회적 유대감에 기반하고 있다. 전통적 시민단체는 정책 과정에 참여시켜 정책 네트워크의 한 부분을 이룰 수 있지만 인터넷에 기반한 소규모 시민단체는 이러한 참여가 용이하지 않다(주창범 · 임승빈, 2010).

차기 정부는 지금보다 더욱 다원화된 사회가 될 것이다. 탈북자, 조선족, 동남아시아인의 유입 및 이민 등으로 다민족, 다문화 현상은 더욱 가속화될 것이다. 청년층을 중심으로한 실업문제는 쉽게 해결하기 힘든 구조적인 문제가 될 것이다. 저출산 등으로 인구는 감소하지만 1~2인 가구 수는 급격히 증대할 것이다. 서울시의 경우, 2010년 기준으로 지난 30년간 인구증가율은 15.3%에 머물렀지만 가구증가율은 90.8%를 기록했다. 다민족, 다문화, 실업난, 1~2인 가구화 추세의 증가로 시민들의 사회적 · 정치적 요구도 더욱 다양화 · 다원화될 것이다. 인터넷 등 정보통신 기술의 급격한 발달은 이러한 경향을 더욱 가속화시킬 가능성이 크다. 이에 따라 롱테일 정치는 확대될 것이고, 비관습적 시민 참여는 증가될 것이며, 정부의 국정 운영 능력은 저하될 가능성이 크다. 이제 선거와 같은 관습적인 정치 영역에서도 장로정치, 지구당사무실정치, 거대담론정치의 시대는 저물고, 청년정치, 인터넷카페정치, 재잘거림의 정치, 펀(fun)정치 시대가 등장한 것인지 모른다. 소셜 미디어에서의 정보 교류는 왜곡도 많고, 비방도 난무하며, 독점도 많다. 트위터 사용의 경우 상위 1%의 이용자가 정보를 생산하고 9%의 이용자가 이를 퍼나르며 나머지 90% 이용자는 이렇게 생산된 정보와 여론을 수동적으로 받아들인다는 조사도 있다. 하지만 시간이 지날수록 청장년층에 집중된 소셜 미디어의 사용은 노년층에게로 자연스럽게 확대될 것이며, 현재의 청장년층이 노년층에 접어들면서 사용자 격차 문제(digital divide)도 해소될 것이다. 또한 수동적으로만 보이는 다수의 소셜 미디어 사용자들이 왜곡된 정보의 견제와 수정 기능을 수행하는 경우도 많아 소셜 미디어가 자기정화 기능을 갖춘 공론(公論)의 장이 될 가능성이 크다.

결론적으로 말하자면 정치권과 시민사회의 소통과 합의의 도달을 위해서는 벡(Ulrich Beck)이 언급한 바와 같이 적이 사라진 민주주의에서 더 이상 이념 논쟁은 의미 없다. 우리가 이미 수많은 사례를 경험한 바와 같이 정부의 정책실패는 사전 분석이 잘못되어서라기보다는 대상 집단의 저항에서 기인하는 바가 크다. 자유민주주의 체제를 위협하는 적은 공산주의가 아니라 내부의 새로운 적인 사회 갈등에 적절하게 반응하지 못하고 언제까지나 기성 세대 및 기성 제도권이 사회의 가치 체계 붕괴에만 그 탓을 돌린다면 한국 사회에서의 소통과 통합은 더욱 더 요원해질 것이며 또한 지방분권도 시민사회와의 소통 없이 정략적으로만 이용당할 것이다.

제 8 장 지방분권과 지역시민운동

이장희

제 1 절 서론

지방분권과 지역균형 발전이라는 명제에 대한 시대적 상황에 대해 동일한 개념으로 인식할 수 없음에도 불구하고 각 지역과 시민단체의 자의적인 판단에 따라 오늘에 이르고 있다.

시민운동의 정의와 방향에 대해서는 그 동안 많은 논의와 토론이 있어 왔고 참여의 폭과 정체성, 그리고 결과적으로 일부 세력의 정치 참여의 수단이라는 활동에 대해 비판적 시각이 있었음도 사실이다.

최근 우리나라는 KBS 시청료 분리운동과 분리거부운동, 부안핵폐기물 유치 반대, 호주제 폐지문제, 새만금간척사업 중단, 탄핵반대 촛불시위, 이라크 파병 반대, 낙천낙선운동, 학교급식조례, 양심적 병역 기피와 대체복무 등등 수많은 사안에 합리적 이성을 갖고 대처한 경우도 있고 여론에 떠밀리듯 휩쓸리기도 했으며, 다중의 힘에 의해 일방적인 매도가 있기도 했다.

---

* 이 글은 제21회 '시민사회포럼'(2004. 06. 09.)에서 "지방분권화 시대의 지역시민운동 활성화 방안"으로 발표되었다.

지역의 경우도 일부 지배계층의 힘에 의해 또는 다수 여론에 의해 합리적 대안이 있음에도 표류되듯 운동이 전개되고 커다란 성과 없이 단순한 운동으로 마무리되기도 하는 안타까운 경우가 있다.

또한 지역시민운동 과정에서도 시민으로부터의 소외나 시민단체의 정체성 확보 문제, 다중의 힘을 이용하려는 시민연대 결성과 비민주적 의사결정 등이 있었던 것은 사실이다.

그렇지만 지금도 열악한 지역시민운동의 환경을 돌파하고 좀 더 나은 시민사회를 건설하려는 많은 지역시민운동가의 끝없는 노력에 힘입어 우리 사회는 조금씩 발전되고 있다고 판단한다.

이 장은 지방분권의 개념과 필요성을 요약하고 시민운동의 실천적 대안을 모색해 보자는 뜻에서 지역시민운동의 사례를 예시하여 분석해 보고, 지역시민운동이 활성화되어 나아갈 방안에 대한 의견을 모으는 계기가 되기 위한 것이다.

제 2 절 지방분권 추진 방향과 시민운동의 실천 방안

1 지방분권의 개념과 필요성

지방분권이라는 말은 시민의 생활용어와 시민운동의 전제가 되는 것이지만 분권과 분산의 의미를 혼동하거나 혼용하는 사례도 있다. 분권이 나오게 된 배경인 집권과 분권이라는 말은 지역주민의 민의에 관한 구분 과정에서 나온 것으로 정치제도상 대표되는 정부 간의 권한 배분 상태를 의미하는 용어다. 즉, 중앙정부와 지방자치단체 사이 또는 지방자치단체 상호 간의 권한 배분이 어떠한가를 말하는 것이다.

1990년대 우리나라를 비롯한 많은 국가가 지방정부의 경쟁력 제고를 위해 지방자치를 실시했고 지방자치의 정착을 위해 지방분권을 추진하게 되었다. 지방분권은 지방정부의 정책 능력을 제고하고 지역주민의 삶의 질을 향상시키는 중요한 제도 중의 하나로 인식되었기 때문이다.

우리나라는 30여 년 만인 1991년 지방자치를 부활해 지방 발전과 지역균형 발전에 대비했고, 지방의회가 출범한 4년 후인 1995년 단체장선거가 이뤄져 지방화를 대비한 제도를 갖추게 되었으며, 이 과정에서 그 동안 억제되었던 여러 가지 형태의 지역주민 의사가 표출되고 이를 수렴하지 않을 수 없게 되었다.

지방분권은 지역공동체의 형성과 시민사회의 정착을 통해 지방정부의 책임성을 확보하고 지역 간 선의의 경쟁을 유도해 모든 지방이 창조와 혁신의 주체가 되는 효율적이고 참여하는 정부를 만들려는 것이다(강형기, 2003).

지방이 살아야 나라가 산다는 말은 이젠 비정상적으로 편중된 권력을 분산해 국가경쟁력을 높이고 국력 향상을 도모하는 데 있다. 지식과 정보를 공유하고, 각자 주체성과 책임성을 확립하며, 지역의 다양성과 개성을 표출시켜 발전의 틀로 이끌기 위해서는 지방분권이 전제되어야 한다.

우리나라의 지방정부는 국가가 법령으로 결정하는 정책을 대신 집행하는 일선기관에 불과한 경우가 많고, 중앙에 권력 수단과 재원 및 인력이 집중되어 있고 지방정부는 중앙정부가 허락하는 범위 내에서 권한을 행사할 수 있을 뿐이었다. 비정상적으로 비대해진 중앙정부의 기능을 줄여 주고 중앙정부는 대외문제에 효과적으로 대처하고 지방은 권한과 재원을 위양받음으로써 지역문제나 지역 발전에 능동적이고도 주체적인 대응 능력을 갖게 하려는 것이 지방분권 추진의 중요한 이유다.

2 지방분권 추진 방향

지방분권의 추진 방향은 분권이냐 분산이냐의 문제보다는 이를 조화롭게 추진하는 것이 더 효과적이라고 볼 수 있다. 결국 지방분권은 법적·제도적 장치도 중요하지만 지역민주주의를 이루기 위해서는 풀뿌리 민주주의의 전제인 시민 참여를 높이는 것이 필수적이다.

따라서 시민 의식을 높여 지역의 시민들이 주체가 되는 네트워크가 필요하고 이 과정에서 추진 방향과 지역의 현안 문제들이 해결될 수 있을 것이다.

분야별 현안 과제들을 구분해 보면 다음과 같다.

1) 행정구역이나 계층을 어떻게 유지할 것인가?

2) 지방분권 분야로 법의 제정과 교육이나 경찰 등 자치제 실현

3) 감사 등 자치행정

4) 국고보조금이나 지방양여금 제도의 활용이나 세제 개편 등 지방재정 확충

5) 조례 제정 등 지방의회 역할 강화

6) 주민투표제, 주민소환제, 자치센터의 활성화 등 주민 참여 확대

3 지방분권과 로컬 거버넌스

지방분권과 국가 균형 발전이라는 명제가 달성되려면 지방분권도 중요하지만 지역사회 운영의 틀이 혁신되어야 한다. 기존의 지방자치단체가 자기중심적인 사고에서 벗어나 지역의 기업, 언론, 학계, 시민단체 등과 공동의 축을 형성해야 한다. 즉, 지역혁신을 위한 시스템을 구축하거나 지역의 제의 실천적 방안 마련 등을 통해 지역의 문제를 검토하고 같이 발전시키려는 마당이 있어야 할 것이다.

지역사회를 혁신하기 위해서는 자주성이 강조되고 책임성도 부과되며 자율적인 목표 달성과 경영관리가 필요하다.

중앙정부와 차별화되는 지방정부의 로컬 거버넌스는 지방정부, 지역기업(상공회의소 등 지원단체 포함), 학계 등 전문가, 시민단체 그리고 지역언론 등이 구심점이 되어 협력적 네트워크를 구성하는 것이 중요하다. 그리고 지역주민들이 공감대를 형성하고 공동으로 노력하는 자세가 반드시 수반되어야 한다.

이들이 네트워크를 형성하게 되면 지역사회가 나아갈 방향인 비전이 제시되어야 한다. 즉, 지향해야 할 목표 설정이 있은 후 이를 달성하기 위한 각자의 역할과 다짐이 중요하다.

청주시는 지속가능발전협의회를 조직 운영하고 있으며, 지역의제21 실현을 위한 다양한 활동을 하고 있다.

4 NGO와 시민운동의 실천 방안

1992년 리우 유엔환경회의는 NGO의 중요성을 세계적으로 인정한 계기가 되었다. 당시에 채택된 '의제 21(Agenda 21)'은 의제 21의 수행을 위한 9개 주요 집단의 하나로서 NGO를 설정함으로써 부각되었다. 우리나라도 1980년대 이후 민주화가 진행되면서 시민들의 자발적인 활동이 다양한 NGO 활동으로 나타났으며, 1990년대에 들어서 시민사회운동으로서의 NGO 활동이 중요한 축을 형성하게 되었다. 지방화의 흐름 속에서 NGO라는 용어는 지역경제, 민주주의, 교육, 보건의료, 인권, 환경, 장애인, 교통, 여성 등 다양한 활동 영역에서 자발적으로 조직된 시민들의 비정부·비영리·자율적·자원적 조직이란 의미로 쓰이게 되었다.

시민단체, 환경단체, 대중적(풀뿌리) 조직, 지역공동체 등은 이에 속하나 특정 이익을 대변할 압력단체나 정당, 영리 목적의 사회단체는 제외한다.

이러한 NGO 유형은 활동 범위에 따라 공동체 조직, 시·도 조직, 전국적 조직, 국제적 조직으로 구분한다. 그리고 지향하는 바에 따라 자선적 형태, 봉사 지향적 형태, 참여 지향적, 주민자립 지향성으로 구분되어 활동하고 있다.

NGO 활동의 장기적 목적은 민주화, 삶의 질 향상, 인권 보호나 약자 권익 보호, 환경 보호, 남녀 평등의 실현 등 다양하므로 그들만의 궁극적인 목표 달성 정도나 활동 내용을 효과적으로 평가하기는 매우 어렵다. 또 개별 NGO의 활동을 토대로 연대사업을 평가하기는 더욱 어렵다.

로컬 거버넌스로 구축된 시스템이 정상적으로 운영되기 위해서는 각 주체가 맡은 바 일을 완수해야 하나 제도적 정비 또한 의미가 있다.

일반적으로 제시되는 제도적 정비는 ① 주민참여제도(주민투표제, 주민소환, 주민소송), ② 지방의정 활성화(지방의회 권한 확대, 전문성 제고, 유급제 검토), ③ 지방교육 행정제도(사무재배분, 행정기관과의 통합 여부)로 크게 나눌 수 있다. 중앙정부가 해야 할 일과 지방정부가 해야 할 일을 구분하기 위해 거론된 것일 뿐인 이러한 제도적 정비도 중요하지만 시민운동이 활성화되기 위해서는 특히 새로운 환경을 만들고 풀뿌리 민주주의를 실현하기 위한 노력이 필요하다.

주민들의 요구 사항이나 지역사회에 내재되어 있는 현안 문제에서도 자율성이나 사회의 다양성, 여성화, 분권화 그리고 평화를 추구하는 새로운 세력들을 어떻게 결집하고 그 역량을 최대화해 사회 발전으로 승화시켜 나아가느냐 하는 것이 시급하다. 즉, 우리 지역사회와 주민들의 '삶의 질 향상'이란 공동의 목표를 실현해 나아갈 수 있어야 한다는 것이다. 그 중심에 시민운동이 있는 것이고 역량 강화와 운동을 극대화하기 위해 정체성을 지닌 시민단체가 존재하는 것이다.

제 3 절 지역시민운동의 사례

수많은 NGO가 1980년대 민주화운동 이후 목적이나 필요성에 의해 만들어졌다고 할 수 있다. 분야로 나눈다면 환경 · 정치사회 · 경제 정의 · 교육 · 여성 · 종교 · 언론 · 문화예술 · 청년 · 인권 · 의료 · 주민자치 등 다양한 운동 영역이 개발되었다.

지방자치의 실시는 지역단체의 독자성을 강화하고 기존의 중앙 중심주의적 하부조직 결성에서 이제는 지방의제를 개발하고 지역 현안 문제를 풀어 나아갈 수 있는 조직이 형성되고 있다. 또한 중앙과 지역, 동일 지역 간 연대를 도모할 수 있는 수준에까지 이르게 되었다.

현시점에서의 우리 사회의 NGO들은 수준이나 역량으로 볼 때 정치 세력화의 단계보다는 비판운동과 정책대안운동에 중점적으로 활동하고 있다고 본다.

여기에서는 충북지역의 기존 운동 사례를 열거하고 사업 내용을 판단함으로써 활성화를 위한 대안 마련으로 제시하고자 한다.

1 지방자치 100대 개혁 의제와 17대 총선 개혁 과제

2002년도 총선개혁시민연대의 10개 분야 100대 개혁 과제로서 주요 의제는 다음과 같다.

1) 환경 분야

- 신규댐 건설 및 댐 재개발 사업 중단
- 수돗물 불소화사업 중단 및 지역사회 내 합의 도출
- 한강 · 금강수계 물관리종합대책의 합리적 개선
- 환경생태교육 활성화
- 오송생명과학단지의 생태형 도시 개발
- 인위적 하천 정비 중단 및 환경 친화적 하천관리로 전환

2) 사회복지 분야

- 청주골 실버카드제 도입
- 장애인 일자리 창출 및 수당 지급
- 사회복지 시민평가제 실시
- 장애인 의무고용률 2% 준수

3) 노동 · 실업 분야

- 공공근로사업의 개선과 민간위탁 확대
- 비정규직 노동자문제에 대한 대책 마련
- 실업대책위원회의 기능과 역할 강화

4) 통일 · 인권 분야

- 노근리 평화인권교육장 설치

• 외국인 노동자 인권상담소 설치
• 민간교류 지원과 남북 교류협력사업 추진

5) 교통 분야

• 자전거 등 녹색교통의 활성화
• 택시요금 영수증 발급 의무화
• 대중교통 중심의 교통 체계 재구축
• 보행권 확보와 환경 개선에 관한 조례 제정

6) 지방정치 분야

• 지방의원 윤리실천조례 제정
• 주민 참여를 통한 의정활동 활성화 방안
• 자치단체장 임기 중 당직 변경 금지

7) 지방행정 분야

• 청주청원 균형발전을 위한 행정구역 개편
• 자치단체장 공약관리와 공약 이행 평가
• 복식부기 도입을 통한 회계제도 개선
• 자치단체 금고의 선정 조례의 제정
• 도시계획 과정의 주민 참여 활성화
• 업무추진비 공개 및 예산편성 참여 실현

8) 지역경제 분야

• 조흥은행 본점 청주 이전과 지방 금융산업 육성
• 기업하기 좋은 지역만들기
• 재래시장 활성화
• 하이닉스반도체 정상화를 위한 노력
• 수도권공장 총량제 완화 반대

• 수도권 집중과 불균형 해소
• 공공 서비스 요금 결정 시 시민 참여
• 소비자분쟁조정위 설치 운영

9) 청소년문화 분야

• 청소년 아르바이트센터 설치
• 청소년성범죄 예방사업
• 충북문화유산 보존 및 계승
• 직지고인쇄박물관 운영의 전문성 제고
• 소로리 볍씨 토탄층 보존 방안 마련

10) 여성 분야

• 여성 관련 예산 확대
• 여성의 정치 참여 활성화
• 각종 위원회 여성 참여 확대
• 여성의 경제적 활동 참여 확대

또한 2004년 제17대 총선에 대비해 정책공약팀에서 선정 발표한 과제는 다음과 같다.

▣ 정치 분야

1. 국민소환제 도입
2. 면책특권 제한
3. 진성당원 중심의 민주적 당 운영
4. 선거 연령 18세 인하, 자유로운 유권자운동 보장
5. 국가보안법 폐지

▣ 사회, 교육, 문화 분야

1. 학교급식법 개정

2. 비정규직 차별 철폐
3. 집시법 개정
4. 비민주적인 사립학교법 개정
5. 지역문화육성법 제정
6. 문예진흥원의 문화예술위원회로의 전환
7. 도박산업 확산 방지
8. 청주, 충주 전투비행장 소음 피해 보상 및 피해 대책 마련

■ 환경 분야

1. 인위적 하천 정비 중단 및 환경 친화적 하천관리로 전환
2. 오송생명과학단지의 생태형 개발
3. 청주산남3지구 두꺼비생태보전 및 친환경택지 개발
4. 달천댐 개발, 괴산댐 재개발 등 댐개발 재검토 및 댐권리 지역 환수
5. 금강, 한강의 물관리종합대책의 합리적 개선
6. 광업법 개정 및 무분별한 광산 개발 중단

■ 분권, 자치 분야

1. 지방자치법 개정
2. 수도권 집중 억제와 지속 가능한 지역 발전 역량 강화
3. 지방살리기 3대 특별법 시행력 담보
4. 공공 부문의 지역인재할당제 실시

■ 경제 분야

1. 택지 조성, 아파트 분양 원가 공개 명시화
2. 경부고속철 오송 중간역 조기 완성
3. 충북도를 친환경농업 집중육성지역으로 지정
4. 농민 복지 증진 및 농산물 유통 개혁

■ 복지, 여성 분야

1. 의료급여 수급자의 본인부담금제 폐지
2. 사회복지사무소 확대 적용
3. 공공복지 인력 대폭 확충
4. 2008년까지 정부예산 대비 복지 관련 예산 15% 달성
5. 성인지적 관점에서의 예산 편성과 정책 수립
6. 호주제 폐지
7. 여성에 대한 폭력 방지 및 인권 보호

2 지속가능발전협의회 운영 사항

청주시는 2001년 경실련과 도시계획학회가 수여한 지속 가능한 도시 대상을 수상하게 되면서 그 동안 운영되어 왔던 푸른청주21(Local Agenda 21)을 지속가능발전 세계정상회의(2002년 9월)의 결과 지속 가능한 도시 발전의 지향을 위해 지속가능발전협의회로 개편해 오늘에 이른다.

대립과 갈등 속에 운영되던 시정 방향에 대해 정부와 시민의 민관 파트너십에 의해 시민의 삶의 질을 향상시키고 친자연적이고 지속 가능한 생태 도시를 만들기 위한 것이다.

청주시 지속가능발전특별위원회를 구성해 1년여의 도시발전 지표 개발을 마치고 2003년 3월 청주시 지속가능발전실천협의회를 창립하게 되었다. 시와 시민 기업이 주축이 된 분과조직은 환경분과(도시 및 자연환경, 도시 발전, 녹색교통의 구현), 경제분과(지역경제 활성화 문화 지역정보화), 사회 분과(주민 참여, 여성, 사회복지, 사회적 형평성 문제)로 나누고 민관파트너십에 의한 공동회장을 선임했다. 그리고 기획조정 평가 업무를 맡게 될 발전위원회와 지방의제의 실천을 위한 실행위원회를 두었다.

지속 가능 발전을 위한 실행 단계에서 검토한 사업의 범위는 다음과 같다.

■ 친환경분과

- 무심천생태문화 복원

- 물정책 포럼 및 물절약 종합대책
- 녹지 확보 및 토지 이용
- 쓰레기 발생량 줄이기 방안
- 녹색교통(걷고 싶은 거리 조성, 주차문제 해결 방안, 스쿨존)
- 담장 헐기 및 마을 만들기, 도시경관

▣ 사회분과

- 젠더예산분석
- 사회복지, 주민 참여 등 지표개발사업

▣ 경제분과

- 기업하기 좋은 청주 만들기
- 1사 1산 가꾸기 및 기업의 에너지 절약에 대한 사업
- 청주산업단지 지속 가능 발전 목표 설정

이러한 당면 검토 과제는 청주시지속가능발전특별위에서 발표한 연구용역 결과에 따른 것으로 각 분야별 지표를 개발하고 이에 다른 연도별(2005~2008), 역할 분담(시, 시민, 기업), 각 영역별로 로드맵을 작성했으며, 중점 추진 또는 실천해야 할 시민사업 분야는 다음과 같다.

1) 녹색교통 분야

- 걷고 싶은 도시를 위하여: 보행자 위주의 도로환경 확대
- 보행권의 제도적 보호
- 청주, 걷는 것이 편안하다.
- 편안하고 쾌적한 버스를 타고 싶다: 편안하고 쾌적한 버스 이용
- 대중교통의 편리한 이용 위한 제도적 기반
- 교통문화 수준이 높은 청주를 만들자: 사고 예방교육을 위한 교육 실시 및 시설 마련/교통법규 위반 단속 강화
- 자전거를 이용한 네트워크 청주 건설: 자전거 이용에 대한 시민 정서

의 확립 자전거 이용 유도하는 제도적 기반 마련
- 교통 약자, 운전자가 보호해야 한다: 안전운전교육의 확대 실시, 교통 약자 보호를 위한 시설 마련
- 교통사고로부터 안전한 청주를 만들자: 교통 약자 보호 위한 기반시설 확충

2) 친환경 분야

- 무심천의 생태공원화
- 마음껏 마실 수 있는 수돗물
- 가슴이 시원한 맑은 공기
- 다양한 동식물이 있는 녹지공간 조성
- 자원 순환형 사회를 만들기 위한 폐기물 줄이기 및 재활용

3) 여성 분야

- 여성정책 수립 강화: 여성 정책 전담부서 설치 공무원의 양성 평등정책 교육 활성화
- 젠더예산 수립 및 시행: 예산의 성질 구분 총계분석 성인지적 예산의 실행
- 여성의 경제활동 증진: 여성의 경제활동 참여 확대 및 평등 실현, 경제활동 여성의 삶의 질 향상
- 여성의 정치, 사회 참여 증진: 여성의 정치 참여 확대 여성의 사회 참여 확대
- 가족에 대한 여성주의적 지원: 가족 형태에 의한 사회적 차별 확대에 대한 지원

4) 사회복지 분야

- 사회복지기관 간의 효율적 연계 위한 지역사회 사회복지 협의체 건설
- 지역사회 중심의 복지 기능 강화
- 시민들의 참여를 통한 복지공동체 실현

- 자치단체 복지 인프라를 건설
- 사회복지 대상자의 최저 삶의 보장과 사회 통합

5) 주민 참여 분야

- 제도: 주민참여제도 개선을 위한 행정의 민주성과 전문성 확보
- 행정정보 공개 및 공유를 통한 행정의 투명성
- 주민참여제도 관련법 개정을 통한 주민참여제도 정착
- 시민단체: 시민운동 대중화를 통한 시민단체의 대표성 확보
- 지방정책 과정에 시민단체의 참여 통로 확대를 통한 민관 파트너십 형성
- 시민단체의 다양성과 전문성 확보를 통한 행정의 효율성 증진에 기여
- 주민 의식 분야: 주민교육 및 홍보 강화를 통한 주민 의식 고양
- 주민 참여 유인제도의 정립을 통한 주민 참여 증대
- 주민 공동: 각종 주민자치센터의 역할 정립을 통한 주민 참여 증진
- 마을환경에 기초한 특성화정책 추진
- 주민공동체조직의 활성화를 통한 주민 참여 증진

6) 토지 이용 경관 방재 분야

- 개발제한구역의 해제지역 환경보전계획 수립
- 청주공단 재정비계획 및 실행
- 옥외광고물 개선
- 도시방재 체제 수립 및 정보 체계 구축

7) 지역문화/정보화 분야

- 지역유산의 디지털화–전통문화에 대한 디지털화
- 정체성 및 고유 이미지 발굴: 잊혀진 문화 회복
- 청주문화주간 행사
- 주민 참여적 문화예술제 개최
- 지역문화의 제품 체화: 문화사업의 지역자산화

- 지역문화의 정보상품화

8) 산업경제 분야

- 산업경제 활동을 위한 인프라 조성
- 도시경제 활성화와 고용 창출 기회의 확대
- 지역산업구조의 개편과 산업 기반의 확충
- 건전한 지방재정 운용
- 산학 연관 협동 체제 구축
- 지식 서비스 산업 등 신산업 유치 기반 마련
- 기업활동하기 좋은 도시 만들기
- 불필요한 행정규제의 개선
- 효과적인 기업경영 지원
- 친환경적 기업과 향토기업의 육성
- 물류 노무 금융 조세제도 등 경영 인프라 조성
- 만족스럽고 살기 좋은 경제 생활하기
- 만족스런 소비문화 조성과 저축의 생활화
- 유통산업의 구조 개편과 유통시장의 개선
- 생활쓰레기, 주택, 상수도, 의료 체계 등 안정된 생활 정주 기반의 마련

▣ 전략추진사업

- 산업경제 관련 각종 통계조사 실시
- 효과적인 경영 지원을 위한 인프라 구축 방안 마련
- 청주권역 유통산업구조 개선과 적정 시장 규모에 대한 조사
- 신산업 유치를 위한 타당성 검토조사

위에 열거된 과제는 실행분과를 통해 시 · 시민 · 기업 등과 공동으로 실천 노력하고 있으며, 현재 지방정부에서 시행했던 과제나 사업에 대해서는 지표에 준거해 지속가능성 정도의 평가 업무를 시행할 예정이다.

따라서 지속가능성이 유지될 수 있도록 자치단체와 시민사회단체의 공동의 노력으로 2000년대 청주시의 지속 가능한 발전 목표를 실현할 수 있는 토대를 마련했으며, 시민과 시민단체가 어울려 사회·경제·환경이 통합되는 삶의 질이 향상된 미래를 건설할 수 있는 분위기가 조성되었다고 판단한다.

3 지방분권운동과 청주경실련 사업활동

지난 4년여 동안 추진되었던 사업에 대해 요약하면 다음과 같다.

- 지방분권국민운동 충북본부 사무국 운영
- 지역경제살리기 운동: 대형 유통할인점 셔틀버스 운행 저지 및 추가 입점 반대
- 재래시장살리기운동 하이닉스 및 진로살리기운동
- 대청호환경보전 및 권리찾기 운동
- 청주시금고조례 제정 및 선정위 참여
- 시민이 주는 정도 대상 시행
- 지방자치단체 공약이행평가 사업
- 아파트값 거품빼기 및 분양원가 공개
- 주민참여제도 확충운동
- 건설산업 인력 양성 및 교육사업
- 청주시 인력관리센터 위탁 운영
- 수도권총량제 완화 반대 및 지역균형 발전 추진
- 밑빠진 독 상 수여 행정개혁박람회 사례 심의
- 청주시 지속가능발전협의회 경제분과 담당
- 충북도 및 청주시 예산안 평가 및 결산안 심사

▣ 2004년도 정책사업

- 민선 3기 공약이행평가

- 아파트값 거품빼기운동
- 기업하기 좋은 지역 만들기
- 재래시장살리기운동
- 비정규직 대책 및 고용 안정 일자리 창출
- 예산 및 결산 감시
- 도시계획문제 대응
- 녹색교통-대중교통살리기 및 이용하기
- 주민참여운동
- 청주읍성 남석교 복원시민대책위 활동

▣ 2004년 연대사업

- 전국지역경실련 공동사업
- 충북시민사회단체 연대회의 지방분권국민운동 사무국
- 대청호 보전운동-대청호 의제 21
- 지역혁신연구회 및 지속가능발전협의회 참여
- 주민참여조례 제정 촉구

4 지역시민운동의 한계와 극복

위에서 열거된 여러 형태의 사업은 나름대로 시민운동의 방향을 설정한 것도 있고 잘못된 판단이라고 자평할 수도 있다. 그렇지만 시민운동의 활성화와 풀뿌리 민주주의를 정착시키기 위해 더욱 노력하는 것이 극복의 지름길이다.

몇 가지 현상으로 나눠 본다.

첫째, 진보단체나 보수단체 사이의 이념이나 물리적 충돌보다는 정부와 시민단체 간의 충돌이 오히려 더 큰 문제로 부각될 수 있다. 이라크 파병이나 대통령 탄핵에 대한 찬반 과정에서는 사회 불안을 우려할 정도로 걱정이 있음도 사실이다. 그러나 이러한 단체 간의 이념 갈등에 대해 지식인이나 정치권, 지역언론들이 제 역할을 하지 못하는 것으로 많은 시민은 인식하고 있다. 각 진영 간에 서로 대화할 수 있는 마당이 제공되어야 한다.

그 결과 정부 정책결정 과정에서는 국가 차원의 원칙과 법이 준수되어야 하나 집행해야 할 의무를 방기하거나 특정 세력을 방조하려는 태도에 의해 시민 여론에만 편승하려는 정책 과오를 범할 수도 있다고 본다.

따라서 정부의 일관성 없는 정책에 대해 시민단체연합의 이해 상충이 오히려 조정되어야 할 사안으로 부각되고 있다. 지도자 개인의 호·불호에 따라 행동하므로 '집단 간의 오월동주', '이합집산', '권력의 시녀'라는 통설이 다시는 회자되지 않아야 할 것이다.

둘째, 여론 형성 과정에서의 문제점이다. 언론이 자기 중심적이나 작위적인 기사에 편중된다면 여론이나 올바른 판단에 영향을 주게 될 것이고, 결국 여론 형성기관인 언론에 관권이 개입될 수밖에 없을 것이다. 결국 언론에 대한 감시도 게을리할 사안은 아닌 것이다.

이 경우 시민단체는 언론을 장악한 집단에 대해 저항하거나 목소리를 제대로 낼 수 없게 되기도 하며 여론 눈치보기로 전락할 수도 있다.

정치적 편향성이 강하거나 특정 세력과 연합하므로 언론의 책임을 저버릴 수도 있다는 관점과 정부도 선동주의나 인기 영합에 의존하려는 인기몰이식 의사결정이 강하게 나타나고 있다는 점이 문제점이다. 지역사회의 경우 일부 시민단체가 정책토론회나 사업 추진 과정에서 돌출 행동이나 비정상적인 처사로 특정 언론매체와 결탁하려는 의혹이 지속적으로 발생되기도 해 스스로 자성해야 될 것이다. 그리고 홍보전략도 있지만 시민단체의 업적이나 활동을 부각시키기 위해 지나칠 정도로 밀착되기도 하고 언론도 많은 기삿거리 공급원이기에 적당히 공생하려는 경향이 있음도 사실이다. 언론은 정권으로부터의 독립이나 편집권 확보, 그리고 시민단체에 대한 건설적 비판이 있어야 서로 감시받고 비판받아 시민단체와 사회가 발전하는 데 큰 도움이 되어야 한다.

셋째, 시민단체가 많은 시민과 함께 하지 못한다는 것과 전문가와 상근활동가 사이의 성숙하지 못한 융합도 그 한계로 볼 수 있다.

시민단체에 시민이 중심적인 역할을 하지 못하고 있다는 것, 구조적 문제와 운용 방식이 문제점이라는 지적이 많다. 시민운동의 전제는 시민 참여라는 과정을 통해 자아 실현을 이룬다는 것이나 일부 대표적인 명망가나 전문가와 소위 운동권 출신의 상근운동가의 독점으로 이들의 참여폭이 감소되고 있다. 그 결과 대표성이 약화되면서 일부 계층의 정치권력화가 이뤄지고 활동 내용의 홍보를 위해 언론과 지나칠 정도로 밀착되어 비판 기능을 잃어버릴 수도 있다.

따라서 상근운동가의 정책결정과 대표임원 간의 견해 차이에 대한 갈등도 상존하는 것이 사실이고, 시민운동에 관여했던 많은 교수 등 전문가가 임기 만료 후 운동가와 융합을 하지 못하고 단체에서 멀어지는, 즉 토사구팽이 있고 그 결과 시민단체는 상근자만의 활동을 위한 단체라는 인식이 팽배해져 사회 발전을 위해 헌신하면서도 올바른 시민운동 평가에 저해 요인이 되기도 한다.

넷째, NGO에서 일하는 활동가의 역량과 자질이 스스로 설정한 목표를 완수하기에 너무 부족하고 또 전문성이 결여되므로 정책적 비판이나 대안 모색에 어려움이 있다. 그리고 안정된 활동 기금과 상근자의 임금 보장과 활동비 보장 등이 마련되어야 할 시급한 과제라고 본다. 이직을 어느 정도 방지할 수 있는 수준까지 공동 노력해야 하며, 활동가의 역량은 교육연수 프로그램과 자기 노력으로 가능하지만 자금이나 재정 부문은 시민단체 업적이나 성과, 그리고 하고 있는 일에 의해 좌우되므로 시민단체의 정체성 유지가 필수적인 요소다.

그리고 시민단체의 전문성·정체성과 연대사업의 효과도 불확실하다는 것이 문제점이다. 결국 각 시민단체가 나름대로의 목표 구현을 위해 정체성을 견지해야 함을 당연시하고, 정체성을 훼손하면서도 연대사업을 강행하려는 연대 의식도 파기되어야 할 것이다. 다중의 힘에 의해 연대조직에 편승해 특정 목적을 달성하려는 것은 지양해야 할 사항이다. 그러나 극소수인 인적 자원으로 활동할 수밖에 없는 현실이므로 권력을 향유하려 한다는 오해를 받기도 하고 일부는 정치 참여의 방향으로 선회하기도 한다. 시민 없는 단체라는 비판을 겸허하게 수용해 정체성을 확립하는 사업 추진을 통해 회원 참여를 유도하고 각자의 정체성을 확보해야 할 것이다.

특정 사안이 부각되면 우르르 이합집산하게 되어 순수한 초기의 목적에 맞는 사업 추진이 불가능하고 지역연대 사업으로 진행된다.

한편 정체성 확보를 위한 정책사업을 결정하는 과정에서 상근활동가의 일방적인 독주를 견제해 민주제도 정착 및 의사결정 과정의 합리성 확보를 위한 노력도 필요하다.

다섯째, 재정분권 실현을 위한 자기혁신이 있어야 한다. 현재 지방의 각 시·도별 재정자립도는 평균적으로 볼 때 광역시 70~75%, 시·도 30%, 군 20% 내외로 지역 간, 자치단체 간 차이가 있으며 크게 빈약한 실정이다.

이러한 조건 하에서 자립적인 재정 운용이 불가능하고 재정분권을 위한 혁신 기반 확충이 급선무다. 세원 이양을 둘러싼 문제나 배분 방식, 고착화된 자치단체 공무원의 태도 등이 시정되어야 하나 시민단체의 지방세정에 대한 감시와 견제가 미흡하다.

일부 보조금 지급이나 용역사업에 발이 묶여 불가피해 보이나 시민단체별로 회원 확충에 의한 재정 확보 노력을 해야 하고, 재정분권이 지방분권의 핵심임을 감안해 시민단체와 자체단체의 공동의 혁신 노력이 필요한 실정이다.

제 4 절 결론

우리나라를 비롯한 세계 각국에서 사회 발전과 더불어 NGO가 급격히 부상하고 있으며, 이들은 국내외에서 영향력을 지속적으로 증대해 가고 있다.

시민단체는 정부의 공개행정, 기본권의 신장, 불평등구조의 개선, 정치개혁, 경제 정의 실현 등을 주장하게 되었으며, 이들의 활동은 지역사회의 사회 변혁의 중심으로 자리매김하고 있다.

지역의 시민 참여라는 저변이 취약한 우리의 현실에서 새로운 회원의 확보는 기존 회원들의 사적인 인연에 의존하게 되므로, 그 결과 극소수의 상근활동가 위주로 조직 운영이 불가피하고 효율성을 위해 집중적 조직 구조와 연대활동이 발생할 수밖에 없다.

이러한 인적 자원의 한계는 지역 내 정치세력화를 유도하고 활동 홍보를 위해 기자회견, 선언문과 논평 등 방법밖에 없으므로 언론과 소원할 수 없고 결과적으로 언론 유착의 누명을 쓰기도 한다.

회원 확보와 재정 자립의 어려움 속에서도 서울지역의 활동가들은 시민운동을 발판으로 정치권이나 공공기관으로 진출할 수 있지만 지역의 경우는 극히 제한적이다. 그러기에 지역의 경우 자치단체와 서로 필요에 의한 적당한 공생 관계가 유지되고 있으며 지방정부에 대한 의존이 높아지고 순수하게 NGO가 추구하는 목표를 상실할 위험이 커져 시민단체의 혁신과 비판 기능이 훼손될 수 있다.

시민을 비롯한 활동가들의 역량이나 자질을 높여 전문성과 활동력을 강화시키고 이기심을 배제한다면 반대를 위한 반대보다는 건설적인 대안 제시나 비판이 되어 사회 발전에 기여한다는 공감대가 형성될 것이다. 정부가 여론에 치우치고 일관된 원칙과 국익에 반한다면 시민사회는 폭넓은 토론을 통해 최선의 대안을 생산해 내는 생산자적 입장을 견지해야 한다.

시민단체 본연의 정체성을 유지하면서 정부의 각종 의사결정이나 정책결정 과정에 참여해 지역사회가 좀 더 발전할 수 있는 기틀을 만들고 지속가능한 발전이 이뤄지도록 함께 노력해야 할 것이다.

제 9 장 지방분권과 주민자치운동

염태영

제 1 절 서론

'참여정부'가 들어선 지 1년 반 가까이 되었다. 그리고 '지방분권 로드맵'이 발표된 지 거의 1년이 되어오고 있다. 그러나 '국민의 국정 참여'와 '지방의 자치 역량 존중'을 앞세운 참여정부의 개혁 과제들이 일정한 성과를 거뒀다고 평가하기는 아직 이른 것 같다. 또한 이와 같은 분권화 과제들이 21세기 국가 발전의 중요한 기초가 되리라는 믿음을 우리 국민들에게 확실히 인식시켜 준 것 같지도 않다. 물론 그 동안 '지방분권'과 '균형 발전'을 위한 3대 특별법이 제정되었고, 관련 사업들이 꾸준히 추진되고는 있으나, 국민들이 느끼기에 피부에 와닿는 확실한 변화는 아직 크게 드러난 것이 없기 때문이리라.

사실 참여정부 초기 지방분권과 균형 발전, 그리고 신행정수도 이전 등과 관련해 정부는 상당한 의욕을 보였으며, 이에 대한 국민들의 기대심리

---

* 이 글은 제21회 '시민사회포럼'(2004. 06. 09.)에서 "지방분권화 시대의 주민자치 활성화 방안"으로 발표되었다.

와 우려도 매우 컸다. 그러나, 새정부 출범 6개월 만에 집권여당은 분당의 소용돌이에 휩쓸렸고, 각 당은 총선 올인 전략에 따라 국정의 주요 사안들을 정쟁의 대상으로 삼더니, 급기야 국회는 대통령 탄핵 소추라는 헌정 초유의 사태까지 빚고 말았다.

이 과정에서 그 동안 국민들 앞에 던져진 주요 국정 과제들은 하루아침에 수면 아래로 가라앉았다. 또한 총선 국면에서는 탄핵 해소와 심각한 경기 침체, 그리고 실업문제 극복 등에 국민들의 관심이 더욱 집중되었다. 이 같은 혼란과 혼미 끝에, 4·15총선과 헌재의 탄핵 기각 결정을 거쳐 국회의 다수당이 되어 돌아온 정부 여당은 이제부터 명실상부한 제2기 국정 과제를 추진하겠다고 의욕을 보이고 있다.

우리 국민들은 참여정부의 슬로건에 합당한 내실 있는 자치개혁과 지방분권 로드맵이 제대로 추진되길 기대하고 있다. 그렇기 때문에, 지금 이 시점에 오늘 우리가 다루고자 하는 '지방분권화 시대의 지역시민사회 활성화 방안' 등과 같은 분권화 과제를 논의하는 것은 매우 시의적절하고 의미 있는 일이라고 생각한다.

제 2 절 지방분권화 시대 주민자치의 현주소

주민자치의 바람직한 모델 제시나 활성화 방안을 논하기 전에, 현재 우리 주변에서 흔히 볼 수 있는 주민 참여나 자치의 실상을 몇 가지 예화를 통해 같이 생각해 보기로 한다. 아래의 예화들은 '아름다운 아파트 만들기'나 '안전한 통학로 만들기' 등과 같은 주민자치의 미담(?)이 아니다. 개발주의 시대 우리들의 자화상이자, 도시 공동체 아파트 주민자치의 현주소를 말해 주는 단편적 사례일 뿐이다.

▣ 예화 1: 아파트 단지 내 녹지 개발 관련 주민 요구

○○시는 경기도 내에서도 재정자립도와 주거만족도가 매우 높은 도시

다. 이 도시의 한 단지 아파트 주민들은 부지 동측의 녹지대 임야(명의자: 아파트 주민 소유)를 개발부지로 활용할 수 있도록 해달라고 오래전부터 시에 압력을 넣었다.

애초 입주 당시 ◇◇공사로부터 보전녹지로 지정되지 않은 이곳 임야의 명의를 넘겨받은 아파트 주민들은 자기들의 재산권을 행사하겠다며 집단 민원으로 ○○시에 개발 허가를 요구했다. 그렇지만 이 도시의 다른 시민들은 이곳 녹지대 개발을 절대 허가해서는 안 된다며 개발 반대를 강하게 주장하고 있었다.

얼마 전 ○○시는 이 곳 소유지분을 갖고 있는 주민들의 요구를 더 이상 거부하지 못하고, 경기도에 지구단위계획 변경 결정을 요청하기에 이르렀다.

도시계획 심의 결정권자인 경기도는 도시 전체의 쾌적한 주거환경 보전을 위해, 녹지자연도 6, 7등급의 이 완충녹지를 아파트 부지로 허용할 수 없다며 현재 반대하고 있다.

한편, 이 도시는 최근 군부대 사령부가 이 도시의 그린벨트에 이전해 오는 문제로 한창 떠들썩하다. 거리 곳곳에는 '녹지대 파괴하는 군부대 이전 결사 반대' 플래카드가 나부끼며, 시장의 단식 농성 기사가 신문지상에 오르기도 했다.

이처럼 주민의 자치권이 도시 전체의 공공성과 상충하는 유사한 경우를 우리는 주택 재개발사업이나 신도시 개발 예정지 현장마다 목격하곤 한다.

▣ 예화 2: 대규모 실내 골프장 시설 건설 반대 주민운동

△△시는 대규모 택지지구를 조성하며, 한 아파트 단지 내에 일정 면적의 공공시설 부지를 남겨두었다. 이 공공시설 부지에 오랫동안 공공기관이 입주하지 않자, 이곳을 체육시설 부지로 용도 전환해 매각했다. 이 부지는 2번의 유찰 후, 주변 지가보다 훨씬 싼 가격으로 매각되었다. 부지 매수자는 이 땅을 담보로 부지 매입비보다 훨씬 높은 은행 융자를 받았고, 이 자금으로 대규모 실내 골프장이 들어선 대형 체육시설을 짓기 시작했다.

이곳 부지와 맞붙어 있는 아파트 주민들이 이러한 실내 골프장 시설 건립 계획을 알게 되자, 주민들은 대책위를 구성해 소음과 교통 공해 등 주거

환경권 수호운동을 벌여나갔다. 그리고 △△시의 특혜 분양 의혹 등을 제기하기 시작했다.

치열한 반대운동 속에서 주민들은 체육시설 건물에는 수영장과 헬스장, 실내 골프장 등과 같은 체육시설이나 부대 상가 등은 들어설 수 있지만, 이제까지 관행처럼 묵인해 온 일반상가 분양은 할 수 없다는 사실을 알게 되었다. 주민들은 의혹에 가득 찬 시의 행정에 강력히 항의했고, 첨예한 대립은 아직도 지속되고 있다.

그런데 의아(?)한 일이 지난 4·15총선에서 드러났다. 주민들의 여러 가지 행정 요구를 철저히 외면해 비난받던 국회의원과 자치단체장이 소속된 정당의 지지도가 다른 곳에 비해 이 아파트 단지에서 월등히 높게 나왔다는 사실이다. 비교적 넓은 평수 대의 이곳 아파트 주민들이 주거환경권 수호보다, 계층적 이해가 더 큰 위력을 발휘한 것 아니겠냐며 주변에서 한 마디씩들 했다.

▣ 예화 3: 시내 중심가 고가차도 건설 반대 주민운동

2002년 제3기 민선 자치단체장 선출 이후 ××시에서는 시내교통난 해소를 주요 시정 과제로 삼았다. 시내 곳곳의 도로 건설사업에 최우선 투자를 했다. 시내 통과 국도의 교차로에는 어김없이 고가차도나 지하차도를 계획했다.

시내 한 곳의 교차로에 고가차도 공사가 착공되었다. 이곳은 교통전문가들도 고가차도의 효용성에 의문을 제기하던 구간이었다. 서울시에서는 기존의 고가도로도 뜯어내는 판에, 도시 경관을 크게 해치는 고가도로 건설 정책을 펴는 우리 시의 행정을 도저히 이해할 수 없다며 주변 아파트 주민들이 크게 반발했다. 몇 번의 크고작은 충돌 끝에 ××시와 시공업체는 주민들을 공무 및 업무집행 방해죄로 경찰에 고발했다. 주민대책위원장과 이를 지원하던 시민단체 활동가가 구속되었다. 또한 주민대책위원 중에는 법원에서 벌금형을 선고받은 이들도 생겨났다.

이런 와중에도 공사는 계속 진행되어 며칠 전 고가차도가 완공되었다. 지난 주말, 주민들은 주민대표들에게 부과된 벌금을 함께 마련하기 위해

기금 모금 바자회를 열었다.

주민들은 또한 시 행정의 주요 정책결정 과정에 진정한 주민대표가 참여하고 있는 것이 얼마나 중요한 일인가 하는 점을 새삼 깨달아, 이번 6·5 보궐선거에 주민대책위 임원 한 사람을 시의원 후보로 출마시켰다.

이상은 우리 주변에서 흔히 보아오는, 주민운동 사례다. 우리의 주민자치 현실은 아파트 자치회나 주민자치센터와 같은 일상적 생활자치 활동 아니면, 주민들의 집단적 이해와 관련된 현안 발생 시 대책위 차원으로 급히 꾸려지는 주민대책위 형태로 나타나고 있다.

주민들의 집단적 이해관계를 관철하고자 하는 주민조직은 공공의 이익을 수호하기도 하고, 소수 주민들의 이익만을 위해 활동하기도 한다.

전자인 경우, 행정의 불합리성을 개선시키기도 하고, 지역사회 현안에 대한 대안을 마련하는 데 기여하기도 한다. 그러나 더욱 중요한 점은 주민의 삶과 직·간접 관련된 시 행정의 의사결정 과정에 눈떠감으로써, 참여와 자치의 중요성을 한층 명확히 인식하게 된다는 점이다. 세 번째 예화에서 보듯, 이제까지 시니컬하게만 보아온 공직선거에 대해 주민들의 공적 입장을 대변할 주민 대표를 시 행정부나 의회에 진출시키는 것이 상당히 효과적인 참여와 자치의 한 방법임을 깨닫기도 하는 것이다.

그러나 한편, 후자의 주민운동은 우리가 보통 NIMBY라고 부르는 지역이기주의를 크게 벗어나지 못하는 경우다. 이러한 한계를 벗어나기 위해서는 공동체의 공공선을 추구하고, 장기적 관점에서 미래 세대의 이익에 기여하도록 주민운동의 대상과 내용, 역할 등이 깊이 있게 성찰되어야 한다.

날만 새면 지역개발 정책들이 발표되어 토지의 투기적 수요와 부동산 개발 이익을 부추기는 현실 속에서 주민들만 자기의 이익을 포기하고 공공의 이익을 먼저 생각하자고 하는 것은 무리다. 따라서 종래의 지역개발 방식은 진정한 주민자치의 성숙을 위해서도 심각히 반성되어야 하며, 주민자치의 마을공동체성 운동은 이제 새로운 전형을 만들어야 한다. 미래와 공공선을 먼저 고려하는 한국형 주민자치의 지역발전 모델을 모색하는 것은 분권화 시대의 가장 요긴한 과제 중 하나다.

제 3 절 살맛나는 마을만들기를 위한 주민자치운동

1 주민자치 훈련의 장(場)

'주민자치', '삶터 자치'를 지향하는 새로운 양상의 주민운동으로 '마을만들기'운동이 지역의 시민단체들과 주민조직들에 의해 다양하게 시도되고 있다. 지방자치 시대에 자기 지역사회를 살기 좋은 생활공동체로 만들기 위한 주민 주체의 새로운 대안 사회운동이 떠오르고 있는 것이다. 외국의 우수 사례들이 한창 소개되고 있으며, 이를 우리식으로 접목하기 위한 전문가들의 노력도 활발하다.

'마을만들기'란 용어 자체는 1980년대부터 발전한 일본의 '마찌즈꾸리(まちづくり)'가 1990년대 후반 국내에 소개되면서 '마을가꾸기' 혹은 '마을만들기' 등의 용어로 정착된 것이다. 그 의미는 주민이 주체가 되는 일종의 '커뮤니티 디자인(community design)'을 뜻한다. 따라서 마을만들기에서 가장 중요하게 다뤄지는 것은 지역주민들의 참여와 지자체와의 협력, 그리고 지역성의 고려다. 또한 마을 만들기는 추상적인 정책이나 계획이 아니라 지역 삶의 터전을 만들고 가꿔 나가는 구체적이고도 실질적인 운동이다.

이와 같은 마을만들기 운동이 성공하기 위해서는 주민들의 적극적인 참여뿐만 아니라, 아직까지 우리의 현실 속에서는 시민단체와 전문가의 지원도 매우 요긴하다. 특히 시민단체는 주민과 함께 마을만들기 사업에 직접 참여하거나, 각 지역의 사례와 경험을 연계·교류하게 하고, 주민과 행정 사이의 익숙치 않은 관계를 원활히 조정해 주는 중재자의 역할을 하기도 한다. 그러나 이 경우에도 더욱 중요한 점은 삶의 기반을 그 지역공동체에 일치하고 있는 주민들의 역할이다. 주민들의 자생적 역량이 충분히 성숙되지 않은 상태에서 외부의 지원이나 역할이 지나치게 앞설 경우 마을만들기 운동은 자립하거나 지속되기 어렵기 때문이다.

또한, 마을만들기 운동이 지역사회에 뿌리내리고 성공할 수 있게 하는 중요한 열쇠는 행정의 역할과 지원이다. 행정과 주민, 이 양자가 '주민 참여' 또는 '주민 주도형 행정'의 새로운 경험을 통해 함께 변화해야 하기 때문이다.

행정이 준비하고 실천할 수 있는 마을만들기 지원 사례로는 행정조직의 설치, 지원재정 프로그램의 운용, 그리고 마을만들기 관련 조례나 제도의 도입 등을 들 수 있다.

일본의 마을만들기 운동의 경우, 지원 전담 행정조직으로 '마을만들기 지원과'나 '마을만들기센터' 등이 있으며, 재정 지원 방식으로 '마을만들기 지원기금' 등이 운영되고 있다. 또한 대부분의 일본 도시들은 '마을만들기 지원조례 또는 요강' 등과 같은 제도적 지원 장치를 갖고 있다. 미국의 도시들은 주민들이 마을 단위의 도시계획을 세워 나가기 위한 '마을계획 수립 프로그램'을 운영하고 있다.

지방자치가 이제 본격화되면서 이러한 생활공동체 개선운동인 '마을만들기' 사업은 바로 주민자치를 실험하고, 자치의 의미와 성과를 체득할 수 있는 가장 효과적인 훈련의 장(場)이 될 수 있다.

2 국내 마을만들기 유형과 대표 추진 사례

주민자치의 기반이자 생활공동체 운동의 기초로서 마을 단위에 대한 재인식과, 이러한 마을공동체 운동의 확산은 세방화(glocalization)와 분권화 시대의 전세계적 추세다.[1] 현재 우리나라의 마을만들기 운동은 외관상으로 마을 환경이 개선되는 것뿐만 아니라, 산업화·도시화 과정에서 파괴된 마을 공동체를 새롭게 복원해 내고, 삶의 터전인 마을을 지속가능성의 원칙에 맞춰 재창조하는 지속 가능한 지역사회운동으로 뿌리내려가고 있다.

1) "우리 시대 새로운 화두: 지구화, 지역화, 지속가능성 그리고 녹색마을." 지구화 시대에서 마을의 중요성이 강조되는 것도 이러한 글로벌 패러독스의 일종이다. 즉 "지구화가 점점 성숙하면 할수록 최소 사회 단위로서의 마을의 힘은 더욱 강해진다."고 말할 수 있다. 세계경제 경쟁 시대에 있어, 이제 "지구적으로 생각하고 지역적으로 행동하라"는 말 대신 "지역적으로 사고하고 지구적 차원에서 행동하라"라는 말이 더 공감하기 쉬운 캐치프레이즈가 되고 있다(이창우, 2003: 2).

표 9-1 마을만들기의 유형

유형	내용
생활환경 개선 유형	• 주민들이 거주하고 있는 일상 생활환경 개선을 목적으로 한 마을 만들기로 문화공간, 체육시설, 놀이터 등의 주민공용공간 확보나 외부공간 정비가 그 대표적인 것들. 국내 마을만들기의 가장 대표적인 유형임
생존권 확보 유형	• 절박한 생존권 문제에 대응하거나 주거권을 수호를 목적으로 시작된 마을만들기로, 주민 간의 결속력이 특히 강하기 때문에 행정이나 다른 이해집단과의 첨예한 대립관계에 처하게 되기 쉽고, 이러한 갈등을 해결하는 과정에서 많은 어려움을 겪게 되는 경우가 있음
어린이를 위한 유형	• 어린이들의 안전 문제나 놀이공간 확보를 위한 마을만들기로서 통학로나 안전한 공간의 확보, 그 외 주민공동 보육시설 조성이나 품앗이, 과외 등의 공동육아 활동들도 여러 지역에서 최근 활발함
지역상권 활성화 유형	• 쇠퇴해 가는 지역상권을 되살리거나 특색 있는 거리를 조성함으로써 지역을 활성화하기 위한 마을만들기로, 대체로 고객을 유치하는 이벤트를 개최하거나 지역환경 개선사업을 펼치는 것과 같은 상권 회복 차원의 마을만들기
공동체 삶의 회복 유형	• 개인화되고 개별화되어 살아가는 황량한 도시 삶의 방식에서 벗어나, 이웃과의 관계를 회복하고 공동체적 삶을 구현하기 위한 시도로서 다수의 주민들이 공감하고 참여하기까지 대체로 많은 시간이 걸림

우리나라 마을만들기 유형은 그 지역 실정과 참여하는 주체들에 따라 다양하게 추진되어 왔지만, 대체로 <표 9-1>과 같이 ① 생활환경 개선 유형, ② 생존권 확보 유형, ③ 어린이들을 위한 유형, ④ 지역상권 활성화 유형, ⑤ 공동체 삶의 회복 유형 등으로 구분할 수 있다.[2)]

우리나라에서 추진된 마을만들기 사업 중 위의 유형에 따른 대표적인 사례와 그 주요 내용을 살펴보면 <표 9-2>와 같다.

2) 지방의제21 전국협의회의(2004). "마을의제21 추진안내서", pp. 12-13의 내용을 요약 전재.

표 9-2 마을만들기 유형 구분에 따른 대표 사례

유형	대표 지역	주요 주체	주요 내용
생활환경 개선 유형	사당동 양지공원	• 지역주민 • 행정 및 계획가	• 구청의 주차장 조성에 주민이 반발해 마을공원이 조성된 사례 • 공원 조성 과정에 주민이 적극 참여했으며, 조성 후 관리도 주민 주도 • 주민과 행정, 전문가 파트너십의 가능성을 보여 줌
생존권 확보 유형	산본 신도시 쓰레기 소각장 입지	• 행정 • 지역주민 • 전문가	• 쓰레기 소각장 건설을 뒤늦게 알게 된 주 민들이 반발해 입지를 재선정하는 과정 을 겪게 된 사례 • 부지 재검토 과정에서 일반주민에게 후보지 를 공개적으로 추천받는 등 주민 참여 모색
어린이를 위한 유형	서울 강북 미아3동 가고 싶은 놀이터 만들기	• 지역주민 • 열린 사회 북부 시민회	• 주민쉼터 역할을 하는 한빛놀이터를 지역의 커뮤니티 공간으로 조성 • 놀이터에서 이벤트(단오, 백중잔치, 영화제, 어린이 성교육, 놀이터에 생명심기, 보물찾 기 등)와 주민조직화(토박이 발족, 토박이 마을신문 – 우리동네사람들 – 발행, 마을축제 기획, 놀이터 · 사랑방 운영 등) 사업 추진
지역상권 활성화 유형	인사동 작은 가게 살리기 운동	• 열두 가게 상인 • 일반시민 • 도시연대	• 대형개발 시행으로 인한 임대상인들의 퇴출에 반발한 도시 정체성 운동 • 상인들과 시민단체, 전문가가 협력해 인사동 살리기 합의를 도출 및 이를 반영한 도시계획 수립
공동체적 삶의 회복 유형	대구 삼덕동 골목 가꾸기 실험	• 시민운동가 • 지역주민	• 담장을 허물어 골목 공원을 조성하고, 주민 · 시민의 호응으로 마을 단위 및 도시 전체로 확산된 사례 • 물리적 환경 개선과 더불어 다양한 공동체 프로그램이 병행될 때 도시정비의 효과가 높음

3 마을만들기와 「마을의제21」

주민자치형 마을만들기 사업을 「의제21」식 버전으로 하면 「마을의제21」이라 할 수 있다. 「의제21」은 1992년 브라질 리우회의에서 21세기 지구환경 보전을 위해 국제 사회가 지속 가능한 발전을 위해 이행해야 할 분야별 실천계획을 구체적으로 제시한 기초 규범이다. 전 세계적인 산업화의 흐름과 이에 따른 환경오염의 심각성이 더해지면서 생태적인 수용력을 고려한 발전의 속도와 방향 조절이 필요하게 되었으며, 교통 및 정보통신의 발달

로 국가 간 장벽이 무너지면서 전 지구적 차원의 지속 가능 발전의 규범이 필요하게 된 것이다.

이러한 「의제21」은 환경문제뿐만 아니라 빈곤 퇴치, 인간 정주, 소비 행태 등 사회경제적인 이슈들을 폭넓게 다루고 있으며, 이를 위해 각 분야에서 협력해야 할 9개 주요 그룹(여성계, 청소년, 농민, NGO, 지방정부, 근로자와 노동조합, 기업과 산업계, 과학기술계, 원주민)을 설정하고 있다. 또한 「의제21」은 실질적인 지속 가능 개발의 구현을 위해 각국의 실천계획을 작성하도록 권고했다. 이에 따라 각국에서는 국가적 차원의 추진계획인 「국가의제21」을 수립하고, 이에 대한 평가를 지속가능개발위원회 회의를 통해 국제사회에 보고하도록 하고 있다.

국가 단위의 「국가의제21」은 다시 지역 단위의 실천계획인 「지방의제21」로 구체화된다. 「의제21」과 「국가의제21」이 지속 가능한 개발을 위한 큰 틀의 원칙과 규범을 제시하는 것에 비해, 「지방의제21」은 지역에서의 구체적인 실천을 위해 지역주민과 전문가, 지역 행정인력이 협력해 목표를 설정하고 실천계획을 마련하는 지역사회운동의 성격을 갖는다. 분권과 자치가 강화되고 지방정부의 역할이 중요해지면서, 각 지역의 개발문제를 해결하는 주체는 각 지자체와 지역주민들 자신이기 때문이다.

리우회의 이후 지속 가능한 발전이라는 커다란 전제는 이제 거스를 수 없는 시대적 대세이자 전 지구적 규범으로 자리를 잡아가고 있다. 이에 따라 「의제21」 역시 세계화 혹은 지구화의 흐름 속에 급속하게 퍼져 나갔으며, 이제는 어느 분야에서나 당연시될 정도로 일반화되어 있다. 이처럼 「의제21」이나 「국가의제21」과 같은 원칙이 널리 적용될수록, 각 지역 단위의 실천의 중요성이 커지고 있으며, 이에 따라 해결해야 할 문제도 날로 증가하고 있다. 지속 가능한 발전이라는 목표는 같아도 각 지역의 특징에 따라 목표를 달성하는 방법은 상이하게 다를 수밖에 없으며, 지구화가 성숙할수록 각 지역의 독특한 문화와 전통을 살리는 일은 더욱 중요해지기 때문이다.

이와같이 지역 차원의 실천의 중요성이 커지면서 「지방의제21」을 좀 더 구체화할 필요성이 대두되었다. 「지방의제21」에서 지역주민들의 정주 단위를 대상으로 하고, 주민과 NGO, 행정의 각 주체들이 실질적으로 참여해 지속 가능한 지역 만들기를 실천하는 것을 「마을의제21」이라 한다.

즉, 「마을의제21(Community Agenda 21)」은 지방자치단체의 「지방의제21」을 지역의 가장 기초 단위인 마을 차원에서 구현할 수 있도록 지침을 제시하고, 실천을 위한 방안을 마련하고자 하는 것이다.

이러한 「마을의제21」은 주민들이 자신들의 생활환경으로 인식하는 마을을 대상으로 한다는 점, 시민들의 자발적인 참여를 바탕으로 한 물리적·비물리적 생활환경 개선사업이라는 점, 획일적인 규범의 제시가 아니라 대상이 되는 마을 각각의 특성에 따라 매우 다양한 양상으로 나타나는 실천운동이라는 점에서 앞서 서술한 마을만들기와 매우 유사하다. 하지만 또한 「마을의제21」 개념이 지향하는 바의 차이로 인해 다음과 같이 '마을만들기' 운동보다 강조되는 몇 가지 특징도 있다.

4 「마을의제21」의 특징

기존의 마을만들기가 주민 참여에 의한 실천적 생활개선운동이라는 측면이 강조된 나머지, 마을의 장기적인 발전계획에 대한 비전이나, 다른 지역과의 연관성 등에 대한 고려가 미흡했던 것이 사실이다. 또한 주민과 행정, 시민단체 및 전문가들의 협력에 대한 필요성을 느끼면서도 이를 위한 제도나 기구, 조직 체계가 정립되어 있지 않았다. 지금까지의 마을만들기 사례가 성공과 실패의 큰 편차를 보이는 중요한 이유 중 하나가 바로 여기에 있다고 여겨진다.

지속 가능한 사회를 만들어 나가는 가장 기초적 공동체 단위인 '마을'을 통해 주민들이 자치 역량을 키워나가고, 마을 공동체성을 회복하기 위해서는 다음의 「마을의제21」의 기본 개념과 특징에 유의해야 한다.

첫째, 「마을의제21」은 지구적 차원에서 제기된 「의제21」로부터 구체화된 개념이니만큼 국가와 지방정부 단위의 각종 계획과 「의제21」과의 연관 속에서 추진해, 고립된 '마을'이 아닌 전체 속에서 '마을'을 이해하고 다뤄야 한다. 지금까지 진행된 마을만들기가 개별적인 문제 해결의 경험을 축적해 왔다면, 앞으로 추진될 「마을의제21」은 이러한 개별적인 운동을 하나로 묶어내는 통합적인 모습을 가져야 하며, 특히 상위 개념인 「지방의제21」 혹은 인접한 마을의 「마을의제21」 및 '마을만들기' 활동 등과의 관계 속에서 추진되어야 한다.

둘째, 마을 주민, 관련 전문가, 기업 등 모든 집단이 참여해야 한다. 여기서 「마을의제21」은 마을만들기에 비해 행정의 역할이 더욱 중요해진다. 이는 지방정부에서 마을만들기의 내용과 실천을 하향식으로 추진해야 한다는 뜻이 아니라, 이전에 비해 행정이 훨씬 더 체계적이고 적극적으로 지원을 해야 한다는 것이다. 즉, 「마을의제21」 실천을 위해 행정은 주민들과 함께 장기적인 목표를 설정하고, 구체적인 실천이 원활하게 이뤄지도록 도울 수 있는 행정조직 및 제도 구축이 필요하며, 그 밖에도 여러 참여 주체들의 효과적인 협력이 가능하도록 지원해야 한다.

셋째, 「마을의제21」은 다양한 집단의 공동체와의 관계 속에서 지속 가능한 마을의 미래를 담아내는 종합보고서이며, 마을 구성원들의 의지를 모아낸 자율 협약서이고, 또한 구체적인 행동계획을 밝히고 있는 실천계획서다. 따라서 「마을의제21」은 공동체 합의의 약속이 얼마나 실천되었는지 평가할 수 있는 지표가 있어야 하며, 그 결과를 환류하는 과정이 포함되어야 한다. 즉, 「마을의제21」은 지속 가능한 마을 발전과 지구환경 보전을 위한 종합적 접근전략이 포함되어 있으면서도 각 부분별 구체적 행동계획이 수립되어 있어야 한다.

넷째, 마을만들기가 실천을 중심으로 변화를 추구한다면, 「마을의제21」은 실천 이전의 계획 수립 과정이나 이를 위한 접근 체계를 포함하며, 또한

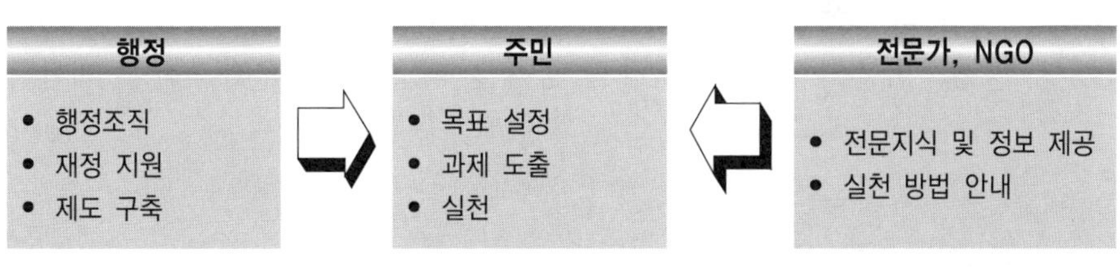

그림 9-1 「마을의제21」의 주체와 역할

반복적 실천을 위한 평가와 환류를 포함하는 종합적 활동 체계다. 즉, 마을 단위의 '녹색 거버넌스'를 지향한다.

제 4 절 「마을의제21」 실천 사례

지역주민들에 의한 지속 가능한 마을만들기 운동으로서 「마을의제21」 사업이 실제 지역공동체에서 적용되어 정착된 사례는 아직 찾아보기 힘들다. 전국 각 지자체의 「지방의제21」 추진기구들은 지난 4~5년 동안 꾸준히 시민단체 공모사업 등을 통해 지속 가능한 마을만들기 운동을 실시해 왔다. 이러한 사업들은 대체로 '의제21' 정신을 바탕으로 이뤄지므로 시민단체에 의한 포괄적 의미의 「마을의제21」 사업이라 할 수 있을 것이다. 그러나 시민단체가 아닌 지역사회 주민 중심의 「마을의제21」 운동은 아직까지 진행되지 못했기에, 지방의제21전국협의회는 2003년도 행자부 지원사업으로 「마을의제21」 시범사업을 진행했다.

주민자치에 의한 지속 가능한 지역사회 만들기 프로그램을 공모해, 시범사업 3개 지역을 선정했다. 농촌마을(충남 당진군 고니마을)과 도·농복합마을(강원 태백시 철암마을), 그리고 도시지역(인천 계양구 효성동) 등 3개 마을을 택해, 1차 연도 사업을 실시했다. 그 사업 결과를 주민자치 활성화의 기초 연구 모델로서 여기에 소개하고자 한다.

물론 이 사례들은 적어도 3개년 이상 진행될 사업의 1차 연도 사업이고, 또한 아직까지도 행정 지원이 열악한 시범사업적 성격을 띠고 있어 「마을의제21」 운동의 틀로 재단하기에는 많이 부족한 것도 사실이나, 주민 참여형 「마을의제21」의 맹아적 성격을 띠고 있기에 과감히 소개한다.[3]

3) 지방의제21 전국협의회의(2004). "마을의제21 추진안내서", pp .29-60의 내용을 요약 전재.

1 오봉제 고니마을 의제21(충남 당진군 신평면, 송악면)

1) 현황 분석

• 1920년에 농업용수 확보를 목적으로 축조된 오봉제는 유역 면적 20.2 ㎢, 최대 담수용량 883천 톤의 저수지로서, 천연기념물 201호인 고니를 비롯한 많은 희귀 조류들이 서식하는 생태적 보고다.

• 이러한 고니의 오봉제 겨울나기는 계속될 것으로 보이지만, 오봉제 주변에는 고니가 겨울을 날 만한 충분한 먹이가 확보되지 못하고 있다.

• 또한 유료낚시터로 허가가 나 있는 상태이므로 무분별한 낚시와 쓰레기 투기, 그 리고 인근 축산농가에서 방류하는 축산 폐수로 인해 주변 환경이 매우 훼손되고 있어 대책이 시급한 실정이다(2003년 9월 현재, 수질 COD 12.1ppm).

• 그뿐만 아니라 오봉제의 관리를 담당하고 있는 농업기반공사에서는 일부 주민들의 매립 건의가 있어 검토 중인 것으로 알려져, 고니 서식처 보존 대책 수립이 매우 시급한 실정이다.

2) 실천계획

- 사업추진위원회 구성
- 오봉제 생태 기초조사 및 주민 의식 설문·환경 의식 조사
- 주민교육(의제21 교육, 사업의 중요성)
- 주민토론회 개최 및 환경감시단 구성
- 탐조대 운영 선진지 견학 및 고니탐조대 설치
- 연근 및 수초 식재 등을 통한 고니무리의 먹이 확보
- 겨울철 낚시 금지 및 쓰레기 무단 투기 단속, 수질정화작업을 통한 환경 개선
- 현재 150마리 정도의 고니무리를 300마리 이상이 안심하고 서식할 수 있는 서식환경 조성을 통한 고니마을 만들기

• 고니마을 안내 및 주의 사항 현판 설치
• 고니마을 현판식 및 환경협약식 체결
• 고니마을 홍보
• 고니마을 의제 작성

3) 주요 성과 및 평가

• 지역사회 구성원들의 공감대가 형성되어 방치된 채 훼손되고 있는 고니의 서식처를 보전하는 데 주민들이 합심 노력함으로써 주민 참여형 마을의제21의 시범 사례가 됨.

• 안정적인 고니 서식처의 확보를 통해 철새와 인간이 공존하는 지역으로 조성해 환경 보전과 철새 관광을 통한 체험환경 교육, 나아가 지역경제에 기여하는 지속 가능한 발전의 모델 사례가 되도록 함.

• 행정기관과 주민들에게 「마을의제21」의 의미와 취지에 대한 이해도를 높이고 다른 분야의 의제사업에도 관심을 갖고 참여할 수 있는 여건 조성

4) 검토 및 환류

• 조수보호구역 지정에 따른 사유재산권 침해 및 경작, 또는 축산에 제약이 따르지 않을까 우려하는 일부 주민의 반발이 있었으며, 향후 저수지 매립을 통한 지역개발계획에 장애가 되는 것을 염려하는 의견도 있었음.

• 설치된 탐조대의 운영과 관광객 안내 등 운영 전반에 대한 경비와 인력을 확보하지 못해 향후 애로 사항이 예상됨.

• 설치된 탐조대를 고니가 떠난 후 철거했다가 다시 설치해야 하는 등 지속적 관리에 문제점 발생, 관계 기관 및 경작농가와 운영 방법 협의 필요

• 유료낚시터 임대 취소를 종용해 수질오염 및 위험 요소 저감
• 마을에서 생산되는 제품의 브랜드화를 위한 품질 향상 및 홍보
• 조수보호구역 지정을 통한 안정적인 고니 서식처 확보

2 철암 마을의제21(강원도 태백시)

1) 현황 분석

• 철암 마을의제21(강원도 태백시)의 철암은 석탄공사 장성광업소의 석탄 배출지다. 석탄공사는 국가에서 투자한 기관이기 때문에 정부 측에서도 폐광 처리가 가장 늦을 수밖에 없어, 철암은 태백에서도 마지막 폐광촌이 되거나, 적어도 마지막까지 탄광의 생산물이나 부산물을 처리하게 될 것으로 예상된다. 또한 주변 다른 지역은 도시의 정비와 발전이 철암에 비해 상당히 빠르게 진행되고 있고 도시 기반 여건이 상대적으로 낫기 때문에, 철암의 폐광 시 이 지역이 입을 타격은 더욱 심할 것으로 보인다.

• 지역주민의 구성이 노년층이나 은퇴자가 많은 점을 고려할 때 이들에게 일자리를 마련해 주는 관광산업과, 최소한의 일상을 영위할 수 있게 해주는 산업이 절실하다.

2) 실천계획: 철암 「마을의제21」 추진을 위한 인식의 전환

• 탄광은 우리가 원하지 않지만 머지 않은 장래에 폐광될 것이다. 폐광이 되면 철암 아파트는 텅텅 빌 것이며 학교도 문을 닫을 것이고, 허물지 못한 빈집에는 더욱 가난한 사람들이 전입해 들어올 것이다. 이 모든 것이 우리가 인정하기 싫은 현실이나, 아무리 부정한다고 해도 우리가 아무것도 하지 않는다면 그것은 현실이 될 가능성이 높기 때문에 현실을 냉정하게 인식할 필요가 있다. 그래야만 우리의 출구는 열릴 것이다(현실에 대한 냉철한 접근).

• 한정된 재원으로 열악한 현실을 밀어내는 유일한 방법은 프로그램에 투자하는 것, 소프트웨어에 투자하는 것이다. 철암 회생의 방법은 하드웨어에 있는 것이 아니라, 프로그램에 있다는 뜻이다. 하드웨어가 남루한 것은 차츰 바꿔가면 되지만 프로그램이 없다면 장치는 정지한다. 프로그램을 함께 만들고 다듬고 실행해 나가는 사이 우리가 모르는 답이 그 속에 있음을

알게 될 것이다(프로그램의 중요성 인식).

• 대체산업은 어디에도 보이지 않는다. 젊은이들을 길러내고 퇴직자들을 재교육시켜야 한다. 이를 위해 우선 필요한 것은 주민들의 장기 계획에 대한 합의일 것이다. 실행 가능한 장기 비전을 세우고 이를 주민들에게 공유하여, 인내를 가지 고 설득하고 합의를 이끌어내며 동참토록 하는 일이 매우 중요하다(장기계획의 수립과 합의).

• 우리는 그 동안 너무나 쉽게 얻어 왔다. 모두 일어서자, 겁이 난 정부에서는 팔리지도 않는 석탄을 사 주었고 특별법도 만들어 주고 1조 원을 지원해 주었다. 식당을 깨끗이 하고 음식을 맛있게 만들기보다는 불평을 택했다. 철암의 회생은 주민들의 합의로 이뤄야 하며, 이 작업은 주민들이 만들어가는 작업이다(주민 주체적 접근).

3) 실천사업

• 「마을의제21」 사업 실시 전부터 이 지역을 회생시키기 위한 건축가들과 시민단체들의 협력으로 다음의 사업들이 추진되었으며, 이들 기존 사업에 「마을의제21」 개념이 도입되어 주민 참여 하에 진행됨.

• 철암영화세상을 위한 스크린대 설치사업
• 철암 어린이도서관 개관
• 철암보고서 「철암세상」 출간
• 철암초등학교 교육 프로그램 운영 및 지원
• 철암영화세상-인디 영화제 개최
• 철암지역 집짓기 지원사업
• 철암역 두선탄장 실측 및 보존 이용 방안 연구 지원

4) 문제점 검토 및 환류

• 행정과의 파트너십 부재로 현실적인 집행에 어려움 산재

• 지역주민들의 의식 변화가 진행되고 있으나, 노동력 부재와 고령화 등으로 지역 활동 주체 마련의 어려움

• 지역 활동가의 결합과 배양이 어려우므로 다른 지역의 전문가 집단의 동력 소진 우려

• 철암은 태백에서도 지리적 여건, 인적 자원, 기반시설, 자연환경, 구성원의 성격, 문화 등 어떤 분야에서도 가장 열악한 조건을 가지고 있음. 따라서 철암지역의 회생은 태백의 회생과도 차별화되는 또 다른 문제일 수 있기 때문에 철암의 전략은 태백시 전체에서도 구별되는 변별성을 가져야 하며 독립적이어야 함.

3 효성동 마을의제21(인천시 계양구 효성동)

1) 현황 분석

• 개항도시로서 일찍이 서구 문화를 경험한 인천은 개방적인 도시였다. 이런 개방 성은 건강치 못한 도시환경을 만들었다. 어느 도시보다도 이혼율이 높고, 청소년 흡연율이 높은 도시이며, 마약을 가장 흔하게 구할 수 있는 도시가 인천이라는 것은 이러한 역사적인 배경 때문이다.

• 계양구 효성동은 경제적으로 실패한 사람들이 마지막으로 찾아오는 곳이다. 철수한 공단부지에 세워진 허술한 주택의 저렴한 주거비와 고속도로 주변의 교통환경이 저소득층을 유인한 것이다. 공장들 사이로 마구 지어진 집들은 어지러운 골목길을 만들어냈고, 아직도 남은 옛 공장의 높은 담장들은 거리를 더욱 삭막하게 한다.

• 효성동에는 IMF 등의 경제 한파를 겪으며 더욱 많은 사람이 몰려들어, 현재는 주민 8만 명이 훨씬 넘는다. 경제적 · 사회적으로 소외된 이들은 언제든지 형편만 개선된다면 떠난다는 생각으로 잠시 머무는 생활을 하고 있는데, 이러한 생각은 마을의 공동체 형성을 어렵게 하고 있다.

2) 실천계획

• 효성마을축제 한마당

- 마을의 온 주민이 한 자리에 어우러져 서로가 이웃임을 확인하고 친목할 수 있는 자리를 만듦.
- 관 주도의 행사이거나 어느 일개 단체의 목적 사업이 아니라 마을의 자생단체들과 지역인사들이 함께 참여해 공동 주관하는 사업으로 만듦.

• 담장없애기 시범사업
- 마을의 높은 담장을 허무는 선포이며, 주민 간의 마음의 담도, 그리고 각 계층 간의 차별의 담도 헐어내자고 하는 사업임.
- 효성동 담허물기 추진위원회는 임시조직인 마을축제준비위원회가 아니라 상시기구의 성격으로 자리매김하도록 함.

• 마을의제21 시범마을
- 2003년도 마을의제21 시범사업 지역으로 선정되어 의제 선포 및 발대식, 마을사랑 걷기대회 추진.
- '효성동 담허물기 추진위원회'가 '효성동의제21 준비위원회'의 역할을 겸함.

3) 주요 성과

• 담 허물기(효성중앙교회 담장 55m)

• 마을사랑 걷기대회
- 걷는 길의 곳곳에 이벤트를 마련하고, 풍물패들이 함께 행진하는 즐거운 퍼레이드

• 사랑의 쌀나누기
- 마을공동체 만들기의 일환으로 사랑의 쌀을 모으고, 어려운 이웃들에게 모아진 쌀을 나누는 행사. 주민들과 지역기업들의 자발적인 참여로 쌀 모으기가 원활히 진행되었으며, 이웃돕기바자회의 수익금도 여기에 보탬.

• 축제 한마당(가수 초청 및 주민노래자랑)

4) 향후 계획 및 「마을의제21」 제안

• 효성동 의제21 작성 및 선포
• 효성동 의제21 실천
• 효성동 의제21 실천 보고대회
• 효마을 만들기
(마을의제21: 이웃 간, 그리고 세대 간의 유대가 원만한 마을공동체로 만든다).
- 세부 실천계획: 효성마을축제한마당, 경로식당, 이웃돕기사업 실시
• 꽃마을 만들기
(마을의제21: 자연친화적인 환경을 조성해 아름답고 깨끗한 마을을 만든다).
- 세부 실천계획: 담허물기 운동, 주민쉼터 및 야외 소공연장 만들기, 청소년문화의 거리 만들기, 벚나무길 만들기
• 교육마을 만들기
(마을의제21: 마을의 2세들을 밝고 건강하게 양육한다.)
- 세부 실천계획: 북인천청소년문화센터, 샛별장학회, 지역학교장 정례모임, 샛별 청소년자원봉사단, 효성주니어코랄(마을의 어린이합창단)

제 5 절 주민자치의 발전 방향과 활성화 과제

지방분권화 시대의 주요 과제 중 하나가 '주민자치 역량 강화'임은 누구나 인정하는 것이다. 2003년에 발표된 지방분권 로드맵에 따르면 우리나라 지방분권의 현주소로, 자치 역량과 주민 참여 부족을 지적하고 있다. 우리가 분권형 선진 국가로 발전해 나가기 위해서는 현재의 불완전한 자치제도를 개선하고, 시민사회의 활성화를 통한 자치 역량 배양이 시급한 과제다.

지방분권 로드맵의 7대 기본 방향 중 하나가 '시민사회 활성화'다. 시민사회 활성화의 주요 과제로는 '다양한 주민 참정제도 도입'과 '시민사회 활

성화 기반 강화'를 제시하고 있다. 하지만 지방분권의 중요한 목표이자 전제 조건인 주민 참여 확대 방안에 대해서는 구체적 일정도 제시되지 않은 채 검토 사항으로 밀려나 있다. 따라서 주민들의 참여 통로를 확대하고 주민들의 민주적 정치 역할을 확대하기 위한 과제들을 과감히 추진해야 한다. 그래야만 지방분권의 두 축인 자치행정 역량 강화와 주민자치가 균형을 이루고, 굿 거버넌스(good governance) 실현의 기초가 마련될 수 있다.

자치에 참여하는 주체는 단체장이나 지방의원, 공무원만이 아니다. 오히려 지방자치의 핵심은 주민에 의한 자치에 있다. 우리나라의 지방분권화 정책이 '선 분권 후 보완'이란 원칙에 쫓겨 지방행정의 권한만을 우선 강화하는데로 흐른다면 상당히 위험할 수 있다는 우려는 그래서 상당히 설득력이 있다.

이러한 우려에 대한 대안으로 정책의 입안 단계에서부터 시민참여제를 도입하는 '열린 정책 네트워크'를 추진하고, '주민 지향적 분권과 시민협력 네트워크'를 형성하는 등의 주민 참여와 자치를 적극 지원할 개혁 과제들을 함께 추진해야 한다.[4)]

또한 이러한 주민자치가 일방적 이해관계에 입각한 집단이기주의로 흐르지 않도록 하기 위해서는 UN의 21세기 발전 이념인 '지속가능성'을 전제해야 한다. 여기서 지속가능성이란 미래 세대까지 고려한 환경성과 사회적 형평성, 그리고 경제적 효율성 세 가지를 두루 포함하는 개념으로서, 이를 달성하기 위해서는 경제·사회·환경 부문이 통합적으로 발전되어야 한다.

특히 지방분권과 국토의 균형 발전을 핵심 국정 과제로 삼고 있는 참여정부는 이들 분권화 정책이 또다른 측면에서 야기할지도 모를 전 국토의 난개발 우려를 해소하기 위해서도 참여와 자치의 기본 정신으로 '지속가능성'을 반드시 염두에 두어야 할 것이다.

이러한 '지속 가능한 발전'은 모든 지역사회 구성원의 참여와 협력 속에 공동 책임을 요구한다. 이제까지의 행정 관행인 권한의 일방통행이 아닌,

---

4) 전영평(2003). "참여정부 시대의 지방정부 개혁," 「지방분권 시대의 참여자치와 환경보전 전략 토론회」, pp. 17-19 참고.

주민 참여와 이해당사자들의 합의에 의한 관리, 즉 거버넌스 체계로서 절차의 투명성과 민주성, 그리고 참여자의 책임성을 담보해야 하며, 이러한 과정 속에서 비로소 '지속 가능한 발전'은 가능해진다.

주민자치의 기초가 되는 지역의 주민 조직은 대체로 아직 조직력과 실천 경험이 취약하다. 따라서 주민자치에 의한 지역공동체가 발전하기 위해서는 지역시민사회단체들의 협력과 지원이 매우 중요하다.

그러나 주민운동을 지원하는 시민사회단체들의 상황도 열악하기는 마찬가지다. 따라서 지방분권화 시대 주민자치가 성공하기 위해서는 건강한 시민단체의 육성과 강화를 통한 지역사회 3자 파트너십(행정-주민-시민사회단체)이 제 기능을 다하도록 배려해야 한다. 자치와 참여의 기회와 욕구 증대라는 분권화의 수요를 제대로 감당해 내기 위한 시민단체의 활성화 방안은 이제 더 이상 미룰 수 없는 과제가 되었다.

따라서 「비영리민간단체 육성지원법」을 획기적으로 개선하고, 주민들의 살맛나는 지역사회공동체 조성에 적극적 참여를 유도하기 위한 「자원봉사활동 기본법」 등도 조속히 마련되어야 한다.

제 6 절 결론

지방분권화 시대 '주민 참여'가 새로운 화두가 되고 있다.

지방으로의 분권과 확산을 촉진하기 위해서는 지방자치단체 행정에 대한 주민과 시민단체의 감시와 참여가 크게 확대되고 투명성이 증진되어야 한다.[5]

참여는 학습의 과정이고, 학습은 부단한 자기 개혁의 과정이라 할 수 있다. 따라서 주민의 적극적인 참여 없이는 자치 개혁을 이룰 수 없다. 주민 참여란 지자체 행정의 주요 의사결정 과정에 주민들이 적극적·개방적으로

5) 국가균형발전위원회(2003). 「국가균형발전의 비전과 과제」, pp. 39-40 참고.

참여할 수 있음을 말한다. 이러한 주민 참여와 자치의 확대는 지방자치제도의 성공적 운영을 위해서도 필요하지만, 주민의 공동체 의식 함양과 시민 의식 강화를 위해서도 매우 요긴하다.

'주민자치'의 대표적인 방법으로 주민과 시민단체에 의한 '마을만들기' 운동을 소개했다. 또한 지속 가능한 주민자치운동의 시범 모델로 「마을의제21」 사업을 소개했다. 미래 세대까지 고려한 공익성과 참여 파트너십의 민주성, 그리고 실천 과정의 중시(의제 설정→실천계획 수립→실행→평가와 환류)라는 「의제21」의 기본 정신을 마을만들기에 반영한 「마을의제21」 이 우리의 지방자치 현실 속에서 어떻게 접목해 성과를 나타낼지 아직은 판단하기 이르다.

하지만 현재, 민관 협력과 거버넌스의 인큐베이터와 같은 역할을 하는 「지방의제21」 기구가 한국 사회의 민주화, 지방화, 세계화라는 시대적 맥락 속에서 짧은 시일 내 참여와 자치의 한 모델이 되었다는 점에 비춰볼 때, 향후 주민자치형 「마을의제21」이 발전할 여지는 충분하다고 여겨진다.

다만 이러한 민·관 협력기구나 주민자치운동의 활성화를 위한 정부의 관심과 제도화 노력이 미약한 것이 지방분권 로드맵의 매우 아쉬운 점으로 지적된다.

이 글을 쓰는 사이 6·5 보궐선거가 치러졌다. 아주 저조한 투표율 속에 한나라당이 압승했다. 선거 분석 전문가들에 의하면 4·15 총선 후 승리한 여당의 자만과 권력 투쟁으로 국민들이 여당을 외면한 반면, 야당은 아주 오랫동안 조직화된 보수층의 조직표가 그 위력을 발휘한 것이라고 한다. 앞의 예화의 주민대표들은 낙선했다.

지방자치단체가 바로 서고, 소속 정당에 관계 없이 제대로 역량을 갖춘 후보들이 지역에서 선출되기 위해서는 중앙당의 지자체 선거 개입을 차단하고, 적어도 기초지자체 선거에서만이라도 정당 배제를 제도화해야 한다.

이래저래 주민자치 활성화를 위해 지방분권과 주민자치운동에 앞장선 시민사회단체의 과제들은 더욱 늘어만 간다.

제 4 부

지방행정 과정과 사회통합

제 10 장 행정구역 개편과 사회통합

윤석인

제 1 절 서론

지방행정 체제 개편을 둘러싼 논란이 확산되고 있다. 이명박 대통령이 8·15 광복절 경축사에서 조기 개편 의지를 밝힌 뒤 이달곤 행정안전부 장관은 곧바로 연내 10개 지역 25개 시·군의 자율통합을 우선 추진하겠다고 밝혔고, 9월 말까지 자치단체들의 신청을 받은 결과 18개 지역 46개 시·군이 자율통합을 신청했다. 행정안전부는 10월 중 해당 지역 주민들을 대상으로 여론조사를 벌이는 등 연내 자율통합 사례를 만들기 위해 노력하고 있다. 행안부는 특히 통합에 반대하는 단체장이나 지방의회 때문에 주민 다수가 찬성하는 행정구역 통합이 지연되는 것을 예방한다며, 여론조사에서 60% 이상 주민이 찬성하면 주민투표 없이 지방의회의 의결로 자율통합

* 이 글은 시민사회포럼 주최 '시민의 시각에서 본 정치행정개혁 논의' 세미나 (2009. 10. 30.)에서 "사회통합 의제와 지방행정 체제 개편"으로 발표되었다. 이는 희망제작소와 한국지방신문협회가 공동 주최한 '지역 순회토론회'(2009년 1월~6월) 결과를 토대로 작성한 것이다. 하지만 이는 발제자 개인의 의견이며 희망제작소나 한국지방신문협회의 공식 입장은 아니다.

여부를 최종 결정하겠다는 입장도 내놓고 있다.

그러나 자율통합 대상으로 거론되는 일부 시·군에선 시민사회단체들이 반대 성명을 내거나 반대투쟁위원회 등을 결성하는 양상이어서, 자칫 별 성과도 없이 자치단체들 사이의 갈등만 심화시키지 않을까 우려된다. 이와 관련해 경제정의실천시민연합(경실련)은 지난 12~19일 지방자치 관련 전문가 134명을 대상으로 설문조사를 실시한 결과, 정부에서 추진하는 지방행정 체계 개편에 대해 응답자 64.93%인 87명이 반대(30명은 적극 반대, 57명은 반대) 의견을 냈다고 밝히면서, 행안부가 실시하는 찬반 여론조사를 중단하라고 요구했다. 이 조사에 따르면, 시·군 통합을 결정하는 방식에 대해 85명(63.43%)이 "지방의회 의결이 있더라도 반드시 주민투표를 통해 결정해야 한다"고 답한 반면, '여론조사 실시 후 지방의회 의결을 통해 결정하면 된다'는 응답은 9명(6.7%)에 불과했다.

희망제작소는 지방행정 체제 개편문제를 중앙정부나 국회 대신 지역과 현장의 시각에서 바라보기 위해 한국지방신문협회와 공동으로 전국 10개 지역 순회 토론회를 개최했다.[1] 그 결과 지방자치단체 고위 간부들은 물론 지역의 학계나 시민사회단체 인사들도 상당수는 자기 지역의 이해관계에서 벗어나지 못하고 있음을 발견했다. 이는 지방행정 체제 개편 논의가 자칫 각 지역 및 국가 차원의 사회적 갈등을 심화하는 방향으로 전개될 수 있음을 보여 주는 것으로 생각된다. 따라서 이 논의가 지방자치 발전은 물론 각 지역 및 국가의 사회 통합에 도움이 되는 방향으로 진행되기 위해서는, 다소 시간이 걸리더라도 주민들의 의견을 충분히 수렴하는 사회 공론화 과정을 거쳐야 하며, 주민들이 의사결정에 실질적으로 참여하는 제도적 장치도 마련해야 할 것으로 생각한다.

1) 대부분의 지역에서 비슷한 형태를 취했는데, 행정기관을 대표해서 시·도의 기획관리실장 또는 자치담당 국장, 선출직 의원(국회의원, 시·도의원), 시민사회단체 활동가, 지역대학의 교수, 지역발전연구원 관계자 등이 고루 토론자로 참여했고, 그 규모가 종합토론회 참석자까지 포함하면 총 56명에 이른다.

제 2 절 사회통합에 부합하는 지방행정 체제 개편 시기 및 절차

사회통합은 다양성에 대한 존중, 기회 균등, 사회적 결속, 안정 등의 원리에 기초해 모든 사람이 안정적이고 안전하며 공정하게 사회적 소수자를 사회적 주류(mainstream)에 포함시키고자 하는 노력으로서, 국가와 시민사회의 자율적인 쌍방향의 노력에 의해 이뤄지는 것이라고 할 수 있다. 따라서 사회통합의 가치는 공정성과 공평성, 인간의 존엄성, 자유 등이며, 다양성의 존중과 참여적인 과정(participatory processes) 등을 기본 원칙으로 삼을 때 비로소 사회 구성원들의 결속을 강화하고 다양한 사회적 갈등의 원인을 제거할 수 있다. 분열과 배제, 극단화가 아니라 공존과 협력, 결속을 추구해야 한다는 것이다.

국가적인 주요 정책을 사회통합의 관점에서 입안하고 추진하려면, 먼저 이해관계자를 모두 포함(inclusion)해 논의의 장으로 끌어들이는 정부 차원의 배려와 제도적 장치의 마련이 선결되어야 하며, 이해관계자들 역시 적극적이고 건설적으로 논의에 참여(participation)해야 한다. 또 이런 포함과 참여의 모든 과정이 투명하고 정당해야 한다. 사회통합은 기본적으로 강제적이고 일방적인 국민 동원 등과는 다르기 때문이다(박태순, 2009).

민주주의는 목적보다 과정과 절차가 중요하다. 사회통합의 관점에선 더욱 그러하다. 그럼에도 최근 정부는 '일방적인' 방식으로 지나치게 서두르고 있으며, 민주적 절차의 문제를 경시한다는 인상을 주고 있다. 물론 중앙정치권은 17대 국회 특위에서 여야 합의로 지방행정 체제 개편안을 만든 경험 때문인지 인식 차가 크지 않은 편이다. 그러나 희망제작소가 지역 순회 토론회 등을 통해 확인한 바로는, 중앙과 지역 사이에 상당한 인식 차가 존재한다. 학계와 시민사회단체의 의견도 다양하다. 정부가 일방적으로 앞장서서 밀어붙이면 사회적 갈등만 커질 수 있는 상황인 것이다.

이달곤 행정안전부 장관이 인센티브제[2]를 활용한 시·군·구 자율통합

---

2) 이달곤 장관은 지난 8월 26일 자율통합을 확정한 시·군 등 기초자치단체에는 △특별교

을 적극 추진하는 것은 연내에 몇 군데라도 통합 사례를 만들어 지방행정 체제 조기 개편의 견인차로 삼으려는 목적 때문일 것이다. 그러나 18대 국회 지방행정체제개편특위(위원장 허태열)가 국회의원들이 발의한 '지방행정체제개편특별법'(안)들을 심의조차 하지 않은 상태에서, 그리고 각계 전문가들과 지역 주민들의 찬반 의견이 매우 다양하게 표출되는 상황에서, 행안부가 제출한 '자율통합을 결의하는 시·군·구에 대한 특별지원법'부터 처리하자고 밀어붙이는 것은 일종의 월권으로서 많은 부작용을 낳을 수 있다.

따라서 정부는 연내 자율통합은 물론 지방행정 체제 개편의 시기와 절차 등을 다시 점검해야 한다. 제주특별자치도 출범 과정과 절차에 대한 찬반 논란이 통합 3년이 지난 현 시점에도 계속 진행형으로 남아 있는 현실을 타산지석으로 삼아야 한다는 것이다. 지난 1월 희망제작소 주최 제주지역 토론회에서 패널들은 시종 특별자치도 개편 논의가 제주지역의 특수성에 근거해 이뤄졌는지, 도민 찬반 투표를 거치긴 했지만 개편의 내용과 효과에 대해 주민들이 얼마나 알고 투표했는지 등에 대해 신랄하게 논쟁을 벌였다.

사회통합의 관점에선 '다양성의 존중과 모든 이해관계자를 포함한 참여적 과정'이 핵심적으로 중요하다. 따라서 정부와 국회 등 중앙정치권이 주도하고 있는 현재의 논의와 추진 방식은 대폭 수정해야 한다.

첫째, 개편 시기를 미리 설정하지 않아야 한다. 정부와 중앙정치권에선 '지금도 많이 늦었다'고 판단할 수 있다. 그러나 그것은 정치권의 이해관계 갈등에서 비롯된 측면이 크다. 또 개편의 궁극적 목표와 절차 등에 관한 기본적인 논의에 앞서 '자치계층 1단계 축소를 위한 도 폐지'라는 결론부터 제시해 혼선을 자초한 탓이 크다. 1990년대 초 정치적 고려에서 진행한 '도와 광역시' 분리 개편에 대한 평가가 엇갈리듯이, 중앙정치권의 논리로 도

부세 50억 원 지급, △자치단체 추진사업에 대한 국고보조율 10%p 인상, △사회간접자본(SOC) 확충 예산 우선 배정, △초·중·고교 학군 조정, 기숙형 고교와 마이스터고, 자율형 사립고 지정 때 우선권 부여 등 각종 혜택을 주겠다는 계획을 발표했다.

폐지를 기본으로 한 지방행정 체제 개편을 서두르는 것은 본말이 뒤바뀐 것이다. 그리고 지금부터라도 제대로 된 논의 구도를 만들어 나간다면, 정부가 서두르지 않아도 2012년에는 상당한 성과를 낼 수 있을 것으로 생각한다.

둘째, 제대로 된 논의를 위해서는 '중앙정치권과 지역, 학계, 시민사회단체들을 두루 포괄한 독립적이고 중립적인 기구'를 먼저 구성해 개편의 기본 방향부터 다시 검토해야 한다. 지난 17대 국회 특위가 여야 합의로 만들었던 개편안도 소중한 방안이며, 이 방안을 토대로 논의를 시작할 수도 있다. 그러나 현재 18대 국회 특위에 제출된 여러 특별법(안)들을 심의 확정하는 방식으로만 개편을 추진하는 것은 무리가 있어 보인다. 국회가 합의하는 특별법(안)에 대해 찬반 국민투표를 한다고 해도 마찬가지다. 학계를 비롯해 반대하는 목소리가 만만치 않기 때문이다. 또 특별법(안)에 대한 '찬반 투표'만으로는 각 지역의 다양한 특수성을 두루 반영해 개편하는 게 어려울 것이기 때문이다.

따라서 독립적이고 중립적인 기구를 구성해 개편의 필요성과 목적, 기본 방향, 지역별 특수성을 감안한 세부 개편안 등에 대해 충분히 논의한 뒤, 필요하다면 몇 가지 쟁점에 대해 국민들의 의견을 묻는 '선택형' 국민투표를 진행해 개편안을 확정하는 것이 사회 갈등을 최소화할 수 있을 것으로 생각한다.

국민투표 대신 지역별 주민투표를 활용할 수도 있다. 모든 국민이 동의하는 단일 개편안을 만들 경우, 자칫 각 지역의 특수성을 충분히 살릴 수 없기 때문이다. 새로운 논의 기구를 만들되 이 기구는 개편의 기본 방향만 제시하고, 세부 사항들은 각 지역별 주민투표에 넘기자는 의견은 이런 사정을 반영한 것이다. 물론 이 경우에도 쟁점별로 복수안을 제시해 주민들이 스스로 자기 지역의 자치행정 체제를 선택할 수 있도록 해줘야 한다. 예컨대, 미국처럼 지역 특성에 따라 자치계층 수까지 주민들이 결정하게 하는 방식, 유럽처럼 자치단체장과 지방의회 등 기관 구성 문제를 지역주민들 스스로 결정하게 하는 방식을 도입해야 한다는 것이다. 정순관 광주대 교수가 지역토론회에서 밝힌 대로 "국회나 중앙정부가 특정한 모형을 결정하고 이를 설득하는 방식(decide-announce-defend)이 아니라, 다양한 통합 방식과 유형을 제시하고 주민들이 그 중에서 선택하게 하는 방식(menu)의 접근이 바람직하다"는 것이다.

제 3 절 사회통합 의제와 지방행정 체제 개편의 기본 방향

17대 국회 특위는 지방행정 체제 개편 추진의 주요 논거로 ① 정보·통신 수단의 발달, ② 도시화의 진전에 따른 생활·문화권과 행정권의 불일치, ③ 중복 투자로 인한 행정 낭비, ④ 배타적 자치권에 기초한 지방자치단체들 사이의 빈번한 갈등, ⑤ 글로벌 시대의 지역 경쟁력 상실 등을 제시했다. 그리고 지방행정 체제 개편의 기본 방향으로서 ① 생활권과 행정권의 일치를 위한 시·군·구 조정 또는 광역화, ② 중앙정부와 자치단체, 광역자치단체와 기초자치단체 간 사무 조정 또는 자치계층 축소, ③ 주민자치 강화와 주민 편익 제고, ④ 지역 균형 발전과 글로벌 경쟁력 강화 등을 제시했다. 이에 대한 국민들의 의견 분포는 명확하지 않으나, 언론사 등의 조사에 따르면 지방행정 체제 개편의 당위적 필요성에는 동의하는 의견이 반대 의견보다 조금 많은 것으로 나타나고 있다.[3]

중앙정치권이 제시하는 개편 방향에 대해서는 줄곧 중앙정부 중심의 '효율성'만 강조할 뿐 '민주성'의 관점이 부족하다는 비판이 제기되어 왔다. 예컨대 ① 시·군·구 통합과 광역화 이후의 주민 참여 활성화 문제, ② 자치단체장과 지방의회 사이의 균형과 견제 문제, ③ 규제 중심의 국가사무 대폭 이양을 통한 지방분권 강화 문제 등에 대한 해답은 약하거나 형식적이

3) 2008년 9월에 실시한 문화일보, 조선일보 등 언론기관의 여론조사 결과들에 따르면 압도적 다수는 아니지만, 찬성 의견이 반대 의견보다 많은 것으로 나타난 바 있다. 한국지방행정연구원이 지난해 12월 발표한 여론조사 결과도 마찬가지로 △지방행정 체제 개편 전반에 대해서는 찬성 35.3%, 나중에 24.5%, 반대 15.4%, 유보 24.8%로 찬성 의견이 우세했으며, △'도' 폐지문제에 대해서는 반대 의견이 많았으나(찬성 24.3%, 중도 32.0%, 반대 37.7%, 유보 6.1%) △시·군 통합에 대해서는 과반수가 찬성(찬성 50.8%, 중도 27.8%, 반대 15.2%, 유보 6.2%) 의견을 밝혔다.

라는 비판이 제기된 것이다.

따라서 지방행정 체제 개편 논의가 사회통합에 부합하려면, '주민에 의한, 주민을 위한, 주민의 지방자치' 발전이라는 관점에 입각한 새로운 방향 설정부터 이뤄져야 한다. 즉, 국가사무의 대폭 이양을 통한 지방분권 강화, 주민 참여와 주민 편익을 높이는 풀뿌리 주민자치 실질화, 자율적이고 책임 있는 자치재정 운영을 위한 제도 정비,[4] 교육자치와 자치경찰제 실질화, 글로벌 시대의 지역 경쟁력 강화 문제 등에 대한 해법을 두루 포괄하는 새로운 방향 설정이 시급하다는 것이다. 그래야만 중앙정부가 온갖 규제 권한을 다 쥐고 있으면서 광역자치단체만 폐지해 지방행정 전반을 장악하려 한다는 비판을 면할 수 있을 것이다.

남북 통일이나 기후 변화 문제 등을 감안한 새로운 국토종합이용계획(안)을 수립하는 일도 개편의 기본 방향을 재설정하는 데 중요하다. 중앙정치권 또는 중립적인 논의 기구가 내놓게 될 '시 · 군 · 구 통합을 위한 가이드라인'(통합행정 구역지도)이 설득력을 갖기 위해서는 최소한 새로운 국토이용계획(안)이라도 함께 제시되어야 한다는 것이다. 그래야만 18대 국회 들어 몇몇 의원과 연구기관에서 제시하는 초광역지방정부(state) 신설 방안의 타당성 등에 대한 효과적인 논의가 이뤄질 수 있을 것이다.

지방자치 발전을 위한 정치개혁 문제도 함께 다뤄야 한다. 자치단체장과 지방의회 사이의 분권과 견제, 자치단체장과 지방의원에 대한 정당공천제 유지 여부, 자치단체장 후원회 조직 합법화 문제 등도 지방자치 발전과 지역 내 사회통합의 관점에서는 매우 중요한 현안이므로 지방행정 체제 개편 논의 과정의 관련 주제로 포괄해야 한다는 것이다.

이와 관련해 김태일 영남대 교수(정치학)는 대구지역 토론회에서 ① 지방분권 강화, ② 지방의회 권능 제고, ③ 주민 참여 확대 등 세 가지를 정치개혁의 기본 방향으로 제시했다. 먼저 지방분권 강화 방안으로 ① 지방의

4) 이와 관련해선 현재 행정안전부가 지방소득세와 지방소비세 도입 방안을 국회에 제출해 놓은 상태이며, 희망제작소와 지방신문협회 공동 주최 토론회에서 발표한 최병호(2009) 참조.

회의 자주입법권 강화(조례제정권 확대), ② 기초단체장과 기초의회 정당공천제 폐지, ③ 기초의원 소선거구제 환원을 제시했다. 이어 지방의회 권능 제고 방안으로는 ① 전문위원 확대를 통한 지방의회 전문성 제고, ② 지방의회 사무직원 임용권은 지방의회로 이양, ③ 자치단체의 주요 정책에 대한 의회 차원의 청문회 및 공청회 의무화, ④ 자치단체 주요 인사에 대한 의회동의제 도입을 제시했다. 주민 참여 확대 방안으로는 ① 지방의회 회의 공개 확대 및 명문화, ② 표결실명제, ③ 의원 발의 조례에 대한 주민공청회 의무화 등을 제안했다(김태일, 2009).

이명박 대통령이 제안한 지방행정 체제 개편과 국회의원 선거제도 개혁을 연계해 논의하는 것도 필요하다. '중대선거구제'나 '권역별 비례대표제', '독일식 비례대표제'[5] 도입 등 정치권과 학계에서 논의되고 있는 여러 개혁 방안이 지방행정 체제 개편과 무관하지 않기 때문이다. 실제로 이들 방안은 국회의원들이 지역주의에 갇혀 있거나 지역구 사업에 과다하게 매달릴 수밖에 없는 현재의 상황을 타파하기 위한 좋은 방안일 수 있다. 그러나 본말이 전도되어서는 안 될 것이다. 지역 행정과 지방자치 발전 문제가 국회의원들의 이해관계에 의해 좌우되는 일이 있어선 안 되기 때문이다.

제 4 절 지방행정 체제 개편의 주요 쟁점과 대안 모색

17대 국회 특위의 개편안은 ① '다계층 중복구조'로 되어 있는 현행 지방행정 체제를 1단계 감축하고, 현재 광역자치단체가 보유한 사무 권한을 대부분 기초자치단체로 넘긴다는 전제 아래 ② 서울특별시와 6개 광역시, 제

5) 독일식 비례대표제를 도입해 의원 정수를 늘리지 않는 선에서 지역구와 비례대표 의원의 비율을 '1 대 1'로 맞추자는 의견이다. 독일은 소선거구 단순다수대표제와 비례대표를 결합하고 있다. 각 정당은 전국 득표율에 따라 의석을 배분받는데, 각 정당은 이를 권역별 득표율에 따라 할당 배분한다. 각 권역은 배분받은 의석을 우선 그 권역에서 소선거구 단순다수대표제로 선출된 의원에게 할당하고, 나머지 의석을 권역별 정당명부 비례대표 후보에게 배분해 주고 있다(김태일, 2009 참조).

주특별자치도를 제외한 8개 '도'를 폐지하고, ③ 현행 185개 자치시·군을 통합해 50~70개의 통합시로 개편하는 '시·군·구 광역화'를 핵심 내용으로 제시했다. 이 개편안은 도 폐지를 우선 과제로 삼은 논리 구조와 중앙정부 산하 국가광역지방행정청을 도 대신 신설하는 방안 등으로 인해 '신(新) 중앙집권화 기도'라는 비판을 많이 받았다.

18대 국회에서 여야 의원들이 잇따라 발의한 특별법(안)들은 편차가 제법 크다. 하지만 허태열, 권경석(한나라당), 우윤근(민주당) 의원 등의 법안은 대체로 ① 기초자치단체 광역화를 지역별로 우선 추진하고, ② 그 성과가 상당한 수준에 이르렀을 때 광역자치단체의 지위와 기능을 변경 또는 조정하는 방안을 제시하고 있다. 시·군·구 통합도 지역 주민들의 동의를 얻는 절차를 거쳐 각 지역이 자율적으로 추진하되, 통합하는 자치단체에 인센티브를 주는 방안이다.

특히 17대에 이어 18대 국회에서도 특위 위원장을 맡은 허태열 의원이 대표 발의한 법안은 "통합 지방자치단체는 장의 선출과 지방의회 및 집행기관의 구성을 달리 정할 수 있다."(26조 1항)고 하고, 통합 자치단체 의회 의원이 광역시·도의원을 겸직(32조 1, 2항)하는 방안까지 제기해 눈길을 끈다.

이에 비해 차명진(한나라당) 의원은 도의 권한과 기능을 더 강화하자는 내용의 특별법(안)을 내놓았고, 이명수(자유선진당) 의원은 광역자치단체를

표 10-1 지방행정 체제 개편안 비교

	17대 국회 특위 여야 합의 개편안	18대 국회 특위 허태열 위원장 안	이명수 의원 및 일부 지방자치학계 안
'도' 폐지 여부	폐지(자치단층제)	시·군·구 통합 2/3 달성 뒤 광역단체 지위와 기능 조정	초광역화(state 수준)
시·군 통합	시·군 통합	시·군·구 통합	시·군 통합
실현 가능성	낮음(사실상 폐기)	높음	낮음
개헌 연계	불필요	불필요	연계
권한 이양	낮음	상당히 높음	아주 높음(準연방제)
읍·면·동	준(準) 자치제로 운영	자치회 구성 읍면동에서 공무원 철수	-

초광역화하는 것이 글로벌 경쟁력을 확보하는 방안이라는 논지 아래, 주(州, state) 수준의 초광역지방정부를 구성하는 것을 핵심으로 하는 개편안을 내놓았다. 이 방안은 헌법 개정을 전제로 하는 방안이기도 하다.

1 시 · 군 · 구 통합 문제

기초자치단체 통합 문제와 관련해서는, 우선 농촌 또는 도농통합지역의 '시 · 군 통합'에 대해서는 불가피성을 인정하는 분위기가 우세하다. 정보통신 수단의 발달과 도시화 진전, 특히 자녀교육 문제 등의 이유로 1990년대 초반 지방자치 부활 당시 인구 10만~15만이던 농촌지역 군들이 2만~4만명 규모로 인구가 급감하면서, 최소한의 행정 효율성도 기대하기 어렵다는 지적이 나오기 때문이다.

수도권의 위성도시나 지역 중 · 소도시들도 성남 · 하남 · 광주시의 통합 추진에서 드러나듯, 생활권과 문화권, 역사적 전통, 지역 경쟁력 등을 이유로 통합을 검토하거나 추진하는 곳이 늘어나고 있다. 다만 이들 지역은 미래 비전에 대한 그림 없이, 현재 광역시가 누리고 있는 법제상의 이익만을 추구하는 경향이 있어서 지방자치 발전과는 유리되어 추진된다는 비판을 받고 있다.

시 · 군 · 구 통합과 관련해서는 몇 가지 전제 조건과 배려가 필요하다고 생각한다.

첫째, 무엇보다 통합의 명분이 주민들에게 명확하게 제시되어야 한다. 통합과 광역화 자체가 목표는 아닌 만큼, 주민들이 통합 이후의 비전, 즉 성장관리형 도시정책에 의거한 '통합도시의 상(像)'을 충분히 인지하고 동의해 주는 절차가 반드시 필요하다는 것이다. 예컨대 성남시는 최근에야 3개시 통합에 관한 Q&A 리플렛을 제작 배포했는데, 통합 이유로 '역사적 · 지리적 동질성'을, 통합시 권한으로 '준(準)광역시로서의 권한과 자율성' 등을 제시하는 데 그치고 있다. 또 '통합하면 성남(분당) 시민이 광주 시내 학교에 다니게 되는가요?' '통합하면 시청이 광주시로 옮겨간다는데 사실인가요?' 등 사회 갈등 요소를 담은 질문들을 나열하고 일방적으로 '아니다'라고 답변하는 실망스러운 수준을 드러냈다.

둘째, 중앙정부 또는 중립적인 개편 논의 기구가 통합행정 구역지도(안)을 만들어 가이드라인으로 먼저 제시할 수도 있으나, 각 지역 주민들이 토론회와 공청회, 주민투표 등을 통해 통합 대상부터 스스로 선택할 수 있게 해야 한다. 앞에서 지적한 대로 중앙정치권이 미래의 종합적인 국가경영전략 아래 충분히 연구한 결과를 내놓지 않은 채 통합지도(안)부터 제시하고, 각 자치단체들도 통합도시의 상을 제시하지 못한 채 통합에 대한 찬반 의사만을 묻고 있는 작금의 상황에서는, 설사 통합이 이뤄진다 해도 그 이후 지역 간 갈등이 폭발할 우려가 다분하기 때문이다. 예컨대, 정부는 최근 충남 천안시과 아산시를 통합하는 안을 제시했으나, 아산시에서는 '미래 성장 가능성이 적어 보이는' 천안시보다는 '성장 가능성이 높은' 평택시나 당진군과 통합하는 안을 더 선호한다는 주장이 나오고 있음을 간과해선 안 된다는 것이다.

셋째, 통합도시의 균형 발전에 관한 가이드라인을 먼저 분명하게 제시해야 한다. 현재 자율통합을 추진하는 거의 모든 자치단체에서 드러나는 현상은 규모가 큰 자치단체는 찬성, 규모가 작은 자치단체는 반대하는 여론이 우세하다. 규모가 작은 자치단체의 주민들은 대체로 '흡수 통합'된다는 인식이 강하고, 이른바 혐오·기피시설만 자기 지역으로 이전해 오거나 규모가 큰 지역의 부채를 자기들이 대신 갚아줘야 한다는 점 등을 내세워 반대 여론을 조성하고 있다.

따라서 중앙정치권이 미리 나서서 최소한 혐오시설의 일방적인 이전 등이 불가능하도록 제도적인 장치를 만들어 주고, 통합도시의 명칭이나 청사 위치 등에 관한 기본적인 가이드라인을 제시해 각 자치단체들이 이런 문제로 부질없이 갈등할 수 있는 여지를 미리 차단해 줘야 한다. 또 농촌지역 군이 인근 도시와 통합할 경우에는, 예컨대 대학입시 할당제 등 농촌지역이기 때문에 누리던 몇 가지 정부 지원과 혜택이 상당 기간 유지될 수 있도록 경과 조치 등을 미리 마련해 줘야 한다. 중앙정치권이 작은 인센티브를 제시하며 통합을 독려해놓고, 정작 뻔히 내다보이는 사회 갈등 요인들에 대해서는 지역주민들끼리 알아서 결정하라고 방치하는 것은 무책임한 행정 편의주의의 극치라고 비판받을 수 있기 때문이다.

넷째, 허태열 의원의 법안대로, 자치단체장과 지방의회 등 기관 구성에 관한 선택권을 각 지역주민들에게 넘겨줘야 한다. 우리나라가 미국식 대통령제 국가이기 때문에 자치단체장도 직선제를 당연하게 받아들일 수 있지만, 지역에선 자치단체 내부 민주화에 관한 요구가 만만치 않은 게 현실이다. 제주특별자치도와 경기 하남시에서 단체장에 대한 주민소환운동이 벌어진 것도 이런 사정과 무관하지 않다. 따라서 앞으로는 지역주민의 선택에 따라 단체장을 직선으로 선출하지 않고 지방의회에서 민주적 절차를 거쳐 자치단체 집행기관을 구성할 수 있으므로, 이런 가능성을 제도적으로 미리 열어놓아야 한다는 것이다.

다섯째, 기존의 광역시·도 경계를 넘나드는 통합 논의도 가능해야 한다. 교통통신 수단이 발달하기 전에는 높은 산맥과 큰 강이 도계를 정하는 기준이었지만, 지금은 높은 산과 큰 강이 오히려 인접 도시들의 중요한 공동자산이 될 수 있기 때문이다. 예컨대 정부 쪽에서 만든 통합지도(안)는 전북 군산과 김제시가 통합하는 안을 제시하고 있으나, 금강 하구를 공동의 자산으로 여긴다면 충남 서천군과 통합하는 게 더 나을 수 있다. 전북 익산시도 역사적인 동질성과 금강 중류를 염두에 둔다면 충남 논산뿐 아니라 부여군, 나아가 공주시까지 포괄해 백제문화도시를 복원하는 게 나을 수 있다. 지리산이나 덕유산, 섬진강 하류를 둘러싸고 있는 시·군들의 통합도 마찬가지 관점에서 논의할 수 있다고 생각한다.

마지막으로 기초단체 통합 뒤 기존 시·군에 행정구(또는 출장소)를 설치하는 방안은 재검토해야 한다고 생각한다. 행정구는 지역 정서상 단기적으로는 도입이 불가피할 수 있다. 그러나 제주특별자치도의 경험을 타산지석으로 삼을 필요가 있다. 제주도는 2006년 4개 시·군을 하나의 특별자치도로 통합하면서 제주와 서귀포에 행정시(행정시장 임기 2년, 임명권자는 도지사)를 설치해 운영했으나, 최근 '행정시 무용론'이 일고 있다. 행정시가 독자 기능 없이 특별도의 위임사무만 처리하는 데 따른 행정 낭비가 여전하다는 게 가장 큰 이유다. 제주도에서는 행정시 폐지의 대안으로 현행 43

개 읍·면·동을 통합해 20여 개 안팎의 '실질적인 자치 권한이 확대된 대동(大洞)제'를 도입하자는 제안들이 나오고 있는데,[6] 이 방안은 기초단체 통합과 함께 읍·면·동 주민자치를 실질화하는 방안으로서 진지하게 검토해 봐야 한다고 생각한다.

한편 허태열 의원은 자신의 법안에서 17대 국회 특위가 유보했던 서울특별시와 6대 광역시의 자치구 통합문제를 거론했다. 즉, ① 서울특별시와 6개 광역시의 구는 인구 100만 이상이면 자치구, 100만 미만이면 행정구로 하고, ② 자치구도 그 사무와 권한은 대도시의 특수성을 감안해 일부 제한할 수 있으며, ③ 행정구의 장은 서울특별시장과 광역시장이 의회의 동의를 받아 임명하는 것(12조)으로 제안한 것이다.

서울특별시와 6개 광역시에 구를 두는 방안은 불가피성을 인정할 수 있으나, 인구 100만을 기준으로 자치구와 행정구로 나누는 안에 대해서는 적잖은 논란이 일 것으로 보인다. 또 서울특별시를 제외하면 광역시에서는 인구 100만이 넘는 통합 자치구가 나오기는 사실상 어려울 것으로 보여, 광역시 자치구들은 대부분 행정구로 전환되어야 할 형편이기 때문이다. 이와 관련해 수도권에서는 시·시, 시·군 통합으로 인구 100만이 넘는 통합시가 나올 수 있고, 수도권 이외의 지역에서도 시·군 통합 뒤 광역시·도의 지위와 기능을 다시 조정해야 한다는 점 등을 두루 감안하면, 6개 광역시는 통합시와 동일한 지위와 기능을 갖는 자치단체로 재규정하고 구(區) 문제도 같은 맥락에서 논의하는 게 옳을 것으로 보인다.

2 읍·면·동 주민자치 실질화

시·군·구 통합이 추진된다면, 읍·면·동의 주민자치 수준이 지금보다

6) 희망제작소와 제주일보가 지난 1월 공동 주최한 토론회에서 다수 패널들은 행정시의 독자 기능이 모호하다는 등의 이유로 행정시 폐지에 찬성하는 의견을 밝히고 대동제 도입의 필요성에 공감을 나타냈다. 또 제주도의회는 더 깊이 있는 논의를 위해 전문가들에게 대동제 도입에 관한 연구 용역을 발주할 계획이라고 밝혔다.

훨씬 높아져야 한다. 도시화의 진전으로 지역 공동체가 와해의 위기에 처한 오늘의 현실을 감안하면, 읍·면·동 주민자치 실현으로 공동체를 복원해 지역 단위 사회통합의 기초를 바로 세워야 한다는 것이다. 현재 우리의 지방행정 체제는 230개 시·군·구가 지방자치의 기초 단위가 되고, 읍·면·동은 산하 행정 단위로 기능하고 있다. 하지만 자치행정 단위가 광역화해 통합시로 출범하면 그 지위나 기능, 인구 규모 등에서 일본의 43개 현(縣)과 비교가 가능하게 되므로, 읍·면·동 역시 일본의 기초자치단체인 시·정·촌과 비슷한 수준으로 조정되어야 한다.

일본의 시·정·촌(市·町·村)은 2008년 2월 현재 1,772개로 줄어[7] 2009년 3월 말 현재 3,562개인 우리나라 읍·면·동 수의 절반 정도이지만, 평균 인구는 6만 7,313명으로 우리나라 읍·면·동보다 5배 정도 많다. 또 일본의 시·정·촌은 기초자치단체로서 의결기관(의회)과 집행기관을 갖추고 있으며, 의회에서 선임하는 집행기관의 장은 의회에 대한 재의 요구 및 해산권, 의회는 집행기관의 장에 대한 불신임 결의권 등을 갖고 있다. 우리나라도 읍·면·동 수가 꾸준히 줄고 있다는 점에선 일본과 비슷하다. 하지만 주민자치위원회가 구성된 지 10년이 지났지만 여전히 자문기구 수준에 머물고 있으며, 주요 업무는 기초자치단체장이 임명한 5급 사무관 직급의 읍·면·동장과 파견 공무원들이 맡아서 처리하고 있다는 점에서는 일본과 너무 다르다.

읍·면·동 주민자치와 관련해서는 허태열 의원의 특별법(안)이 그나마 구체적인 내용을 담고 있다. 그는 법안 '제6장 읍·면·동 자치회'에서 ① 풀뿌리 자치의 활성화와 민주적 참여 의식 고양을 위해 읍·면·동 단위로

---

7) 일본에서는 시·정·촌 합병이 꾸준히 진행돼 2005년 2,394개이던 것이 2008년 2월 1,772개로 622개나 줄었다. 일본에서 시·정·촌 합병은 전국적으로 7만여 개에 이르던 메이지(明治) 시대 때부터 추진되었는데, 지난 10여 년은 지방분권 추진, 고령화 사회 대응, 열악한 재정 기반 강화, 생활권 광역화, 행정 서비스 효율성 제고 등을 명분으로 광역정부인 현(縣) 중심으로 강력히 추진해, 예컨대 히로시마현은 합병 추진율이 73.3%에 이른다. 중앙정부도 이를 적극 지원하고 있으나, 인구밀도가 높은 대도시에선 통합의 명분이 약해 도쿄 도(都)나 오사카부(府)의 합병 추진율은 각각 2.5%, 2.3%에 그치고 있다. 2008년 2월 기준으로 시정촌의 평균 면적은 209.9㎢다.

자치회(법인)를 두며(42조), ② 자치위원은 정수 35명 이내로 하여 통·리장이 겸임하고, 통·리장은 선출하되 자격과 선임 방법은 자치규약으로 정하고(44조), ③ 연임 가능한 임기 1년의 자치위원장은 자치위원 중에서 호선하도록 했다(47조). 또 ④ 자치회가 설치되면 읍·면·동 주민센터 근무 공무원 등은 소속 자치단체로 복귀하고(52조), ⑤ 통합 자치단체장은 자치행정에 대한 의견 수렴을 위해 자치회 위원장들로 자치회행정자문위원회를 구성하도록 했다(50조). 자치회 재정은 자체 수입과 통합 지방자치단체가 보조 또는 지원하는 경비로 충당하고, 주민센터 및 그 부속토지 관리권은 해당 자치회에 위탁하도록 했다(48조).

그러나 법안은 자치회 '사무'를 현행 읍·면·동 주민센터가 수행해 온 사무 범위를 크게 벗어나지 않는 것으로 제한했다. 즉 자치규약 제정, 주민자치센터와 일정 규모 이하 공공시설의 관리 운영, 축제 등 읍·면·동의 단합과 발전을 위한 사항, 주민 공동 부담이 필요한 사항, 지역 단위 공동수입사업 및 자발적 모금활동 등을 통한 필요 경비 조달에 관한 사항, 기타 통합 자치단체에서 위탁하는 사무의 처리에 관한 사항 등으로 한정한 것이다(43조).

허 의원의 자치회 구성안은 읍·면·동을 조세권과 조례제정권 등을 갖는 자치계층으로 인정하지 않는 대신, 주민들이 선출한 통·리장들이 자치위원으로서 자치위원장을 호선하고 자치회가 자율적으로 사무직원을 채용하는 등 절차적 대의성과 사무집행권은 인정하는 준(準)자치적 기초행정단위로 만들겠다는 의도에서 나온 것으로 보인다. 하지만 자치회의 사무 기능은 일본 시·정·촌 산하 주민조직인 정내회(町內會) 또는 자치회를 연상시킬 만큼 제한적이다. 정내회나 자치회는 회원 주민들의 친목, 공동방위(방재 방화 방범 교통 안전), 환경정비, 행정보조(공보 모금 등) 기능만을 맡고 있다.

따라서 읍·면·동 주민자치를 제대로 실현해 지역 공동체를 복원할 수 있는 안을 새롭게 만들어야 한다. 일부 논자들이 주장하는 '읍·면·동장 직선'에 대해서는 찬반 논란이 있을 수 있지만, 각 지역 주민들이 민주적인 절차를 거쳐 주민자치위원장을 선출하게 하고, 주민자치위원회가 실질적으로 통합시의 주요 정책결정 과정에 참여할 수 있도록 그 권한과 기능을 훨씬 강화하는 내용의 새로운 대안을 만들어야 한다는 것이다. 일본에서 정내회나 자치회는 규모나 기능을 굳이 비교한다면 우리나라 통・리와 유사하고, 우리나라 읍・면・동은 비록 농촌지역 읍・면의 인구가 급감[8]하고는 있지만, 일본의 시・정・촌과 비교하는 게 더 맞을 것이기 때문이다.

이와 관련해서는 중립적인 지방행정 체제 개편기구가 '평균 인구 1,600명에서 1만 4,400명' 정도인 구미지역 기초자치단체들의 지위와 기능에 대한 연구부터 심도 있게 진행해야 한다고 생각한다. 미국은 2005년 기준으로 평균 인구 1만 4,400명인 시티(city)와 빌리지(village)가 전국에 1만 9,429개나 존재하며, 프랑스는 평균 인구 1,600명인 코뮌(commune)이 3만 6,700개에 이른다. 독일도 평균 인구 5,400명인 게마인데(Gemeinde)가 1만 5,300개 존재한다. 평균 인구로만 보면 우리나라 읍・면・동은 미국의 시티나 빌리지와 비슷하고 프랑스의 코뮌이나 독일의 게마인데보다는 더 크다. 따라서 이들 국가의 기초자치 단위에 대한 심층 연구와 제주특별자치도의 '대동제' 논의 등을 함께 검토한다면, 일부에서 우려하는 정치 과잉 가능성을 불식하면서도 우리나라 주민자치와 풀뿌리 지방자치를 한 단계 성숙시킬 수 있는 좋은 대안을 마련할 수 있을 것으로 생각된다.

3 '도' 폐지 대신 지위와 기능 조정

지방행정 체제 개편안을 둘러싼 논란의 핵심은 그 동안 '도 폐지' 문제였다고 할 수 있다. 17대 국회 특위는 자치계층을 현행 2단계에서 한 단계 줄여 행정 낭비를 줄인다는 목표 아래 8개 도를 폐지하는 안에 합의했다. 그러나 18대 국회 들어 차명진 의원은 도의 권한과 기능을 더 강화하자는 내용의 특별법(안)을 내놓았고, 이명수 의원(자유선진당)은 현재의 16개 광역시・도를 4~5개로 재편해 주(州) 수준의 초광역자치정부를 신설하자는 요

8) 정부 발표에 따르면 2009년 3월 현재 읍 인구 1만 미만인 지역은 07년 60개에서 62개로, 면은 인구 3천 명 미만 지역이 494개에서 516개로 늘어났다. 인구 1만 미만 동은 같은 기간 550개에서 493개로 줄었다.

지의 법안을 제출했다. 학계도 이 문제로 뜨겁게 논쟁을 벌이고 있다.

희망제작소 주최 지역토론회에서는 다수 논자들이 도 폐지에 반대하는 의견을 내놓았다. 중앙정부의 '신(新)중앙집권화 기도'라는 의혹을 제기하면서, '글로벌 지방화' 시대에 조응하기 위해서는 거꾸로 더 많은 국가사무를 도에 위임해 실질적인 지방분권을 강화해야 한다고 주장했다. 초광역자치정부를 신설, 개편하는 방안에 대해서는 헌법 개정이 필요하다는 등의 이유로 찬반 의견이 엇갈렸다.

하지만 현행 도의 지위와 기능을 재조정해야 한다는 데는 많은 논자들이 동의했다. 현행 도는 독자사무가 없는 채로 중앙정부의 위임사무를 시·군에 전달하는 경유 및 감독기관의 기능만 수행했기 때문에, 지방자치 관련 위임사무는 시·군에 전부 이양해 주고, 도는 새로운 고유사무를 확보해 새로운 역할을 하는 기관으로 거듭나야 한다는 것이다.

표 10-2 주요 선진국의 지방행정 체제

국가	주요 내용
영국	- 웨일스, 스코틀랜드, 북아일랜드는 완전한 자치단층제(80개 District) - 잉글랜드는 자치단층제와 2계층제(34개 County-238개 District) 혼합형 - 준(準)자치단체로서 잉글랜드는 Parish, 웨일스 등은 Community 존재
미국	- 카운티(County)와 시티(City)의 2계층제이지만, 계층간 업무 분담으로 단층제처럼 운영 (필요 시 상호 사무위탁, 계약 방식으로 서비스 제공)
프랑스	- 외형상으로는 Rêgion(레종), Dêpartement(데파르트망), Commune(코뮌)의 3계층임. - 레종은 확장된 경제 권한을 보유한 지역 및 국가 경제 발전의 축으로 기능 - 하지만 3계층 사이의 역할 분담 및 전문화로 단층제 성격이 강함 (계층 간 관리 및 감독 기능이 없음) - 기관 구성은 의회가 의결기관인 동시에 집행기관인 기관통합형
독일	- 13개 주(Land) 아래에 외형상 322개 크라이스(Kreis)와 게마인데(Gemeinde) 2계층 - 크라이스(Kreis)는 국가지방행정 단위이자 상급자치단체로서의 법적 지위 가짐 - 게마인데(Gemeinde)가 주민과 관련된 자치행정을 담당. - 자치단체 기관 구성은 이사회형 시장(市長)형 북독일형 남독일형 등 네 가지
일본	- 47개 도도부현(都道府縣)과 1,700여개 시정촌(市町村)의 2계층제 - 지방분권 추진으로 계층간 사무 재배분과 대대적인 시·정·촌 합병, 지정시 특례시 중핵시 도입으로 대도시 행정의 자율성 확대 추세 - 광역단체를 10개 도주(道州)제로 초광역화하는 방안 논의 중

출처: 17대 국회 특위의 조사 결과 보고서 등을 토대로 필자가 정리한 것임.

이와 관련해서는 현재 각 중앙부처별로 지역에 설치·운영하고 있는 국가지방행정기관들이 맡고 있는 광역지방행정사무를 일원화해 '새로운 도'의 고유사무로 삼는 방안을 적극 검토할 필요가 있다고 생각한다. 환경과 상·하수도, 도로·교통·하천 등 소위 7개 지방청이 나눠 관할해 온 국가광역지방행정 기능을 한데 모아 '새로운 도'의 사무로 넘겨 주는 방안이다. 이는 17대 국회 특위가 제시한 '국가지방광역행정청'을 신설하지 않고, 그 기능을 '새로운 도'가 수행하게 하는 방안이기도 하다. 또 영국 런던의 GLA(2000년, 교통·환경 등 종합행정 담당기관) 모델이나 프랑스와 독일 등에서 서로 다른 지위와 기능을 갖는 2~3계층의 지방정부가 공존하는 모델과 비슷한 방안이기도 하다.

도의 지위와 기능을 새롭게 조정한다면, 새로운 도와 시·군 통합 자치단체는 고유 사무가 각기 다른 만큼 수평적인 관계로 만나야 한다. 도를 경유했던 지방자치 관련 위임사무가 통합 자치단체로 넘어가게 되므로, 현행 도=광역자치단체가 시·군=기초자치단체를 관리·감독하는 식의 수직적 관계는 청산되어야 한다는 것이다.

'새로운 도'는 기본적으로 국가지방행정기관의 지위를 갖게 된다. 엄격히 말하면 지방자치단체는 아니라는 것이다. 하지만 주요 기능이 광역지방행정이므로, 지방분권 강화 차원에서 상당한 정도의 독립성을 부여하는 게 필요하다고 생각한다. 즉, 자치단체에 준하는 기관 구성을 고려해야 한다는 것이다. 먼저 집행기관을 견제하기 위한 대의기구로서 '도의회'는 별도 구성하는 것이 합리적이라고 생각한다. 다만, '새로운 도의회'는 현행 도의회와는 달리, 조세권이나 조례제정권 등은 가질 수 없을 것이다.

'새로운 도지사'는 ① 기본적으로 국가기관의 장이므로 대통령이 임명하는 방안, ② 광역지방행정기관의 장이므로 주민 직선으로 선출하는 방안, ③ 두 가지 성격을 절충해 '대통령 임명 뒤 도의회가 인사청문회를 거쳐 인준하는 방안' 또는 '도의회가 복수로 추천한 뒤 대통령이 낙점하는 방안' 등을 두루 검토할 수 있을 것으로 생각한다.

새로운 도의회 의원은 주민자치 차원에서 주민 직선으로 선출하는 게 맞을 것으로 보인다. 다만, 허태열 의원이 제안한 '(시·군)통합 자치단체 의회 의원 중에서 호선해 도의원을 겸직하게 하는 방안'(32조)도 검토가 가능하므로, 두 방안을 포함한 여러 대안을 놓고 지역주민들이 직접 선택할 수 있게 하는 방안이 좋을 것으로 생각한다. 허 의원의 겸직 방안은 통합 자치단체 의회 의원들의 위상과 권한, 자질을 높여나갈 수 있는 긍정적인 면이 있는 반면, 의원들이 자칫 '소지역주의'에 빠져 새로운 도의 기능을 마비시킬 수 있다는 부정적인 면도 함께 고려해야 할 것이다.

서울특별시와 현행 6개 광역시를 어떻게 개편할지에 관한 의견은 공식적으로는 그 동안 거의 제시되지 않았으며, 18대 국회 들어 제출한 허태열 의원의 특별법(안)이 그나마 구체적인 방안을 담고 있다. 따라서 이 문제에 관한 논의는 현 시점에서는 일단 유보하고자 한다.

다만, 새로운 도가 출범하게 되면, 현행 광역시 권역의 광역지방행정 기능도 새로운 도에 넘겨 주는 게 합리적일 것으로 생각된다. 예컨대 현재의 광주광역시를 포함한 광주·전남지역의 환경과 교통, 상수도 등 광역지방행정 기능은 모두 '새로운 전남도'가 총괄하도록 넘겨 주고, 광주광역시는 지방자치단체로서 전남지역의 다른 시·군 통합 자치단체와 같은 기능을 수행하면 된다는 것이다.

4 자치재정 확립 문제

지방행정 체제 개편이 성과를 거두기 위해서는 지방(자치)재정 확충을 위한 제도 정비가 필수적이다. 이와 관련해 최병호 부산대 교수(경제학)는 순회 토론회에서 지방재정의 규모보다는 구조와 시스템 문제를 더 고민해야 한다고 주장했다. ① 중앙정부가 배분해 주는 이전재원 중심의 지방재정수입 구조, ② 적정한 인구 규모에 비해 과소한 자치단체별 인구 규모, ③ 분권과 균형 발전에 관한 인식의 오류, ④ 지역경제 성장에서 지방 공공부문이 차지하는 역할에 대한 과도한 강조의 문제 등이 더 우선적인 과제라는 것이다.

먼저 우리나라 국세와 지방세의 비율은 현재 80 대 20 수준이다. 이런 국세 중심의 조세구조에서 '중앙정부는 이전재원의 배분 과정에서, 지방정부는 이를 추가 확보하려고 노력하는 과정에서' 각각 정치적 이익을 추구하는 부정적 경향이 나타난다. 따라서 지방재정 구조와 관련해서는, 지방소비세와 지방소득세 도입[9] 등을 계기로 이전재원 주도형 구조를 지방세 중심 구조로 차츰 전환해 가야 하며, 다음 단계로는 지방세의 가격 기능이 최소한이라도 작동할 수 있도록 제도적 장치를 마련할 필요가 있다고 최 교수는 밝혔다.

재정 효율성과 관련해서는, 시·군·구 통합으로 지역의 행정구역을 확대 개편해 '규모의 경제'를 실현해야 한다고 최 교수는 강조했다. 더욱 구체적인 분석과 검토가 필요하지만 ① 인구증가율이 급격하게 둔화되는 가운데 농촌 및 비수도권 대도시지역에는 인구가 감소하는 자치단체가 상당수 나타난다는 점, ② 지방재정 규모의 꾸준한 확충으로 공공 서비스 소비에서 혼잡이 상당히 완화되어 왔다는 점, ③ 지방자치단체의 역량을 강화할 필요가 있다는 점, ④ 지방재정 지출의 총량적인 효율성을 높일 필요가 있다는 점 등을 감안하면, 주민참여 측면의 손실을 감수하더라도 재정지출에서 상당한 수준의 '규모의 경제'를 실현해야 전체적인 편익이 증가한다는 것이다.

최 교수는 또 '분권과 균형 발전'과 관련해, 재정 형평화가 정책 수단이 되는 균형 발전 추구는 효율성의 문제만 초래할 가능성이 있으므로 분권의 가치를 극대화하는 전략이 필요하며, 균형 발전은 분권으로 인한 시장실패의 적극적인 교정 차원에서 접근하는 게 바람직할 것이라고 주장했다. 또 지방 공공 부문의 지역경제 성장 효과와 관련해선, 기초자치단체 차원의 재정지출이 지역경제 성장에 미치는 영향력의 한계를 인식하고 좀 더 광역적인 행정 단위를 대상으로 삼을 필요가 있다는 의견을 밝혔다.

9) 부산발전연구원이 순회토론회에서 제안한 방안으로, 대표적 간접세인 부가가치세의 일정률을 이양해 지방소비세를 공동세 방식으로 신설하고, 부가세인 소득할 주민세를 독립세로 전환해 지방소득세를 신설하자는 안이다. 전자는, 부가가치세의 10%를 이양하면 2009년도 당초 예산 기준으로 연간 4.8조 원이 지방세로 전환되는 효과가 나타난다. 다만, 이 안도 수도권에 각종 세원이 편중되어 있는 현실을 반영한 추가 대안을 마련해야 제대로 효과를 거둘 수 있다고 부산발전연구원은 지적했다.

5 교육자치제와 자치경찰제

우리나라 교육자치제는 기본적으로 광역 범위로 운영되며, 기초자치단체는 지방교육 사무에 대한 관할권을 인정받지 못하고 있다. 광역자치단체도 행정 일반과 교육행정을 엄격히 분리하고 있어서, 광역단체장들은 대부분 "교육행정에 대한 권한은 없으면서 교육재정만 과도하게 부담하고 있다"며 불만을 제기해 왔다. 교육감과 교육위원 선출 방식은 각급 학교운영위원들이 참여하는 간접선거에서 광역시·도 주민들의 직접선거 방식으로 옮아가는 과도기에 있으나, 교육 당국의 홍보 미흡 등으로 투표율이 매우 낮은 수준에 머물러 있다.

이와 관련해 권혁순 강원일보 논설실장은 순회 토론회에서 교육자치제 실현을 위해서는 우선 지방자치단체의 일반 행정기관과 교육행정기관, 즉 자치단체장과 교육감, 지방의회와 교육위원회의 상호 연계를 강화하는 방향으로 교육행정 체제를 개편해야 한다고 밝혔다(권혁순, 2009). 먼저 지방의회와 교육위원회 문제는 현재 제주특별자치도가 시행하고 있는 대로 ① 교육위원회를 지방의회 상임위원회로 배치하고, ② 상임위원은 지방의원과 교육위원이 함께 구성하되 교육위원이 과반수를 차지함으로써 교육 전문성과 주민대표성이 조화를 이루게 하는 방안이 합리적이라고 생각한다. 그리고 자치단체장과 교육감의 관계 설정에 대해서는 완전 통합과 완전 분리 등 상반된 의견이 대립하고 있으나, 정책 공조를 위해서는 자치단체장과 교육감이 러닝메이트로 함께 출마해 주민들의 선택을 받는 방식이 낫다는 의견을 많이 제시하고 있다.

우리나라에서 자치경찰제는 아직 시행되지 않고 있다. 1991년 지방자치제 실시 때 제정한 「경찰법」에 따르면, 지방경찰청은 경찰청장이 아닌 광역자치단체장 소속으로 설치하게 되어 있다(법 제2조). 그러나 동법 제14조 2항은 "지방경찰청장은 경찰청장의 지휘 감독을 받아 관할지역 안의 경찰사무를 관장"한다고 규정했다. 동법은 또 지방행정과 치안행정기관의 업무협의 및 조정을 위해 광역단체장 자문기구로서 '치안행정협의회'를 구성하도록 하고 있으나, 그 조직과 운영에 관한 사항은 시·도 조례가 아닌 대통령령으로 정하도록 규정해, 각 자치단체의 실정에 맞는 협의회 운영은 사실상 불가능한 현실이다.

자치경찰제 도입 문제는 자치경찰의 기능과 업무 범위에 대한 논의에서부터 시작하는 것이 합리적일 수 있다. 일부에선 자치경찰제 초기에는 방범과 교통, 지방행정과 유관한 특별사법 업무 중심으로 시행하고, 점차 치안 업무까지 단계적으로 범위를 확대하여 국가경찰과 자치경찰의 기능을 조정하는 방안을 제기하고 있다.

제 5 절 결론

보통사람은 같은 말을 여섯 번 정도 들어야 비로소 '그런 얘기를 들은 것 같다'고 기억한다고 한다. 두어 번 설명해 주고 왜 기억 못하느냐고 추궁해서는 안 된다는 가르침이다. 거듭 강조하지만 지역과 현장에서는 지방행정 체제 개편에 대한 인식과 이해가 아직 부족하며, 여러 쟁점들에 대한 견해 차도 적지 않다. 따라서 정부나 국회가 시한을 정해 하향식으로 개편을 서두르기보다는 신중한 검토와 사회적 공론화 과정을 차분히 밟아나갈 필요가 있다. 지역의 학계와 시민사회단체 관계자들을 포함하는 중립적이고 독립적 논의기구를 신설해 논의를 이끌어 나갈 것을 요청하는 것은 이런 까닭이다.

지금 우리나라의 지역공동체는 급속히 와해되고 있다. 지역 개발과 글로벌 경쟁력 제고도 중요한 의제이지만, 지역공동체 해체가 우리 사회에 야기할 유·무형의 폐해도 결코 간과할 수 없는 의제다. 따라서 사회통합의 관점에서 풀뿌리 민주주의의 가치에 대해 더욱 세심하게 고려해야 한다. 오늘날 민주주의의 핵심 가치는 다양성의 존중이며, 다양성 속에서 사회통합의 계기들을 만들어가야 한다는 점을 토대로 지방행정 체제 개편 논의가 이뤄지길 기대한다.

제 11 장 교육자치제도와 주민 참여

이기우

제 1 절 서론

2010년 지방선거를 8개월여 앞두고 있다. 지방선거 전에 교육감과 교육위원 선임 방식을 개선하자거나 지방교육자치제도를 다시 개정하자는 주장도 나오고 있다. 「지방교육자치에 관한 법률」 개정안이 2006년 12월 7일 국회를 통과했다. 그동안 지방교육 행정제도가 가지고 있는 문제점으로 지적된 것에 대한 극히 일부의 해결책만 개정안에 포함된 것이었으나 교육 관련 단체나 교육위원들의 반발과 저항은 매우 심했다. 극심한 이해관계를 조정하고 타협하는 선에서 개선안을 만들다보니 지방교육 행정제도의 근본적인 개혁을 주장하는 입장에서는 매우 불완전한 개선안이다. 미완의 개혁임에도 불구하고 현행 제도를 유지하고 확장하려는 교육단체나 교육위원들 입장에서는 매우 큰 기득권의 상실로 인식하고 있다.

앞으로도 지방교육 행정 체제의 개편 방향에 대해서는 근본적인 논의가

---

* 이 글은 제35회 '시민사회포럼'(2007. 01. 29.)에서 "한국 지방교육자치제도의 특성과 시민사회의 대응 방향"으로 발표되었다.

있을 것으로 보인다. 그 길도 매우 험난할 것으로 본다. 2006년의 개정 내용은 양적으로 보면 크지 않지만 앞으로의 개혁 방향을 제시하고 시사하는 것은 매우 크다고 할 수 있다. 그 동안 개정된 법률에 따른 교육감 주민 직선에서 선거 부정, 투표율 저조, 선거에서 이념 과잉, 교육단체에 의한 선거 개입 등의 문제로 2006년 개정된 「지방교육자치에 관한 법률」에 대한 개정이 또다시 거론되고 있다. 2010년 6월에는 다른 지방선거와 동시에 교육감 선거와 교육위원에 대한 주민의 직선이 시행된다.

이 문제를 논의할 때 중요한 것은 논자의 관점이다. 어떤 입장을 취하는지에 따라 방향이 매우 상반될 수 있다. 이에 먼저 필자의 관점을 명확히 밝히고 출발하고자 한다.

먼저 교육자치라는 개념은 외국에서는 독일어권에서 학교의 자율성 내지 학교자치라는 의미로 사용되고 있을 뿐 한국에서와 같은 의미로 사용되는 경우는 드물다. 미국의 경우에도 교육의 분권화라는 말은 사용해도 직접 교육자치란 말은 쓰지 않는다.

필자는 한국에서 논의하는 지방교육자치라는 개념은 지방교육행정이 지방자치의 한 부분이라는 점에서 출발한다. 지방자치는 주민의 자기결정이므로 지방교육문제도 주민의 자기결정으로 해결되어야 한다. 이에 주민의 의사가 가장 잘 반영할 수 있는 제도가 바람직하며 칸막이를 쳐서 주민의 자기결정을 왜곡시키는 제도를 개선해야 한다는 입장이다. 먼저 기존 제도를 주민의 자기결정의 관점에서 분석해 본다. 다음으로 개정법률을 주민의 자기결정의 관점에서 검토하고 그 의미를 밝힌다. 다음으로 아직 실현되지 못한 개선 과제를 밝히고 제안하도록 한다.

제 2 절 한국 지방교육행정 체제의 특징

1 지방교육행정 체제 변화 개관

한국의 지방교육행정 체제는 일반지방행정기관과의 관계 설정에서 정권에 따라 매우 많은 변화를 겪었다. 지방교육행정기관을 일반행정기관과 분리해 별개의 독립된 기관으로 설치하는 입법례는 많지 않다. 한국에서 지방교육행정기관을 일반행정기관으로부터 독립된 별개의 행정기관을 설치할 것인지 여부에 관한 논란이 시작된 것은 제2차 세계대전 이후의 미군정의 실시로 비롯된다.

1945년 9월 9일 일본의 항복을 받고 실시된 미군정 하에서 미국식 교육제도를 접목시키려는 시도가 있었다. 미군정은 일제 시대의 중앙집권적인 교육 체제를 지방분권적으로 개선하려는 시도를 하여 1948년 8월 12일에 「미군정법령」 216호로 교육구의 설치를, 제217호로 교육구회의 설치를 규정했으나 실시되지는 못했다.[1] 미국식의 교육구제도를 한국에 소개하고 이식하려는 시도로 비록 실시되지는 않았지만 지금까지 깊은 영향을 미치게 되었다.

1949년 12월 30일 제정된 「교육법」은 지방교육행정을 위해 군 단위로 법인인 교육구제를 채택했다.[2] 교육구에는 의결기관인 교육위원회를 두었다. 군수가 의장이 되고, 읍면의회에서 1인씩 교육위원을 선출하도록 했다. 집행기관으로 교육감을 두었다. 교육구는 초등학교(초등학교)교육을 담당했다.[3]

1) 자세한 내용에 대해서는 조성일 · 안세근(1996: 139) 이하 참조.
2) 당시 기초지방자치단체는 읍 · 면이었고 군은 지방자치단체 단위가 아니었으나 군 단위 교육구가 법인으로 인정되었다. 이에 대해 시나 특별시는 별개 법인인 교육구를 두지 않고 시(특별시)가 교육행정의 주체가 되었다.
3) 중등학교교육은 도지사의 관할에 속했다.

특별시와 시에는 합의제 집행기관인 교육위원회를 두고 사무장 역할을 하는 교육감을 두었다. 시장이 의장이 되며 교육위원은 시의회에서 선출한다. 도에는 도교육위원회를 두어 도교육에 대한 심의 기능을 했다. 도교육위원회는 도내 각 교육구 및 시교육위원회에서 1인씩 선출한 위원과 도지사가 선임한 3인의 위원으로 조직했다.4)

이와 같은 지방교육행정 체제는 지방자치제도가 시행되지 못했기 때문에 법전에만 존재했고 현실적으로 실행되지는 못했다. 1952년 5월 24에 와서야 시와 군의 교육위원을 선임하고, 6월 4일에 17개 시 123개 군에서 출범을 했다. 이렇게 출범한 지방교육자치제도는 적지 않은 반발 속에서 폐지 주장이 끊임없이 제기된 가운데 불안하게 지속되었다.5)

이러한 지방교육행정 체제는 1961년 5·16으로 인해 중단되었다가 1963년 11월 1일의「교육법」개정으로 변화되었다. 5·16 군사정권은 1961년 9월 1일에 교육에 관한 임시특례법을 제정해 교육구와 시에서 교육위원회가 구성될 때까지 그 의결 사항을 내각수반에 의해 임명된 교육감이 감독청의 승인을 받아 처리하도록 했다 (제8조).

이어 1962년 1월 6일 개정된「교육법」에 따라 교육구제와 합의제 집행기관인 시교육위원회는 폐지되었다. 대신에 서울특별시, 도, 시와 군에 교육 및 학예에 관한 의결기관으로서 교육위원회를 두도록 했다. 교육감을 폐지하고 집행 기능은 시장·군수·도지사가 보조기관(교육과 또는 교육국)을 통해 수행했다. 서울특별시와 도의 교육위원회는 당해 지방의회에서 선출한

4) 참고로 국가교육의 중요 정책을 심의하기 위해 중앙교육위원회를 두었다. 중앙교육위원회는 30인의 위원으로써 조직했다. 위원은 특별시와 도의 교육위원회에서 각 1인식 추천한 자와 문교부 장관이 제청한 자를 국무회의의 의결을 거쳐 대통령이 위촉하도록 했다 (제58조).

5) 당시 폐지론은 종합행정 원칙에 어긋나며 행정 효율을 저해한다는 점, 기구 팽창으로 재정 낭비 초래, 한국 실정에 맞지 않는다는 점 등을 논거로 주장했다. 이에 맞서 교육단체들은 일반행정으로부터 완전한 분리를 주장했다. 교국기관을 일반행정과 분리하는 특별구제도는 미국의 경우 교육뿐만이 아니라 소방, 상수도 공급, 주택 및 지역 개발, 하수도 관리, 흙 및 수자원 보호, 하수처리, 공동묘지 관리, 도서관 등 수많은 업무에 걸쳐 인정됨에도 불구하고(김웅기, 2001: 484) 이를 지지하려는 것은 한국 교육계의 권력 지향적인 성향을 반영하고 있다고 볼 수 있다.

3인의 위원과 문교부 장관이 임명하는 2인의 위원으로써 조직하고, 시와 군의 교육위원회는 당해 지방의회가 선출한 3인의 위원과 도지사가 임명하는 2인의 위원으로 조직하도록 했다.

1963년 11월 1일에 개정된 교육법은 이를 다시 개정해 서울특별시 · 부산시 · 도에 교육집행기관으로 교육위원회를, 시 · 군에 교육장을 두도록 했다. 교육위원회는 당해 지방의회에서 선출하는 5인의 위원과 당해 지방자치단체의 장 및 교육감으로 조직하도록 했다. 교육위원회에 의장 1인을 두되 의장은 당해 서울특별시장 · 부산시장 · 도지사가 된다. 교육위원회의 사무를 처리하기 위해 교육위원회에 교육감을 둔다. 이러한 합의제 집행기관으로서 교육위원회제도는 1991년 9월까지 지속되었다. 그 사이에 1988년 4월 6일에 「교육법」이 개정되어 시 · 도와 시 · 군 · 자치구에 교육 · 학예에 관한 의결기관으로 각각 교육위원회를 두도록 하고, 시 · 도와 시 · 군 · 자치구의 교육 · 학예에 관한 독임제 집행기관으로 교육장을 두도록 했으나 시행되지 못했다.

1991년 3월 8일에 종래 「교육법」에 규정되었던 지방교육 행정제도에 관한 부분을 떼어내어서 별개로 「지방교육자치에 관한 법률」을 제정했다. 종래 기초지방자치단체 수준에서 교육행정을 폐지해 시 · 도 단위로 지방교육 행정을 실시하는 것을 내용으로 한다. 이 법은 제정된 이후 여러 차례 개정되었지만 대부분 선거 방식을 중심으로 세부적인 개정이 있었으나 근본적인 골격은 2006년 12월 7일 국회에서 개정안이 통과될 때까지 유지되었다.

2 기존 지방교육 행정제도의 특징

교육 · 체육 · 문화 · 예술의 진흥에 관한 사무는 「지방자치법」 제9조 제5호에 따라 지방자치단체의 사무로 되어 있다. 그런데 「지방자치법」 제112조 제1항은 지방자치단체의 교육. 과학 및 체육에 관한 사무를 분장하기 위해 별도의 기관을 둔다고 함으로써 교육 · 과학 · 체육에 관한 사무는 지방자치단체의 일반적인 행정기관인 지방자치단체의 장과 지방의회와는 별개의 지방교육 행정기관에 의해 처리된다.

「지방교육자치에 관한 법률」 제2조는 지방자치단체의 교육·학예에 관한 사무는 특별시·광역시 및 도의 사무로 한다고 규정함으로써 교육사무는 시·도의 사무로 규정되어 있다. 이에 따라 지방교육 행정기관은 시·도의 수준에서만 별도로 구성되고 시·군·자치구에는 독립된 교육행정기관이 설치되지 아니하고 시·도 교육기관의 하급행정기관인 교육청이 설치되어 교육 업무를 처리한다.

지방자치단체의 교육행정기관으로는 의결기관으로서 교육위원회와 집행기관으로서 교육감과 그 소속기관이 있다. 이와같이 지방교육 행정기관을 지방자치단체의 일반행정기관과 분리해 독립시키는 것을 가리켜 현행법은 지방교육자치제도라고 한다.

교육위원회는 「지방교육자치에 관한 법률」 제3조에 따라 지방자치단체의 교육·학예사무에 대한 심의·의결기관이다. 교육위원회는 그 소관에 속하는 지방교육·학예사무를 심의하고 의사결정을 하는 기관이라고 할 수 있다. 다만 교육위원회의 의결은 최종적인 것도 있고 다시 지방의회의 의결을 요하는 것도 있다(조례안, 예산·결산, 공과금의 부과·징수). 법 개정 이전에 교육위원회는 교육위원선거인단에서 선출된 교육위원으로 구성되었다. 교육위원선거인단은 교육위원선거구에 소속된 학교운영위원위원회 위원 전원으로 구성되었다. 교육위원회는 시·도의 교육사무에 대한 의결기관이며 동시에 집행기관인 교육감에 대한 통제 기능을 수행했다.

지방자치단체(시·도)의 교육사무에 대한 집행기관으로서 교육감을 둔다. 교육감은 교육사무에 관해 당해 지방자치단체를 대표하고 사무를 통할한다. 교육감은 법 개정 이전에는 교육감선거인단에 의해 선출되었으며 교육감선거인단은 당해 시·도의 학교운영위원 전원으로 구성되었다. 유효 투표의 과반수를 얻은 자를 교육감 당선인으로 결정했다. 과반수 득표자가 없는 때에는 최고 득표자가 1인이면 최고 득표자와 차점자에 대해, 최고 득표자가 2인 이상이면 최고 득표자에 대해 결선 투표를 하여 다수 득표자를 당선자로 하고, 다수 득표자가 2인 이상인 경우에는 연장자를 당선자로 했다.

지방자치단체의 교육·학예사무에 소요되는 경비는 교육에 관한 특별부과금, 수수료, 사용료 기타 교육·학예에 관한 재산수입, 지방교육재정교부금, 지방교육양여금 및 당해 지방자치단체의 일반회계로부터의 전입금, 기타 교육·학예에 관한 수입으로 충당된다. 의무교육에 종사하는 교원의 보수와 기타 의무교육에 관련되는 경비는 지방교육재정교부금법이 정하는 바에 따라 국가가 부담한다. 의무교육 이외의 교육에 관한 경비는 지방교육재정교부금법이 정하는 바에 따라 국가와 당해 지방자치단체가 부담한다. 시·도의 교육·학예에 대한 경비를 따로 경리하기 위해 당해 지방자치단체에 교육비특별회계를 둔다. 이로써 교육회계는 지방자치단체의 일반회계와 별개로 독립해 운영된다. 국가는 예산의 범위 안에서 시·도의 교육비를 보조한다.

요컨대 한국의 지방교육자치제도는 지방자치단체의 교육사무를 지방자치단체의 일반행정기관인 별개의 독립된 지방교육 행정기관에 의해 처리하는 것에 그 특색이 있다.

3 기존 지방교육 행정제도와 주민자결권과의 관계

1) 지방교육자치제도의 본질

지방교육자치의 본질을 무엇으로 볼 것인가에 대해 한국에서는 여러 가지 견해가 제시되고 있으며, 의견의 대립이 심하다. 한국에서 주장되고 있는 지방교육자치에 관한 다양한 견해는 크게 두 가지로 분류해 볼 수가 있다. 지방교육자치에 관한 전통적인 견해는 지방교육 행정기관을 지방자치단체의 일반행정기관으로부터 분리하고 독립시켜 운영하도록 하는 것이라고 이해하고 있다(윤정일, 1991: 39). 특히 교육에 행정에 관련된 인사와 재정의 자율성을 의미하는 것으로 보고 있다. 「헌법」 제31조 제4항이 보장하고 있는 교육의 자주성과 전문성, 정치적인 중립성이 지방교육 행정기관의 분리와 독립을 요구하고 있다고 주장한다(김신복, 1995: 37).

교육자치에 대한 두 번째 견해는 교육에 대한 지방자치를 지방교육자치라고 이해하는 견해다(이승종, 2003: 121). 이 견해에 의하면 교육행정은 환경, 교통, 도시계획, 위생, 복지 등과 마찬가지로 지방자치단체의 기능의 하나다. 교육자치는 지방자치단체가 지방의 교육사무를 국가나 다른 지방자치단체와 같은 외부의 간섭을 받지 않고 법령의 범위 내에서 주민의 의사에 따라 자율적으로 수행하는 것이라고 본다.

교육자치에 관한 한국의 학설 중에 첫 번째 견해는 지방교육행정기관이 일반행정기관으로부터 독립되어야 함을 주장하고, 두 번째 견해는 지방자치의 일환으로서 지방교육행정을 이해한다. 양자는 모두 지방교육 문제를 주민들의 의사에 따라 자율적으로 결정해야 한다는 점에서 동일하다. 주민 전체에 관련된 문제를 주민들이 직접 또는 간접적으로 그 대표자를 통해 처리하는 것을 지방자치라고 한다. 즉, 주민의 지역문제에 대한 자기 결정이 지방자치다. 그렇다면 첫 번째 견해나 두 번째 견해는 결국은 지방자치에 관한 설명을 하고 있음에 불과하다. 지방교육기관을 구성하는 방식에 차이가 있을 뿐 지방교육 문제를 주민이 스스로 결정한다는 점에는 차이가 없다. 그러므로 지방교육자치는 결국 교육에 관한 지방자치라고 볼 수 있다.[6)]

---

6) 한국을 제외한 외국에서 교육자치는 오늘날 학교자치와 같은 의미로 사용된다. 교육자치라는 말이 실제로 사용되고 있는 나라로 독일을 들 수 있다. 독일에서 교육자치(Pädagogische Autonomie)의 개념을 체계적으로 설명한 학자는 가이슬러(Georg Geissler, 1929: 63)다. 그에 의하면 오늘날 교육의 특성은 학생이 중심이지 사물(예컨대, 수업 내용 또는 전수하고자 하는 가치)이 중심이 아니라는 점이다. 사물은 학생들의 발전을 위한 수단일 뿐이다. 학생의 이익과 발전을 위해 선택되는 것에 불과하다. 이에 교육은 내용을 제공해 주는 다른 문화 권력들로부터 독립되어야 한다. 이들 권력은 학생들에게 영향력을 미치기 위해 절대적 요구를 하는 경향이 있으므로 교사들은 중립적인 중개자로서 전체 혹은 개인으로서 인격의 형성이 방해받지 않도록 유의해야 한다. 이런 의미에서 교육의 자치는 학생들이 외부의 권력의 의해 왜곡된 영향을 받지 않도록 교사가 방어해 줄 것을 요구한다. 오늘날 독일에서 교육자치는 학교자치(Schulautonomie)와 같은 의미로 사용되며 그 근거로 다양한 주장이 제기되고 있다. 이러한 근거는 교사의 자유를 강조하는 것으로부터 학교공동체의 자율성 보장으로 확대하는 것을 포함하고 있다. 학교의 자치를 학교 구성원들의 자율적인 의사결정과 책임성의 관점에서 파악하는 관점 은 학교자치를 학교공동체를 전제로 하여 학교교육의 목표, 교육과정, 학교 교원의 인사, 학교 재정 등에 대해 학교 구성원들이 자주적으로 결정할 수 있는 여지로 이해하고 있다. 영국이나 미국에서 학교의 자율성 강화는 단위학교 자율경영 체제(School-Based Management)

2) 교육에 대한 주민자결은 교육 서비스 향상 경쟁 유발

지방교육자치는 교육에 대한 지방자치다. 지방자치는 지역마다 다양한 교육에 관한 정책 경쟁과 조세 경쟁을 통해 좀 더 저렴하게, 좀 더 양질의 교육을 주민에게 제공하고자 한다. 주민의 입장에서 더 나은 교육 서비스를 향유하기 위해 두 가지 선택 방안이 있다. 하나는 좀 더 양질의 교육 서비스를 저렴하게 제공하는 지역을 선택해서 이동하는 것이다. 지금 사는 곳에서 교육 서비스가 만족스럽지 않으면 다른 지역으로 이사를 가는 방법이다. 이른바 발로 하는 투표(voting with feet)를 통해 지역 간 서비스 경쟁을 유발하고 최선의 교육 서비스를 향유하고자 하는 것이다. 지금까지 한국의 교육 경쟁은 주민에 의한 지역 선택의 방식을 통해 이뤄져 왔다. 농촌의 피폐와 몰락 및 고령화의 주된 원인 중의 하나가 교육문제라고 볼 수 있다. 이에 비해 교육이 우수한 지역은 인구가 집중되고 집값도 상승하는 등의 현상으로 나타난다.7)

주민의 입장에서 이사를 가지 않으면서 더 나은 교육복지를 향유하기 위한 방안은 그 지역교육 책임을 맡으려는 자 간의 경쟁을 유발하는 방법이

의 의미로 사용되고 있다. 이는 학교 경영 권한을 교육청으로부터 일선 학교로 이양하여 관료제 하의 획일적인 학교 경영에서 벗어나 학교가 창의적이고 다양하게 경영될 수 있도록 단위 학교에 자율권과 선택권을 부여하는 운영 체제를 의미한다(김성열, 1997: 73). 교육자치에 관한 외국의 견해를 종합해 보면 한결같이 학교자치를 의미하며 한국과 같이 지방교육행정의 지방자치행정으로부터 분리, 독립의 의미로 이해하는 경우는 없다. 이 점에서 용어의 혼란을 피하기 위해 지방교육자치제도는 지방교육 행정제도라고 부르고 교육자치는 학교자 칭를 의미하는 것으로 사용하는 것이 타당하다고 본다.

7) 지역 간 경쟁을 통해 정책 경쟁과 다양성·창의성을 발현할 수 있도록 하기 위해서는 경쟁자가 많아야 한다. 교육행정 단위를 시·도로 제한하는 것은 경쟁자를 16개에 한정시켜 교육 소비자들의 선택가능성을 원천적으로 제한하고 있는 것으로 매우 비합리적인 제도다. 적어도 선진국에서는 찾아볼 수 없는 경쟁 제한 조치에 속한다. 피부로 느낄 수 있는 가까운 지역 간의 교육정책 경쟁, 교육에 관련된 조세 경쟁이야말로 지방정부 간의 교육서비스 향상에 기여할 것이다. 적어도 시·군·자치구 단위의 교육 책임이 맡겨져야 지역교육 발전을 위한 지방정부 간의 경쟁이 유발될 수 있다. 16곳(광역지방 단위) 중에서 선택하는 것보다는 230개(기초지방 단위) 중에서 선택하는 것이 더 나은 선택을 할 가능성이 높다. 또한 통학 거리의 제한 때문에 광역 단위의 선택은 불가능하고 의미도 없다. 중요한 것은 통학 가능한 지역 간의 경쟁과 선택이며 주민복리에 영향을 미친다.

다. 더 나은 교육적인 구상과 능력을 가진 자를 선출함으로써 정책 경쟁을 유발하자는 것이다. 기존의 지방교육 책임자가 좋은 교육 서비스를 제공하면 유임을 시키고 그렇지 못하면 다른 교육책임자를 선택하면 된다. 기존의 교육책임자는 유임을 위해 최선의 노력을 다할 것이고, 새로이 교육책임자가 되고자 하는 자는 새로 선택을 받기 위해 최선을 다할 것이다. 이러한 경쟁을 통해 지역교육은 발전가능성을 갖게 된다. 그런데 현행 지방교육과 관련된 책임자 선임 방식은 이러한 경쟁의 원리에 반해 주민의 교육복지를 해치고 있다.[8)]

3) 주민 배제의 제도화

(1) 피선거권 제한에 의한 주민 배제

교육위원이나 교육감의 피선거권은 매우 제한적이다. 먼저 교육감으로 당선되기 위해서는 자격이 엄격하게 제한된다. 교육감은 학식과 덕망이 높고 당해 시·도지사의 피선거권이 있는 자로서 후보자 등록일부터 과거 2년 동안 정당의 당원이 아닌 자이어야 한다. 교육감은 교육 경력 또는 교육공무원으로서의 교육행정 경력이 5년 이상 있거나 양경력을 합해 5년 이상 있는 자이어야 한다(「지방교육자치에 관한 법률」 제61조).

또한 교육위원 정수의 1/2 이상은 교육 또는 교육행정 경력자여야 한다. 교육위원은 학식과 덕망이 높고 시·도의회의원의 피선거권이 있는 자로서 후보자 등록일부터 과거 2년 동안 정당의 당원이 아닌 자이어야 한다. 교육 또는 교육행정 경력이 있는 자로서 교육위원 후보자가 되고자 하는 자는 후보자 등록일을 기준으로 교육 또는 교육행정 경력이 10년 이상 있거나 양 경력을 합해 10년 이상 있는 자이어야 한다.

여기서 교육 경력이라 함은 「유아교육법」 제2조 제2호의 규정에 의한 유치원, 「초·중등교육법」 제2조 및 「고등교육법」 제2조에 규정된 학교에서

---

8) 다음에 논의하는 바와 같이 교육 책임자의 피선거권을 제한하고 선거권의 행사에서 일반주민을 배제시킴으로써 경쟁을 통한 교육 서비스 향상을 어렵게 하고 교육정치 시장의 독과점을 초래함으로써 주민의 교육복리를 해치고 있다.

교원으로 근무한 경력을 말한다. 교육행정 경력이란 국가 또는 지방자치단체의 교육기관(교육행정기관, 교육연구기관, 교육연수·수련기관, 도서관 및 교원·학생복지후생기관 등을 포함한다)에서 국가공무원 또는 지방공무원으로 교육·학예에 관한 사무에 종사한 경력과 교육공무원으로 근무한 경력을 의미한다(동법 제60조).

교육감은 이른바 교육전문가에 한정하여 입후보 자격을 주고 교육위원은 그 과반수를 교육전문가에 우선 배정하도록 하고 있다.

지방교육 문제는 단순히 학생을 가르치는 문제나 학사나 행정 업무에 한정되는 것이 아니라 지역의 경제, 지역사회, 지역문화, 지역산업 등과 매우 밀접한 연관을 맺고 있다. 특히 양질의 서비스 제공은 단순한 관리 차원이 아니라 경영적인 차원도 고려되어야 한다. 교육 또는 교육행정 경력자가 더 나은 교육 서비스를 책임지고 제공할 것이라는 보장도 없다. 그럼에도 불구하고 교육책임자의 입후보 자격을 교육이나 교육행정 경력자에게 국한시키는 것은 합리적인 이유 없이 유권자의 선택을 제한하여 경쟁도 제한된다. 이는 결국 교육정치 시장을 교육 또는 교육행정 경력자들이 독과점하게 함으로써 부당한 이익을 향유하게 하고 주민들의 선택가능성을 축소시켜 주민의 불이익으로 돌아간다. 좀 더 유능한 자가 교육행정의 책임자로 당선될 가능성이 차단될 수 있다. 이는 교육적인 관점에서도 바람직하지 않다. 좀 더 능력 있는 자를 주민이 자유롭게 선택할 수 있도록 경력에 의한 자격 제한을 풀어야 한다.

(2) 선거권 제한에 의한 주민 배제

법 개정 이전에 지방교육 관련 책임자의 선임 방식은 주민의 의사를 매우 왜곡시키고 있었다. 교육감이나 교육위원의 선거인단은 선거일 공고일 현재 「초·중등교육법」 제31조(학교운영위원회의 설치)의 규정에 의한 학교운영위원회 위원 전원으로 구성했다. 즉, 학교운영위원이 교육감이나 교육위원을 선출하도록 했다. 이러한 선거제도를 가리켜 '간선제도'라고 불렀으나 전혀 간접선거가 아니다. 교육감이나 교육위원이 민주적인 정당성을 갖기 위해서는 주민이 직접 혹은 간접적으로 선출한 것이어야 한다. 일반적으로 통용되는 간선이라 함은 주민에 의해 직접 선출된 자 혹은 주민의 대표기관이 공직자를 선임하는 것을 의미한다. 학교운영위원회는 학부모 대표, 교원 대표, 지역 대표로서 구성되므로 학부모 대표성, 교사 대표성은 가질 수 있을지 모르지만 주민의 대표성은 가질 수 없다. 따라서 이들에 의해 당선된 교육위원, 교육감은 주민에게서 민주적인 정당성을 발견할 수 없다. 즉, 민주적인 대표성이 없으며 따라서 교육책임자로서 정당성도 없다.

주민의 입장에서 보면 교육감이나 교육위원 선출에 주민의 의사가 반영되지 못하며 주민에 대해 책임지지도 않는다는 것이 된다. 주민에 대해 책임지지 않는 자가 주민을 위한 최선의 노력을 다한다고 보기 어렵다. 그를 뽑아 준 교육단체나 학부모단체들의 이익에 민감하면서 주민의 요구는 소홀히 할 수 있는 구조가 된다.[9] 주민은 더 나은 지방교육 책임자를 선택할 수 있는 기회를 상실하게 되고 지방교육이 엉망이 되어도 어디 호소할 곳도 없게 되고, 좋은 지도자를 선택할 방법도 없게 된다. 또한 아무리 무능하고 부당한 교육정책을 펴도 주민의 입장에서는 속수무책일 수밖에 없게 된다. 법 개정 이전의 지방교육 선거제도는 주민을 무력하게 만들며 그 자리에 일부의 조직화된 교원과 학부모의 이해관계에 따라 교육정책이 좌우되도록 하는 구조로 되어 있다. 교육단체들의 이익을 보장하기 위해 지방교육 문제 결정에서 주민이 소외되고 있는 것이다.

(3) 칸막이 교육행정 체제에 의한 주민 배제

① 단체장과 지방의회의 배제로 주민통제 배제

주민의 관점에서 본다면 어느 행정기관에서 교육 업무를 처리하는지 여부에 대해서는 큰 관심이 없고 알기도 어렵다. 어떻게 하면 양질의 교육 서비스를 받을 수 있는지 여부가 주된 관심사다. 그렇다면 양질의 교육 서비스를 제공하지 못할 때 교육책임자를 교체시킬 수 있는 선임 방식이 중요

9) 교육감이나 교육위원은 교육단체의 집단이익에는 민감하게 반응하면서 주민 전체의 복리에는 둔감하게 된다. 더구나 교육위원이나 교육감이 특정 단체 출신이나 지지를 받아 당선되는 경우에는 그 특정 교육집단의 이익을 대변하게 되므로 집단이기주의에 매몰되기 쉽다.

하다. 더불어 지역의 교육자원을 집결해 지역교육 역량을 극대화할 수 있는 방안이 중요하다.

한국에서 일부의 교육학자들에 의해 주장되고 있는 교육은 자주적이기 때문에 별도의 행정기관에 의해 처리해야 한다는 이른바 '교육자치' 이론은 세계에 유례가 없을 뿐만 아니라 주민의 입장에서는 관심도 없다. 교육을 한국만 하는 것도 아닌데 한국에서만 교육사무가 특별하니 이를 별도의 기관에서 수행하도록 해야 한다는 것은 아무런 설득력이 없다.[10]

다른 나라에서 지방교육 행정기관을 구성하는 가장 일반적인 방식은 지방자치단체장과 지방의회가 궁극적으로 지방교육에 대한 책임을 지도록 하는 것이다. 단체장의 책임 하에 교육기관을 보조기관으로 설치해 운영하고 그에 대한 의사결정과 통제는 지방의회에서 하도록 한다.[11]

지방교육행정을 주민으로부터 직접 혹은 간접으로 민주적인 정당성을 획득하지 못한 교육감이나 교육위원들로 하여금 수행하도록 함으로써 주민으로부터 직접 민주적인 정당성을 획득한 지방자치단체장이나 지방의회에 의한 주민의 욕구 반영을 어렵게 만들고 있었다. 지방교육 행정제도는 주민이 선거나 기타 참여에 의해 지방교육행정에 영향을 미칠 수 없도록 칸막이를 치고 있을 뿐만 아니라 주민으로부터 대표성을 부여받은 지방자치단체장이나 지방의회도 관여하기 어렵도록 교육기관을 분리시켜 이중적인 칸막이를 쳐놓고 있었다. 이로 인해 주민들의 교육적인 수요가 지방교육행

---

10) 헌법이 규정하고 있는 것은 '교육'의 자주성이지 '교육행정'의 자주성이 아니다. 교육의 자주성은 교육의 내용이나 방법에 대해 교육행정청이 일일이 간섭해 교육 현장의 창의성을 질식시키고 획일화시키는 것을 방어하기 위한 탈관료주의를 보장하는 것이다. 그럼에도 불구하고 일부의 교육학자들은 교육 현장(일선학교)의 교육청으로부터 자주성을 교육청의 자주성으로 왜곡해 해석한다. 외국의 교육자치는 학교의 자율성 보장 내지 학교자치를 의미하는 뜻으로 사용되지 교육청의 자주성 내지 독립이라는 의미로 사용하는 나라는 없다.

11) 미국이나 스위스 등에서 교육기관을 별도로 구성하고 있지만 매우 예외적인 제도로서 특수한 역사적 배경에서 유래한다. 미국에서는 시카고 등과 같이 양자의 분리를 철회해 시장이 집행기관인 교육위원을 임명하는 등 교육기관과 일반지방행정기관의 분리를 폐지하는 곳이 늘어가고 있다. 스위스에서도 정치적 지방자치단체(politische Gemeinde)와 교육자치단체(Schulgemeinde)를 주민투표를 통해 통합지방자치단체(Einheitsgemeinde)를 만드는 곳이 늘고 있는 추세다.

정에 반영되기 어렵도록 되어 있었다. 주민의 가장 중요한 복지인 교육복지가 주민의 의사와는 상관없이 소수의 교육 관련 전문가와 교육 이익집단에 의해 좌우될 수 있도록 제도적 장치를 만들어 놓았다. 주민은 교육행정으로부터 배제되고 교육정책은 주민들과는 무관하게 결정되었다.

② 지방교육 재정책임 혼선으로 인한 주민통제 배제

세계적으로 예외이긴 하지만 미국이나 스위스처럼 일반지방행정기관과는 별도로 지방교육 행정기관을 별도로 구성하고자 한다면, 교육기관에 대한 주민의 정치적 통제를 명백히 할 수 있도록 보장해야 한다. 독립성을 가진 지방교육기관은 별도의 세원(稅源)을 가져야 하고 그 경영에 대한 책임을 주민에게 져야 한다. 지금처럼 일반지방행정기관으로부터 일정 부분 전입금을 받거나 기타 지원을 받는 경우에 권한과 책임의 괴리가 발생하게 된다. 지방교육기관의 독립을 위해서는 지방교육재정을 지방교육기관이 독자적으로 꾸려야 하고 그 운영 결과에 대해 책임을 져야 한다. 지방전입금이나 기타 지원은 이러한 재정책임의 직접성을 침해하여 효율성을 떨어뜨리고 교육행정기관에 대한 주민의 통제를 어렵게 만든다.

남의 돈으로 살림하면서 '자치'라고 하는 것은 개념적으로 존립하기 어렵다. 남의 돈으로 살림을 사는 것은 책임의 직접성을 저해해 무책임을 조장한다. 즉, 도덕적 해이를 조장하는 결과를 초래한다. 주민의 입장에서 보면 지방교육 행정기관을 분리하는 경우에 세금을 낸 만큼 교육 서비스를 잘 받고 있는지를 감시하고 통제할 수 있도록 해야 교육 서비스가 향상될 수 있다. 이 점에서 한국의 지방교육행정 체제는 지방교육에 대한 주민통제를 어렵게 하여 무책임 행정을 조장하고 지방교육이 잘못되어도 어느 누구도 책임지지 않도록 만들어 놓고 있다. 납세자인 주민이나 그 대표기관에 의한 교육 책임을 물을 수 없도록 하고 있다.

(4) 광역행정에 의한 주민 배제

한국의 지방교육행정은 「지방교육자치에 관한 법률」 제2조가 규정하고 있는 바와 같이 특별시 · 광역시 · 도의 기능으로 되어 있다. 광역 중심의 교육행정 체제로 인해 지역의 특성에 부합한 지방교육을 활성화하려는 교육의 지방자치가 실현되기 어렵다. 동일한 광역지방자치단체 내부에서도 주어진 여건이 동일하지 아니하다. 도시지역과 농촌지역이 있으며, 지역의 교육에 대한 수요도 동일하지 아니하다. 주민들의 교육에 대한 욕구도 같지 아니하다. 그럼에도 불구하고 광역 단위에서만 교육행정이 실시되도록 함으로써 지역 실정과 주민의 욕구에 부합하는 교육행정을 실시하려는 교육의 지방자치는 실현되기 어렵게 된다.

광역 단위의 교육행정은 주민의 체감 자치로 연결되지 못한다. 주민들이 관심을 가지는 것은 자신의 자녀가 다니는 학교에 관한 것이며 주거지에 가까운 학교의 발전이다. 주민에 가까운 결정이 교육 분야에서 특히 요구된다. 결정 단위가 주민에서 멀어질수록 결정은 추상화되기 쉬우며 구체적인 현실을 반영하기가 어려워진다. 개개의 주민은 다양한 욕구를 가진 구체적인 인간으로 취급받기보다는 관리의 대상으로 취급되기 쉽다. 이로 인해 교육은 관료적 획일주의에 빠지기 쉬우며 다양하고 창의적인 교육 발전이 이뤄지기 어렵다.

또한 광역 단위의 교육행정으로 인해 지방교육문제에 대한 책임이 불분명하게 된다. 지역의 교육이 낙후되어 자녀 교육을 위해 주민들이 떠나는 사태가 발생해도 아무도 책임지는 사람이 없게 된다. 한국의 현실에서 교육 여건이 주거를 결정하는 가장 중요한 요건의 하나라면 교육적으로 매력 있는 지역으로 가꿔 나가는 것이 주민의 현재 주거를 정착시키고, 다른 지역의 주민을 흡수하기 위한 전략으로 구상될 수 있다.

광역 단위의 교육행정 실시로 인해 그러한 발전 에너지는 사장되고 아무도 책임지지 않게 된다. 즉, 지방교육에 대한 정치적인 무책임 상태가 나타나게 된다. 무엇보다도 중요한 것은 지역의 교육문제를 스스로 해결하려는 자구적인 노력을 하기 이전에 누군가 지역의 교육문제를 해결해 주기를 기다리고 요구하기만 하게 된다. 자발적이고 능동적인 교육 발전의 에너지는 사장되고 의타적인 요구와 책임의 전가가 일어나게 된다. 기능 배분 방안이나 교육행정기관의 조직 방법 등에서 의견의 차이는 있으나 기초지방정부도 교육에 관한 일정한 기능을 수행할 수 있어야 한다는 데는 대체적인 공감대가 형성되어 있다(김홍주, 2004: 167). 즉, 기초지방자치단체에서 교육행정 폐지로 인해 가까운 정부 대신에 먼 정부가 대신하게 되고 그만큼 주민의 참여와 주민의 통제가 배제된다. 모든 선진국이 기초지방정부가 중심이 되어 가까운 정부에서 주민의 교육 서비스를 향상시키는 노력을 하고 있음에 비춰, 유독 한국만 교육을 '먼 정부'에 맡겨 주민의 접근을 차단시키고 있다.

기존의 지방교육자치이론과 제도는 세계적으로 유례를 찾기 어렵다. 한마디로 교육 권력집단이 교육 권력을 독과점적으로 차지하고 행사하기 위해 주민을 배제시키고 소외시키는 집단이기적인 발상을 이론화하고 또한 제도화한 것이라고 볼 수 있다.

제 3 절 지방교육자치법의 개정 내용과 과제

1 추진 경위

노무현 정부 하에서 정부혁신지방분권위원회에서는 2003년 7월 31일에 지방교육자치제도 개선 태스크포스(T/F)를 구성했다. 교육감의 선출 방식을 조례로 정하되 임명제, 러닝메이트제, 현행 유지, 직선제 중에서 조례로 정하고, 교육위원회는 지방의회의 상임위원회로 하되 그 절반을 교육전문가로 선출하는 방안이었다. 실시 단위도 광역 시・도와 시・군・구로 확대하는 방안을 정해 모색했다. 2004년 5월 11일까지 14차에 걸친 회의를 거쳐 지방교육자치제도 개선안을 확정하고 20여 차에 걸쳐 관계 기관과 협의를 하고 관련 단체의 의견을 수렴해 보완하고 대통령에게 보고했다. 실시 시기 문제를 두고 논의 끝에 연기하기로 하여 실현이 지체되었다.

2005년 10월 29일에 지방교육자치제도 개선 과제의 효율적으로 추진하기 위해 지방교육행정제도개선특별위원회를 구성해 운영했다.[12] 교육자치

12) 노종희 교수(한양대)와 이기우 교수(인하대)가 공동위원장으로 활동했으며, 위원으로는

개선특별위원회는 공청회를 거쳐 개선 방안을 결정했다. 지방교육자치제도 개선에 대해서는 국무총리 책임 하에 개선 방안을 확정하라는 대통령의 지시에 따라 2005년 11월 5일 국무총리에 보고했다. 제1차 보고에 대한 국무총리의 정리 의견을 고려해 개선안을 일부 수정하여 제2차 보고를 하여 최종안을 확정했다.

정부혁신지방분권위원회에서 최초의 안은 실시 범위를 시·도 수준은 물론 시·군·자치구에도 실시하는 방안을 제안했다. 교육위원회는 지방의회의 상임위원회로 설치하도록 하되 교육전문가위원을 1/2 포함시키도록 했다. 교육감의 선출 방식에 대해서는 네 가지 선출 방안(러닝메이트제, 임명제, 주민직선제, 현행 선거인단 확대)을 관련 법률에 제시하고, 지방자치단체가 조례로 선택하도록 하는 방안을 제안했다. 이에 대해 당시 이해찬 국무총리는 시·군·자치구 단위에 지방교육자치제도를 실시하는 것을 강력하게 반대했으며 교육감 선출 방식도 직선제 단일안을 채택해야 한다는 입장을 밝혔다.

지방교육자치특별위원회는 국무총리 의견의 수용 범위를 두고 격론을 벌였다. 결국 전부 포기하는 것보다는 일부를 희생하더라도 한 걸음이라도 개선 방향으로 나아가는 것이 중요하다는 의견이 우세해 시·도 단위의 교육위원회를 시·도의회 상임위원회로 일원화하고 교육감과 교육위원의 선거는 주민이 직접 선출하는 것으로 최종안을 확정했다. 이러한 개선안을 가지고 서울, 부산, 광주에서 세 차례에 걸친 공청회를 개최해 의견을 청취했다.

정부혁신지방분권위원회는 확정된 개선 방안을 교육인적자원부로 이송하여 법안을 작성해 국회에 제출하도록 했다. 교육부에서는 법률안을 작성해 정부안으로 국회에 제출할 계획이었으나 백원우 의원의 발의로 제안하는 형식으로 국회에 제출했다. 백원우 의원 발의안이 2005년 4월 19일 국회에 제출되자 다른 국회의원들도 여러 가지 법안을 제출했다. 이군현 의

양영철 교수(제주대), 이승종 교수(서울대), 정순관 교수(순천대), 권대봉 교수(고려대), 강태중 교수(중앙대), 엄기형 교수(한국교원대)가 참여했다.

원 안(2005.4.26), 김영숙 의원 안(2005.5.6), 구논회 의원 안(2005.6.1), 이주호 의원 안(2005.6.7) 등 5개 안이 제출되어 오랜 논란과 진통을 거친 끝에 마침내 백원우 의원 안을 중심으로 한 대안이 채택되어 2006년 11월 7일 교육위원회를 통과하고 12월 6일 법사위 통과해 2006년 12월 7일 국회 본회의에 상정되어 재석 의원 235인 중 찬성 156인의 찬성으로 개정 법안이 확정되었다.

2 개정안의 주요 내용

1) 교육의원, 교육감 선거 방식의 개선

교육전문가인 교육위원(교육의원)과 교육감의 선출 방식은 선거인단을 주민 전체로 한다. 즉, 주민이 직접 교육의원과 교육감을 선출하는 방식으로 전환했다. 다만, 교육의원과 교육감의 입후보 자격을 일정한 교육 또는 교육행정 경력자에 한정시키는 종전의 규정은 그대로 유지했다.

2) 교육위원회를 지방의회의 상임위원회로 전환

종래 시·도의회와는 별도로 구성되어 운영되던 교육위원회를 지방의회의 상임위원회로 설치했다. 상임위원회로서 교육위원회의 권한은 종전의 교육위원회와 동일하게 일부 안건에 대해서는 전결권을 가지고 일부 안건(조례안, 예산·결산, 공과금의 부과·징수)에 대해서는 본회의 의결로써 확정하도록 했다. 교육위원회의 구성은 교육전문가로서 주민에 의해 직접 선출된 교육위원(교육의원)을 1/2보다 한 명이 많도록 하고, 나머지 절반은 일반 지방의회 의원으로 배정하도록 했다. 구성과 권한에서 일반적인 상임위원회와는 다른 특성을 가진 특별한 상임위원회라고 볼 수 있다. 교육전문가로서 선출된 교육위원회 위원은 다른 상임위원회에 배정될 수 없으며, 교육위원회에만 소속되지만 지방의회 의원으로서 신분도 가지므로 지방의회 본회의에서 발언권, 심의권, 표결권을 가진다.

3 개정안에 대한 비판적 견해

'지방교육자치에 관한 법률개정안'을 국회에서 처리할 것으로 알려지자 교원단체들은 극렬 반대하고 나섰다.13) 그 동안 이들 교원단체는 교육자치법 개정 움직임이 있을 초기 단계부터 지속적인 반대 논리를 펴왔다. 그러다가 이 개정법안의 국회 통과를 앞두고 전교조와 한국교총, 전국교장단협의회 등 교육단체로 구성된 교육자치 말살 저지 공동대책위원회 회원 5천여 명은 2006년 11월 25일 서울 여의도 국회 앞에서 집회를 열어 지방교육자치법 개정 중단을 요구했다.

교원단체들이 반발하는 논리의 그 하나는 의결기관의 이중 구조로 인한 폐해를 없애고자 시·도교육위원회를 시·도 의회의 상임위원회로 통합하는 것은 「헌법」 제31조 4항에 위배되는 것이며, 또 하나는 교육자치를 근본적으로 없애는 것과 정당 소속 시·도의원이 교육상임위원회에 참여함으로써 정치적 중립성을 지킬 수 없다는 것, 또 하나는 교육위원회를 시·도 의회에 통합해 운영하는 것은 교육의 자주성과 전문성을 심각하게 침해하는 결과를 초래한다는 것이다. 또한 이들 단체들은 시·도 의회의 교육상임위원회를 없애고, 현재의 교육위원회로 통합하는 것이 교육자치 정신을 유지하며, 이중구조 폐단을 없앨 수 있다는 논리를 폈다.

또한 이들 단체는 서울특별시의 경우 시의원은 106명 선출, 국회의원은 48명을 선출하는 데 비해 교육위원은 서울 전역에서 8명 만을 선출함으로써 투표의 등가성을 무시하고 있다는 불평등한 개악임을 주장했다.

---

13) 교육자치법 개정안에 반대하는 교육자치 말살저지 공동대책위원회는 한국교원단체총연합회, 전국교직원노동조합, 한국교원노동조합, 한국국·공·사립초·중·고교장회장협의회, 한국초등교장협의회, 한국초등여교장협의회, 한국사립초등교장협의회, 서울사립중·고등학교장회, 한국국·공립중학교장회, 한국중등여교장회, 한국일반계고등학교장회, 전국상업계고등학교장회, 전국공업계고등학교장회, 대한사립중·고등학교장회, 전국외국어고등학교장회, 전국예술고등학교장회, 전국과학고등학교장회, 전국체육고등학교장회, 전국·시도교육위원협의회, 전국시·도교육위원회의장협의회, 전국시·도교육위원부의장협의회, 전국시·도교육위원협의회지방교육자치수호특별위원회, 전국시·도교육위원협의회지방교육재정특별위원회, 한국교육삼락회총연합회, 교육과학교를 위한 학부모연합 등이다

또한 교육상임위원회의 과반수를 교육의원으로 하더라도 시·도 의회에서의 구성 비율이 낮아 의안 발의 정족수(1/5 이상, 10인 이상)에도 못 미치기 때문에 교육의 전문성과 자주성이 유지될 수 없다고 주장하고 있다.

또한 이들은 현재의 교육위원회 의결권이 변동되지 않기 때문에 교육의 전문성은 살아 있다고 하나, 같은 의결권이라도 현재 교육위원회의 의결권과 시, 도의회에 소속된 상임위원회의 의결권은 질적으로 같을 수 없다는 주장이다.

다른 한편으로는 교육자치제도 개선안을 적극적으로 지지하는 교육단체들의 모임이 결성되어 개정을 촉구했다. 정부혁신지방분권위원회가 마련한 개선안에 대해 적극적으로 찬성하는 교육 관련 단체들은 "지방교육자치법 개정 네트워크"를 결성해 세 가지 입장을 표명했다.[14]

교육감과 교육위원의 선임을 주민 직선에 의할 것, 교육감·교육위원의 피선거권 확대, 교육위원회의를 지방의회 상임위원회로 전환할 것을 촉구했다. 지방교육자치법 개정 네트워크는 2006년 10월 30일 민주화운동기념사업회관에서 지방교육자치법 개정을 위한 국민대토론회를 개최하고 한나라당 이주호 의원과 열린우리당 이은영 의원을 초청해 적극적인 지지 의사를 들었다. 특히 이은영 의원은 국회에서 곧 개정안을 처리할 것임을 시사하는 발언을 했다.

4 개정 내용에 대한 평가

1) 위헌론에 대한 평가

개정안에 대해 반대하는 논거로 삼는 위헌론은 크게 두 가지다. 하나는

14) 이에 참여한 단체로는 공존사회를 모색하는 지식인연대회의, 교과서포럼, 교육선진화교육운동본부, 교육을 사랑하는 모임, 뉴라이트싱크넷, 뉴라이트교사연합, 뉴라이트학부모연합, 대전학부모협의회, 바른사회시민회의, 바른교육권실천행동, 부산학부모연합회, 아름다운학교운동본부, 인간교육실현학부모연대, 자유교원조합, 자유주의교육운동연합, 자유주의연대, 폴리젠, 한국교육연구소, 학교폭력피해자가족협의회, 학벌 없는 사회만들기 등이다.

시·도교육위원회를 시·도 의회의 상임위원회로 통합하는 것은「헌법」제31조 4항에 위배되는 것과 서울특별시의 경우 시의원은 106명 선출, 국회의원은 48명을 선출하는 데 비해 교육위원은 서울 전역에서 8명만을 선출함으로써 투표의 등가성을 위반한다는 주장이다.

(1)「헌법」제31조 제4항 위반의 문제

교육위원회를 시·도의 상임위원회로 하는 것이 교육의 자주성, 전문성, 정치적 중립성을 보장하는「헌법」제31조 제4항에 위반한다는 주장을 살펴본다.

헌법이 보장하는 교육의 자주성이란 교육의 내용, 방법을 교육자가 스스로 정할 수 있고 행정 권력에 의한 부당한 간섭을 받지 아니함을 의미한다(김철수 외, 1998: 251). 교육의 특성은 피교육자에의 개별적인 성향과 환경, 취향 등에 적합해야 하고 고도의 정신적 능력과 가치관이 요구되므로 행정청에서 이를 획일적으로 통제하려고 하는 것은 타당하지 못하다는 것을 의미한다. 이는 곧 교육 현장에 있는 학교와 교사의 재량 및 교육활동의 여지를 부여하는 의미로 해석되어야 한다. 교육청이나 교육위원회의 부당한 간섭으로부터 학교의 자주성을 보장하자는 것이지 교육기관을 어떻게 구성할 것인지와는 무관하다. 교육위원회를 지방의회로부터 분리한다고 해서 학교에 대한 간섭이 줄어든다고 볼 수 없기 때문이다.

또한 교육의 정치적 중립성은 헌법이 보장하는 교육의 정치적 중립은 정치적인 세력의 부당한 간섭으로부터 교육을 방어하는 데 본질이 있다. 즉, 정치적 세력에 의해 교육이 부당한 영향을 받아서는 안 된다는 것을 의미한다.[15] 하지만 국민의 대표기관이나 주민의 대표기관이 교육에 대해 결정하는 것을 부정하는 것은 대의정치 자체를 부정하는 것이 된다. 따라서 교

---

15) 예컨대 교사가 학생들에게 특정한 정치집단을 편파적으로 찬양 혹은 비방하도록 교육행정기관이 강제하는 것이라든지, 혹은, 학생들을 정치적인 목적을 위해 동원하게 하는 것 등이 교육의 정치적 중립에 반한다(나병헌, 지방교육자치제도의 철학적 기초, http://-www.nanet.go.kr 7065.htm). 그러나 교육의 정치적인 중립이 곧 교육행정의 정치로부터의 단절을 의미하는 것은 아니다. 교육정책을 수립하고 법령을 정하며 교육 투자의 방향이나 규모를 정하는 것은 고도의 정치적인 행위이며 정치의 가장 중요한 내용의 하나임을 부인할 수 없다.

육위원회를 지방의회의 상임위원회로 하는 것이 정치적 중립을 위반한다고 한다면 국회의 교육위원회도 위헌이라는 결론이 되어 대의정치 원리에 정면으로 배치되므로 타당하지 않다.

헌법이 보장하는 교육의 전문성이란 교육에 대해 전문적인 지식과 능력을 갖춘 자가 교육을 담당해야 한다는 것을 의미한다. 이는 곧 교육의 질적 수준이 보장되어야 한다는 의미로 해석되어야 한다.16) 교육자의 전문성을 존중하고 보장함으로써 교육의 질적 수준을 보장한다는 것이다. 교육자의 자격 요건을 강화하고 재교육을 위한 연수의 강화 및 교육 여건의 개선을 통한 연구 분위기의 조성 등이 중요하다. 무엇보다도 중요한 것은 교육의 전문성을 신장하기 위해서는 교사의 전문적인 능력을 전제로 교육행정청의 간섭을 최소화하는 것이 필요하다. 교육의 전문성은 교육에 관한 의결이나 집행기관의 구성 원리와는 무관하다. 왜냐하면 교육정책 결정의 정당성은 전문성에 있는 것이 아니라 민주적 정당성에 있기 때문이다. 만약 교육전문가만이 교육정책을 결정해야 한다면 전문가에 의한 독점으로 대의정치의 원리에 반한다. 또한 교육정책의 전문성은 티칭(teaching)이나 행정에만 있는 것이 아니라 교육에 관한 정치, 경제, 사회, 문화의 제반 전문성을 포함하게 됨에도 불구하고 이를 교육 혹은 교육행정 경력자에게만 독점시키는 것도 타당성이 없다.

(2) 대표의 등가성 위반의 문제

교육의원이 지방의회 신분을 가지나 다른 지방의원에 비해 더 넓은 선거구를 가지고 있으므로 표의 등가성을 위반해 평등선거의 원칙에 위반한다는 주장이 제기된다. 교육위원회 위원을 모두 지방의원으로 하지 않고 교육전문가 중에서 주민이 직접 선출해 교육의원으로 참여할 수 있도록 하는 것은 교육이나 교육행정 전문가의 입장을 반영할 수 있도록 하기 위한 특

16) 교육의 전문성을 교육정책이나 그 집행을 교육전문가가 담당해야 한다는 의미로 해석하는 학자(김철수 외, 1998: 252; 권녕성, 1996: 387)들이 있으나 이는 헌법이 보장하는 전문성이 교육에 자체에 대한 것이지 교육청이나 교육의회에 대한 것이 아님을 간과하고 있다.

례를 인정한 것이다. 이는 마치 비례선거구를 인정해 전체의 이익을 대변할 수 있도록 하는 것과 마찬가지 취지에서 인정된다. 비례선거구제는 지역구 의원보다 훨씬 넓은 지방자치단체 전역을 선거구로 하지만 나름대로 합리적인 이유가 있기 때문에 평등선거에 합치된다. 마찬가지로 일정한 전문가 집단을 포함시키기 위한 교육의원선거는 일반 지방원선거와는 성격을 달리하므로 평등선거는 문제되지 않는다.

2) 개정안의 한계와 과제

이번에 개정안에 포함된 내용은 종래 학계나 시민사회에서 요구한 수준에 훨씬 미치지 못한다. 교육감, 교육위원의 피선거권 제한 폐지 내지 완화, 지방교육행정과 지방행정의 일원화, 기초 단위에서 교육의 지방자치 실현, 교육부 권한의 획기적 지방 이양 등은 2006년도 개정 법률에 반영되지 못했다. 지방교육기관을 일반행정기관으로부터 분리하고 독립시키는 것이 한국에 특유한 것이고 그 이론적인 근거도 명백하지 못하며, 주민을 배척하기 위한 이론 조작에 불과하다는 것이 밝혀진 이상 교육행정과 일반지방행정의 유기적인 관계 설정은 지속적인 과제로 남는다. 교육위원회를 지방의회의 상임위원회로 전환함으로써 칸막이 교육행정, 무책임 지방교육행정, 주민을 소외시키는 지방교육행정을 극복하고 지역교육 역량을 결집해 지역교육을 발전시켜 지역 발전의 기반이 되도록 하는 데 물꼬를 텄다고 할 수 있다.

가야 할 길은 아직도 멀다. 중앙정부가 장악한 많은 교육적 결정권을 주민에 가까운 지방정부로 이양해 지역 간 교육 경쟁을 통한 교육의 질 향상의 여건을 마련하도록 해야 한다. 특히 획일적인 교육을 지양하고 교육의 다양성과 창의성을 신장시키고, 교육정책으로 인한 전국적인 이해 대립으로 인한 정국의 경색, 위험의 전국화를 방지하고 지역으로 분산시키기 위해서도 중앙정부의 교육결정권을 지방으로 이양해야 한다. 또한 지방교육행정의 중심을 광역지방정부로부터 기초지방정부로 이관해 가까운 정부를 실현시키고 주민의 참여와 주민에 의한 지방교육 행정통제를 가능하도록 해야 한다. 이번 개정안에서 선거권은 주민에게 돌려 주었지만 교육단체들의 반발을 수용해 타협을 하느라 피선거권 제한은 그대로 유지했다. 장기적으로는 근본적으로 재검토해야 한다. 무엇보다도 중요한 것은 교육집행기관인 교육감과 지방자치단체장 간의 연계에 대해서는 매우 미온적인 협의체 구성에 그치고 있다. 이원적인 운용으로 인한 비효율과 의사결정의 왜곡을 감안하면 양자의 관계도 장기적으로 근본적인 검토를 요한다.

제 4 절 시민사회의 대응 방향

한국에서 지방교육행정 체제를 둘러싼 논쟁은 한마디로 지역사회를 종합적인 학습사회로 전환하려는 세력과 기존의 교육 세력의 집단적 이익을 옹호하려는 세력 간의 논쟁이라고 할 수 있다. 전자가 학교를 지역사회의 외딴 섬으로부터 해방시켜 지식정보사회에서 지역학습사회의 중심으로 발전시키려는 구상을 하는 데 비해 후자는 학교를 지역사회로부터 단절시키고 그 속에서 기득권을 유지하려는 집단이기적인 발상을 기본으로 한다. 앞에서 논의한 바와 같이 교육 권력집단은 '교육자치'라는 세계에서 유례가 없는 조작된 이데올로기 속에서 실질적으로는 다음과 같은 5중적인 주민배제 원리 속에서 특정 계층의 집단이익을 보장하고 있다.

교육계의 일부가 주장하는 교육자치이론은 지방교육 권력자들의 불공정 경쟁을 뒷받침하는 집단이기적 이론에 불과할 뿐이라는 것이 밝혀지고 있다. 다른 나라에서 교육자치란 것은 교육청으로부터 학교의 자율성을 보장하는 이론인데 비해 유독 대한민국에서는 교육청을 다른 지방행정기관으로부터 칸막이로 보호함으로써 교육 권력자들의 집단적 이익을 보호하기 위해 주민을 소외시키는 이론에 불과한 것이었다.

개정된 「지방교육자치에 관한 법률」도 주민의 관점에서 보면 다음과 같은 문제점을 가지고 있다. 첫째, 지방교육기관인 교육감이나 지방교육 대표기관인 교육위원의 피선거권을 교육 혹은 교육 경력자들에게 한정시킴으로써 일반 주민 중에서 유능한 자가 입후보할 수 없도록 하여 교육 경력자들이 독과점 이익을 누렸다. 주민을 배제하기 위한 첫 번째 관문으로 남아 있다(일차적 주민 배제). 둘째, 피선거권을 제한해 주민들이 좀 더 유능한 교육책임자를 선택할 수 있는 가능성을 차단시켜 주민을 소외시키고 있다(이중적 주민 배제).

또한 지방의 교육문제가 도시계획이나 청소년 복지, 지역문화, 지역사회 등과 밀접한 관계가 있음에도 불구하고 이를 관할하는 행정청을 교육정책 결정 과정에서 배제함으로써 교육행정에 칸막이를 둘러치고 교육 권력자들이 독과점해 왔다. 일반 주민의 관심과 이익을 대변하는 일반행정기관이 배제됨으로써 주민의 일반적인 관심이 교육행정에 반영되지 못하고 있다(삼중적인 주민 배제).

또한 대부분의 선진국은 지방교육을 기초지방정부가 책임을 지고 있는데 비해 유독 한국은 광역지방정부만 교육행정권을 갖도록 하고 있다. 주민에 가까운 교육행정을 배제시키고 주민의 구체적 관심이 지방교육에 실현되기 어렵게 만들고, 교육문제를 추상화시켜 결과적으로 주민의 참여를 배제시키고 있다(사중적인 주민 배제).

또한 먼 거리에 있는 중앙정부의 교육부가 교육에 대한 대부분의 중요한 결정권을 가지고 있어서 주민들의 다양한 교육적 수요를 무시하고 획일적인 교육정책을 전국적으로 강요하고 있다(오중적인 주민 배제).

지방교육행정과 교육위원회는 주민을 철저히 배제시키고 행정의 결과에 대해 주민에 책임을 지지 않음으로써 무책임 지방교육을 제도적으로 보장해 오고 있다. 지방교육이 낙후되어 주민들이 떠나도 아무도 책임지는 자가 없게 된 것이다. 학교는 지역생활과 문화의 중심이 되기는커녕 지역사회에서 외딴 섬으로 전락하게 된 것이다. 2006년 12월 7일 개정된 「지방자치법」도 이러한 문제 의식에서 출발했으나 일부 교육계의 완강한 저항에 부딪혀 교육위원회를 지방의회에 통합한 것을 제외하고는 큰 진전을 보지 못했다.

시민사회의 본질은 이해관계에 치우치지 않고 중립적인 가치 판단을 통해 긍정적인 가치를 실현하고 부정적인 가치를 배척하는 데 있다. 한국에서 지방교육자치제도가 특정 교육권력집단의 이익을 옹호하기 위해 주민의 관심과 복리를 배제시키는 원리로서 교묘하게 조작된 이데올로기의 실체를 있는 그대로 파악할 필요가 있다. 한국의 미래가 창조적 지식의 창출과 이를 위한 인재 양성에 있다면 다양한 교육적인 상상력이 교육 현장에서 실현될 수 있도록 주민 참여를 보장해야 한다. 지역사회가 차세대 인재 양성에 책임을 지도록 문호가 개방되고 상호 네트워크를 형성해야 한다. 모든 교육적인 상상력을 배제하고 오로지 일부의 티칭(teaching) 전문가와 교육 행정가가 지방의 교육 권력을 독과점해서 학교를 지역사회로부터 격리시키는 지방교육 체제를 그대로 방치할 수는 없다.

지식정보사회에서 평생학습과 학교교육을 유기적으로 결합하고 그 중심에 학교를 위치하도록 하기 위해 필요한 것이 무엇인지를 시민사회는 진지하게 모색해야 한다. 교육 때문에 지역을 떠나 대도시로 집중하고 심지어는 조기 유학으로 국제적인 미아 신세가 되기도 하는 무책임한 행정에 대해 주민들이 책임을 물을 수 있어야 한다. 다양한 사회적 가치가 차세대 인재 양성에 영향을 미칠 수 있도록 학교와 지역사회, 문화, 경제, 산업, 정치 등이 유기적으로 결합하고 스스로 책임을 지도록 하는 시스템을 만들어 내는 데 시민사회가 앞장서야 한다.

제 12 장 국가 정책결정과 주민 참여

하승수

제 1 절 부안 방폐장 문제의 경과와 한국 민주주의의 현실

방사성폐기물처분장(이하 "방폐장"이라 한다) 부지 선정 문제는 이미 안면도, 굴업도 등지에서 심각한 갈등을 겪었던 문제다. 1990년 11월 충남 안면도에서는 안면도가 방폐장 부지로 결정되었다는 사실이 알려지면서 공권력과 주민들 간에 격렬한 충돌이 있었고, 결국 사업계획은 백지화되었다. 또한 정부는 1994년 인천 앞바다의 굴업도에 방폐장을 추진하다가, 역시 1년 후인 1995년 스스로 백지화시킨 바 있다. 이처럼 방폐장 부지 선정이 지역주민들의 저항으로 인해 계속 철회된 배경에는 주민들의 의견 수렴 과정을 거치지 않은 비민주적인 정책 추진 절차가 깔려 있었다.

그러나 정부는 전라북도 부안군에서 동일한 잘못을 더욱 심각하게 저질렀다. 산업자원부와 한국수력원자력(주)는 2003년 7월 전라북도 부안군 위

* 이 글은 제19회 '시민사회포럼'(2004. 03. 16.)에서 "국가 정책결정과 주민 참여: 부안 방사성폐기물처분장 주민투표를 중심으로"로 발표되었다. 이 중 일부는 또 하승수, 『지역, 지방자치, 그리고 민주주의』(후마니타스, 2007)에 게재되었다.

도면을 방폐장 부지로 선정하면서, 위도 지역주민들에게 현행법상 불가능한 현금 보상 약속을 했다가 철회했다. 그리고 그 후에도 위도 주민들 사이에는 '주식으로 보상하겠다', '대출이 된다'는 등의 부정확한 정보들이 흘러 다녔다. 또한 정부는 민주적이고 평화적인 방법으로 문제를 해결하려고 노력하기보다는, 방폐장 유치에 반대하는 주민들을 진압하기 위해 엄청난 경찰력을 투입하는 방식을 택했다. 그리고 결국 2003년 12월 10일 윤진식 당시 산업자원부 장관이 책임을 지고 사퇴하기에 이르렀지만, 그 이후에도 사태 해결책은 전혀 제시하지 못했으며, "지방자치단체에서 알아서 할 일"이라는 식의 태도를 보이며 무책임하게 사태를 방관했다.

또한 김종규 당시 부안군수는 바로 전날까지 반대 입장을 표명하다가 하룻밤 사이에 찬성으로 돌아서면서 2003년 7월 11일 지역주민들의 동의를 전혀 구하지 않고 일방적으로 방폐장을 유치 신청하겠다는 발표를 했다. 그리고 부안군수는 부안군의회가 '원전수거물 관리센터 유치신청 청원'을 찬성 5표, 반대 7표로 부결시켰음에도 이를 무시하고, 2003년 7월 14일 산업자원부에 유치신청서를 제출했다. 그리고 그 이후에도 많은 주민이 반대하고 있음에도 불구하고, 주민들의 의견을 수렴하려 하지 않고 독단적인 유치를 강행하려 했다.

결국 이로 인해 부안지역에서는 정부와 주민 간의 격렬한 충돌이 발생했고, 많은 구속자와 부상자가 양산되는 비극이 발생했다. 또한 사태가 장기화되면서 한국수력원자력(주)와 부안군 등의 지원을 받는 찬성 측 주민들과 부안 주민들의 다수를 차지하는 반대 주민들 간의 갈등이 심화되기 시작했고, 이는 평화롭던 지역공동체가 균열되는 결과를 초래했다.

이러한 진행 과정을 보면, 한국 민주주의의 현실이 단적으로 드러난다. 한국 사회가 민주화되었다지만, 여전히 중앙집권적이다. 그래서 지역주민들의 자기결정권은 종종 무시당하고 있다. 또한 정책결정 과정에서 시민(주민)들의 의견이 제대로 수렴되지 않고 있으며, 의사결정권이 관료와 정치인들에게 독점되어 있는 상황이다.

특히 한국은 아직까지 '대의정치'도 아니고 '관료정치'의 단계에 있다고 보여진다. 관료정치는 "행정을 담당해야 할 관료가 의회나 정치가에게 일정한 영향력을 끼쳐 실제로는 관료가 정치를 맡고 있는 것과 같은 상태"를 말한다. 이렇게 관료정치가 이뤄지게 되면 대통령이나 의회는 관료집단에 끌려다니고, 민주적으로 선출된 국민의 대표자가 아닌 관료집단이 국가의 중요한 의사결정을 좌우하게 된다.

물론 대통령이나 국회가 법적으로는 국가의 최종적인 의사결정권을 가지고 있다. 그러나 한국 사회의 현실을 보면, 대통령이나 국회는 종종 관료들로부터 제공되는 왜곡된 정보를 바탕으로 해서 정치적 이해관계에 따라 판단을 내리고 있다. '시민 참여'가 이야기되고 있지만, 실제로 정책결정 과정에서 실질적인 시민 참여는 이뤄지지 못하고 있다.

국책사업의 추진 과정에서도 마찬가지다. 관료들이 정보의 독점을 바탕으로 하여 핵심적인 추진 주체로서의 역할을 하고, 정치인들은 지역 이해관계 등을 따지면서 정치적으로 국책사업을 이용한다. 그 과정에서 시민(주민)들에게 적시에 정확한 정보가 제공되는 경우들은 찾아보기 어렵고, 실질적인 시민 참여가 이뤄지는 경우도 거의 없다. 각종 경제성 평가나 환경영향평가도 제대로 이뤄지지 않아서, 사후적으로 문제가 되는 경우가 많다. 시화호가 그렇고, 새만금 간척사업이 그러하다.

1995년부터 지방자치가 본격적으로 부활되었지만, 지방자치에서도 주민 참여는 제대로 실현되지 못하고 있다. 지방자치단체장이나 지방의회는 주민들의 참여에 대해 소극적인 태도를 보이고 있다. 많은 지방자치단체장이 독단과 전횡, 부패로 인해 비판받고 있지만, 지방자치단체장을 통제할 수 있는 제도는 미흡하다. 주민소환, 주민소송제도와 같은 기본적인 통제장치들이 최근에 도입되기는 했지만, 부안 방폐장 문제가 터졌을 때에는 아직 도입되어 있지 않았다.[1)]

부안 방폐장 문제는 이런 한국 민주주의의 현실이 낳은 비극이다. 부안 방폐장 사태의 경과를 보면, 앞에서 언급한 관료 주도의 비민주적이고 폐쇄적인 정책결정 과정, 주민들에 대한 왜곡된 정보 제공과 주민 참여의 배제, 지방자치단체장의 독단과 같은 부정적 현상들이 집약적으로 나타났다.

1) 주민소송제도는 2006년 1월부터, 그리고 주민소환제도는 2007년 7월부터 시행되고 있다.

그리고 그 결과는 극단적인 충돌과 지역공동체의 파괴였다.

제 2 절 문제 해결 방안으로서 주민투표와 독자적 주민투표의 추진

1 주민투표의 일반적 의의

주민들이 자신들의 삶과 밀접한 중요 정책결정 사항에 대해 투표를 통해 의사를 표시할 수 있는 것이 주민투표(referendum)다. 주민투표는 정책결정 과정에 주민들의 직접 참여를 보장함으로써, 풀뿌리 민주주의를 실현한다는 의미를 가진다. 특히 국책사업에 대한 주민투표는 중앙집권적인 의사결정 과정에 의해 지역주민들의 자기결정권이 침해당하지 않도록 지역주민의 총의를 모으는 수단이다. 실제로 잘못된 정책결정에 의해 피해를 입는 것은 지역주민들인데도, 정작 그러한 정책결정 과정으로부터 지역주민들은 소외되고 있기 때문에 주민투표가 필요한 것이다.

주민투표는 정부가 주민투표의 결과에 의해 법적 구속을 받는지에 따라 '법적 구속력이 있는 주민투표'와 '법적 구속력이 없는 주민투표(자문형 주민투표)'로 나눌 수 있다. 또한 주민투표는 법률상의 근거가 있는 주민투표와 법률상의 근거가 없는 주민투표로 나눌 수 있다. 그리고 법률상의 근거가 없는 경우에도 최근 일본에서 많이 실시되고 있는 것처럼 '지방자치단체의 조례에 의해 실시하는 주민투표'와 조례에도 근거가 없는 '사실상의 주민투표'로 나눠 볼 수도 있다.

2 주민투표와 관련된 최근 국·내외의 동향

일본에서는 1990년대 후반부터 원전 건설이나 각종 공공사업 시행 등 특정 정책(의사결정)에 대해 주민의 찬반 의사를 묻는 방식의 주민투표가 활성화되고 있다. 일본에서는 아직까지 이러한 주민투표에 관한 법률이 제정되지 않고 있으며, 그렇기 때문에 현재 이런 유형의 주민투표는 조례에 근거를 두고 행해지기도 하고 조례에 근거가 없이 실시되기도 한다. 조례에 근거가 있느냐와 없느냐의 차이는 법적 효력의 차이는 아니다. 조례에 근거가 있든 없든, 어차피 주민투표의 결과에 '법적 구속력'이 인정되지 않기 때문이다. 따라서 조례 제정 여부가 가지는 실질적 의미는 주민투표의 실시기관이 지방자치단체냐 주민이냐의 문제다. 더 구체적으로 보면, '주민투표에 소요되는 비용을 지방자치단체의 예산 부담으로 하느냐 주민이 부담하느냐'의 문제와 '주민투표를 위해 지방자치단체의 시설이나 물품을 사용할 수 있느냐'의 차이가 있을 뿐이다.

2000년 9월 말 기준으로, 주민투표에 관한 조례가 제정된 지방자치단체는 17개이고, 실제로 주민투표가 실시된 곳은 10개다. 조례에 의한 주민투표가 행해지는 사안들(원전 건설, 대형 공공사업, 미군부대 이전) 중에는 지방자치단체의 권한을 넘어서는 사항들이 많다. 그리고 주민투표의 결과가 국가나 중앙행정기관, 전력회사에 대해 법적인 구속력은 없고, 지방자치단체장이나 지방의회에 대해서도 단지 권고적 효력만 있을 뿐이다. 그럼에도 불구하고 주민투표를 하는 이유는, 주민투표라는 형태로 주민들의 총의를 모음으로써 정책을 결정할 권한이 있는 중앙행정기관, 전력회사, 지방자치단체의 정책결정에 영향을 주겠다는 것이다(김기성, 1999: 168).

일본에서는 원자력발전소 유치에 관한 니가타(新潟)현 마키정(町)의 주민투표(1996년 1월)를 시작으로 산업폐기물 처리장 유치에 대한 기후(岐阜)현 미타케정의 주민투표(1997년 6월), 미군기지의 확장과 해상기지 건설에 대한 오키나와(沖繩)현 현민투표(1996년 9월) 등이 연이어 행해졌으며, 2000년 1월 23일에는 도쿠시마(德島)시에서 하구언 건설계획에 대한 주민투표가 실시되어 제방 건설에 반대하는 측이 압도적인 표(투표율 55%, 유효투표의 91.6%가 반대)를 얻는 일도 있었다.

한편 사실상의 주민투표(자주관리 주민투표) 사례로는 1995년 일본 니가타현 마키정의 사례가 꼽힌다. 마키정에서는 원전 건설에 대한 주민투표의 실시를 거부하는 지방자치단체장에 맞서 주민들이 1995년 '자주관리 주민투표'를 실시한 적이 있었으며, 선거관리위원회 등의 공식기관이 주민들의 '자주관리 주민투표'에 협력하기도 했다. 그리고 마키정의 경우, 주민투표 실시를 거부한 지방자치단체장은 결국 주민소환(지방자치단체장을 임기 중에 주민투표에 의해 해임하는 제도)을 하려는 주민들의 서명이 있자, 자진 사임한 바 있다.

한국에서는 부안 주민투표 이전에 법률이나 조례의 근거 없이 지방자치단체장에 의해 주민투표가 실시된 사례들이 있으며, 1999년에는 경기도 고양시 백석동에서 고층 주상복합건물 건립에 반대하는 주민들의 자주관리 주민투표가 행해지기도 했다. 한편 한국에서는 2003년 연말에 「주민투표법」이 국회를 통과해 2004년 7월부터 시행되고 있다. 그러나 이 「주민투표법」은 까다로운 요건으로 인해 실질적으로 주민들이 활용하기가 어렵다는 비판을 받고 있다.

3 부안에서 독자적 주민투표가 추진된 과정

부안군수의 독단적인 유치 신청과 산업자원부, 한국수력원자력(주)의 비민주적인 사업 추진에 주민들이 반발하자 정부가 강경 진압을 했고, 그로 인한 정부와 주민 간의 충돌로 많은 구속자와 부상자들이 양산되었다. 그러면서 문제의 해법으로 제시되기 시작한 것이 주민투표다. 주민투표는 이미 2003년 8월 김두관 당시 행정자치부 장관이 제안한 바 있었고(당시에 김두관 장관은 주민투표를 2003년 가을이나 연말쯤에 시행할 것을 주장했다), 고건 당시 국무총리도 부안사태에 대한 해법으로 제시한 바 있다.

그리고 부안사태 해결을 위한 대화 기구로 2003년 10월 16일 정부와 '핵폐기장 백지화, 핵발전 추방 범부안군민대책위(이하 "반대대책위라" 한다)' 및 추천 인사 3인으로 구성된 '부안지역 현안 해결을 위한 공동협의회'에서도 2003년 10월 24일부터 1주일 간격으로 회의를 하면서 주민투표가 해법으로 논의되었다. 그리고 그 과정에서 2003년 11월 19일 고건 총리가 연내 주민투표 실시가 가능하다고 발언했다가, 이를 취소하는 등의 혼선도 있었다. 그러나 부안사태의 해법으로 주민투표를 실시하는 것이 바람직하다는 것에 대해서는 동의가 이뤄졌다고 볼 수 있다. 그러나 정부는 주민투표의 실시 자체에는 원칙적으로 동의하면서도 투표 실시를 위한 구체적인 일정을 전혀 밝히지 않았다.

이에 반대대책위는 독자적인 주민투표를 추진하게 되었고, 전국의 시민사회·종교계·학계에 민간 차원의 주민투표를 관리해 줄 '주민투표관리위원회'의 구성을 호소했다. 그리고 부안사태의 조속한 해결에 동의하던 시민사회·종교계·학계에서 참여해 '부안 방폐장 유치 찬·반 주민투표관리위원회(이하 "부안 주민투표관리위원회"라 한다)가 구성되었고, 2월 14일 민간 차원의 독자적인 주민투표가 실시되었다.

제 3 절 부안 주민투표의 실제 진행과 주민투표의 결과

1 부안 주민투표의 성격

부안 주민투표는 주민투표법 시행 이전에 민간 차원에서 실시된 것이므로 '사실상의 주민투표'이며, 주민투표의 준비 및 실시 과정에서 지역주민들이 활발하게 참여했으므로 '자주관리 주민투표'의 일종으로 볼 수도 있다. 그러나 주민투표의 총괄적인 관리는 외부의 시민사회·종교계·학계 인사들로 구성된 '주민투표관리위원회'가 수행했으므로, 그 점에서는 지역주민들에 의해 주민투표 관리기구가 구성되는 일본의 '자주관리 주민투표'와는 차이가 있었다.

2 부안 주민투표의 적법성

일각에서 부안 주민투표의 적법성에 대해 문제 제기를 하며 '주민투표

시행금지 가처분신청'을 제기했으나, 법원(전주지방법원 정읍지원)에서는 부안 주민투표가 적법한 것으로 결론내렸다. 그 이유는 이러한 주민투표를 금지하거나 제약하는 법률이 존재하지 않기 때문이다. 또한 이러한 주민투표는 헌법이 보장한 국민의 기본권(행복추구권과 표현의 자유 등)으로서 당연히 보장되는 행위로 볼 수 있었다(민주사회를 위한 변호사모임과 민주주의법학연구회는 성명서를 통해 이러한 관점을 인정했다).

3 부안 주민투표의 시기

일각에서는 부안 주민투표의 실시 시기를 2004년 2월 이내로 해야 하는 이유에 대해 의문을 제기하기도 했다. 그러나 주민투표의 실시 시기를 언제로 할 것인지는 지역주민의 입장에서 바라보아야 한다. 주민투표라는 절차가 필요한 이유가 지역주민들의 의견을 정책결정 과정에 반영하기 위한 것이라면, 주민투표의 실시 시기 또한 지역주민들의 입장에서 바라보는 것이 타당하기 때문이다.

당시 부안 지역의 실정을 보면, 2003년 7월 이후에 충돌과 갈등으로 인해 지역경제가 황폐화되고, 다수의 부상자, 구속자들이 발생하면서 지역주민들이 생업에 종사하지 못하는 상태가 지속되고 있었다. 이러한 상태가 지속되는 것을 막으려면, 조속한 주민투표 실시를 통해 지역주민들의 의사를 확인하고, 지역주민들이 생업으로 복귀할 수 있도록 하는 것이 필요했다. 일각의 주장처럼 2004년 9월 이후에 주민투표를 실시했다면, 그 동안 부안 지역경제는 더욱 황폐화되고 지역주민들의 경제적 어려움은 더욱 심화되었을 것이다. 그리고 주민들이 겪을 경제적 어려움은 곧바로 자신과 입장이 다른 주민에 대한 감정으로 비화되어, 주민 간의 갈등의 골은 더욱 깊어질 수밖에 없었을 것이다. 다행히 2004년 2월 14일 주민투표 이후에는 경찰력이 철수하고, 부안 주민들이 생업으로 복귀했다. 이는 '지역주민들의 삶'을 중심에 놓고 보았을 때, 부안 주민투표의 실시 시기가 적절했음을 반증해 주는 것이다.

한편 일각에서는 찬성 측이 홍보할 시간이 부족했다는 주장도 있었다. 그러나 한국수력원자력(주)와 그 자금 지원을 받는 찬성 측 단체, 전라북도, 부안군은 2003년 7월 이후 막대한 돈과 인력을 동원해 홍보를 해 왔다. 정확한 규모는 공개되지 않아 알 수 없지만, 한국수력원자력(주)는 전력산업기반기금 등을 재원으로 하여 위도를 포함한 부안지역에 막대한 입지 홍보비를 뿌려 온 것으로 파악되고 있으며, 원자력문화재단도 언론 등에 막대한 홍보비를 뿌린 것으로 파악되고 있다. 반대대책위 측의 주장에 의하면, 2003년 5월부터 7월까지만 해도 광고비로 71억여 원을 사용해서 중앙지와 지방지에 1,277회의 광고를 실시했다고 한다. 또한 부안 주민들에게 직접 뿌린 홍보물만도 수십 종이 넘는다고 한다. 그뿐만 아니라, 전라북도와 부안군은 공무원조직까지 동원해 많은 홍보를 해 왔다. 따라서 주민투표 이전에 정부와 전라북도, 부안군 등에 의해 충분한 홍보가 이뤄졌다고 볼 수 있으며, 이와 같은 충분한 홍보 후에 주민투표가 이뤄졌다.

그 밖에 주민투표법 시행 이후에 주민투표를 실시하자는 주장도 있었으나, 어차피 '자문적 효력'을 가진 주민투표라면 주민투표법 시행 이전에 실시하나 이후에 실시하나 법적 효력에서 아무런 차이가 없으므로, 주민투표의 실시를 미룰 이유가 없었다.

4 부안 주민투표의 실제 진행

2004년 2월 14일 실시된 부안 방폐장 찬·반 주민투표의 절차는 2004년 7월 이후에 발효될 「주민투표법상」의 절차와 「공직선거 및 선거부정 방지법」상의 절차를 참조해 설계되었다. 그에 따라 20일간의 주민투표운동(1월 25일 주민투표 공고일부터 주민투표 전날인 2월 13일까지)을 보장했고, 주민투표운동과 관련해서도 2003년에 행정자치부가 주민투표법의 입법을 추진하면서 제시했던 제한 사항(야간 옥외집회 금지 등) 등을 그대로 준용했다.

또한 부안 방폐장 유치 찬·반 주민투표의 주민투표권자는 2004년 1월 25일 주민투표 공고일 현재 기준으로 부안군에 주민등록을 한 사람으로,

투표일 현재 만 20세 이상인 자(1984년 2월 14일 이전 출생자)로 했다. 그리고 주민투표권자 중에서 외지에 나가 있는 관계로 투표일 당일날 투표소에서 투표할 수 없는 사람은 부재자 신고 접수를 받아 우편으로 부재자 투표를 할 수 있도록 했다.

다만, 행정기관의 협조가 없는 상태에서 주민등록 자료를 얻을 수가 없었으므로, 이장, 마을별 책임자, 전화 등을 통한 거주자 확인작업을 통해 투표인 명부를 작성할 수밖에 없었다. 그에 따라 작성된 투표인 명부는 '실거주 기준'으로 작성된 것으로 주민등록 자료와 차이가 있을 수 있었다. 그 차이는 '실제 거주는 하지 않으면서 주소만 부안군에 두고 있는 경우', '투기 등의 목적으로 부안군에 위장전입한 경우' 등은 주민등록 자료에는 부안군에 주소를 둔 것으로 되어 있겠지만, 실제 거주 확인을 통해 작성된 부안 주민투표의 투표인 명부에서는 제외되었을 것이기 때문이다. 그러나 지역에 거주하는 주민들의 의사를 묻는다는 주민투표의 본래 취지에 비춰보면, 실제 거주하고 있는 주민들을 대상으로 실시된 부안 주민투표가 주민투표제도의 본래 취지에 더 부합하는 것으로 볼 수 있다.

5 민간에서 실시함으로 인한 어려움의 극복

한편 부안 주민투표의 실시 과정에서 가장 어려웠던 점은 정부의 행정적 지원이나 협조가 전혀 없었고, 오히려 전라북도나 부안군의 방해 속에서 주민투표를 진행해야 했다는 점이었다. 그러나 그러한 방해 속에서도 부안 주민투표는 그 동안의 어떤 선거 못지않게 치러질 수 있었다. 이는 많은 자원봉사자의 자원봉사와 시민사회, 종교계의 지원에 의해 가능했다.

우선 투표의 전 과정에서 부안 주민들의 헌신적인 참여가 있었다. 예를 들면, 투표안내문을 발송할 우편요금이 없어서 투표안내문을 자원봉사자들이 직접 인편으로 전달하는 과정을 거쳐야 했다. 읍·면별로 구성된 읍·면별 주민투표관리위원회의 위원장이나 위원(주로 부안 지역의 농협조합장, 종교인, 기존 투표소관리위원 등으로 구성)들이 헌신적 노력을 통해 이러한 과정을 총괄했으며, 읍·면별로 구성된 자원봉사조직이 이를 실무적으로 뒷받침했다.

그리고 투표 당일 필요한 투표관리 인력은 전원 자원봉사를 통해 조직되었다. 37개 투표소의 투표소 관리위원장은 지역의 신망 있는 인사(기존 선관위의 투표구 선관위원, 지역 종교계 인사 등) 1명과 외부의 변호사 1명이 공동으로 맡았으며, 이를 위해 37명의 변호사가 투표소마다 1명씩 배치되어 오전 6시부터 오후 6시까지 투표관리 업무를 총괄적으로 지휘·점검했다. 또한 투표소관리위원장 이외의 투표 실무 및 참관 인력도 외부의 시민사회단체, 종교계를 통해 600여 명의 자원봉사자들을 조직해 해결했다. 개표 관리는 초·중·고교 교사들의 자원봉사 신청을 받아서 해결했다.

6 주민투표 결과와 그 의미

2004년 2월 14일 오전 6시부터 오후 6시까지 실시된 주민투표에서 투표율은 72.04%가 나왔다(투표인명부상의 투표권자 52,108명 가운데 37,540명이 투표). 그리고 37,540명의 투표자 중에서 방폐장 유치 찬성이 2,146명, 반대가 34,472명으로 반대율이 91.83%를 기록했다.

한편 37개 투표소 중에서 36개 투표소에서는 투표가 정상적으로 평화롭게 진행되었으나, 위도면 투표소의 경우에는 찬성 측 주민들이 물리적으로 투표소를 점거해 투표를 방해하는 바람에 투표가 진행되지 못했다.

이러한 주민투표 결과에 대해 정부는 "법적 효력을 인정할 수 없다"는 정도의 입장만 보였다. 그러나 다수의 부안 주민들의 의사가 확인된 만큼, 정부로서도 무리한 사업 추진을 포기할 수밖에 없었다. 그래서 결국 정부는 방폐장 추진 방식에 대한 재검토에 들어갔다.

이 시점에서 정부는 관료 주도로 일방통행식으로 추진되어 온 에너지정책을 반성하고 원자력 발전, 방폐장 건설 등의 문제를 투명하고 시민들의 참여를 보장하는 절차에 의해 풀어나갔어야 했다. 또한 에너지 정책 전반에 대한 공론화를 통해 사회적 합의를 만들어 갔어야 했다.

그러나 정부는 이런 근본적인 성찰을 하기보다는 고준위 폐기물을 제외한 중·저준위 방사성폐기물처분장을 '주민투표'라는 절차를 밟아 추진하는 것으로 해서 방폐장을 재추진했다. 그리고 4개 지역을 대상으로 3,000억원의 지원금과 한국전력 본사 유치라는 당근을 내세워 경쟁적 주민투표를 실시했다. 2005년 11월 2일 경상북도 경주시, 포항시, 영덕군, 전라북도 군산시에서 동시에 실시된 이 주민투표는 관권, 금권 개입으로 얼룩진 주민투표가 되었다. 지방자치단체장, 공무원들이 투표에 개입하고 관에서 지원한 돈으로 무분별하고 일방적인 유치 찬성운동이 벌어졌기 때문이다. 그리고 그 결과 경상북도 경주시가 중·저준위 방폐장 부지로 선정되었다.

제 4 절 민주주의와 주민자치의 측면에서 본 부안 주민투표의 의의

첫째, 부안 주민투표는 한국 사회 민주주의의 현실에 대한 전면적인 문제 제기였다. 한국 사회 민주주의의 현실은 '관객민주주의' 또는 '정치인과 관료들에 의한 과두 지배 체제((몇몇 소수가 지배하는 정치 체제)'라고 표현할 수 있다. 선거 때 이외에는 시민들이 주권자로 대우받지 못하고 있다. 심지어 지방자치 차원에서도 주민들의 의견이 제대로 수렴되지 못하고 있고 주민들의 참여는 보장되지 않고 있다.

부안 주민투표는 관료나 정치인들이 주도하고 있고, '주권재민'의 원칙이 무시되고 있는 한국 사회 민주주의의 현실에 대해 정면으로 문제 제기를 했다. 지역주민들의 의사를 무시하고 정부 관료들이 일방적으로 정책 추진을 하는 것에 대해 문제 제기를 한 것이었다. 그리고 지방자치단체장이 방폐장 유치 신청 같은 중요한 결정을 독단적으로 추진해서는 안 된다는 것을 분명히 했다. 그런 점에서는 부안 주민투표는 한국 민주주의가 나아가야 할 방향을 보여 주었다.

둘째, 부안 주민투표는 주민투표라는 직접민주주의적인 수단을 통해 주민 참여의 새로운 모델을 만들어 냈다. 특정 사업에 대해 정부와 주민, 주민과 주민 간에 의견이 대립할 경우에 문제 해결을 위해 취할 수 있는 방법은 '더 많은 사람의 목소리'가 나올 수 있도록 하는 것이고, 그 대표적인 방법이 주민투표다. 그럼에도 불구하고, 한국에서는 주민투표라는 방법이 제대로 실행된 경험이 없었고 그렇기 때문에 정부-주민 간의 충돌이 극단화되는 경우가 많았다. 그런 점에서 부안에서 실시된 민간 차원의 주민투표는 주민 직접 참여의 의미와 중요성을 일깨우는 계기가 되었다. 그러나 그 이후에 추진된 2005년 11월 2일의 방폐장 주민투표가 불합리한 절차와 금권, 관권으로 얼룩지는 바람에 한국에서 직접민주주의가 좀 더 꽃필 기회를 상실한 면이 있다.

셋째, 부안 주민투표는 국책사업 추진 과정에서 절차적 민주주의를 확립하는 계기가 되었다. 그 동안은 국책사업의 추진 과정에서 중앙정부의 관료들이나 공기업이 모든 과정을 주도하고, 밀실에서 지방자치단체장이나 지방의회의 협조를 얻어 온 것이 관례였다. 그러나 부안 주민투표는 국책사업 추진 과정에서, 주민들의 공론에 붙이고 투표를 통해 주민들의 의견을 수렴해야 하는 것이 원칙이라는 것을 실천으로써 보여 주었다. 이는 국책사업 결정 과정의 밀실성, 비민주성을 타파하고 절차적 민주주의를 확립하는 계기가 될 수 있었다.

넷째, 주민투표라는 경험을 통해 부안 지역주민들이 자치와 민주주의에 대해 새롭게 눈을 뜨는 계기가 되었다. '스스로의 문제를 스스로 결정한다'는 자치의 기본 원리를 주민투표를 통해 경험할 수 있었다.

제 5 절 주민참여 제도의 측면에서 본 부안 방폐장

한편 부안 방폐장 문제는 한국 지방자치에서 주민 참여의 현실을 되돌아보게 하는 계기가 되었다. 만약 한국에서 주민소환 제도(일본 지방자치법의 경우에는 '해직청구' 제도)가 도입되어 있었더라면, 부안에서와 같은 정도의 심각한 충돌이나 갈등은 피할 수 있었다. 주민소환 제도가 도입되어 있었더라면, 군수의 유치 신청이 잘못되었다고 생각하는 주민들은 주민소환을 요구하는 주민 서명을 받아 주민소환 절차의 개시를 청구하면 된다. 그러면, 군수를 소환할 것인지 말 것인지에 대한 주민투표가 실시되어 다수 주민의 의사에 따라 군수의 해직 여부가 결정된다. 만약 군수를 해직하기로 결정되면 군수 보궐선거가 실시될 것이고, 보궐선거에서는 자연스럽게 방폐장을 유치할 것인지가 선거 이슈로 될 것이다. 그리고 새로 당선된 군수는 선거에서 드러난 민심에 따라 방폐장 유치 노력을 계속할 것인지를 판단할 것이다.

앞에서 든 것이 정상적인 절차이고, 민주주의적이고 합리적인 분쟁 해결 절차다. 만약 주민소환 제도만 도입되어 있었더라면, 주민들로서도 이러한 절차를 이용할 수 있으므로 '저항'이라는 수단보다는 '제도의 틀 안에서의 참여'라는 수단을 선택할 수 있다. 그러나 군수가 주민들의 의사에 반하는 행위를 하는데도 주민들이 이를 통제할 아무런 수단이 없을 경우에, 주민들이 선택할 수 있는 참여의 방법은 '저항'밖에 없다. 결국 주민 참여를 보장하지 않았던 한국의 지방자치 제도가 부안 방폐장 문제를 더욱 악화시킨 큰 요인 중 하나인 것이다.

다행히 부안 주민투표 이후인 2007년 7월부터 주민소환 제도가 시행되기 시작했다. 비록 늦은 감은 있지만, 주민소환 제도가 도입되어 시행되기 시작한 것은 다행스러운 일이다.

주민투표 제도의 경우에는 여전히 논란이 되고 있다. 「주민투표법」이 시행된 것이 2004년 7월부터였으므로, 2004년 2월 부안 주민투표가 실시될 당시에는 아직 주민투표법이 시행되지 않고 있었다. 만약 제대로 된 주민투표법이 제정되어 시행되고 있었다면, 부안 방폐장 문제와 같은 사안을 풀어 나가는 데에 큰 도움이 되었을 것이다. 특정 현안을 둘러싸고 정부와 주민, 주민과 주민 간에 의견이 엇갈릴 경우에 주민투표라는 절차를 통해 지역주민의 총의를 확인함으로써 문제 해결의 가닥을 잡아나갈 수 있기 때문이다. 그러나 2003년 여름 부안에서 방폐장 문제가 터졌을 당시에 주민투표법은 아직 제정되지 않았던 상태였다. 그리고 2004년 7월부터 「주민투표법」이 시행되기 시작했지만, 여러 가지 문제점으로 인해 주민투표 제도가 본래의 취지를 살리지는 못하고 있는 실정이다.

특히 국책사업에 대해서는 중앙행정기관만이 주민투표를 요구할 수 있게 함으로써 지역주민이나 지방의회가 국책사업에 대해 주민투표를 청구할 수 있는 길을 봉쇄해 놓은 것은 큰 문제다. 어차피 국책사업에 대한 주민투표는 법적 구속력이 없는 '자문적 주민투표'로서 지역주민들의 의견을 수렴하기 위한 최소한의 장치이므로, 지방의회나 지역주민들도 국책사업에 대한 자문적 주민투표를 청구할 수 있도록 해야 할 것이다. 그렇지 않으면 국책사업에 대한 주민투표는 중앙행정기관이 여론을 호도하기 위해 편의적으로 실시하는 '면피용' 주민투표로 전락할 수밖에 없다.

또한 주민들이 주민투표를 청구하기 위해 받아야 하는 서명 숫자도 투표권이 있는 주민 수의 20분의 1~5분의 1의 범위 안에서 당해 지방자치단체의 조례로 정하도록 하여, 인구 규모가 큰 지방자치단체의 주민들이 주민투표를 청구하는 것을 사실상 불가능하게 만들어 놓았다. 그 밖에도 여러 문제점이 존재한다. 이런 문제점들이 보완되지 않는다면, 「주민투표법」은 제 기능을 발휘하기 어려울 것이다.

제 6 절 결론

부안 방폐장과 같은 일이 다시는 한국 사회에서 반복되어서는 안 될 것이다. 이러한 일을 방지하기 위해서는 시민 참여가 보장되어야 하며, 시민 참여의 보장은 국가 수준과 지방자치 수준에서 동시에 추진되어야 한다. 시민 참여의 구체적인 제도와 방법에 대해서는 이미 많은 논의가 있고, 한국에서도 다양한 시도가 진행되고 있다. 문제는 정부와 지방자치단체들이 열린 자세를 갖고, '시민 참여'의 활성화를 위한 제도화와 실천에 임하는 것이다. 그것만이 다시는 '제2의 부안'이 생기지 않도록 하는 길이 될 것이다.

참고 문헌

국내 문헌

가상준(2009). 지방선거에서 정당공천제: 새로운 변화를 위한 올바른 선택. 「OUGH-TOPIA」, 제24권 제1호.

강경태(2009). 정당공천제 개선 방안: 기초의회의원선거를 중심으로 「한국정당학회보」, 8권 1호.

강상욱(2001). 「우리나라 NGO의 성장에 관한 연구: 시민단체를 중심으로」. 서울대학교 박사학위 논문.

강원택(2003). 상향식 공천제도 실현 방안. 한나라당 정치발전 특별위원회 발표 논문.

강재규(2010). 지방자치법제상 주민참여제도의 한일 비교. 「지방자치법연구」, 제10권 제4호.

———(2006a). 지방외교의 법 · 이론적 근거. 「지방자치법연구」, 제6권 제1호.

———(2006b). 지방의회와 주민참여. 「자치의정」, 제9권 제3호.

강재규 외(2010). 「지방자치단체 헌법-자치기본조례」, 인제대학교출판부.

강재호(2010). 노무현 정부의 지방분권. 「한국지방자치학회 하계학술대회 자료집」, 301-315.

강정운(2010). 도시통합의 개념과 가치: 창원시의 사례. 「통합창원시와 로칼거버넌스」 (창원대학교 사회과학연구소 · 한국지방정부학회 공동학술세미나 발표 논문집), 창원: 창원대학교.

강형기(2003). 지방분권의 의의와 과제. 「지방재정연구」, 17(1).

———(2009). 중앙 주도의 졸속한 구역개편을 우려하면서. 「자치행정」, 8: 26-29.

강형기 · 안영훈 · 하혜수 · 손희준(2005). 참여정부의 지방분권 개혁정책 2년 평가: 거시적 평가와 전망. 「한국지방자치학회 동계학술대회 논문집: 지방자치와 혁신」, 5-25.

곽채기(2010). 지방잠재력강화의 핵심과제. 「자치행정」, 6: 22-25.

광주광역시(2006). 「광주지역 시민사회단체편람」.

구교준(2010). 행정학자의 시각에서 본 아담 스미스. 「한국행정학보」, 44(1): 25-40.
국가균형발전위원회(2003). 「국가균형발전의 비전과 과제」.
권경득 · 우무정(2009). 참여정부 지방분권정책의 실태분석: 중앙사무의 지방이양을 중심으로. 「한국지방자치학회보」, 21(2): 5-28.
권녕성(1996). 「헌법학개론」. 서울: 법문사.
권영주(2009). 참여정부 지방분권 정책 성패의 영향 요인에 관한 연구. 「한국지방자 치학회보」, 21(1): 5-30.
권혁순(2009). 행정체제 개편이 반영해야 할 교육자치제와 자치경찰제의 미래. 「행정체제 개편 연속 토론회」 자료집, 87-103..
금창호(2009). 참여정부의 지방분권정책 평가와 향후 발전과제. 「지방행정연구」, 3: 3-25.
김경훈 · 경태원(2011). 공공기관의 소셜 미디어 활용 현황 및 활성화 방안. 「한국콘텐츠학회지」 제9권 제1호, 한국콘텐츠학회.
김관규 · 김관옥(2006). 전자민주주의 정치참여 확대 기여에 관한 제논의. 「언론과학연구」, 제6권 2호, 한국지역언론학회.
김기성(1999). 시민자치와 '정치적인 것'의 변화: 일본사회의 실험을 중심으로. 「한국정치학회보」, 제33집 제2호.
김남철(2007). 다양한 정치세력의 지방선거 참여를 위한 법적 과제. 「공법연구」, 제35집 제3호.
김병준(2002). 분권화 추진을 위한 개혁과제. 「자치행정」.
김봉채(2010). 정당의 지방선거 참여에 관한 소고: 정당의 지방선거후보추천제를 중심으로. 「토지공법연구」, 제51집.
김서용(2009). 떠날 것인가 남을 것인가: Tiebout 가설과 Hirschman의 EVLN 모형에 관한 실증분석. 「한국행정학보」, 43(1): 145-169.
김석태(2010). 지방행정체제 개편에 관한 이론적 검토. 「한국지방행정연구」, 24(4): 1-28.
김성열(1997). 학교 교육행정 체제와 조직의 발전. 「교육행정학연구」, 15(1): 57-87.
———(2004). 지방분권시대의 교육자치: 과제와 정착 방안. 「지방분권시대의 바람직한 교육자치 방안 모색」(부산시교육청 등이 2월 17일 개최한 토론회 자료집), 24-33.
———(2005). 지방교육자치제도, 어떻게 개선할 것인가?. 「교육에서 희망을 찾는 국회의원모임 주최 공청회 자료집: 지방교육자치제도 개선 방안」, 11-27.
김성호(2010). 「EU지역정부 창설에 관한 연구」. 전국시도지사협의회 정책연구1.
김순은(2004). 정부혁신 · 지방분권개혁 한 · 일간 비교분석. 「한국행정학회 춘계학술대회 발표논문집」.

———(2005). 지방분권정책의 평가와 과제. 「한국거버넌스학회보」, 12(2): 106-125.

———(2010). 이명박 정부의 지역정책분석・평가 및 과제: 지방분권과 지역균형발전을 중심으로. 「한국행정학회 제21회 국정포럼 발표논문집」.

김신복(1995). 중앙 및 지방 교육행정조직의 전문성 제고. 「교육행정학연구」, 13(2): 37-64.

김안제(2011). 현 정부의 지방분권정책 평가와 과제. 「시・도 뉴스레터」, 28: 10-14.

김영태(2004). 17대 국회의원 선거제도와 공천 과정: 지역구 후보 공천을 중심으로. 「한국정치학회보」, 3(2): 107-124.

김용철・윤성이(2005). 「전자민주주의: 새로운 정치패러다임의 모색」, 서울: 오름.

김용호(2003). 한국 정당의 국회의원 공천제도: 지속과 변화. 「의정연구」, 9(1): 6-28.

김운태(1988). 「정치학원론」, 서울: 박영사.

김웅기(2001). 「미국의 지방자치」, 서울: 대영문화사.

김원홍・김민정・이현출・김은경(2003). 「정당의 여성후보 공천 확대 방안에 관한 연구」. 한국여성개발원 연구보고서 210-14.

김원홍・김은경(2004). 제17대 총선을 통한 여성의 정치참여 확대 성과와 향후 과제. 한국여성개발원 제20차 여성정책포럼.

김익식(1990). 중앙과 지방정부 간의 권한 배분의 측정: 지방분권이론의 정립을 위한 시론. 「한국행정학보」, 24(3): 1373-1398.

———(2010). 지방분권의 핵심 과제와 대안. 「시・도 뉴스레터」, 27: 9-13.

김익현(2005). 「블로그파워」, 서울: 커뮤니케이션북스.

김재웅(2000). 지방교육자치제도의 문제와 개선 방향. 교육민회 자체포럼 발표 논문(2000년 7월 3일).

———(2001). 「정치로부터 자유로운 교육」, 서울: 원미사.

김종철(1992). 시도의회와 교육위원회 간의 일반 행정과 교육행정에 관한 규정의 논란. 「교육자치」, 통권 2: 56-62.

김중태(2010). 「소셜네트워크가 만드는 비즈니스 미래지도-세계를 강타하는 미래 네트워크 미래혁명」, 서울: 한스미디어.

김철수 외(1998). 「코멘탈 헌법」. 서울: 법원사.

김태일(2009). 행정체제 개편이 이어갈 정치개혁의 방향. 「행정체제 개편 연속 토론회」 자료집, 177-181.

김형준(2004a). 17대 총선과 여성후보 투표: 이념, 인식, 인지, 관심의 정치적 심리 요인을 중심으로. 한국여성정치문화연구소 창립 15주년 기념 대토론회 발표 논문.

———(2004b). 17대 국회 국정감사 평가: 의원 국감활동 평가 여론조사를 중심으로 국회여성정책포럼 제3차 토론회 발표 논문.
김홍환(2010). 「지방자치단체의 재정자율성 측정지표 개발 및 적용에 관한 연구」. 서울시립대학교 박사학위 논문.
김홍주(2004). 기초단위 교육자치 도입 방안 고찰. 「한국지방자치학회보」, 16(1): 163-183.
나병헌. 지방교육자치제도의 철학적 기초. http://www.nanet.go.kr/3/3-1-1/leg97065.htm.
대구사회연구소·콘라드 아데나워 재단 한국지부(2002). 「지방분권의 제도화와 실천과제」.
대통령자문 정책기획위원회(2003). 「참여정부의 환경정책」.
라휘문(2010). 지방재정위기, 정부와 지방의 공동 책임이다. 「시·도 뉴스레터」, 26: 5-8.
마인섭(2003). 국회의원 선거와 후보선출제도 개혁 방안. 한국정당학회 추계학술회의 발표 논문.
마크 트레메인, 이동훈 옮김(2008). 「블로그와 시민권 그리고 미디어의 미래」, 서울: 커뮤니케이션북스.
모종린·전용주(2004). 후보경선제, 본선 경쟁력 그리고 정당민주화: 2002년 6·13 기초자치단체장선거를 중심으로. 「한국정치학회보」, 38(1): 233-253.
박경원(2011). 국가경쟁력 강화를 위한 지방분권 방향. 「시·도 뉴스레터」, 28: 14-19.
박상필(2001). 「NGO와 현대사회」, 서울: 아르케.
———(2005). 「NGO학: 자율·참여·연대의 동학」, 서울: 아르케.
———(2008). 「NGO와 정부 그리고 정책」, 서울: 한울.
박선주·정원모(2010). 공공 부문의 성공적인 소셜미디어 도입 및 활용 전략. 「CIO Report」, Vol. 24, 한국정보화진흥원.
박응격(2006). 분권화와 지역 화합을 위한 페더럴리즘. 박응격 외. 「서구연방주의와 한국」, 13-35, 서울: 인간사랑.
박재율(2010). 지방행정체제 개편의 쟁점과 방안: 특별시, 광역시 행정구역과 자치계층을 중심으로. 「지방행정체제 개편 및 분권형 개헌 방안 마련을 위한 워크숍」. 2010년 12월 6일 부산YMCA에서 개최된 지방분권시민연대 주 최 세미나 발표논문집, 57-62.
박재창(2009). 참여정부의 지방분권정책과 주민참여 파트너십의 과제. 「국가와 시민」, 서울: 이담.
박 준(2009). 「한국사회의 갈등과 경제적 비용」, 서울: 삼성경제연구소.

박준구(1993). 지방교육자치제도의 개선을 위한 발전 방안 모색. 「교육자치」, 통권 (5) 1-19. 1.

박창억(2006). 도덕적 해이… 공무원 비리 상상 초월. 세계일보.

박태순(2009). 「사회통합과 갈등 해결을 위한 중앙정부의 과제」 충북대 발표 자료.

박한우(2007a). 사이버 공간의 정치 커뮤니케이션에 대한 네트워크 분석: 17대 국회의원의 이웃 시민 블로그를 중심으로. 「대한정치학회보」, Vol.15, No. 1.

―――(2007b). 블로그에 나타난 정치인 네트워크: 17대 국회의원을 대상으로. 「한국언론학보」, Vol. 51, No. 3.

박효종(2002). 후보자 경선이 정당민주화와 정치 민주화에 끼친 영향 및 발전적 운영 방안. 「선거관리」 44. 중앙선거관리위원회.

박희숙(2005). 지역네트워크운동의 생활정치의 확대와 장애 요인: '카나가와네트워크운동'의 사례. 「소시오로고스」, 제29호.

방승주 · 이기우 · 신도철 · 고문현 · 박진애 · 정필운(2010). 「선진 지방분권국가 실현을 위한 헌법개정안 연구」, 서울: 시도지사협의회.

배준구(2010). 해외의 지방행정체제 개편 흐름과 시사점. 「지방행정체제 개편 및 분권형 개헌 방안 마련을 위한 워크숍」. 2010년 12월 6일 부산YMCA에 서 개최된 지방분권시민연대 주최 세미나 발표논문집, 5-31.

백경남(2004). 한국 정당의 여성 참여: 17대 총선의 여성 참여를 중심으로. 한 · 독 사회과학학회 추계 국제학술심포지엄 발표 논문.

버나드 로완(Bernard Rowan), 박응격 옮김(2006). 통일 한국의 연방제. 「서구 연방주의와 한국」, 259-281. 서울: 인간사랑.

변창흠(2010). 지역균형발전과 지방분권의 실현을 위한 초광역정부 중심의 지방행정체제 개편 방안 검토. 「지방행정체제 개편 및 분권형 개헌 방안 마련을 위한 워크숍」. 2010년 12월 6일 부산YMCA에서 개최된 지방분권시민연 대 주최 세미나 발표논문집, 33-53.

부안 주민투표관리위원회(2004). 「부안 주민투표 백서」.

서울대 한국정치연구소(2002). 「6 · 13 지방선거 평가」, 서울: 서울대학교출판부.

서울대학교 교육연구소 편(1994). 「교육학용어사전」, 서울: 하우동설.

서정화 외(1980). 「교육행정제도 개선연구」, 한국교육개발원.

서현진(2003). 지방선거에서 후보 지명과정. 「의정연구」 9(1), 서울: 한국의회발전연구회.

소순창(2010). 지방행정체제 개편: 미미한 성과 그리고 기나긴 여정. 「한국지방행정연구」, 24(4): 29-58.

손병권(2003). 직접 예비선거의 기원: 위스컨신주의 사례를 중심으로. 「한국정치학회보」, 37(3): 197-218.

손희준·진재구(2009). 제주특별자치도의 재정운영 성과분석. 「지방행정연구」, 23(2): 31-58.

송경재(2010). 미국 소셜 네트워크 서비스(SNS) 사용자의 특성과 정치참여. 「한국과 국제정치」, Vol. 26, No. 3, 경남대학교 극동문제연구소.

송광태 외(2010). 2010년 6.2 지방선거 분석과 정당공천제도에 대한 논의. 한국 지방자치학회 지방선거제도 개선 제1차 기획토론회.

신기현(2010). 지방자치와 정당참여의 문제점과 발전 방향. 「자치행정」, 6: 18-21.

신현직(1999). 교육법 기본정신 구현의 주요 과제: 교육의 자주성, 전문성, 정치적 중립성의 법리. 「대한교육법학회 학술대회자료집: 교육법제정 50년과 교육법의 과제」, 23-34.

심익섭 편저(2006). 「한국 지방정부외교론: 이론과 실제에 관한 연구」. 서울: 오름.

안성호(1999). 지방분권정책의 변동과 향후 개혁과제. 「한국지방자치학회보」, 11(4): 29-51.

———(2005). 「분권과 참여: 스위스의 교훈」, 서울: 도서출판 다운샘.

———(2007). 지역대표형 상원의 논거와 특징 및 설계 구상. 「한국행정학보」, 41(3): 117-142.

———(2009). 정치권 지방자치체제 개편안의 문제점과 대안적 개편 구상. 「한국거버넌스학회보」, 16(2): 173-206.

———(2010). 한국의 지방자치체제 개편과 방향: 정치권 지방자치 체제 개편안의 문제점과 과제. 「지방정부연구」, 14(1): 7-35.

앨런 어윈, 감명진 외 옮김(2011). 「시민과학」, 서울: 당대.

양영철(2009a). 참여정부에서의 자치경찰제 도입 실패에 관한 연구. 「한국지방자치학회보」, 21(1): 147-171.

———(2009b). 제주특별자치도 특별지방행정기관 통합의 성과와 과제. 「지방행정연구」, 23(2): 59-100.

엘리너 오스트롬, 윤홍근 옮김(1999). 「집합행동과 자치제도」, 서울: 자유기업센터.

연세대학교 동서문제연구원·서강대 국제지역연구소(2004). 「제17대 국회의원 선거 평가와 정책 제안」.

열린사회시민연합 커뮤니티파트너십센터(2003). 「지방분권시대의 민관파트너십」.

염태영(2003a). 지방분권시대의 민관파트너십 정책토론회 발표 자료.

———(2003b). 지방분권화시대의 참여자치와 환경보전 전략 토론회 발표 자료.

오관석(2004). 「사이버 정치와 e-거버먼트」, 경기: 도서출판 인간사랑.

오재일(2001). 자체헌장 선포식, 자치헌장 제정을 위한 시민사회네트워크. 정부예술의 전당.

옥원호(2002). 지방자치, 거버넌스, 지역NGO. 한국NGO학회 춘계학술대회 발표 논문.

우명동(2010). 폴라니(K. Polanyi)의 논의 틀이 지방분권에서 갖는 함의: 행정구역 개편 논의를 중심으로. 「한국지방재정논집」, 15(1): 91-138.

우성호 외(2010). 기초의원 정당공천제 실태분석 및 개선 방안에 관한 연구: 기초의원 및 지방의회 관련 공무원의 인식조사를 중심으로. 「한국지방자치학회보」, 제22권 3호.

울리히 벡, 정일준 옮김(2000). 「적이 사라진 민주주의」, 서울: 새물결.

유재원(2010). 시군 통합의 추진동력과 정책대안. 「한국행정학보」, 44(1): 179-202.

유재원・손화정(2009). 시군 통합의 효과에 대한 경험적 분석: 단절적 시계열모형(ARIMA)의 적용. 「한국행정학보」, 43(4): 285-306.

육동일(2009a). 지방선거 정당공천제의 평가와 과제. 「한국지방자치학회 정책토론회 논문집」.

———(2009b). 우리나라 지방분권 추진 성과와 과제. 「자치행정」, 2: 38-42.

윤정일(1991). 지방교육재정의 문제점과 그 개선안. 「교육행정학연구」, 9(1): 35-51, 한국교육행정학회.

이기우(1996). 「지방자치이론」, 서울: 학현사.

———(1998). 교육자치와 학교자치 및 지방교육행정제도. 「한국지방자치학회보」, 10(3): 1-182, 한국지방자치학회.

———(2003a). 「지방분권을 위한 시민운동의 과제」. 분권과 참여를 위한 시민사회 공동워크숍 발표 논문.

———(2003b). 「지방분권과 시민참여」, 서울: 역사넷.

———(2005). 유럽 지방자치헌장과 지방자치의 세계화. 「지방행정연구」, 제19권 제3호.

———(2007). 참여정부의 지방분권정책: 성과와 과제를 중심으로, 「서울행정학회 동 계학술대회 발표논문집」.

———(2008). 지방분권개혁: 성과와 과제. 「한국행정학회 세미나 자료집」.

———(2009). 지방행정체제 개편의 논의의 방향과 과제. 「제도와 경제」, 3(1): 113-147.

이동윤(2010). 지방선거와 정당공천제 논쟁: 부산지역 기초자료를 중심으로. 「현대정치연구」, 2010년 봄호.

이부하(2008). 지방자치와 정당국가론: 기초의회의원 선거 시 정당 공천을 중심으로. 「공법학연구」, 제9권 제1호.

이성로(2003). 도농통합이 주민의 정치적 행태에 미친 영향: 공공선택이론의 시각에서. 「한국행정학보」, 37(1): 165-182.

이승종(1999). 지방교육자치제의 발전 방안. 「지방행정연구」 13(1), 한국지방행정연구원.

———(2003). 「지방자치론」. 서울: 박영사.
———(2005a). 「지방자치론」(제2판), 서울: 박영사.
———(2005b). 노무현 정부의 지방분권정책 평가. 「행정논총」, 43(2). 서울대학교 한국행정연구소.
———(2009). 거버넌스와 시민참여. 박재창 외. 「시민참여와 거버넌스」, 서울: 오름.
이시원 · 민병익(2006). 시군 통합의 재정적 효과분석. 「지방정부연구」, 10(3): 79-101.
이시철(2007), 특별지방행정기관 기능 이관 논의의 쟁점과 방향. 「지방행정연구」, 제11권 제2호.
이장희(1992). 지방재정 확충을 위한 지방채의 활성화 방안. 「산업과 경영」, 4(2).
이장희 · 이상철(2003). 지방분권화를 위한 지방재정 확충 방안. 「세무회계연구」, 12.
이재은(2002). 분권화를 위한 지방체제 개혁. 「지방재정논집」 7(1), 한국지방재 정학회.
———(2004). 지방분권 특별법 제정 이후, 재정분권의 실천 과제와 지방의 책임. 지방분권의 추진과제와 실천 방안 세미나 발표 논문.
이종수(2002). 「지방정부이론」, 서울: 박영사.
이준한(2003). 국회의원의 선출 방법과 과정에 대한 비교연구: 한국과 미국. 「의정연구」, 9(1): 86-109.
이창균(2010). 이명박 정부의 지방분권 방향과 성과 및 과제. 「한국지방자치학회 하계 학술대회 자료집」.
임승빈(1999). 「행정과 NGO의 네트워크 관계」, 서울: 한국행정연구원.
———(2000a). 「2000 민주공동체 실천사업 심포지엄」, 국정홍보처 민주공동체 실천사업 자료집.
———(2000b). 자치단체와 NGO 간의 생산적 협력 관계를 위하여. 「자치공론」 7월호, 한국자치개발연구원.
———(2004). 주민투표제도 실시 의의와 활용 방안. 지방분권의 추진과제와 실천 방안 세미나 발표 논문.
———(2005). 「서울시와 비영리민간단체의 파트너십 강화와 역량평가에 관한 연구」, 명지대학교 지방자치연구센터 · 한국행정학회.
———(2006). 「행정과 NGO」, 서울: 명지대학교.
———(2007). 「서울시와 비영리민간단체의 파트너십 강화와 사업평가에 관한 연구」, 명지대학교 지방자치연구센터.
———(2008a). 「행정자치부와 비영리민간단체의 파트너십 강화와 사업평가에 관한 연구」, 한국행정학회.
———(2008b). 한국의 지방자치제도 형성과 동인분석. 「한국행정학보」, 42(2):

49-69.
―――(2009). 「정부와 NGO」, 서울: 대영문화사.
―――(2010). 「지방자치론」, 서울: 법문사.
―――(2011). 한국 시민사회의 변화와 지방분권: 김대중 정부부터 이명박 정부까지를 중심으로. 시민사회포럼 · (사)한국미래정부연구회 공동주최 지방분권과 시민운동 세미나 발표 논문(2011. 11. 17., 서울 프레스센터).
장영수(1995). 지방자치와 정당. 「心泉 桂禧悅 博士 회갑기념논문집: 정당과 헌법질서」, 서울: 박영사.
전국시도지사협의회(2009). 「대국민 인식조사를 토대로 한 지방분권 추진전략과 지방행정체제 개편」.
정만희(2004). 지방선거와 정당 참여에 관한 헌법적 고찰. 「공법연구」, 제33집 제1호.
정병기(2003). 독일과 이탈리아 의원 후보 선출 과정 비교. 「의정연구」, 9(1): 110-132.
정부혁신지방분권위원회(2005). 「참여정부의 지방분권」, 서울: 정부혁신지방분권위원회.
정세욱(2000). 「지방자치학」, 서울: 법문사.
―――(2009). 지방자치단체의 구역 및 계층구조 개편 논의와 방향. 2009년 4월 8일 한국지방자치학회 정책토론회 기조연설문.
정순관(2007). 참여정부 지방분권정책의 평가와 과제: 민주적 평가모델의 관점에서. 「서울행정학회 춘계학술대회 발표논문집」.
정재영(2006). 웹2.0 시대, 사업 패러다임이 바뀐다. 「LG주간경제」, 2006년 5월, LG경제연구원.
정진민(2004). 17대 국회의원선거에서의 상향식 공천제도와 예비후보 등록제. 「한국정치학회보」, 3(2): 5-18.
제주참여환경연대 · 환경부 제주출장소(2003). 「지방분권시대의 참여자치와 환경보전 전략」.
조성일 · 안세근(1996). 「지방교육자치제도론」, 서울: 양서원.
조성호(2010). '지방일괄이양법' 제정이 시급하다. 「CEO REPORT」(경기개발연구원), 36.
주용학(2002). 지방선거에 있어서 기초단체장의 정당공천제에 관한 연구. 「한국지방자치학회보」, 제14권 제1호.
주창범 · 임승빈(2010). 정치와 시민사회와의 새로운 소통. 한국정책과학학회 특별세미나 발제 논문(2011. 11. 07., 서울 프레스센터).
중앙선거관리위원회 역대선거정보시스템 <info.nec.go.kr>
중앙일보 시민사회연구소(2003). 「시민사회」 10호, 11호.

———(2004). 「시민사회」 13호.
지방의제21전국협의회(2004). 「마을의제21 추진 안내서」.
지방행정연구소(2004). 「월간 자치행정」, 194호.
지병문(1994). 지방자치법의 문제점과 지방정치의 활성화 방안. 「한국정치학보」, 27(2): 193-214.
진동섭 · 김병찬(2004). 「단위학교 자율경영체제연구」, 한국교육개발원.
차피득(2011). 미꾸라지 용된 나라 대한민국. 박현두 편. 「한국 세계화 콘서트」, 서울: 새로운 사람들.
청주시 지속가능발전 실천협의회(2003). 「사업총괄보고서」.
최병호(2009a). 지방재정의 과제와 행정구역 개편. 「행정체제 개편 연속토론회 자료집」, 197-217.
———(2009b). 지방소비세 및 지방소득세 도입과 재정분권 관련 제도의 개선. 「시 · 도 뉴스레터」, 20: 14-17.
최봉기(2010). 경험을 통해 본 한국 지방자치 발전의 저해 요인. 「자치행정」, 267: 10-13.
최우용(2007). 참여정부에서의 지방선거와 정당공천제 확대의 문제점. 「지방자치법 연구」, 제7권 제4호.
최종만(1998). 「일본의 자치제 개혁」, 서울: 나남.
최종술(2009). 우리나라 특별지방행정기관의 정비 방안: 산림 분야를 중심으로. 「한국행정학회 춘계 공동학술대회 발표논문집」.
최창호(1999). 「지방자치학」. 서울: 삼영사.
충북정치개혁연대(2002). 지방자치 100대 개혁의제. 「지방선거정책제언집」.
하세헌(2007) 지방분권 실현과 지역정당의 육성. 「한국지방자치연구」, 제9권 제2호.
하승수(2001). 「시민운동과 법」, 조희연 편, 『NGO가이드』. 서울: 한겨레출판사.
———(2007). 「지역, 지방자치, 그리고 민주주의」, 서울: 후마니타스.
하태수(2006). 가외성 시각에서 본 경쟁정책기구의 효과성 제공 방안에 대한 시론적 탐색. 「한국공공관리학보」, 20(2): 157-188.
하혜수(2005). 참여정부의 지방분권 추진 성과에 대한 비판적 고찰. 「한국거버넌스학회 주최 영 · 호남 공동학술대회 자료집」.
하혜수 · 최영출 · 홍준현(2010). 준지방자치단체의 개념과 적용가능성 연구. 「한국지방자치학회보」, 22(3): 237-256.
한겨레신문. '나고야의 반란' 이끈 지역정당, 일 주류정치 흔드나, 2011. 02. 13.
———. 가나가와네트워크운동은?, 2010. 06. 20
한국정보산업연합회(2009). 소셜 미디어란 무엇인가?. 「IT Issue Report」.
한국지방발전연구원(2009). 「대국민 인식조사를 토대로 한 지방분권 추진전략과 지방행정 체제 개편」, 전국시도지사협의회.
한국지방자치학회(1999). 「한국지방자치론」. 서울: 삼영사.
허영(2005). 「한국헌법론」, 서울: 박영사.
허훈(2008). 참여정부 지방분권평가: 한국의 분권 추진의 특성과 과정을 중심으로. 「한국지방자치학회 동계학술대회 발표논문집」.
현성욱 · 황경수 · 소진광(2010). 제주특별자치도 행정계층구조 개편 성과 만족에 대한 평가 연구. 「한국지방행정연구」, 24(4): 85-1-8.
홍득표(2000). 정당의 공직후보 결정모형에 관헌 연구: 한국 정당을 중심으로. 「한국정치학회보」, 34(3): 173-192.
홍정선(2009). 「新지방자치법」, 서울: 박영사.
환경부(2004). 「지속가능한 지역 발전을 위한 환경거버넌스 구축 방안」.
황아란(2002). 지방선거의 정당공천: 경선제 도입의 문제점과 개선 방안. 「지방행정연구」, 16(1): 97-114.
———(2010). 지방선거의 정당공천제와 중앙정치의 영향: 제도적 요인과 개선 방안. 한국지방자치학회 지방선거제도 개선 제1차 기획토론회.

가나가와네트워크 <http://kanagawanet.org>
가나가와신문, 1997. 1. 30.
경실련 홈페이지 <www.ccej.or.kr>
서울시 홈페이지 <www.seoul.go.kr>
서울시의회 홈페이지 <www.smc.seoul.kr>
참여연대 홈페이지 <www.peoplepower21.org>
트위터 <www.twitter.com>
페이스북 <www.facebook.com>

국외 문헌

Ahn, S. H. (2008). Launching Jeju Special Self-Governing Province in Korea: Its Theoretical Constructs, Historical Overview, Institutional Features, Early Impacts and Challenges. 「한국지방자치학회보」, 20(2): 157-187.
Aligica, P. D. & P. J. Boettke(2009). *Challenging Institutional Analysis and Development: The Bloominton School*, New York: Routledge.
Ammon, D. N. & W. C. Rivenbark(2008). Factors Influencing the Use of

Performance Data to Improve Municipal Services: Evidence from the North Carolina Benchmarking Project. *Public Administration Review*, 68(2): 304-318.

Anderson, Chris(2006). *The Long Tail: Why the Future of Business is Selling Less of More*, N.Y.: Hyperion.

Anderson, K. P. & E. Ostrom(2008). Analyzing Decentralized Resource Regimes from a Polycentric Perspective. *Policy Science*, 41: 71-93.

Assembly of European Regions(2007). *Draft European Charter on Regional Democracy*, Strasbourg: AER.

Barker, Ernest(1942). *Reflections on Government*. London: Oxford Univ. Press.

Barnett, C. C. et al. (1997). Democratic Decentralization. Paper prepared for the USAID under the IQC for Democracy and Governance.

Becker, Hellmut(1962). Die verwaltete Schule. in: ders, *Quantitaet und Qualitaet*.

Boyne, G. A. (1998). *Public Choice Theory and Local Government*, Basingstoke: Macmillan.

Breul, J. D. & J. M. Kamensky(2008). Federal Government Reform: Lessons from Clinton's "Reinventing Government" and Bush's "Management Agenda" Initiatives. *Public Administration Review*, 68(6): 1009-1026.

Cohen, Carl(1971). *Democracy*, New York: The Free Press.

Council of Europe(1985). The *European Charter of Local Self-Government*, Strasbourg: Council of Europe.

DiMaggio, P. & W. Powell (1983). The Iron Cage Revisited: Institutional Isomorphism and Collective Rationality in Organizational Fields. *American Sociological Review*, 48: 147-60.

DiMaggio, P. & W. W. Powell (1983). The Iron Cage Revisited: Institutional Isomorphism and Collective Rationality in Organizational Fields. *American Sociological Review*, 48: 147-160.

Dollery, B. & L. Crase (2004). Is Bigger Local Government Better?: An Evaluation of the Economic Case for Australian Municipal Amalgamation Programs (Working Paper Series in Economics). University of New England, School of Economics.

Elazar, D. J. (1998). *Constitutionalizing Globalization: The Postmodern Revival of Confederal Arrangement*, New York: Rowan & Littlefield.

Estella, A. (2002). *The EU Principle of Subsidiarity and its Critique*, Oxford

University Press.

European Forum for Freedom in Education. Thesen zur Schulautonomie. http://www.effe-eu.org/Kolloquier/Wien96.html

Feiock, R. C. (ed.). (2004). *Metropolitan Governance: Conflict, Competition, & Cooperation*, Washington, D.C.: Georgetown University Press.

Geissler, Georg (1929). *Die Autonomie der Paedagogik*, Langensalza.

Hawley, A. & B. G. Zimmer (1970). *The Metropolitan Community*, Beverly Hills: Sage Publications.

Hazan, Reuven Y. (2002). Candidate Selection. in Lawrence LeDuc., Richard G. Niemi, & Pippa Norris, *Comparing Democracies 2: New Challenge in the Study of Elections and Voting*, London: Sage Publication Inc.

Herzberg, R. (2005). Commenting on Richard Wagner's 'Self-governance, Polycentrism, and Federalism: Recurring Themes in Vincent Ostrom's Scholarly Oeuvre. *Journal of Economic Behavior & Organization*, 57: 189-197.

Hirschman, A. (1970). *Exit, Voice, & Loyalty: Responses to Decline in Firms, Organization & States*, Cambridge, Mass.: Harvard University Press.

———(1975). Exit, Voice, & Loyalty: Further Reflections and a Survey of Recent Contributions. *Social Science Information*, 13(1): 7-26.

Holzer, M. et al. (2009). Literature Review and Analysis Related to Optimal Municipal Size and Efficiency. the School of Public Affairs and Administration at Rutgers University.

Hueglin, T. O. & A. Fenna (2006). *Comparative Federalism: A Systematic Inquiry*, New York: Broadview.

International City Management Association(1993). *The Municipal Year Book*, International City Management Association.

Katsuyama, B. (2003). Is Municipal Consolidation the Answer? http://www.mrsc.org/Publications/mrnews/mrnews0603.aspx.

Kauzya, John-Mary (2005). Decentralization: Prospects for Peace, Democracy and Development. DPADM Discussion Paper presented at the United Nations Department of Economic and Social Affairs.

Kim, Chong Lim & Seong-Tong Pai (1981). *Legislative Process in Korea*, Seoul: Seoul University Press.

Kotter, J. P. (1996). *Leading Change*, Boston: Harvard Business School Press.

———(2007). Leading Change: Why Transformation Efforts Fail? *Harvard Business Review*, January (Special Issue): 96-103.

Lindsay, Alexander D. (1929). *The Essential of Democracy*. London: Oxford University Press.

Loughlin, J. (2007). The Slow Emergence of the French Regions. *Policy & Politics*, 36(4): 559-571.

Magone, J. M. (2003). *Regional Institutions and Governance in the European Union*, Westport, CT: Praeger.

Magotsui-Schweizerhof (2000). Eumorfia, Zur deutschen Debatte um die Schulautonomie und die Folgen für die Chancengleichheit von Migranten Kindern. In: Frank-Olaf Radtke/Manfred Weiβ(Hrsg.) *Schulautonomie*. Wohlfartsstaat und Chancengleichheit, Opladen.

Marks, G., L. Hooghe, & A. Schakel (2007). Patterns of Regional Authority. Paper presented at the European Union Studies Association, Montreal, May 17-19, 2007.

McGinnis, M. D. (2005). Costs & Challenges of Polycentric Governance. Paper presented at the workshop on Analyzing Problems of Polycentric Governance in the Growing EU, Humboldt University, Berlin, June 16-17.

Miller, William L. (1972). Local Electoral Behavior. *The Conduct of Local Authority Business*.. 3.

Norris, Pippa (1996). Legislative Recruitment. In Lawrence LeDuc., Richard G. Niemi, & Pippa Norris, *Comparing Democracies: Elections and Voting in Global Perspectives*, London: Sage Publication Inc.

Ostrom, Elinor (2000). The Danger of Self-Evident Truths. *Political Science & Politics*, 33(1): 33-44.

———(2004). Unlocking Public Entrepreneurship and Public Economies. Paper presented at the EGDI and UNU-WIDER Conference titled 'Unlocking Human Potential: Linking the Informal and Formal Sectors,' 17-18 September 2004, Helsinki, Finland.

———(2009a). A Long Polycentric Journey. *Annual Review of Political Science*, 13: 1-23.

———(2009b). Beyond Markets and States: Polycentric Governance of Complex Economic Systems. Nobel Prize Lecture's power point material.

———(2010). *Working Together: Collective Action, the Commons, and Multiple Methods in Practice*. Princeton: Princeton University Press.

Ostrom, V., C. M. Tiebout, & R. Warren (1961). The Organization of Government in Metropolitan Areas: A Theoretical Inquiry. *American Political Science Review*, 55: 831-842.

Otenyo, E. E. (2007). Is Vincent Ostrom's Democratic Administration and New Public Management at Odds in East Africa's Public Administration? *International Journal of Services, Economics, & Management*, 1(1): 55-70.

Pestoff, V. (2010). Elinor Ostrom, Citizen Participation, and Coproduction. Paper published at the CIES.

Ranney, Austin (1981). Candidate Selection. In: David Bulter, Howard R. Penniman, & Austin Ranney (eds.), *Democracy at the Polls: A Comparative Study of Competitive National Elections*, Washington D.C.: American Enterprise Institute.

Sancton, A. (2000). *Merger Mania*, Montreal: McGill-Queens University.

Sanders, Haywood T. (1982). The Government of American Cities: Continuity and Changes in Structure. *The Municipal Year Book*, International City Management Association.

Schramm, M. (1999). Subsidiarität der Moral. in: Wolfgang J. Mückl(Hrsg.). *Subsidiarität*, Paderbon.

Shivakumar, S. J. (2005). Towards a Democratic Civilization for the 21st Century. *Journal of Economic Behavior & Organization*, 57: 199-204.

Simeon, R. (2009). Constitutional Design and Change in Federal Systems: Issues and Questions. *Publius*, 39(2): 241-261.

Smith, D. M. & E. Wistrich (2009). Understanding and Shaping Regions: Territorial Politics, Regionalism and Federalism. Paper presented at the Regional Studies Association Conference, Leuven, April.

Tiebout, C. (1956). A Pure Theory of Local Expenditures. *Journal of Political Economy*, 64: 416-424.

Treisman, D. (2007). *The Architecture of Government: Rethinking Political Decentralization*, Cambridge: Cambridge University Press.

UNDP (1998). *Factors to Consider in Designing Decentralized Governance Policies and Programs to Achieve Sustainable People-Centered Development*, New York: Management Development and Governance

Division, UNDP.

UN-HABITAT (2007). *International Guidelines on Decentralization and the Strengthening of Local Authorities*, Nairobi, Kenya: UN-HABITAT.

Warren, M. (2008). *Designing Deliberative Democracy: The British Columbia Citizens' Assembly*, Cambridge: Cambridge University Press.

Wilson, D. (2005). The United Kingdom: An Increasingly Differentiated Polity? In: Denter B. & L. E. Rose. (eds.). *Comparing Local Governance: Trends and Developments*, New York: Palgrave Macmillan.

廣田全男(2003). ヨーロッパ地方自治憲章と世界地方自治憲章草案.「世界地方自治憲章と各國の對応」. 平成15年度比較地方自治法研究會調査研究報告書(比較地方自治研究會/財団法人自治体國際化協會).

杉原泰雄(2002).「地方自治の憲法論」, 勁草書房.

神奈川ネット共同代表/若林ともこ(横浜市議), 永島順子(磯子市民ネット), 山本裕子(縣議) (2011).「神奈川ネット情報紙」, 304号.

中村宏(1996).「地方選擧」, 日本評論社.

樋口陽一 編(1994).「講座憲法學5」, 日本評論社.

찾아보기

ㄱ

ㄴ

ㄷ

ㅊ

ㅋ

ㅌ

ㅍ

ㅎ

저자 소개

강재규(인제대학교 법학과 교수)

부산대학교 법학과 졸업, 부산대학교 대학원 법학박사
인제대학교 교수평의회 의장, 한국지방자치법학회 부회장, 지방분권경남운동본부 상임대표
저서 및 논문: 『지방자치단체 헌법: 자치기본조례』(2010), 『생태주의 환경법(2002)』, 『자연과 인간의 공생을 위한 환경사상』(2001).

김성호(전국시도지사협의회 정책연구실장. 명지대학교 행정학과 겸임교수)

청주대학교 행정학과 졸업, 부산대학교 법학박사
한국공법학회 부회장, 한국지방자치법학회 부회장, 대통령소속 지방분권촉진위원회 위원
저서 및 논문: "헌법상 국가-지방자치단체 간 재정권 비교시론"(2011), "중앙-지방자치단체 간 헌법상 사무배분 비교연구"(2010), "지방화 시대에 부응한 지방자치제도의 헌법적 구현 연구"(2010).

김형준(명지대학교 인문교양학부 교수)

미국 아이오와대학교 정치학박사(의회 및 선거 전공)
대통령자문 사회통합위원회 이념분과 위원, 통일부정책자문위원회 위원, 한국선거학회 회장, 한국정치학회 부회장
저서 및 논문: "오픈프라이머리 제도의 한국적 적용에 대한 고찰: 미국의 경험을 토대로"(2010), "한국사회의 갈등 고찰과 정치발전 방향 모색: 정당과 국회의 역할을 중심으로"(2010), "대통령의 국정운영 리더십 고찰"(2009).

박재창(숙명여자대학교 정치행정학부 교수)

한국외국어대학교 정치외교학과 졸업, 미국 뉴욕주립대학교 행정학박사
시민사회포럼 대표, 아시아태평양 YMCA연맹 회장, 한국행정학회 회장
저서 및 논문: 『한국의 거버넌스』(2010), 『지구시민사회와 한국 NGO』(2007). 『한국의회정치론』(2003).

안성호(대전대학교 행정학과 교수)

숭전대학교 영문학과 졸업, 서울대학교 행정학박사
대전대학교 부총장, 지방행정체제개편추진위원회 근린분과위원장, 한국지방자치학회 회장
저서 및 논문: 『지역대표형 상원연구』(2011), 『분권과 참여: 스위스의 교훈』(2006). "다중심거버넌스와 지방자치 체제의 발전 방향"(2011), "Towards an East Asian Charter Campaign on Decentralization"(2010).

염태영(수원시장)

서울대학교 농화학과 졸업
대통령비서실 국정과제담당 비서관, 수원환경운동센터 공동대표, 국립공원관리공단 상임감사, 환경기술사.
저서 및 논문: 『우리 동네 느티나무』(2010), 『염태영의 아름다운 약속(2006)』, "지방의제 21의 현실과 과제"(2002).

오수열(조선대학교 정치외교학과 교수)

조선대학교 정치외교학부 졸업, 중국인민대학교 정치학박사
한국동북아학회 회장, 조선대학교 정책대학원장, 민주평통상임위원, (현)조선대학교 사회과학연구원장
저서 및 논문: 「강대국의 동북아정책과 한반도」(2004). 「미중시대와 한반도」(2002), 「이야기 고사성어」(1987).

윤석인(희망제작소 부소장)

서울대학교 인문대학 종교학과 졸업, 원광대학교 불교학과 박사과정 수료
한국기독교사문제연구원(기사연) 연구간사, 전국민주통일민중운동연합(민통련) 정책실 간사, 한겨레신문 기자(법조팀장 정당팀장 행정팀장 등) 경영기획실장 등
저서 및 논문: 『중국혁명의 해부』(역서, 1984), "한국 근대 불교개혁운동 연구"(2008), "남북고위급회담의 쟁점과 전망"(1991).

이기우(인하대학교 법학대학원장)

동국대학교 법학학사, 동국대학교대학원 공법석사, 뮌스터대학교대학원 행정법박사
대통령소속 정부혁신지방분권위원회 위원, 경실련 지방자치위원장, 대한교육법학회 수석부회장
저서 및 논문: 『지방행정체제개편론』(2009), 『지방자치법』(2007), 『지방자치이론』(1996).

이장희(충북대학교 경영학부 교수)

성균관대학교 경영학과 졸업, 연세대학교 경영학박사.
(사)대한회계학회 회장 및 이사장, 청주경실련 집행위원장 및 정책협의회 의장, 충북대 경영대학장/경영대학원장, 전국투자자교육협의회 충북의장
저서 및 논문: 『IFRS를 적용한 최신 중급회계』(공저, 2009), 『회계원리』(공저, 2007).

임승빈(명지대학교 행정학과 교수)

한국외국어대학교 포르투갈어과 졸업, 일본 도쿄대학교대학원 학술학 석사 및 박사
명지대학교 지방자치센터 소장, 한국정책과학학회 회장, 경실련 지방자치위원장(전)
저서 및 논문: 『정부와 NGO 2판』(2012), 『지방자치론 5판』(2011), "政府事業に參加する市民団体のアカウンタビリティと自律性向上のための研究"(2002).

하승수(투명사회를 위한 정보공개센터 소장, 변호사)

서울대학교 경영학과 졸업
참여연대 협동사무처장, 제주대학교 법학부 교수, 풀뿌리자치연구소 '이음' 운영위원
저서 및 논문: 『한국의 직접참여민주주의』(공저, 2009), 『지역, 지방자치, 그리고 민주주의』(2007), 『지방자치법』(공저, 2007).

시민사회포럼·중앙일보 시민사회환경연구소 연구총서 5

지방분권과 한국 시민사회

펴낸날 / 제1판 제1쇄 2012년 3월 30일
지은이 / 박재창 엮음
펴낸이 / 임춘환
펴낸곳 / 도서출판 대영문화사
주소 / 서울 용산구 청파동 1가 178-2 ㉾ 140-869
등록 / 1975년 12월 26일 제3-16호
전화 / (02)716-3883, (02)714-3062
팩시밀리 / (02)703-3839
우체국 온라인 / 011353-02-009106

ISBN 978-89-7644-404-2

〔값 19,000원〕